南京人化石地点

1993—1994

南京市博物馆

汤山考古发掘队

北京大学考古学系

文物出版社

北京·1996

（京）新登字 056 号

责任编辑：楼宇栋　张庆玲
封面设计：周小玮
责任校对：周兰英
责任印制：刘京生

南京人化石地点

1993—1994

南京市博物馆
北京大学考古学系　汤山考古发掘队

*

文 物 出 版 社 出 版 发 行
东莞新扬印刷有限公司印刷
新 华 书 店 经 销
1996 年 10 月第一版　1996 年 10 月第一次印刷
787×1092　1/16　印张：23.5　插页：2
ISBN 7 - 5010 - 0909 - 0/K·394　定价：240 元

LOCALITY OF THE NANJING MAN FOSSILS

1993—1994
(WITH AN ENGLISH ABSTRACT)

by

The Tangshan Archaeological Team
from Nanjing Municipal Museum
and Archaeology Department of Peking University

Cultural Relics Publishing House

Beijing · 1996

目　　次

表 格 目 录

插 图 目 录

彩色图版目录

黑白图版目录

序

　　我只要听说在中国大地上哪里有古人类和古老文化的发现，精神就为之一振，感到愉快。因为只有发现，才有研究，才有自己所从事的事业的发展。南京市汤山出土人化石就是一件令人振奋的重大发现。

　　南京的人化石不是科学技术人员发掘的，因而减少了许多科学价值，令人感到惋惜。1993年底至1994年初，南京市博物馆、北京大学考古学系汤山考古发掘队在吕遵谔教授带领下对这一化石地点进行了考古发掘。这次发掘对洞穴堆积进行了详细的地层划分和观察，对动物化石层进行了全面清理，并随即编号登记、鉴定标本，获得了一批可贵的资料。特别重要的是，在化石层底部又发现1枚人牙齿化石。并在发掘过程中结合地层堆积情况对前期采集的2件人头骨化石上的附着物进行分析，复原了人化石的层位关系。以这些科学的工作为基础，汇集了近期多学科研究的初步成果，才得以完成本报告专集。

　　目前，对人类化石的研究愈来愈精细，不仅仅要研究它的构造，还要研究它的横向与纵向关系，因此每有一个新的发现，就会出现新的问题，而这正是学术发展的动力。南京的人化石是一个新的发现，也为学术界提出了新的课题。从形态看，南京的人化石头盖很低，矢状方向显得较长。他的眉骨嵴很粗壮，额骨和眉骨之间，有一条手指粗的横沟，把他定为"直立人"，似无问题。他的地质年代也应该与北京直立人晚期相当，铀系法所测的绝对年代为35万年。但是"北京直立人"两眉骨之间，向下有一弓背形凹曲。而从照片看，南京的人化石两个眉骨嵴之间向下洼的窄而深，呈"V"字形。南京的人化石面骨上也有许多特征，如鼻骨狭窄，侧面呈凹弧形等。这种种现象，报告中都作了详细的介绍和研究。它们的发生是亚种的区别，还是由于生活环境的不同所引起的变异或是个体上的不同呢？尚有待于古人类学界的深入研究。这里就直接涉及到在南京发现的古人类化石的横向与纵向的关系问题。人类从直立人起，在地理上就有了广泛的分布。由于环境的影响，不同地区的人在体质形态上产生某些差异是完全可能的。

　　古人类学的研究，从总体上说，是一个多学科的合作过程。例如在南京发现的人类，如果是由北向南迁移的，中间有长江相隔，是非常大的障碍。如果说人类是在冰期越冰而过，但所发现的动物群又多属北方性质，当时的人类无法"督促"动物也履冰迁徙长江南岸。那么长江在南京有人类居住之前，是否于南北之间有过摆动？南京人遗址的发现，不仅在人类学和古哺乳动物学上有很大的重要性，即在地理学上亦有它的重要意义。

　　中国自 1929 年在周口店发现直立人化石以来，半个多世纪中，全国许多地点发现了直立人化石和旧石器时代的文化遗存。材料之丰富，使得国际古人类学界不能不特别瞩目于这块古老的土地。南京直立人的出土是我国古人类及旧石器时代考古领域的最新重要发现，具有十分深远的意义。本报告编写的宗旨是全面系统地公布有关资料，并提出初步研究成果。相信它的发表将有助于和同行们共同讨论，使研究逐渐深入与发展。

贾兰坡

1996 年 2 月 16 日于北京

壹 概 述

一 地理位置及发现经过

南京人化石地点位于南京汤山雷公山葫芦洞。行政隶属南京市江宁县汤山镇。

汤山镇地处北纬 32°、东经 119°，西距南京市区 28 公里，北距长江约 25 公里，境内有"阳山碑材"、温泉等著名古迹名胜。镇北有宁杭公路、沪宁高速公路通过，交通便利。镇西、南为一呈东西走向的山地，属宁镇山脉西段沿江低山丘陵地貌，东西长约 5.5 公里，南北宽约 2 公里。山地包括 7 座山峰，自西往东分别有汤山、雷公山、南山坎、团子尖、五木山、南山、刺山诸峰，主峰海拔 292.3 米。本文所指汤山即是这一山地的总称。以该山地为中心，北至孔山、狼山一线，南至走家山、徐家边一线的大致范围称为汤山地区。雷公山位于汤山西段，海拔 139.8 米，东北距汤山镇 1 公里，葫芦洞在其西北向山腰中部（图一；图版一）。

多年来，汤山地区一直是文物工作者调查、追寻旧石器时代人类活动遗迹、遗物的重点地区。1982 年，在南京市政府组织的文物普查工作中，曾重点调查了这一地区。1986 年，南京市博物馆为汤山官塘发现动物化石一事，特邀北京大学考古专家吕遵谔来宁指导，汤山镇政府为此曾在干部群众中进行了广泛的宣传。

1990 年 3 月 22 日，汤山镇行政村在汤山镇西雷公山开采过程中发现一大溶洞，即"葫芦洞"，洞内发现了大量的动物化石。1992 年，江宁县决定将溶洞作为旅游资源进行开发，随即开始对葫芦洞内东部区域的堆积进行挖掘。1993 年 3 月 13 日上午，挖土农民在葫芦洞南侧下方的小洞内挖掘时，发现 1 具人颅骨化石（即 I 号颅骨）。3 月 24 日，根据南京市政府的指示，南京市博物馆将此颅骨化石带回博物馆收藏。

1993 年 3 月 27 日，南京市博物馆根据国家文物局和省、市文物部门的指示，派出考古人员进驻汤山。一方面进行现场保护及考古发掘前的准备工作，更主要的是对前期由农民从葫芦洞中挖出的动物化石进行认真的收集、清洗、编号、登记等工作，同时对已挖出的小洞内的堆积土进行了筛洗，获得了一批有价值的化石标本。1993 年 4 月 17 日，

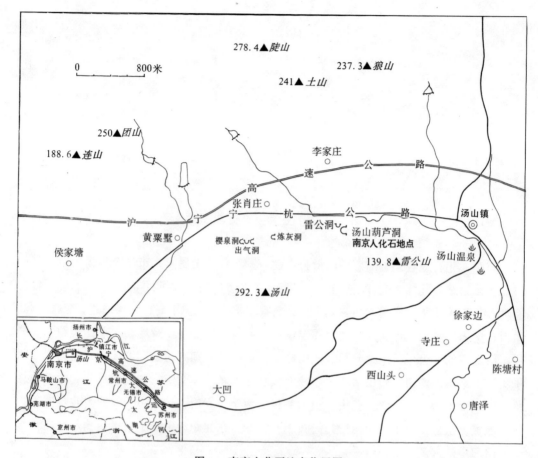

图一　南京人化石地点位置图

博物馆又从接收的动物化石中发现 1 具头骨化石。当时此化石胶结严重，仅露出一小块骨面，后经修理确认为又 1 具人颅骨化石（即 Ⅱ 号颅骨）。

二　发　掘

　　根据国家文物局"关于对南京汤山古人类和哺乳动物化石发掘保护问题的意见"（93 文物文字第 445 号）文件，南京市博物馆和北京大学考古学系合作，对发现人化石的葫芦洞小洞进行了考古发掘。受国家文物局委托，吕遵谔（北京大学考古学系）任考古队领队，魏正瑾（南京市博物馆）任副领队，队员有易家胜、华国荣（南京市博物馆）、黄蕴平（北京大学考古学系）、姜林海、贾维勇（南京市博物馆）。发掘时间从 1993 年 12 月 10 日至 1994 年 1 月 16 日，共计 38 个工作日。发掘区选定为曾出土人化石的葫芦洞小洞，其面积约 25 平方米，其中大部分洞内堆积已被当地群众挖去，仅剩沿该洞壁的残余部分。考古队在正式进行考古发掘以前，对现状进行了照相及图、文记录。发掘工作从钙板层开始逐层发掘，对地层和化石层面都作了详细的记录（彩版一）。发掘过程中进行了孢粉、沉积物分析及测年标本的取样工作。发掘共获得 2000 余件动物化石标本，代表了 15 种脊椎动物。重要的是于 1994 年 1 月 8 日，在小洞东南角化石层下部发现了 1 枚直立人牙齿化石。发掘工作完成以后，为了以后科研的需要，按田野考古工作规程规定，在小洞堆积较典型的南部保留了一段原始地层剖面（彩版二，1）。

三　室内整理

室内资料整理自 1994 年 3 月开始，分为三个阶段进行。

第一阶段，野外科学资料的分类整理。对获取的文字、图像资料分类建立档案系统，对实物资料进行全面观察和清理修复。动物化石中已残破、粉化及不具备特点的予以剔除。Ⅱ号颅骨化石，出土时包裹在胶结的棕红色粘土中，成结核状，重 11 公斤，只有额骨和颅骨鳞部出露。包裹颅骨的棕红色粘土，内杂许多岩石碎块，完全被碳酸钙胶结，十分坚硬。颅内部分聚集了许多碳酸钙结晶，尤其是枕骨中部和左侧颞部，结晶成块状，纯净而坚实。颅外表面紧附碳酸钙外壳，厚达 2 毫米。本阶段工作中，对Ⅱ号颅骨进行了仔细的清理，清除了碳酸钙外壳及其结晶。对于野外采集用于测试分析的各种样品，配合有关科研人员进行了分类、核对与建档工作。

第二阶段，标本的确定与分析鉴定。在出土动物化石中，选取 1325 件标本，并在修复加固的基础上对其种属进行分析鉴定。南京人Ⅰ号颅骨是一件比较完整的标本，为了由此获得尽可能多的数据和信息，在选好对比标本的基础上，进行了颅骨的复原研究。鉴于古人类考古是一项综合性的科学研究，本阶段工作中，继续测年、孢粉与沉积物分析等科学测试工作，并邀请南京大学城市与资源学系协助进行汤山地区地貌与第四纪地质的调查与研究。

第三阶段，资料的集中与综合。在确定标本及典型标本的同时，对动物化石进行了对比研究，初步分析各属种动物的典型特征及该动物群的性质。对 3 件人化石标本进行了各自特征的分析。在复原的基础上，测出了Ⅰ号颅骨的 200 多个数据，并以北京人诸颅骨为主要对比标本，对Ⅰ号颅骨进行了较深入的形态学研究。同时，该地区第四纪地质、地貌与溶洞发育等的调查工作结束，提供了相应的文本与图纸。在上述工作的基础上，本阶段对全部资料，包括地层堆积资料及各类技术资料、科学测定结果等进行集中与综合研究，拟定了考古报告编写提纲。

室内整理工作结束后，立即进行《南京人化石地点》考古报告的编写，于 1996 年 1 月完成。

贰　洞穴与堆积

一　地质、地貌与洞穴

　　汤山地区的地质构造自寒武纪以来，主要受扬子准台地构造活动控制。现可见到的最早地层为寒武纪时期形成的海相碳酸盐类沉积，至三叠系形成陆相沉积，进入陆地地形的发展时期，直至第四纪以前均以陆相碎屑物堆积为主，同时有火山岩堆积。在中生代以来的印支运动时期，本地区的褶皱构造形成，山体走向，背斜、向斜的格局已奠定。到中生代后期，由于板块运动，在我国东部产生了一系列断块升降或洼陷盆地。宁镇山脉就是由一系列断块凸起形成的山地。汤山地区位于断块凸起山地的西端。至新生代后期新构造运动时，本地区既有断裂构造活动，又有火山影响及流水、喀斯特作用等一系列营力的相互作用，形成了复杂多样的地貌体系。

　　本地区的地貌特征主要体现出几种不同类型的地貌和层次。汤山山体本身属于由构造控制形成的背斜山类型，经过较大面积的岩溶作用而形成喀斯特化山地。在中上新世时期，地壳运动相对稳定，由于流水及山地内山坡逐渐后退，在汤山南、北两侧形成了微向谷地底部倾斜的山麓面，其中以北侧比较典型。其时由于地下水位固定限制在同一高度上，在石灰岩山地中，形成了众多和较大的洞穴。至中更新世早期，区内大范围内处于冰缘冷气候条件，在山麓面上产生融冻泥流作用，从而形成融冻泥流堆积的碎石层，其后气候变湿变暖，促使这一山麓面碎石层发育成网纹层。同时，由于顺向谷地沟谷的发育，山麓面逐渐被切割成长条形状的垄岗地形，这主要表现在汤山北侧。而在汤山南侧，则缺乏碎石层，发育有河湖相水平沉积层，说明这一时期曾有过湖泊水体。至全新世以来，在原有谷地基础上，由于间歇性水流的作用，形成坳沟及切沟等地貌，而汤山南侧地表水汇集之处发育有湖泊，上游形成河流，发育河漫滩堆积及河床等地形地貌（图二）。

　　此外，由于汤山、雷公山等山体表面分布有大面积主要成分为石灰岩和白云岩的碳酸盐类岩石，在长期雨水的作用下，形成了多种形态的喀斯特地貌。主要有溶洞、石芽、溶沟及泉水等，且较集中于汤山北侧。溶洞多为单个存在的洞穴，除少许被揭露洞口外，大多仍深埋于地下。现已发现的葫芦洞、雷公洞、朱砂洞等即为代表。

　　葫芦洞是目前发现溶洞中容积最大的洞穴（代号为 93NTD）。洞体呈单体式厅堂状，全长约 64 米，东、西二端较宽，中间有一近南北向的锥形堆积分隔（图三），平均宽度 25 米，洞体走向 265°。洞穴东部区域原底部有一钙板层，由洞壁向中部倾斜，其下埋藏有丰富的哺乳动物化石；西部区域为斜坡状崩塌堆积；中部区域为一由北往南，由高及低向下呈扇形散堆的锥形堆积。从 1992 年起，当地政府开挖此洞东区部分堆积，现已开发成旅游景点。在葫芦洞中部南侧下有一小支洞，即本次进行考古发掘的区域，人颅骨化石即发现于此小洞中。

二　地层与堆积

（一）发掘前堆积状况

　　此次进行考古发掘的小洞（代号为 93NTX），位于葫芦洞中部南侧下面，二者落差约 3 米，其间现有一"巷道"相通，"巷道"内的堆积已被当地农民挖去（图四）。小洞口偏东北，洞内面积约 25 平方米，顶部较不平，四周及壁部发育有形态各异的石钟乳、石笋、石葡萄、石花、石幔等。洞内最晚的沉积是钙板层。洞北部窄，南部宽，以洞内钙板层为平面，洞长 8.26 米，南部最宽 4.40 米，北部宽 1.60 米，洞高 2.90 米（图五）。由于当地政府进行溶洞的旅游开发，小洞内大部分堆积（包括钙板在内）已被当地农民挖掘殆尽。中间部分的堆积已被挖至洞底，挖出的堆积土倾倒在葫芦洞东侧新开洞口外。洞内原始堆积仅剩沿壁四周残余剖面，露在剖面上的动物化石均为断茬，断口处呈粉末状，残存堆积平面最宽约 1 米，其中以南部与西部钙板下堆积保存较好（图四；图版二，1～3）。

（二）地层堆积

　　洞内地层堆积由上往下分为四层（图六）。

　　第 1 层　钙板层

　　原始状态为整板式地覆盖于全部堆积物之上。平面基本呈水平状。中间薄，四周近洞壁处渐厚。考古发掘前残存仅南、西、北部一部分及东部少许（图五）。洞北部钙板较厚，并和自洞顶下垂的石钟乳连在一起。钙板的主要成分为碳酸钙，基本呈白色。其上表面粗糙，布满大小不一的乳球状石花。其内部竖状条纹清晰，夹杂有较为纯净的黄色油脂光泽的方解石晶体，局部并杂有少许红色粘土。钙板层厚 2～8 厘米。

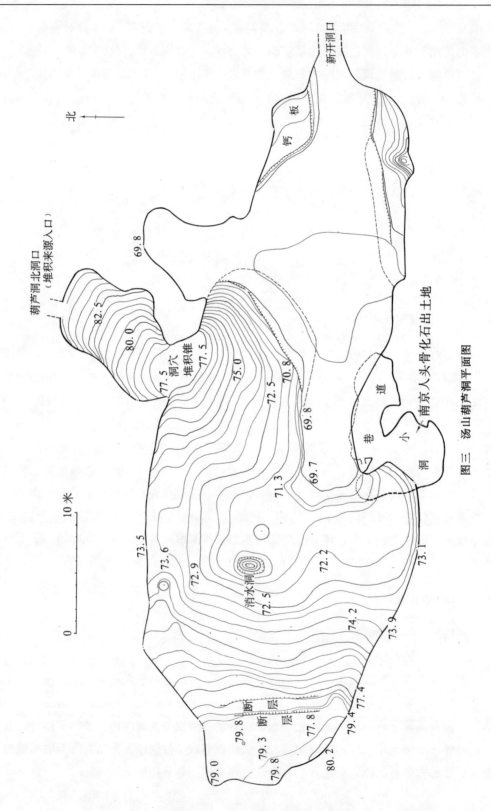

图三　汤山葫芦洞平面图

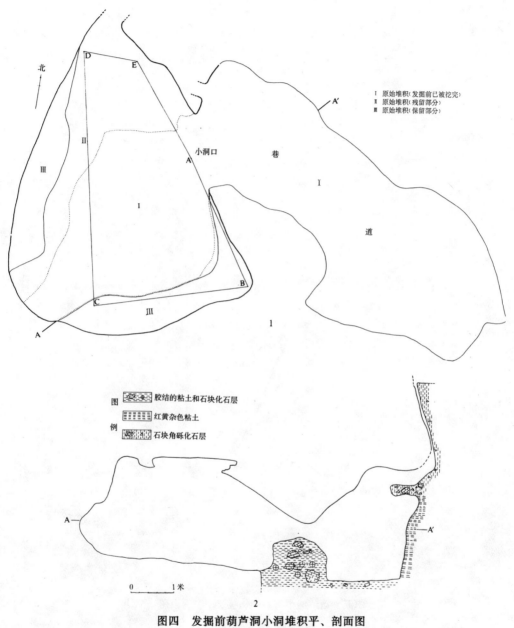

图四　发掘前葫芦洞小洞堆积平、剖面图
1. 平面图　2. 剖面图

第2层　棕红色粉砂质粘土层

由棕红色鲕状粘土和薄层状棕黄色粘土交叠而成。土质细密均匀，粘性较强。其中夹杂少量碳酸钙结晶、灰褐色风化的岩石碎屑及一些黑色锰的污染胶膜，未见胶结现象。鲕状粘土主要堆积在此层的上部，颗料最大径4毫米左右，一般为2毫米左右。此层构

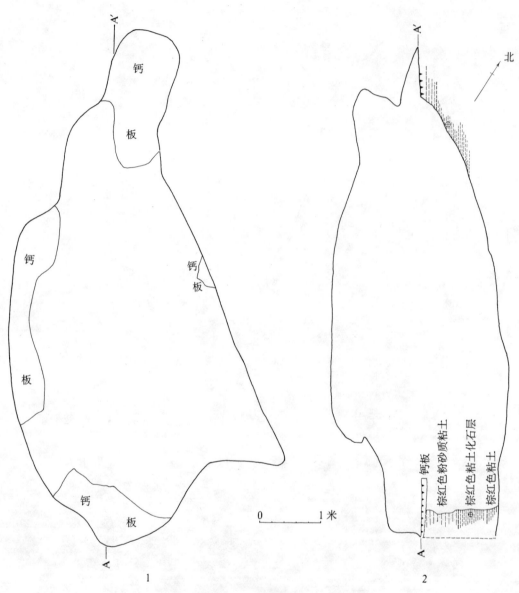

图五　葫芦洞小洞残剩钙板层平、剖面图

1. 平面图　2. 剖面图

成全洞堆积的上部地层。从现存的剖面观察，南部最厚，西部次之，北部最薄。层厚37
～52厘米。

　　第3层　棕红色粘土化石层

　　土质细腻，粘性较强。有少量灰色的基岩残块和红色的风化钙板。层内包含密集的
动物化石，相互交错叠压（图七、八）。此层在洞内分布厚薄不均，且本身的堆积状态亦

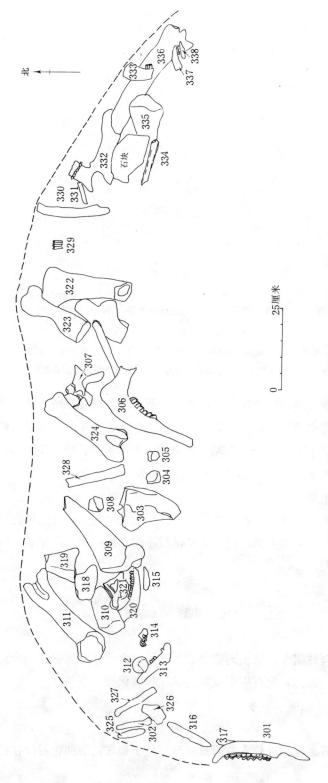

图七（B）　葫芦洞小洞北部动物化石分布图（第一层面）

301. 水牛（?）左下颌　302、317、325、326、331、334、338. 骨片　303. 水牛（?）左胫骨　304、305、312. 中国鬣狗粪　306. 肿骨鹿右下颌　307. 水牛（?）脊椎　308、323. 水牛（?）右肱骨　309. 梅氏犀股骨　310、311、316、318、324、327、328、330、335、336. 葛氏斑鹿右下颌　313—1. 葛氏斑鹿右上颌　315. 鹿角尖　319. 肩胛骨残块　320. 鹿下颌　321. 脊椎骨　322. 肿骨鹿右肱骨　329. 水牛（?）牙　332. 葛氏斑鹿残头骨　333. 葛氏斑鹿下颌　337. 中国鬣狗下颌　（未定属种的动物化石及编号306、308、309、329、332、333、337未收入标本登记表内）

0　　　　　　25厘米

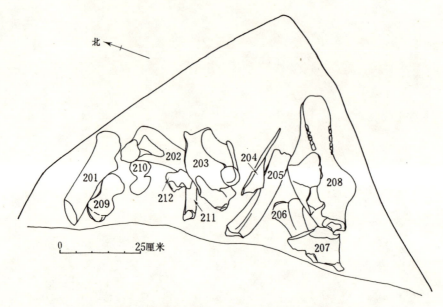

图七（C）　葫芦洞小洞东南角动物化石分布图（第一层面）

201. 水牛（?）右股骨　202、205. 水牛（?）右胫骨　203. 李氏野猪头骨　204. 水牛（?）

肩胛骨　206、209. 肢骨　207. 梅氏犀肩胛骨　208. 棕熊头骨　211. 水牛（?）左距骨

212. 水牛（?）左胫骨（未定属种的动物化石及编号 204 未收入标本登记表内）

有明显的区别。南部堆积较厚，胶结程度轻；北部较薄。近洞壁处胶结坚硬，北壁和东壁处尤甚，许多化石骨腔中填充有碳酸钙结晶。此层出土人化石 3 件（颅骨 2 件，牙齿 1 枚）、动物化石数千件，有棕熊、李氏野猪、肿骨鹿、中国鬣狗、熊、猪獾（?）、犀牛等 15 种。层厚 30～90 厘米。

第 4 层　棕红色粘土层

堆积稍薄。土质细密，粘性极强，呈蜡质光泽。层内包含较多的红色风化钙板和灰色基岩碎块。此层在洞北部基本不见，仅在南部区域不均匀地分布。层厚 6～20 厘米。

以下即为基岩（图九）。

三　化石埋藏情况

小洞第 3 层中化石埋藏集中，堆积的密集程度罕见。由于化石保存在一个封闭的洞穴中，又有钙板层保护，因此，化石堆积及埋藏状况得以保持其原貌。

（一）保存状况

小洞不同部位的化石，保存现状有着明显差异。位于洞穴西部的化石只在贴紧洞壁

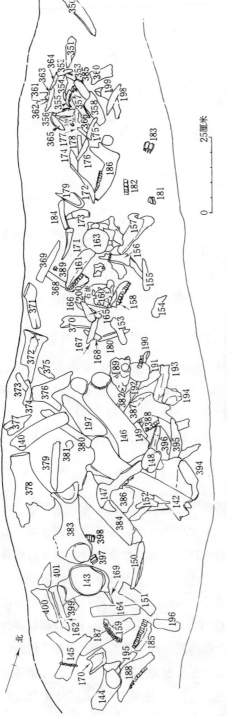

图八（A）　葫芦洞小洞西部动物化石分布图（第二层面）

143. 鹿头骨　144. 水牛（?）左跟骨　145、156、376. 葛氏斑鹿左角　146. 水牛（?）左距骨　148. 水牛（?）左胚骨　147~2、199. 棕熊右下颌　148. 水牛（?）左距骨　390 149~155、157、161、165~170、172、174~180、184、191~193、195、198、350~354、356~365、369、370、373、375、377、379、382、390 ~393、395、396、399、401. 骨片　158、188. 葛氏斑鹿右下颌　159. 葛氏斑鹿右上颌　160. 李氏野猪额骨残块 162、368. 肿骨鹿左掌骨　163. 梅氏犀颈椎　164. 葛氏斑鹿左距骨　171. 葛氏斑鹿右距角　173. 棕熊左上大齿　181. 鹿上白齿　182. 梅氏犀左上颌　183. 葛氏斑鹿右上颌　185、190、366. 葛氏斑鹿右下颌　186、387. 肿骨鹿左下颌　189. 棕熊右上颌　194. 颈椎残块　196. 葛氏斑鹿右角　197. 肿骨鹿右上颌　200. 李氏野猪左上颌　355. 中华貉右下颌残块　367、385、389、398. 鹿牙　371. 肿骨鹿左眼骨　372. 水牛（?）左掌骨　374. 李氏斑鹿下犬齿　378. 牙　400. 水牛（?）右掌骨　380. 棕熊右尺骨　381. 中国鬣狗脊　383、384、386. 肿骨鹿右尺骨　397. 水牛（?）牙　400. 水牛（?）右掌骨　388. 葛氏斑鹿左下颌　394. （未定属种的动物化石及编号 146、158、162、163、171、187、368、380、387、397、400 未收入标本内）

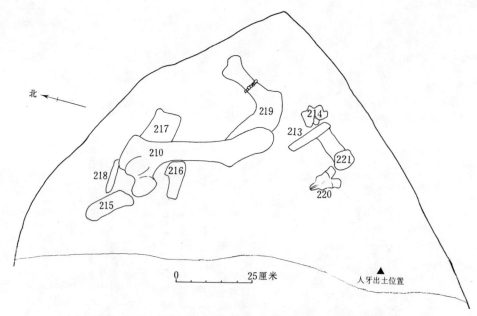

图八（B）　葫芦洞小洞东南角动物化石分布图（第二层面）

213. 鹿跖骨　214. 脊椎骨　215. 水牛（？）右跟骨　210. 股骨　216～218. 骨片　219. 葛氏斑骨头骨
220. 葛氏斑鹿残头骨　221. 肢骨（未定属种的动物化石及编号 215 未收入标本登记表内）

处有一些胶结，洞中心部位的化石则未胶结，因而骨质较疏松，骨表面呈红褐色。位于
北部、东部的化石几乎直接覆压于洞底之上，和洞壁、洞底胶结在一起，很难剔取。位
于东部南段（小洞入口的左侧）的化石和红色粘土胶结在一起，胶结程度尤为坚硬，其
中不少化石的骨腔中还保留着白色的钙质结晶，骨表多呈灰白色。

（二）分布特点

发现的动物化石集中埋藏于洞穴的南部和西部区域，堆积密集，互相叠压，层次较
厚。特别是动物的头骨及较大个体的肢骨大多发现于此，且多紧靠洞壁边缘。如东南角
呈内凹状的"侧龛"内发现有棕熊头骨、李氏野猪头骨及水牛（？）、鹿等的肢骨，并清
理出两层化石面（图七、八；彩版二，2）。北部的化石堆积较薄，且胶结程度很强。由
于洞底部和顶部间距很短，清理工作十分困难（图七，B）。西部的化石堆积是此次发掘
中保存最完整的部位，共揭露两层化石面（彩版三）。其北端的化石层较薄，多为碎骨片
及小型动物的肢骨，分布也较稀疏，夹杂较多的灰、红色岩屑，仅发现个别的形体稍大
的鹿桡骨等；其南端堆积的化石，个体较大，叠压密集，水牛（？）、肿骨鹿等的肢骨和
角等集中出现（图七（A）、八（A）；彩版三，1、2；图版三）。上述分布状况显示出该
化石层自西北向东南倾斜集中的趋势和走向特点。

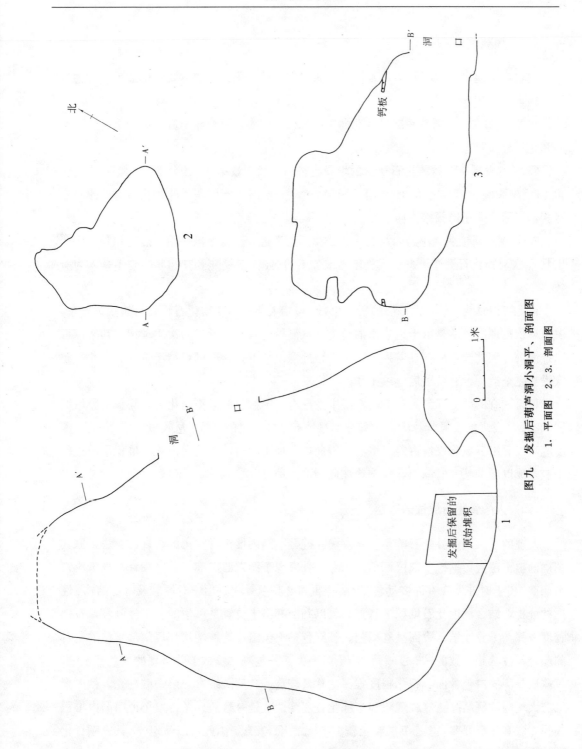

图九 发掘后葫芦洞小洞平、剖面图
1. 平面图 2、3. 剖面图

（三）埋藏性质

根据对洞内自然情况及考古发掘现场的观察，对于化石埋藏方式的形成，应考虑以下诸因素的作用。

1. 整个洞穴，特别是底部呈西北向东南的倾斜形态，影响着丰富的地表水的流动方向和化石分布状态。

2. 考古发掘所揭露的化石层面的堆积走势和产状测量结果，西部北端，倾向 82°，倾角 15°；中段倾向 72°，倾角 19°；南端倾向 79°，倾角 18°。产状所反映的化石层面倾斜走势和洞底西北—东南倾斜方向一致。

3. 发掘结果证明，小洞内没有古人类生活的遗迹、遗物（包括用火痕迹和各类生产工具）。在动物化石上亦未发现人类敲砸或加工的痕迹，其叠压和交错状态也不是人为所致。

由此可以认为，小洞化石层的所有化石，包括人化石和动物化石均呈自然状态分布，洞内堆积的埋藏性质是由于地表水的营力，从洞外进入洞内形成的次生堆积。其来源可以推测为小洞北端可能存在着入口。由于该处洞顶低下和碳酸钙胶结严重，洞穴北端此次没有完全清理，有待以后继续工作。

值得注意的另一现象是，在化石层中发现有一定数量的鬣狗粪化石，局部呈原始堆积状态。而发现的大量骨片中有一部分明显地有动物咬过的痕迹。从咬痕形状、齿形、深度等可以看出，鬣狗咬痕占绝大多数。因此，有理由相信，在洞穴内化石堆积形成过程中或形成以后的某一时间内，鬣狗曾在此洞内活动过。

（四）人颅骨化石层位的确定

发现的 2 具人颅骨化石都是当地农民在挖掘小洞内堆积时挖出的，现已无法复原其精确的出土位置。据挖土农民回忆，I 号颅骨发现于洞穴西南部，II 号颅骨发现于洞穴东侧部。出土时并发现有许多动物化石。根据对 2 具颅骨化石出土时原貌及本身结构、性质的分析，结合洞内化石堆积的特点，可以判断其出土位置是可信的。I 号颅骨，石化程度较深，未曾胶结，表面呈红褐色，被红色粘土包附，这种性质和西南部堆积的化石的颜色及性状是一致的。II 号颅骨，出土时绝大部分包裹在胶结十分坚硬的红色粘土中，仅露出局部的白色骨面，石化程度很深，重量较重，其颅面结有一层碳酸钙壳，颅内聚结有大块碳酸钙结晶，这种现象和东部化石埋藏性状是一致的。考古发掘证明洞内堆积仅第 3 层有化石埋藏，上、下层粘土较纯净，无化石发现。由此可以认定，2 具人颅骨化石均出自小洞第 3 层堆积中，在层位关系上和动物化石属于同一时期。

叁 人化石

小洞出土的人化石材料共 3 件，包括 2 具颅骨和 1 枚牙齿。其中 I 号颅骨保存比较完整。从形态观察，3 件人化石均属直立人化石。

"直立人"（*Homo erectus*）是古人类学上一个种的分类学名称。直立人这个种在世界上有着广泛的分布，它是远古人类演化序列中的一个重要阶段，目前国际古人类学界通用 *Homo erectus* 命名之。与此相衔接，本报告将在南京发现的人化石及北京人等国内有关的直立人化石统一以"直立人"（*Homo erectus*）称之，简称为"南京人"、"北京人"等。

一 I 号颅骨

（一）材料

南京人 I 号颅骨（简称南京人 No. I）化石呈棕褐色，石化程度较深。保存的部位计有：1. 与额骨相连的左颜面和残顶骨，由上颌骨齿槽缘到顶骨残缘长 161.5 毫米；2. 与残枕骨相连的左侧残顶骨，长 64.2、宽 127.3 毫米；3. 残右侧顶骨，长 74.8、宽 52.9 毫米。其中 2、3 两件可以根据各自保留的下段人字缝直接拼接为 1 块。3 件颅骨残件拼接后，包括了部分面颅和大部分脑颅，构成了 1 件比较完整的颅骨（图一〇；彩版四、五、六；图版四、五、六）。

面颅保存部分。眶上圆枕，基本完整，右外侧端稍残。鼻骨，基本完整，右侧鼻翼稍残。颧骨，左侧颧骨完整。上颌骨，左侧上颌骨骨体大部分保存，梨状孔底缘残，第一前臼齿到第三臼齿的齿槽缘部分残缺，内侧门齿到犬齿的齿槽及腭骨缺失。由左侧颧骨、上颌骨和额骨、蝶骨组成的左侧眼眶保存完整，右侧眼眶仅存上内侧壁。

脑颅保存部分。额骨，基本完整，右侧额鳞边缘稍残。顶骨，左侧顶骨保存有前 1/2 和后外侧部与枕骨相连的 2 块，拼接后基本完整，右侧顶骨保存有前 1/3 和与人字缝相连的后外侧壁一部分，2 块无法直接拼接。在额骨与左、右侧顶骨交界处有前囟点小骨存在。蝶骨，左侧蝶骨大翼基本完整，边缘稍残。颞骨，缺失，但左侧顶骨颞缘部位和右

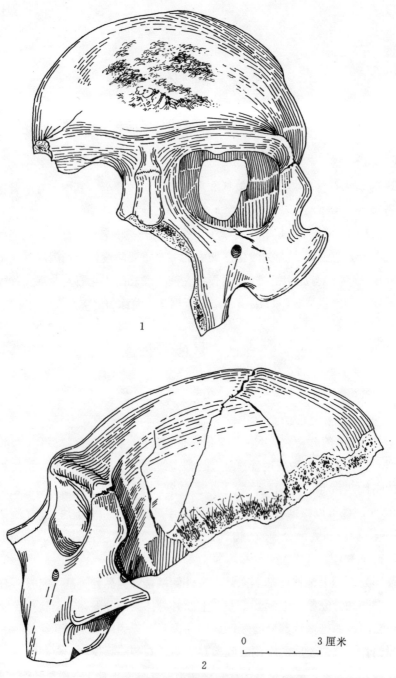

0 　　　　　 3厘米

图一〇　南京人Ⅰ号颅骨 No. Ⅰ

1. 正视　2. 左侧视

侧右外侧顶骨上保存有清晰的颞鳞覆盖痕迹。枕骨，枕鳞上、下部基本完整，枕骨大孔后缘稍残，枕骨基底部缺失。

南京人 No. I 是一件保存比较完整的颅骨，具备复原的基本条件。为了获取更全面的数据和信息，对南京人 No. I 进行了复原。此项研究工作由北京大学考古学系教授吕遵谔承担。南京人 No. I 的各项数据与形态描述及其研究是在化石标本的基础上结合复原模型进行的。

（二）复原

1. 复原条件与比较标本

古人类的研究，需要完整的标本和丰富的资料。以往古人类颅骨化石发现虽然较多，但多数残破。要进行全面研究，就需将残破的颅骨尽可能地拼接、修补和复原。而进行古人类颅骨的复原，首先应具备以下条件。

（1）化石材料必须保存具有主要形态的部分，缺失部位在另一侧应有完整的保存，不能直接拼接的骨骼，残破得越少越好，而且必须有在其他骨骼上或可对比复原的标本上存在能补接的参考特征。

（2）必须拥有同一时代及形态特征相同或相似比较标本和模型。标本尽可能要完整，模型必须准确、可靠，为学术界公认。作比较用的标本除要求完整以外，还要丰富，而且作过详细的研究并有资料及正式论文发表。

（3）收集有关比较标本的论文、资料（包括可靠的测量数值和准确的线图和图版）。

前已述及，南京人 No. I 保存了颅骨中的大部分骨骼，具备复原的基本条件，可以进行复原。

南京人 No. I 保存的骨骼有面颅和脑颅的前部，包括：右侧眼眶内侧壁、鼻骨、左侧眼眶、较完整的左侧上颌骨、完整的颧骨和基本完整的额骨（仅右侧眉嵴外侧和右侧额鳞边缘稍残）、蝶骨大翼部及不完整的左、右侧顶骨（图一〇；彩版四、五；图版四、五）。另有 2 块是：一块单独的但能和枕骨右侧相拼接的顶骨后外侧部，另 1 块是和枕骨相连的左侧顶骨后外侧部（彩版六；图版六）。除上述外，南京人 No. I 的其余部分都缺失。

通过对南京人 No. I 保存部位的形态观察发现，它和北京人颅骨有许多近似的特征，如尺寸的大小、额骨低平的程度、眶上圆枕与枕骨圆枕的走向和形状及枕骨下鳞部的特征等，尤其和北京人 No. Ⅲ、No. Ⅺ、No. Ⅻ 十分相近。在测量数值上二者也较接近（表一）。因此，确定以 5 个北京人颅骨（分别为北京人 No. Ⅲ、No. Ⅴ、No. Ⅹ、No. Ⅺ、No. Ⅻ）作为复原南京人 No. I 比较标本。这些比较标本的模型系胡承志早年制作，现由北京大学考古学系旧石器与古人类教研室保存。

表一　　　　　　　　　南京人 No. I 保存部分和北京人测量值比较　　　　　　单位：毫米

标本　　　　　　测量项目	南京人 No. I	北京人*		
		No. III	No. XI	No. XII
眶上圆枕长	109.5**	100.8	112.0**	116.5
眶后缩窄	90.8	88.5	95.0	95.0
前囟点至左侧顶蝶颞点	78.5	80.5	91.0	90.3
额颞缝宽	11.0	—	—	9.4
枕内隆凸厚	13.0	—	—	14.0
枕外隆凸厚	16.0	—	—	15.0
顶骨后外侧角（左）	14.0	—	—	14.5
枕外隆凸—大孔后缘点长(i-o)	62	—	—	58.0
枕内隆凸—枕外隆凸长	37.0	27.5	34.0	35.0

*　表中北京人数值除最末一项为依 Weidenreich，1943，The Skull of Sinanthropus pekinensis：A comparitive study on a primitive Hominid skull. Palaeontologia Sinica，New Series D. No. 10. p. 41，tab. VIII外，其余皆据模型测得。凡表中引用魏敦瑞材料一律简略称"依"或"引自"Weidenreich，1943。

**　稍有破损。

　　除此之外，国内已发现的一些古人类颅骨化石，在某些形态特征上和南京人 No. I 相近。安徽和县人的眶上圆枕和南京人 No. I 相似，但缺失颜面部分，且整个颅骨比南京人 No. I 硕大，二者的有关测量数值无法对比。同山东沂源人相比，二者的眶上圆枕、眶后缩窄及眶上沟的形状和低凹程度很相似。湖北郧县人先后发现有 2 具较完整的颅骨，形态上也和南京人 No. I 有某些相近的地方，但颅骨的尺寸远大于南京人 No. I，且因颅骨受挤压变形，一些部位的数值无法准确测得。辽宁金牛山人和陕西大荔人，某些性状特征亦有相似的地方，但颅骨硕大，且具有若干进步性质。由于上述标本能够测得的数值较少，或有较多性状与南京人 No. I 不同，所以没有列为复原的对比标本。为了更全面、准确地复原南京人 No. I，将他们作为复原时的参考标本。

　　2. 复原过程与依据

　　在有关资料准备齐全并做出复原方案以后，即着手南京人 No. I 的复原。

　　(1) 面部的复原。因为南京人 No. I 左侧面部保存较好，仅右侧眉嵴外侧端稍残，所以根据左侧完整的眉嵴先复原右侧眉嵴。方法是：先测出眉间点（g）到左侧眉嵴外侧端的长度，然后将右侧眉嵴所缺部分（15.6 毫米）根据左侧的形状、弧度和大小复原。眶上圆枕原残长 93.9 毫米，复原后长为 109.5 毫米。

　　南京人 No. I 除右侧泪骨、鼻翼、左侧梨状孔下缘以下及齿槽缘稍缺以外，左侧的鼻骨、眼眶、颧骨及大部分上颌骨保存完整。因此可以根据左侧的颜面部分将右侧颜面部复原。过程是：先测出左眶颌额点(mf)至眶外缘点(ec)眶宽的距离，再测得由泪囊窝（Fossa sacci lacrimalis)到眶外侧缘与眶宽平行之距离,然后垂直于上述二距离线测出眶的高度。由这三条线控制该眶的宽度和高度,依据左眶的形状和测得的数据将右眼眶复原。

右侧颧骨和上颌骨的复原。因为颧骨和上颌骨参与构成眼眶,而这 2 块骨构成的眼眶部分在复原右侧眼眶时已具雏形,因此,将左侧颧骨的额突、颞突、眶下点至颧颌点(or-zm)的宽度及眶外侧缘中点至额突突起和至颧切迹最凹点距离测出,便可将右侧颧骨准确地复原。

右侧上颌骨的复原。此项复原较复杂。因为南京人 No. I 左侧上颌骨只保存了颌额点(mf)下方和较完整的梨状孔缘及体的大部分。梨状孔的下缘和内侧门齿到犬齿部分的齿槽全部缺失,且第一前臼齿到第三臼齿的齿槽也部分残缺。因此,右侧上颌骨的复原需在左侧上颌骨缺失部分复原以后才能进行。

北京人的上颌骨发现较多(如北京人 No. II、No. V 和 No. VI 的上颌骨),且都为左侧,其保存部分恰好是南京人 No. I 所缺失的部位。如果将南京人 No. I 保留的后齿的残齿槽缘,套印在北京人 No. V 的原大图样(魏敦瑞,1943,图 147)上,二者十分吻合。基于上述原因,以北京人 No. V 的左侧上颌骨为基础,来复原南京人 No. I 左侧上颌骨缺失的部分。方法是:在预先贴于绘图板上的米格纸上绘出一条直线(即正中矢状线),并将魏敦瑞著作中的图 147 反绘其上,使图的内侧缘和正中矢状线重合。再将南京人 No. I 模型的残齿槽缘和颞突对准图中的相应部位,按法兰克福水平位置摆好、固定,但在图和模型的齿槽缘之间要留出事先测好的南京人 No. I 模型的残缺部分和北京人 No. V 牙齿的高度,同时检验模型的鼻尖点(rhi)和顶骨残留的矢状缝尖端点是否垂直于米格纸上的正中矢状直线。此时,可将南京人 No. I 模型用橡皮泥固定,根据投影法依魏敦瑞147 图轮廓并参考北京人的复原头骨模型(魏敦瑞与斯万夫人制作),对缺失部分进行细心的填补复原。齿列部分仅做出雏形,以后细做。梨状孔缺失部分依据孔的左侧壁弧度和上颌体高度进行复原。复原后进行一次校正,特别是左上内侧门齿的内侧点必须与鼻嵴、眉间点垂直,以保证复原的准确性。

因为没有发现北京人的右侧上颌骨,缺乏复原此骨的真实标本依据。根据人类骨骼左右对称的原理,可按已复原的左侧上颌骨来复原右侧部分。方法是:将已有的北京人 No. V 上颌骨正面图样的正中矢状部位和已经复原的南京人 No. I 左侧相同部位对齐,并贴在绘图板上检查两侧是否对称。然后按复原左侧上颌骨的方法将右侧上颌骨连同右侧颧骨一起复原。复原过程中要随时检测,及时调整。

南京人 No. I 腭骨的复原参考北京人头骨模型的腭骨进行复原。

南京人 No. I 上没有发现牙齿,但在同一地层中发现了 1 枚右上第三臼齿。牙齿的长、宽为 10×11 毫米,形态和北京人 No. V 标本的臼齿十分相近。基于南京人 No. I 的总体形态特征和北京人相似,且上颌骨及吻部特征亦相近,参考出土的右上第三臼齿的形态，暂依北京人 No. Ⅴ 的牙齿齿列（第三臼齿则以发掘的标本为依据）来复原南京人 No. Ⅰ 的齿列。方法是：将魏敦瑞著作中 147 图的北京人 No. Ⅴ 半个齿列的正反面各绘一份，将其贴在已复原的南京人 No. Ⅰ 的齿弓上，然后依据图样的形状和特征将牙齿雕出，最后，将已复原完毕的面骨内面，依出土标本的弧度、厚度，修理光平，详细检查。

（2）顶枕部的复原。南京人 No. Ⅰ 有枕鳞上、下部，基底部缺失。大孔的后缘稍有残缺。枕骨的左侧部分尚保存有部分枕乳缝，从保存的部位看，恰在星点（Asterion）处。整个颞骨缺失。枕骨上鳞部的右侧尚保留有一小块人字缝。右侧顶骨残块，保存部位的尺寸与形状和左侧残顶骨一样，也存留有一段人字缝（可与枕骨右侧人字缝相接）和一段顶乳缝，向前保留有与颞鳞相复接的“辐射线”痕迹。右侧的颞骨由此处断掉，2 块顶骨残块内面都保存有角回动脉（Arteries gyri angularis）分枝的相同部位。这些特征部位的保存，确保了南京人 No. Ⅰ 顶枕部的正确复原。

复原枕骨是依据北京人 No. Ⅻ 枕骨标本。由于二者保存部位及形态特征、厚度都相同或相似，如枕骨圆枕形状一致且都是横向延伸，圆枕上部都有向前凹入的圆枕上沟。左侧大脑窝厚度皆为 8 毫米，左侧小脑窝厚度都为 2.5 毫米。枕外隆凸（Protuberantia occipitalis externa）虽然不如北京人 No. Ⅻ 突出，但其厚度却相近，南京人 No. Ⅰ 为 16 毫米，北京人 No. Ⅻ 为 15 毫米。枕内隆凸（Protuberantia occipitalis interna）的厚度也很接近，南京人 No. Ⅰ 为 13 毫米，北京人 No. Ⅻ 为 14 毫米（表一）。另外，枕骨圆枕中段及枕乳缝处的厚度，二者也很接近。所以选择北京人 No. Ⅻ 枕骨作为复原南京人 No. Ⅰ 枕骨的依据。

顶枕骨复原的难度较大，尽管右侧残顶骨和枕骨有小部分人字缝可以拼接，但其上下的高度和向内、外侧突出的程度却不易确定，若上、下位置稍有偏差则会影响到两侧顶骨的对称性，若内、外侧突出程度有异，会影响到两侧顶骨的弧度和与前部顶骨相接的程度，直接影响到脑容量的大或小，若外表顺其自然弧度相拼接，内面可能会出现偏差。同样，内面合适而外面可能会有问题。因此准确地将左侧顶骨残块拼接到枕骨上是十分重要的一个环节。

南京人 No. Ⅰ 左右两块顶骨残片属于相对应的同一部位，而且在顶乳缝前部的终点即颞鳞的起始处都有一大小和形状相同、尺寸一样、向下延伸的小的尖端突起。由于左侧顶骨残片和枕骨相连，根据向下突出的小尖，采用对称法将右侧顶骨残块正确地和枕骨拼接。具体方法是：先在米格纸上绘出正中矢状线，然后将南京人 No. Ⅰ 左侧残枕骨模型的枕骨大孔后缘点（Opisthion）和枕外隆凸点（Inion）对准正中矢状线，加以固定。此时，将模型左侧顶骨的小尖状突起垂直于米格纸，量出距离，画出 A 点。通过正中矢状线将 A 点延伸至右侧，以同等距离画出 B 点。B 点即为右侧顶骨的小尖状突起的位置。再将左侧后外侧顶骨上的角回动脉分枝之交点向米格纸上作一垂点 C，由 C 点通过正中矢状线延伸至右侧之同等距离，定为 D 点。此时便可将右侧后外侧顶骨残块和枕骨的人字缝相拼接，并使小尖对准 B 点。拼接时可调整右侧顶骨残块，使其角回动脉分枝点的垂点重合于 D 点，检查无误后，将右侧顶骨残块和枕骨固定。用此法复原的顶、枕骨是相当准确的。

南京人 No. I 枕骨上、下鳞部都有缺失，需要修补。因其枕骨和北京人 No. XII 枕骨十分相似，所以仍以该标本为依据进行复原。首先顺着两侧顶骨及上鳞部的弧度将上鳞部和部分顶骨复原。在复原的同时，随时将内面多余的修补剂按其弧度修平，使骨壁的厚度和原标本一致。同时依据北京人 No. XII 将人字缝定位（No. XII 此处系复原），依据颅骨的大致年龄，划出该缝形状。考虑到南京人 No. I 枕骨基底部缺失较多，此项复原的后续部分待顶枕骨和颞骨复原后再进行。

至此，面骨包括额骨和部分左右顶骨及部分顶枕骨已复原完毕，成为 2 大块。下一步是将这 2 大块拼对复原。

（3）面部和顶枕部的拼接复原。这一步工作难度较大，因为这 2 大块的顶骨不能直接拼对，要将其准确复原成一个完整的颅骨，确定顶骨的长度最为关键。如果顶骨的长度有误，则直接影响到头长、头宽、头高、周长及脑容积等重要项目的测定，同时也会影响到和前后顶骨相接的弧度以及颞骨的尺寸和形状的变化，影响到对整个颅骨的研究。

通过对南京人 No. I 和 5 个北京人颅骨在形态特征和测量数值上比较发现，南京人 No. I 和北京人 No. III 很接近，如表二。结合前述它们之间在总体形态特征上相同的因素，可将北京人 No. III 作为确定南京人 No. I 顶骨长度的主要比较标本。

表二　　　　　　　　　南京人 No. I 和北京人 No. III 颅骨形态比较　　　　　单位：毫米

标 本 测量项目	北京人 No. III *	南京人 No. I
眶上圆枕长	100.8	109.5
眶上圆枕厚	内侧段 13.0 中 段 12.0 外侧段 12.1	内侧段 13.0 中 段 8.8** 外侧段 12.5
前囟点—颞点长（b-k）（左侧）	79.4	79.3
额骨最小宽（ft-ft）	88.2	90.8
枕外隆凸—大孔后缘点长（i-o）	53.0	62.8
额骨弦长（g-b）	100.0	90.0
额骨弧长（g-b）	110.0	92.5

* 据北京人模型测得。

** 左眶中间段嵴上有一凹，故数据小。右眶中间段厚 11.8 毫米。

　　从表二可知，南京人 No. Ⅰ 和北京人 No. Ⅲ 在前四项与头骨宽度有关的数值上很接近，这意味着二者的头骨宽度非常相近。南京人 No. Ⅰ 眶上圆枕长度（109.5 毫米）和额骨最小宽（90.8 毫米）均稍大于北京人 No. Ⅲ（分别为 100.8 和 88.2 毫米），因而从理论上推断，其头骨的长度应比北京人 No. Ⅲ 头骨长度（188 毫米，魏敦瑞，1934）要略长。北京人 5 个颅骨顶骨矢状弦长为 86～106 毫米，平均 95.2 毫米，北京人 No. Ⅲ 顶骨长为 94 毫米。考虑到南京人 No. Ⅰ 面部和顶枕部拼接复原以后整个颅骨形态的合理性，参照对比北京人 5 个颅骨，特别是北京人 No. Ⅲ 眶上圆枕、最小额宽与顶骨长度的比例，经过多次实验和测量、调整后确定，南京人 No. Ⅰ 顶骨矢状弦长定为 96.4 毫米比较正确。

　　由于南京人 No. Ⅰ 左侧顶骨前、后 2 大块在断茬处无法直接拼对，需做较多的修补。为了复原正确，在复原过程中反复分析、观察并多次拼对。对颅骨各部位的形态，特别是顶部和左、右两侧的弧度进行了反复测量，直到复原后的颅骨能保证其合理性和准确性。复原时先将面部的上齿槽前点（pr）和左侧顶骨保留的矢状缝垂直、重合于预先绘出的正中矢状线上，并加以固定。同时将枕部的枕骨大孔后缘点（o）和枕外粗隆点（i）也重合于正中矢状线上，前、后、上、下调整枕骨的位置，使其和枕骨拼接好的左右侧顶骨残块及枕骨上鳞部的左右及顶骨大部弧度（即缺失处）匀称地相接，最后完成复原。

　　复原后测得，南京人 No. Ⅰ 的头骨长为 189 毫米，比北京人 No. Ⅲ 的头骨长 1 毫米。其顶骨的长度为 96.4 毫米，额骨长 92 毫米，即顶骨长于额骨。一般而言，直立人的额骨长度大于顶骨长度。这和现代人相反。现代人由于脑子发达，容积增加，顶骨隆起，使得顶骨长于额骨。南京人 No. Ⅰ 的这一形态特征和一般直立人不同，似乎是一种特殊现象。但在国内外已发现的直立人颅骨化石中也存在同样的情况。如爪哇直立人 No. Ⅱ 头骨额骨长（n-b）为 90 毫米，小于顶骨长 91 毫米（魏敦瑞，1943，107 页）。安徽和县人颅骨额长 99 毫米（?），小于顶骨长（103 毫米）（吴汝康等，1982）。郧县人 Ⅱ 号颅骨因挤压变形，无法测量顶骨的长度（据李天元告知），因而在研究报告中只发表了额弧长 109 毫米，顶弧长 112 毫米（李天元等，1994）。由于同一颅骨化石的额弧小于顶弧，其额骨长也应小于顶骨长，因此推断郧县人也是额骨短于顶骨。综上可以看出，并不是所有直立人的额骨都长于顶骨。南京人 No. Ⅰ 的复原、检验结果也说明了这一点。

　　（4）颞骨及颧弓的复原。南京人 No. Ⅰ 的颞骨和颧弓缺失，按一般常规无法复原。但万幸的是，其左侧顶骨鳞部保存了颞鳞和该部骨骼复接的"辐射线"状痕迹，左侧顶骨的下后外侧部也有清晰的"辐射线"，其后部边缘为顶乳缝。另外，枕骨的左侧边缘也保存有枕乳缝。左侧翼区部位，尚清晰保留有蝶、额缝和稍残的蝶骨大翼。这些特征为复原颞骨提供了方便。

　　从南京人 No. Ⅰ 保存的颞鳞痕迹可见，颞骨的形状和尺寸基本上和北京人 No. Ⅲ 相似。北京人 No. Ⅲ 颅骨特征，步达生做了详细的研究（Daidson Black，1930）。北京人 No. Ⅲ

颞骨的具体数值在魏敦瑞的著作中有专门记录，同时又有颅骨模型可供参考。据此对南京人 No. I 的左侧颞骨进行了复原。复原后进行了检验。

右侧的颞骨也缺失，但右侧残顶骨的下后外侧部和左侧同一部位相同，而且也保存了颞鳞和其复接的"辐射线"状同样的痕迹，其后也保存有顶乳缝。根据复原的左侧颞骨，用上述同样的步骤将右侧颞骨复原。复原后左右侧颞骨的长、高和长高指数皆在北京人 5 个标本数值之中（表三）。

表三　　　　　南京人 No. I 复原颞骨和北京人颞鳞长、高、长高指数比较　　单位：毫米

项目＼标本	南京人 No. I		北京人*							
			No. Ⅲ		No. V	No. X	No. XI		No. XII	
	左	右	左	右	左	右	左	右	左	
长	72.5	72.5	74.0	72.5	71.5	70.5	62.0	63.0	74.0	
高	35.0	36.6	33.5	33.0	35.0	39.0	35.5	29.0	36.5	
长高指数	48.3	50.5	45.3**	45.5**	49.0**	55.3	57.3	46.0	49.3	

＊　北京人数值引自 Weidenreich，1943，p.44，Tab. Ⅸ。

＊＊　原表中的长高指数，北京人 No. Ⅲ 为 45.5，右为 45.2，No. V 左为 49.3。

南京人 No. I 颅底部大部分缺失，虽参考北京人复原模型的颅底部进行了复原，但仅作参考。

至此，南京人 No. I 复原工作结束，进行最后一次全面测量检验。结果见表四、表五（图一一；图版七）。

表四　　　　　复原的南京人 No. I 和北京人头骨长、宽比较　　单位：毫米

测量项目＼标本	马丁号	南京人 No. I	北京人				
			No. Ⅱ	No. Ⅲ	No. X	No. XI	No. XII
颅骨最大长 g-op(i)	1(2)	189.0	194.0(?)	188.0	199.0	192.0	195.5
眉间和头后点至 FH 垂直间距	1a	187.0	—	184.0	197.5	190.5	193.5
鼻根点至颅后点 n-op(i)	1d	187.0	—	184.0	194.0	185.0	192.0
鼻根点至大孔后缘点 n-o	5(1)	146.7	—	144.0(?)		145.0	147.0
颅后点垂直于 n-o 前段距离	opw	177.4	—	178.0		181.0	182.0
颅骨最大宽 eu-eu	(8¹)W	143.0	—	137.2	143.0	139.8	141.0
耳点间宽 au-au	11	145.0	—	141.0	147.0	143.0	151.0
颞鳞上缘间最大宽	8c	134.0	—	133.0	138.0?	135.0	139.0?
枕骨最大宽 ast-ast	12	111.0	103.0	117.0	111.0?	113.0	115.0
顶结节间宽*		105.0	—	103.0	111.0	108.0	110.0

＊　北京人数值由模型测得，其余皆依 Weidenreich，1943，p.106，Tab. XⅨ。

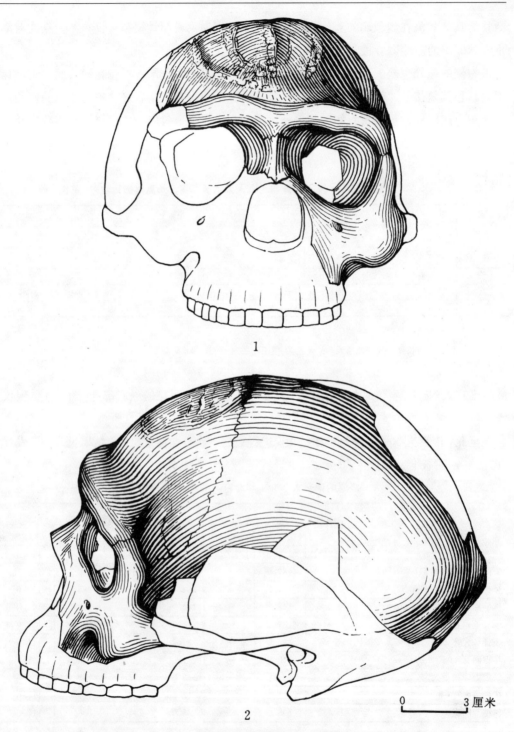

1

2

图一一　南京人Ⅰ号颅骨 No.Ⅰ复原图

1. 正视　2. 左侧视

表五 复原的南京人 No. I 和北京人头骨高度比较 单位：毫米

标本 测量项目	马丁号	南京人 No. I	北京人					复原头骨*
			No. III	No. X	No. XI	No. XII		
大孔后缘点垂直 FH 至颅顶点	19	103.2	105.0?	106.5?	104.0	103.0	—
前囟点垂直左右耳门上点连线	20	92.5	96.5	106.0	94.0	101.5	—
耳门上点—人字点 Po-1	XI B	93.0	91.0	100.0	93.0	93.5	—
颅盖高〔颅顶点垂直于 g-op (i)〕	22a	67.4	71.0	82.0	67.0	74.5	—
颅盖高（颅顶点垂直于 g-l）	22b	45.0	47.0	57.5	45.0	49.5	—
上面高 n-pr	48	76.8	—	—	—	—	77.0
上齿槽突高 ns-pr	48 (1)	25.7	—	—	—	—	25.0

* 由魏敦瑞和斯万夫人复原的头骨模型测得，其余皆依 Weidenreich，1943，p. 107，Tab. XIX，p. 141，Tab. XXXII。

（三）研究

根据对南京人 No. I 标本及复原模型的观察，现将其形态特征描述如下。同时，与国内主要的人类化石标本进行对比。

1. 面颅部分

完整的眶上圆枕和鼻骨、较完整的上颌骨及完好的颧骨组成较为完整的左侧面部，但眶上圆枕外侧端和右侧鼻骨的鼻翼部稍残，右侧面部自梨状孔底缘以下部分和前齿的齿槽缘残破，右侧上颌骨全部缺失。

（1）眶上圆枕。左右两侧眉嵴相连，呈一字形圆枕，眉间部和两内侧端向下弯曲，其弯曲程度比北京人 No. III、No. X、No. XII 较轻，而接近北京人 No. XI。圆枕两外侧端向下向后弯曲，弯曲度很轻，和北京人相近，尤其近似 No. XI 颅骨。但眉间上点（sg）处，比上述 4 个北京人颅骨及和县人颅骨都较隆起，因此显得圆枕更呈一字形。

圆枕的形状和北京人相似，发育程度却不及北京人粗壮而略显纤细。圆枕全长 109.5 毫米，和北京人 No. III 接近，短于其他北京人及和县人，更短于金牛山人和大荔人（图一二）。眶上圆枕的厚度，左眶内侧段、中段和外侧段分别为 13.0、8.8 和 12.5 毫米，右眶为 13.0、10.6 和 12.5 毫米。这种中段薄，外侧段次之，内侧段最厚的特点和北京人 No. III、郧县人 No. I 及金牛山人是一致的。而与北京人 No. X、No. XI 和 No. XII 中段薄、内外侧段厚度相近以及蓝田人及和县人外侧段薄、中段次之、内侧段最厚的情况又不一样（吴汝康，1966、1982）。眶上圆枕厚度数值比较列于表六。

表六　　　　　　　南京人 No. I 和其他古人类颅骨眶上圆枕厚度比较　　　单位：毫米

南京人 No.I	左 眶	内侧段	13.0	郧县人② No.I	左 眶	内侧段	12.4
		中 段	8.8			中 段	11.7
		外侧段	12.5			外侧段	13.1（?）
	右 眶	内侧段	13.0		右 眶	内侧段	14.7
		中 段	10.6			中 段	10.7
		外侧段	12.5			外侧段	—
北京人* No.III	左 眶	内侧段	13.2	沂源人③ No.I	左 眶	内侧段	13.0
		中 段	11.8			中 段	12.0
		外侧段	12.2			外侧段	16.5
	右 眶	内侧段	13.4		右 眶	内侧段	—
		中 段	11.5			中 段	12.0
		外侧段	12.1			外侧段	14.7
和县人① PA830	左 眶	内侧段	19.0	金牛山人	左 眶	内侧段	14.5
		中 段	16.0			中 段	11.4
		外侧段	12.0			外侧段	13.8
	右 眶	内侧段	18.0		右 眶	内侧段	15.2**
		中 段	17.0			中 段	12.2**
		外侧段	13.0			外侧段	14.5

① 数值引自吴汝康等，1982，《安徽和县猿人化石的初步研究》，《人类学学报》第 1 卷第 1 期 4 页。

② 引自李天元等，1994，《湖北郧县曲远河口人类颅骨的形态特征及其在人类演化中的位置》，《人类学学报》第 13 卷第 2 期 106 页。

③ 引自吕遵谔等，1989，《山东沂源猿人化石》，《人类学学报》第 8 卷第 4 期 306 页。

* 数值由模型测得。

**　骨表皮稍残。

　　眶上圆枕不见眶上孔（Foramen supra-orbitale）和泪腺窝（Fossa glandulae lacrimalis），眶上缘近内侧处两侧都有额切迹（Incisura frontalis）。这些特征和北京人、和县人、沂源人及金牛山人相同。在两眶上缘偏内侧处，各有一明显的眶上突（图一一；图版五，1），北京人 No. III 不明显，No. XI 该处虽稍残，但尚能看出似有眶上突的残迹。No. XII、No. X 的右眶（左眶残）都有明显的眶上突，且比南京人 No. I 较发育。不同的是，北京人眶上突的位置稍偏向外侧，位于眶的中部。和县人的左眶不见此特征，右侧眶上突很微弱。沂源人的左眶（右眶此处残）和金牛山人的两眶在和南京人 No. I 同样的位置处也有眶上突，其发育程度和南京人 No. I 相似。由于眶上突的存在，而使额切迹显得较深窄，其程度和北京人及金牛山人相近。

南京人 No.Ⅰ右侧眼眶残破较重,左侧眼眶保存较完整。由额骨组成的眶上壁和由颧骨组成的眶外侧壁都较完好。大翼(Ala major)大部分保存,眶上裂(Fissura orbitalis superior)大部缺失,泪骨保存不佳,眶板(Lamina orbitalis)缺失,眶面(facies orbitalis)较全,眶下沟(Sulcus infra-orbitalis)尚存。形态观察和蓝田人及北京人一样,不见泪腺窝。由于眶上圆枕横直,故两眶呈平置的圆角方形,和北京人复原头骨一样,和金牛山人及大荔人两眶外侧稍向下倾斜不同。左眶宽(mf-ec)42.0、高33.0毫米,复原后的右眶宽、高相同。有关眼眶的测量值比较见。

表七　　　　　南京人 No.Ⅰ复原颅骨和北京人复原颅骨眼眶宽、高测量*　　　单位:毫米

测量项目 标　本	眶宽Ⅰ mf-ec		眶宽Ⅱ la-ec		眶高Ⅰ		眶高Ⅱ		两眶宽
	左	右	左	右	左	右	左	右	ec-ec
南京人 No.Ⅰ	42.0	42.0	39.0	39.0	33.0	33.0	32.0	32.0	94.0
北京人复原颅骨	44		40		36		—		—

测量项目 标　本	前眶间宽 mf-mf	后眶间宽 la-la	眶间宽 d-d	中眶间宽 or-or	两眶内宽 fmo-fmo
南京人 No.Ⅰ	18.0	20.0	22.5	70.0	98.0
北京人复原颅骨	25.0	30.0	—	—	111.0

　*　北京人复原颅骨数值引自 Weidenreich,1943,p.141,Tab.XXXⅡ。

(2)鼻骨。和额骨、上颌骨相接,保存基本完整,仅右侧鼻翼稍残。额鼻缝(Nasofrontal suture)清晰,呈稍向上弯曲的弧线型。额上颌缝、额泪缝和泪上颌缝稍显模糊。鼻骨的形状很特殊(图一三,1)。鼻骨上宽10毫米,最小宽在中部稍上处,为8.2毫米,最宽处在鼻尖点上6毫米处,宽13毫米;外侧缘长17毫米(直线距离);鼻中缝位置处是1条很浅的沟;鼻根点下凹;鼻梁下凹的弧度很深(图一三,2;图版四,2)。鼻梁呈狭窄的嵴形,鼻尖朝向前上方。

北京人 No.Ⅲ的鼻骨上宽17.3、最小宽为17、外侧缘长23毫米(魏敦瑞,1943,72页),鼻骨下部虽然残破不能测得准确的数值,但根据复原头骨看,鼻骨呈上下宽度相似的亚腰长方形,鼻根点不很下凹,鼻梁下凹弧度较小且不呈嵴状,均和南京人 No.Ⅰ有明显的区别。

南京人 No.Ⅰ由眉间点到鼻尖点的弦长31.0、弧长34.0毫米,由弦到鼻中缝最大垂直距离为7.0毫米,鼻梁弦弧指数为91.2,扁平指数为22.6。北京人复原颅骨前三项数值分别为29.0、30.0和3.0毫米,据复原模型测得弦弧指数为96.7,扁平指数为10.3。由测量数值看,北京人的鼻梁较平缓,南京人 No.Ⅰ的鼻梁下塌程度远大于北京人。用同

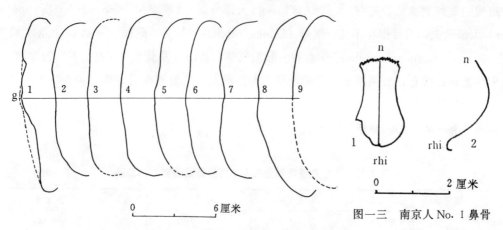

图一二　南京人 No. I 和主要古人类颅骨眶上圆枕、眉间隆凸比较

　　1. 蓝田人　2. 北京人 No. Ⅲ　3. 北京人 No. Ⅺ　4. 北京人 No. Ⅻ

　　5. 北京人 No. Ⅹ　6. 南京 No. I　7. 和县人　8. 大荔人　9. 马坝人

图一三　南京人 No. I 鼻骨

1. 正视　2. 侧视

样的方法测量了时代比南京人 No. I 早的蓝田人和时代比南京人 No. I 稍晚的金牛山人、大荔人，数值表明他们的鼻梁也比南京人 No. I 平缓。数值列入表八。

表八　　　　　　　　南京人 No. I 和其他古人类颅骨鼻骨下塌程度比较*　　　单位：毫米

标　本 测量项目	南京人 No. I	北京人	蓝田人	金牛山人	大荔人
眉间点—鼻尖点弦长	31.0	29.0	37.0*	29.2	29.5**
眉间点—鼻尖点下凹弧长	34.0	30.0	40.0*	32.0	32.0**
鼻中缝—弦（g-rhi）最大垂直距离	7.0	3.0	9.0	6.4	6.3
鼻梁弦弧指数	91.2	96.7	92.5	91.3	92.2
鼻梁扁平指数	22.6	10.3	24.3	21.9	21.4

　　*　除南京人和金牛山人以外，其余数据皆由模型测得。

　　**　鼻尖处稍残。

　　鼻骨扁平指数愈大，或弦弧指数越小，则表示鼻梁向内弯曲的程度越深。由表八的测量数值看鼻梁的下凹程度，南京人 No. I 和金牛山人相近，蓝田人、大荔人则稍直，北京人鼻梁的下凹程度最弱。无论是形态观察还是测量数值，都说明南京人 No. I 的鼻梁较窄，鼻尖向前上方突出，直观形象显得鼻梁很凹，鼻尖上翘。有关鼻骨的其他测量数值列入表九。

测 量 项 目	马丁号	南京人 No. I	北京人
鼻宽	54	28.2	30.0
鼻骨最大宽	57（1）	19.0	18.0
鼻高 n-ns	55	49.4	52.5
鼻骨最小高 ss *		3.0	1.5
鼻骨最小宽 sc	57	8.2	14.0（C17.0）
鼻骨上宽	57（2）	10.0	18.0（17.3）
鼻骨外侧缘长	56（2）	17.0	22.0（23.0）

表九　　　　　　　　　　南京人 No. I 和北京人鼻骨比较　　　　　　单位：毫米

* 除此项测自复原头骨模型外，其他北京人各项数值皆引自 Weidenreich，1943，p. 142。（ ）内数值引自 Weidenreich，1943，p. 72。

（3）颧骨。左侧颧骨保存完好，与额骨、蝶骨及上颌骨相连，组成完整的左眼眶。右侧颧骨缺失。从形态上观察，该颧骨和复原的北京人颅骨的颧骨无论形态还是大小都极为相似。北京人的颧骨只发现 3 件且都不完整。现以北京人 No. XII 头盖骨左侧额突和属于 No. X 的颧骨作比较。南京人 No. I 颧骨的额颧缝十分清晰，额突宽 11.3 毫米，颧额切迹（Incisura zygomaticofrontalis）不明显，不似北京人复原颅骨那样稍弯曲。额蝶突（Fronta sphenoid process）显著突出，宽 19 毫米，比北京人 No. XII（16.7 毫米）、金牛山人（14 毫米）和大荔人（13 毫米）都宽。颞突在颧颞缝（Suture zygomaticotemportalis）处断裂，该缝向后倾斜，长 12.7 毫米。颞突较薄弱，厚 2～5、宽 12.7 毫米。颧颞切迹（Incisura zygomaticotemportalis）角度较小，因而比蓝田人、北京人、金牛山人和大荔人都深窄（表一〇）。

表一〇　南京人 No. I 复原颅骨和其他古人类颅骨左侧额蝶突和颧颞切迹比较*　单位：毫米

测 量 项 目		南京人 No. I 左	北京人 No. XII 左	蓝田人 右	大荔人 右
额蝶突宽		19.0	16.7	13.5	13.0
颧颞切迹	宽	14.5	18.3	25.5	16.0
	深	7.0	5.0	6.0	5.0

* 除南京人以外，其余皆由模型测得。

南京人 No. I 的颧骨结节（Tuber malare）明显，但发育程度不及北京人、金牛山人和大荔人。颧颌缝（sutura zygomaticomaxillaris）有一定程度的愈合。鼻颧角为 145°。

颧骨体的颧面较平，不很粗糙，由眶下缘至咬肌缘（Masseteric margin）高 28 毫米（北京人为 31.5 毫米），颧高，即由颧额缝最外侧点（fmt）到颧颌点（zm）为 55 毫米。

据魏敦瑞估计，北京人颧骨高约 65 毫米 (Weidenreich，1943，p. 83)，但他后来复原的北京人颅骨的颧骨高度约为 51.0 毫米，二者相差甚大，可能是魏敦瑞原先估计高了。

南京人 No. I 的颧面不见颧面孔 (Foramen zygomaticofaciale)，但北京人的颧骨却有此孔。颧面朝向前方，颧弓由向外侧转向后方并以一定的曲度向下弯曲。这种情况和北京人相似，颧侧角为 107°，北京人为 106°，二者相近。用与魏敦瑞同样的方法测得的颧面倾角为 50°，亦和北京人的相同（图一四）。

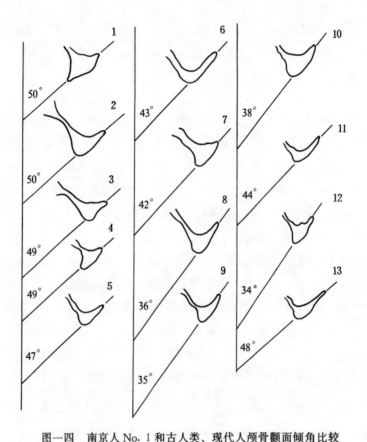

图一四　南京人 No. I 和古人类、现代人颅骨颧面倾角比较
1. 北京人 No. XI　2. 南京人 No. I　3. 金牛山人　4. 马坝人　5. 柳江人
6. 山顶洞人（103）　7. 大荔人　8. 山顶洞人（101）　9. 山顶洞人（102）
10. 西周时期人　11. 战国时期人　12、13. 现代中国人

由图一四可看出不同人群在颧面倾角上的变化是很明显的。角度愈大，则颧骨愈朝向前方。颧骨朝向前方是蒙古人种的主要特征。北京人（50°）、南京人 No. I（50°）和现代的爱斯基摩人（阿拉斯加，57°）颧面都向前方，具有明显的蒙古种特征。而不具有蒙古人种特征的新苏格兰人和现代欧洲人的倾角很小，皆为 30°，非洲的罗得西亚人颧面

倾角仅 29°。著者测量了在国内发现的古人类头骨和西周、战国及现代人的头骨,所测颧面倾角的数值在 33.5°～50°之间,其中化石人头骨平均为 44.6°,现代人头骨平均是 35.8°(表一一)。从平均数看,似乎可以说化石人的颧面倾角比现代人的要大。化石人的蒙古人种成分更多,而现代人则较少。这种差异似乎是和全新世后人类基因交流增多有关。若从个体考虑,则现代人最大的颧面倾角也高达 48°,接近北京人和南京人。而化石人类中如山顶洞 101 和 102 号头骨的角值却又和现代人相近,看不出化石人和现代人蒙古人种成分的差异。由于所测的颅骨(化石人和现代人)数量不多,正确的解释尚待于更多的发现和研究。

表一一　　　　　　　　　南京人 No. Ⅰ 复原颅骨颧面倾角比较*　　　　单位:度

标　本	角度	标　本	角度	标　本	角度
黑猩猩	84°	北京人	50°	西周时期人	38°
大猩猩	70°	南京人	50°	战国时期人	44°
爱斯基摩人(阿拉斯加)	57°	金牛山人	49°	现代中国人(1)	48°
爱斯基摩人(格陵兰)	55°	马坝人	约49°	现代中国人(2)	42.5°
猩猩	52°	柳江人	47°	现代中国人(3)	42°
新苏格兰人	30°	山顶洞人(103号)	43°	现代中国人(4)	40°
欧洲人	30°	大荔人	42°	现代中国人(5)	35°
美兰尼西亚人	30°	山顶洞人(101号)	36°	现代中国人(6)	34°
罗德西亚人	29°	山顶洞人(102号)	35°	现代中国人(7)	33.5°

　* 左栏及北京人数值引自 Weidenreich, 1943, Plate XLVI, Fig. 166。

　　(4)上颌骨。右侧上颌骨全部缺失。左侧保存了上颌骨体的大部分,鼻前棘(Spina nasalis anterior)包括梨状孔下缘至中门齿到犬齿齿槽突(Processus alveolaris)和第一前臼齿到第三臼齿的齿槽缘残缺。梨状孔(Apertura piriformis)底缘稍残。从形态观察,其泪前嵴(Crista lacrimalis anterior)不明显,不见泪沟(Sulcus lacrimalis),在眶中部稍偏外侧距眶下缘 6.5 毫米处有眶下孔(Foramen infra-orbitale),该孔在现代人中一般是眶中部稍偏向内。在相当于第一、二前臼齿的位置处,齿槽轭(Juga alveolaria)和犬齿窝(Fossa canina)极为明显。其前部的齿槽虽残破,但由现代人犬齿和门齿位置处齿槽轭最发育看,南京人 No. Ⅰ 的门齿和犬齿也应十分发育,故犬齿窝也较明显。眶下沟(Sulcus infra-orbitalis)基本完整,但眶面(Facies orbitalis)却部分破碎。

　　北京人的上颌骨保存较好的有 3 件(No. Ⅲ,No. Ⅴ 和 No. Ⅵ),且都是左侧的。其中北京人 No. Ⅲ 和 No. Ⅴ 都有颧突(Processus zygomaticus)和颧切迹(Incisura malaris)或颧颌切迹(Incisura zygomaticomaxillae),形态特征和南京人 No. Ⅰ 十分相似,且更多地保

存有完整的齿槽和牙齿。南京人 No. I 的颚切迹保存很完整，宽13、深3毫米，北京人No. Ⅲ宽12、深6毫米，No. V宽14、深5毫米（据 Weidenreich，1943，Fig. 143 和 Fig. 149 测得），蓝田人和金牛山人不见此切迹，现代人多数不见此切迹，少数虽有但也很弱。

上颌骨的齿槽缘和牙齿及腭骨全部缺失，参考北京人 No. Ⅲ、No. V 和 No. Ⅵ 复原了缺失部分，仅将复原后的尺寸和轮廓作一简单记述。

由于直立人牙齿比较粗大，尤其是门齿和犬齿的牙根硕壮且向后弯曲（据对沂源人门齿和犬齿的观察），因此其上齿槽前点（pr）部位明显向前突出，而且牙槽突也很发育。齿弓呈马蹄形，最宽处在两第二臼齿间，即上颌齿槽弓宽（ecm-ecm）为70毫米，长（pr-alv）为64毫米，齿槽弓后宽67.2毫米，齿槽弓前宽（第一前臼齿处）46毫米。关于腭的长、宽数值也都和北京人复原头骨接近（表一二）。

表一二	南京人 No. I 复原颅骨上颌骨及腭骨测量比较		单位：毫米
测　量　项　目	马丁号	南京人　No. I	北京人*
上颌齿槽弓长（pr-alv）	60	64.0	64.0
上颌齿槽弓宽（ecm-ecm）	61	70.0	71.0
齿槽弓后宽	61（1）	67.2	66.0
齿槽弓前宽（第一前臼齿前缘）	61（2）	46.0	46.0
腭长（ol-sta）	62	53.0	52.0
腭宽（enm-enm）	63	41.0	39.0
腭高或腭深	64	8.7	12.0

*　北京人复原头骨数值引自 Weidenreich，1943，p. 142，Tab. XXⅪ。

2. 脑颅部分

保存有额骨、顶骨和枕骨，其他部分皆缺失。

（1）额骨。基本完整，仅右侧鳞部和眶上圆枕右外侧端稍残。在面颅部分已描述了眶上圆枕的正面观，其特征是眉间区下凹的程度很弱，这是我国目前所知直立人及古智人眉间区凹陷最弱的一例，由此圆枕上沟也显得较平直。从上面观，眶后区很窄，额鳞两侧最短径为85毫米，眶上圆枕长109.5毫米，眶后缩窄指数为77.6毫米，北京人 No. Ⅲ、No. V 和 No. Ⅻ 分别为80.7、82.9和81.2毫米（Weidenreich，1943），和县人为91毫米（吴汝康等，1982），大荔人为85.1毫米（吴新智，1981）。所以南京人 No. I 的眶后区比北京人狭窄，比和县人和大荔人的尤为显著。

额骨由中心向两侧呈缓弧状过渡，但在额骨中心周围布满小的骨隆起，这些小的皱瘤和隆起组成了4条棱嵴。第一条起自左侧额结节处，前端微隆凸，向后通过冠状缝延至顶骨。棱嵴表面光平,宽约 10 毫米左右。第二条棱嵴起自眉间点后 19 毫米处,向右外侧呈弧形延至额结节处扭转向后,至冠状缝后 17 毫米处中断,并在此处聚成一 17×25 毫米不规则形隆起。该棱嵴宽约 10 毫米,嵴面光平。这条棱嵴和第一条棱嵴略呈左右对称状。第三条棱嵴起自两额结节中间处,顺着额中缝延至前囟点处。棱嵴长 45、宽 12 毫米左右,表面杂以数道横向条形浅沟和瘤状隆起,使该嵴凹凸不平,从而使矢状嵴不甚明显。第四条棱嵴起自距左侧眶缘中内侧向后 28 毫米,即额结节前部,紧挨着第二条棱嵴后面向外侧呈弧度延伸,并在第二、第三条棱嵴中间直延至冠状缝。它前窄后宽,最宽处达 16 毫米,表面有众多的横向条形浅沟和不规则的皱瘤,在该棱嵴的前段距眉间点 36 毫米处,隆起较高且表面光平(图版五,1)。上述额骨表面大片的皱瘤骨隆起现象,在我国已发现的直立人额骨上是首次见到,应属于一种骨质病变。这种病态现象可能和骨膜炎症引起的骨外板受溶蚀、损伤有关,也不排除由梅毒病症(Syphilis)导致骨外板损伤而形成的可能性。Takao suzuki 对梅毒症做过详细的研究,在其著作(1984)的图版(4.1:a)图中可以看出因梅毒而伤害额、顶骨骨板的现象,其特征和南京人 No. Ⅰ 的几乎完全相同。如果能确定南京人 No. Ⅰ 颅骨病变和梅毒症有关,则应是世界上最早的梅毒病例。是否如此尚待专门研究。

北京人的额骨上有极为明显的矢状嵴,矢状嵴的两侧额骨横向不呈缓弧状,稍平凹,呈两面坡屋顶形。南京人 No. Ⅰ 矢状嵴的左侧也显得平凹,特征接近北京人,但由于第一条棱嵴的存在,又和北京人不完全一样。由于矢状嵴右侧额骨表面有第四条棱嵴存在,使原来和矢状嵴左侧平面相对称的额骨表面显得较为隆起,和北京人同一部位的形态也不相同。

南京人 No. Ⅰ 额骨的另一特点是,在额骨和左右顶骨相接处,有一前囟点小骨(图一五;图版五,1)。有关前囟点小骨的描述见下文顶骨部分。

如果从额骨顶视,南京人 No. Ⅰ 的眉间区十分向前凸出。若由左右两眉嵴最突出的眶缘作一切线则可测到眉间点距切线凸出或凹入的程度。南京人 No. Ⅰ 眉间部向前凸出约 2.5 毫米,和蓝田人(蓝田人头骨骨表面剥蚀很重,复原后测得)相近,和北京人 No. Ⅲ、No. Ⅹ、No. Ⅺ、No. Ⅻ 比较,只有 No. Ⅹ(根据模型测)与 No. Ⅻ(Weidenreich,1943,Plate XXXIV)稍微凸出,接近南京人 No. Ⅰ。而和县人和大荔人眉间部都凹入,马坝人则基本平齐(图一二)。

从侧面观察,眉间隆突明显向前突出,鼻根点(n)到眉间上点(sg)弦长 21.0、弧长 25.0 毫米,眉间曲度指数为 84.0。这一数值落入北京人 5 个头骨数值范围(78.6~89.3)之内,与其平均值(84.9)十分接近。从个体看,则和北京人 No. Ⅻ(87.5)相近(表一三;图一六)。眉间曲度指数的接近说明眉间的粗壮程度和北京人也相似,而远弱于蓝田人。与和县人(鼻根点已缺失,但根据吴汝康 1982 年给出的鼻根点到前囟点的数

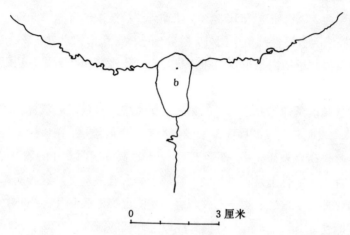

0   3厘米

图一五　南京人 No. Ⅰ 前囟点小骨和冠状缝及矢状缝前囟段的连接状况

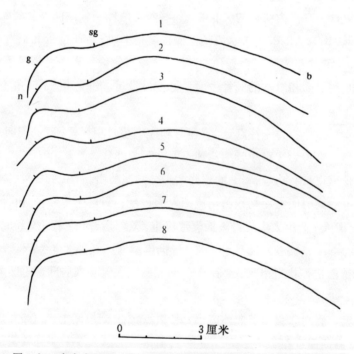

0   3厘米

图一六　南京人 No. Ⅰ 和主要古人类颅骨眉间曲度、脑部曲度比较
1. 蓝田人　2. 北京人 No. Ⅲ　3. 北京人 No. ⅩⅠ　4. 北京人 No. ⅩⅡ
5. 北京人 No. Ⅹ　6. 南京人 No. Ⅰ　7. 和县人　8. 大荔人

单位：毫米

表一三　南京人 No. I 复原颅骨和其他古人类颅骨额骨眉间区及脑部的测量和指数比较

测量项目	北京人 [1] No. I	No. II	No. X	No. XI	No. XII	个体数 (n)	离差 (R)	平均值 (X̄)	标准差 (S)	南京人 No. I	蓝田人 [2]	和县人 *	大荔人 *	马坝人 *
鼻根点－眉间上点弦长 (n-sg)	22.0	22.0	25.0	21.0	28.0	5	21~28	23.6	2.88	21.0	33.0	30.0	28.0	24.0
鼻根点－眉间上点弧长 (n-sg)	28.0	25.0	28.0	26.0	32.0	5	25~32	27.8	2.68	25.0	37.0	37.0	35.0	33.0
眉间上点－前囟点弦长 (sg-b)	82.5	83.0	94.0	89.5	88.0	5	82.5~94	87.4	5.03	73.0	86.0	75.0	95.5	—
眉间上点－前囟点弧长 (sg-b)	93.0	88.0	96.0	97.0	91.0	5	88~97	93.0	3.67	76.0	88?	80.0	100.0	—
眉间曲度指数	78.6	88.0	89.3	80.8	87.5	5	78.6~89.3	84.9	4.80	84.0	89.2	81.1	80.0	72.9
脑部曲度指数	88.8	94.3	98.0	92.3	96.7	5	88.8~98.0	94.0	3.65	96.1	97.7	93.8	95.5	—

① 数值引自 Weidenreich, 1943, p. 107, Tab. XⅨ.

② 数值引自吴汝康，1966，《陕西蓝田发现的猿人头骨化石》，《古脊椎动物与古人类》第 10 卷第 1 期第 4 页. 原表眉间曲度指数为 89.0。

* 均由模型测得。

值，可估计出鼻根点到眉间上点的距离）、大荔人和马坝人相比较，虽然南京人 No. Ⅰ 眉间部的弦和弧的绝对数值都比三者为小，但眉间指数却都高于它们，表明南京人 No. Ⅰ 的眉间相对高度大于和县人和大荔人，更大于马坝人。

南京人 No. Ⅰ 额骨的最小额宽（ft-ft）为 90.8 毫米，落入 5 个北京人颅骨测量数值范围（81.5～91 毫米），而接近其上限（北京人 No. Ⅻ，91 毫米），小于蓝田人（92 毫米）与和县人（93 毫米）。最大额宽（co-co）为 101 毫米，接近北京人测量数值的下限（北京人 No. Ⅲ，101.5 毫米），小于蓝田人（109 毫米）与和县人（118.4 毫米）。这一数值说明南京人 No. Ⅰ 额骨宽度在北京人变异范围之内，其原始性质也和北京人相似（表一四）。

南京人 No. Ⅰ 的额骨相当扁平。由眉间上点（sg）到前囟点（b）弦长 73、弧长 76 毫米，脑部曲度指数为 96.1。这一指数落入 5 个北京人颅骨数值范围（88.8～98.0）之中，并大于其平均值（94.0）；与蓝田人（97.7）也较接近，而比和县人（93.8）稍大。这一数值表明南京人 No. Ⅰ 额骨的扁平程度和北京人相近，说明其额骨前脑部分的原始程度约与北京人相当，而较和县人略显原始。

南京人 No. Ⅰ 额骨低平且明显向后倾斜，现用有关测量数值和北京人比较。由前囟点垂直于法兰克福水平线（b-FH）的距离，南京人 No. Ⅰ 为 93 毫米，北京人 No. Ⅲ、No. Ⅹ、No. Ⅺ 和 No. Ⅻ 分别为 94、104、94 和 100 毫米（据 Weidenreich, 1943, Fig. 181～184 所测），反映了二者额骨的高度相近似，这一点由图一七也可显示出来。其他有关数值列入表一五。

由表一五可知在 5 项额骨的高度测量中，1、3 两项，南京人 No. Ⅰ 的绝对数值均在北京人数值范围之内，而 2、4、5 三项则皆低于北京人，表明南京人 No. Ⅰ 额骨的低平程度和北京人相似或较低。

从和额骨有关的角度测量，也可说明该骨的扁平情况。有关角度的测值列入表一六和图一八、一九。表一六中的 1～5 项，南京人 No. Ⅰ 的数值，均落入北京人数值范围之内，反映其额骨的扁平程度和北京人相似。1、3 两项与和县人相同或相近，而与大荔人相去甚远。

将南京人 No. Ⅰ 的正中矢状剖面图（图一七），套叠在北京人 No. Ⅲ、No. Ⅹ、No. Ⅺ 和 No. Ⅻ 的正中矢状剖面图上，可以明显地看出头盖骨的相似程度，尤其是额骨部位（n-b）都低于北京人（图一七）。

上额骨的形态及其宽、高和角度测量数值的分析结果，明显表明南京人 No. Ⅰ 的额骨和北京人相似，甚至于还要原始些。

南京人 No. Ⅰ 额骨骨壁的厚度，眉间处为 21.0 毫米，眶上圆枕中段 10.6 毫米，内侧段 13.0 毫米，额鳞中心 6.0 毫米。测量数值列入表一七。测量结果表明，多项绝对数值

表一四　　南京人 No. I 复原颅骨和其他古人类颅骨额骨宽度比较

单位:毫米

测量项目	马丁号	北　　京　　人[①]					测量数值统计				南京人 No. I	蓝田人[②]	和县人[③]
		No. II	No. X	No. XI	No. XII		个体数 (n)	离差 (R)	平均值 (X̄)	标准差 (S)			
最小额宽 (ft-ft)	9	81.5	89.0	84.0	91.0		5	81.5~91	85.9	3.53	90.8	92.0	93.0
		84.0?											
最大额宽 (co-co)	10	101.5	110.0?	106.0	108.0		5	101.5~110?	106.7	2.89	101.0	109.0?	—
		108.0?											

① 引自 Weidenreich, 1943, p. 106, Tab. XIX。
② 引自吴汝康, 1966, 4 页。
③ 引自吴汝康, 1982, 7 页。

表一五　　南京人 No. I 复原颅骨和其他古人类颅骨额骨高度比较　　单位：毫米

顺序号	测量项目	马丁号	北京人*					测量数值统计				南京人 No. I
			No. I	No. II	No. X	No. XI	No. XII	个体数 (n)	离差 (R)	平均值 (X̄)	标准差 (S)	
1	前囟点—耳门上点 b-po	20	—	96.5	106.0	94.0	101.5	4	94.0~106.0	99.5	5.34	96.0
2	前囟点垂直 g-op(i)	bh¹w	78?	68.0	80.0	66.0	72.5	5	66.0~80.0	72.9	6.09	62.0
3	颅顶点垂直 g-l	22b	57??	47.0	57.5	45.0	49.5	5	45.0~57.5	51.2	5.75	45.0
4	前囟点垂直 n-o	bh²w	—	89.0	97.0**	90.0	95.0	4	89.0~97.0	92.7	3.86	82.5
5	颅顶点垂直 n-o	vhw	—	103.0***	106.0**	100.0	101.0	4	100.0~106.0	102.5	2.65	99.0

* 北京人数值引自 Weidenreich, 1943, p. 107, Tab. XIX。

** 原著表中此项空白，据原著者 182 图测得数值。

*** 原著表中此项为 103 毫米，但据 181 图实测为 100.3 毫米。

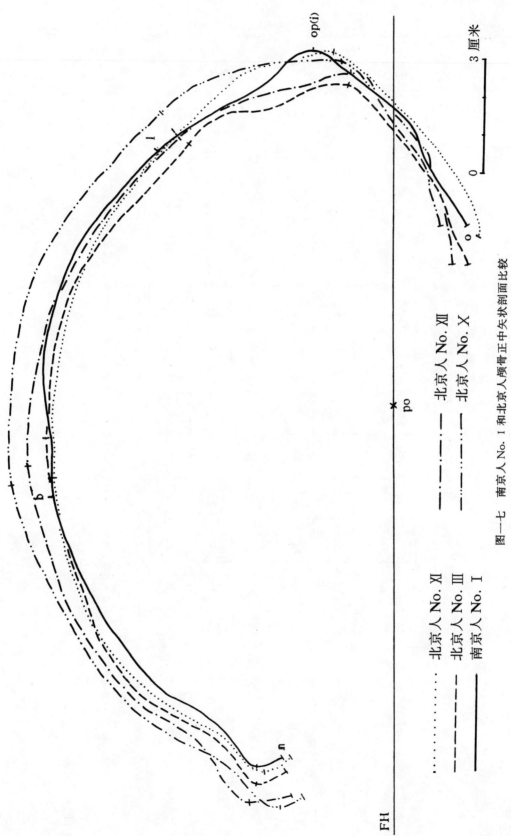

图一七 南京人 No. I 和北京人颅骨正中矢状剖面比较

北京人 No. XI ....
北京人 No. III ----------
南京人 No. I —————

北京人 No. XII —··—··—
北京人 No. X —···—···—

表一六　南京人 No. I 复原颅骨和其他古人类顶骨额骨角度比较

单位：度

序号	测量项目	马丁号	北京人①									南京人 No. I	和县人②	大荔人③
			No. I	No. II	No. X	No. XI	No. XII	个体数 (n)	离差 (R)	平均值 ($\overline{X}$)	标准差 (S)			
1	额角[m-g-op(i)]	32, a	—	62°	63°	61°	56°	4	56°~63°	60.5°	3.11°	58°	58°	72°
2	额倾角 I[b-n-op(i)]	32, 1	45°?	44°	46.5°	42°	44°	5	42°~46.5°	44.3°	1.64°	46°	—	54°
3	额鳞倾角[b-g-op(i)]	32, 2	45°?	42°	45°	38°	42.5°	5	38°~45°	42.5°	2.87°	43°	41°	50°
4	眉间倾角[sg-n-op(i)]	32, 3	—	73°	70°	55°	65°	4	55°~73°	65.8°	7.89°	68°	—	—
5	额骨曲度角 I (m-n-b)	morant	18°	22°	21°	24°	16°	5	16°~24°	20.2°	3.19°	20°	—	—

① 数值引自 Weidenreich, 1943, p. 109, Tab. IX。
② 数值引自吴汝康等，1982，7 页。
③ 数值引自吴新智等，1981，《陕西大荔县发现的早期智人古老类型的一个完好头骨》，《中国科学》第 2 期 204 页。

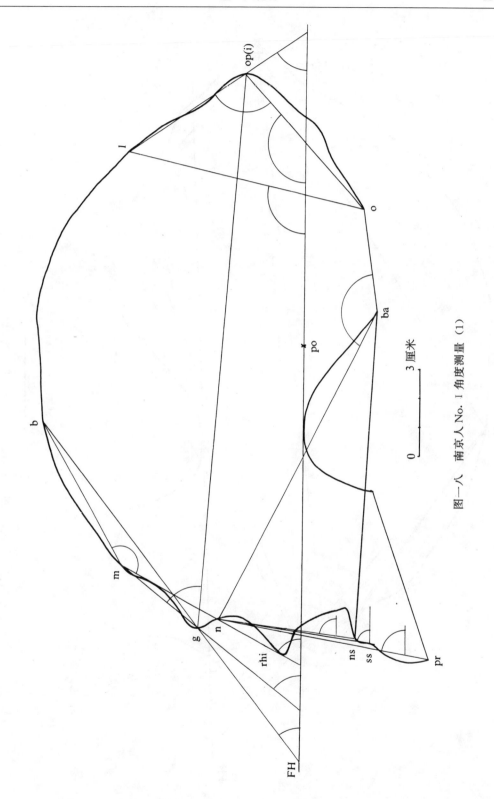

图一八 南京人 No. 1 角度测量 (1)

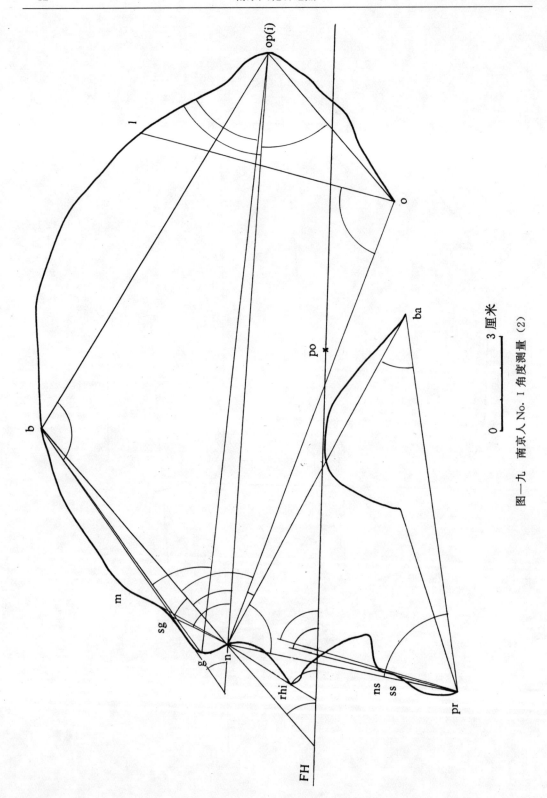

图一九　南京人 No. I 角度测量 (2)

表一七 南京人 No. I 复原颅骨和其他古人类颅骨各部位厚度比较*

单位：毫米

骨别	测量位置	北京人						测量数值统计				南京人 No. I	蓝田人
		No. I	No. Ⅲ	No. Ⅵ	No. X	No. ⅩⅠ	No. ⅩⅡ	个体数 (n)	离差 (R)	平均值 (X̄)	标准差 (S)		
额骨	1. 眉间	20.0	23.0	—	23.0	18.7	22.0	5	18.7~23.0	21.3	1.92	21.0	24.0
	2. 眶上圆枕 a. 内侧段	14.2	13.5	—	12.6	14.0	17.0	5	12.6~17.0	14.3	1.65	13.0	17.0
	b. 中段	14.0	11.5	—	13.0	14.0	16.0	5	11.5~16.0	13.7	1.64	10.6	14.0
	3. 额鳞中心	10.0	10.0	(9.5)	7.0	11.0	7.0	6	7.0~11.0	9.1	1.69	6.0	15.0
	4. 额鳞颞面	6.5	4.8	4.6	(5.8)	4.6	5.5	6	4.6~6.5	5.3	0.77	6.02	7.0(?)
顶骨	1. 前囟点附近	9.0	9.6	(9.9)	7.5	7.0	9.7	6	7.0~9.9	8.8	1.24	7.0	16.0
	2. 顶结节附近	11.0	11.0	11.2	12.5	16.0	9.0	6	9.0~16.0	11.8	2.35	12.0	—
	3. 角圆枕	13.5	17.2	—	14.0	13.5	14.5	5	13.5~17.2	14.5	1.54	14.0(左) 16.0(右)	—
枕骨	1. 枕外隆凸中心	—	20.4	—	15.0	12.0	15.0	4	12.0~20.4	15.6	3.50	16.0	—
	2. 小脑窝	—	6.8	—	(5.0)	2.8	2.5	4	2.5~6.8	4.3	1.87	2.5	—

* 北京人的数值引自 Weidenreich，1943，p.162；蓝田人的数值引自吴汝康，1966，5 页。

都落入北京人个体变异范围之内，但接近于下限，且低于其平均值，反映了南京人 No. I 头骨骨壁厚度与北京人相近而较薄。在人类进化过程中，一般是随着体质的发展和劳动能力的增强，脑容量逐渐增大，颅骨骨壁也随着逐渐变薄。直立人颅骨厚度接近 10 毫米，现代人约 5 毫米左右。但颅骨骨壁厚度个体变异的程度相当大，有些地区新石器时代的人类颅骨厚度也可达 10 毫米，有个别现代人的颅骨骨壁厚度也相当大。

南京人 No. I 额骨的矢状弦 (n-b) 长 92 毫米，矢状弧长 101 毫米，额骨曲度指数为 91.1。前囟点垂直于眉间点到枕外隆凸点 [g-op (i)] 的前段距离为 66 毫米，前囟位指数为 34.9。额骨最小宽 (ft-ft) 90.8 毫米，最大宽 (co-co) 101.0 毫米，额横指数为 89.9（表一八）。

由表一八所列测量数值分析，南京人 No. I 无论是额骨弦或是额骨弧的绝对数值都比和县人和北京人为小，而且相去较远，与 5 个北京人数值的平均值也差别很大，说明其额骨较短。直立人的额骨一般来说都比顶骨稍长些，但南京人 No. I 的额骨长（92.0 毫米）却短于顶骨长（96.4 毫米），额骨比北京人的要短得多，因而前囟位指数也比北京人小得多。前囟位指数小是由于前囟点靠前的原因。现代人头骨的前囟点一般位于颅矢状弧长的 1/3 处，化石人一般比 1/3 处还要靠后，如资阳人的额弧长远大于全弧长的 1/3（吴汝康，1957），而南京人 No. I 前囟点却在颅全弧 1/3 之前。若单从前囟位分析，则南京人 No. I 显得很进步了。上述南京人 No. I 额骨的最小宽和最大宽数值、额骨脑部曲度指数、前囟点至法兰克福水平线垂直距离 (b-FH) 数值以及与额骨有关的角度测量数值，都表明南京人 No. I 额骨总的性状特征与北京人基本相似，某些数值略显原始。因此，不能因为南京人 No. I 的额骨短于顶骨便认为其具有相当的进步性质。

关于南京人 No. I 额骨短于顶骨的情况，并不是首例发现。安徽和县人和湖北郧县人 II 号颅骨也都是额骨短于顶骨。这一问题已在上述面部和枕部的复原中讨论过。

（2）顶骨。左侧大部分可以拼接复原。右侧缺失较大，仅保存 1 块后外侧壁和与冠状缝相连的 1 小块。

顶骨的特点是在左右两侧顶骨和额骨相接的前囟点处，两侧顶骨的前端未直接相连，而在前囟（Fonticulus anterior）位置处形成一前囟点小骨。现代人约在 1.5 岁左右，额骨和两侧顶骨愈合，前囟封闭。前囟点小骨应是在前囟封闭之前，该处出现一骨化中心，向四周骨化并和额、顶骨相接而形成的。该骨呈不规则的长方形，前端向前呈弧状突出，后端向后也呈弧状突出，长 21、宽 10～12.3 毫米。前端突出的弧状线和冠状缝相连（图一五）。按测量规则，如在前囟区有前囟点小骨出现时，则应将冠状缝和矢状缝两缝的主轴在前囟点小骨上的相交点定为前囟点（邵象清，1985）。据此，南京人 No. I 前囟点位置的确定，是先将前囟点小骨左右两侧与冠状缝相接的交点之间作一连线，将前囟点小骨前后两端与矢状缝相接交点之间作一连线，2 条连接线在小骨上的交叉点定为前囟点。由

表一八　南京人 No. I 复原颅骨和其他古人类颅骨额骨长、宽及指数比较*

单位：毫米

顺序号	测量项目	马丁号	北京人					测量数值统计				南京人 No. I	蓝田人	和县人
			No. I	No. II	No. X	No. XI	No. XII	个体数 (n)	离差 (R)	平均值 (X̄)	标准差 (S)			
1	颅骨最大长 g-op(i)	1(2)	194?	188	199	192	195.5	5	188~199	193.7	4.09	189.0	189.0	190.0
2	额骨矢状弦长 n-b	29	113	102	115	106	113	5	102~115	109.8	5.54	92.0	—	99.0?
3	额骨矢状弧长 n-b⌒	26	123	115	129	122	124	5	115~129	122.6	5.03	101.0	—	120.0?
4	额骨最小宽 ft-ft	9	84?	81.5	89	84	91	5	81.5~91	85.9	3.94	90.8	92.0	93.0
5	额骨最大宽 co-co	10	108?	101.5	110?	106	108	5	101.5~110?	103.5	3.23	101.0	109.0?	118.4
6	前囟点垂直于眉间点—枕外隆凸 g-op (i)前段长	bp-w	81?	74	74	79.5	78	5	74~81	77.3	3.19	66.0		
7	前囟位指数	bp¹/1(2)	41.8	39.4	37.2	41.4	39.9	5	37.2~41.8	39.9	1.83	34.9	—	
8	额骨曲度指数	29/26	91.9	88.7	89.1	86.9	91.2	5	86.9~91.9	89.6	2.01	91.1	—	82.5
9	额横指数	9/10	77.8?	80.3	80.9	79.3	84.2	5	77.8~84.2	80.5	2.38	89.9	84.4	78.5

* 表中前 6 项北京人数值引自 Weidenreich, 1943, p.106, p.107, Tab. XIX; 第 7 项由计算所得。第 8、9 两项引自 Weidenreich, 1943, p.110, Tab. XVI. 其中的第 8 项原值为 91.8、90.5、89.2。第 9 项的 77.8 为本文著计算所得，原表为—。蓝田人数值引自吴汝康, 1966, 4 页和 8 页。第 9 项额横指数系计算所得。和县人数值引自吴汝康等，1982, 7 页，额横指数为计算所得。

此确定的前囟点位置在前囟点小骨前缘弧以后 5 毫米处。在我国发现的化石人颅骨上,曾多次出现人字点小骨,即印加(Inca)骨。如北京人、大荔人、许家窑人和丁村人都有人字点小骨或"可假定可能有过人字点骨"(吴新智等,1994)。现代人也出现过此骨。但前囟点小骨尚未见过报道。南京人 No. Ⅰ 有前囟点小骨当是首例。

根据复原后的顶骨测量,其矢状弦长 96.4、弧长 102.0 毫米,顶骨曲度指数为 94.5。关于顶骨测量的有关数值和指数列入表一九。

顶骨的另一特点是冠状缝附近也存在病态的骨面隆起现象,即在前囟点小骨两侧 2.8(左)、3.3(右)毫米紧挨冠状缝范围内有相连成条状的隆起。隆起的后部和前囟点小骨的后部则凹陷,因而顶骨的前部不很对称。由于左右侧顶骨只分别保存了前 1/2 和 1/3 的部分,因此矢状嵴不很明显,也未见顶骨孔。直立人头骨上普遍有较发育的矢状嵴,甚至于时代较晚的和县人和金牛山人也有较弱的矢状嵴,而形态、测量数值以及时代都和北京人十分相似与相近的南京人 No. Ⅰ 颅骨上,矢状嵴却不很明显。这一现象很可能和额、顶骨骨面有病态隆起及前囟点小骨的存在有关。

北京人头盖骨除矢状嵴发育以外,在嵴的两侧到上颞线处的额骨和顶骨部分都向外和向下倾斜,呈两面坡屋顶状。由于顶结节发育的程度不同(和性别差异有关),所以其平坦的范围也稍有大小之别。如北京人 No. Ⅺ 和 No. Ⅻ,因顶结节不很发育,所以平坦倾斜的范围也比其他头盖骨较小些。南京人 No. Ⅰ 的矢状嵴不很明显,所以矢状缝两侧至上颞线处的顶骨不象北京人那样呈两面坡屋顶状而呈缓弧形。另外,南京人 No. Ⅰ 顶结节也不很发育,和北京人 No. Ⅺ、No. Ⅻ 接近,从总的轮廓观察,颅顶的形态更接近北京人 No. Ⅻ 头盖骨。

南京人 No. Ⅰ 左侧顶骨从上颞线前部起,顺着上颞线走向有一宽约 3 毫米的弧形"颞线沟"。"颞线沟"向后外侧延伸至角圆枕前,又折向外前,而达顶乳缝。右侧顶骨因有缺失,"颞线沟"不明显,但在角圆枕前尚保留一段至顶乳缝的残沟(彩版五;图版四,2)。

南京人 No. Ⅰ 的顶骨保存有部分人字缝和与顶颞缝相连的左(和枕骨相连)右(可以拼对复原)2 块颅后外侧部分。其角圆枕明显发育,发育程度总的来说虽比北京人的稍弱些,却和北京人 No. Ⅲ 和 No. Ⅺ 左侧很相似。金牛山人右侧和大荔人左侧也有较小的角圆枕,但都没有南京人 No. Ⅰ 的发育。角圆枕左侧厚 14、右侧厚 16 毫米,和北京人 No. Ⅻ 的左侧厚 16、右侧厚 13 毫米的厚度相近。顶结节附近厚 12 毫米,稍厚于北京人 No. Ⅻ(表一七)。

从保存的两侧后外侧顶骨骨片看,南京人 No. Ⅰ 的顶骨弧度较北京人同一部位的要大。从复原的颅骨看,两后外侧部到矢状缝(即后顶部)比北京人要圆隆些。

由顶骨曲度指数(表一九)也可看出,南京人 No. Ⅰ 矢状缘的扁平程度和北京人的基

表一九　　南京人 No. I 复原顶骨和其他古人类颅骨顶骨测量及指数比较*

单位：毫米

测量项目	北京人 No. I	No. II	No. X	No. XI	No. XII	测量数值统计 个体数 (n)	离差 (R)	平均值 (X̄)	标准差 (S)	南京人 No. I	曲度指数 北京人	曲度指数 南京人 No. I
矢状缘 (b-l) 弦（右）	99	94	106	86	91	5	86~106	95.2	7.16	96.4	94.4	94.5
矢状缘 (b-l) 弧（左）	105	99	113	92	95	5	92~113	100.8	8.38	102.0		
冠状缘（左侧）弦	90(?)	87	—	86	90	4	86~90	88.3	2.06	82.0	86.7	82.0
冠状缘（左侧）弧	97(?)	106	—	102	102	4	97(?)~106	101.8	3.69	100.0		
人字缘（左侧）弦	82	81	82	80	90	5	80~90	83.0	4.00	90.0	86.3	83.3
人字缘（左侧）弧	92	94	90	103	102	5	90~103	96.2	5.93	108.0		
颞缘（左侧）弦	87	91	—	93	99	4	87~99	92.5	5.00	112.0	96.1	86.2
颞缘（左侧）弧	92	93	—	94	106	4	92~106	96.3	6.55	130.0		

* 此表据 Weidenreich, 1943, p. 33, Tab. II 加以改造。在原文 p. 107 的 Tab. XIX 中北京人 No. II 的矢状缘弦、弧数值分别为 104 和 112, No. II 的弧长为 100, No. XII 的弧长为 102.5, 北京人 4 项指数系据左侧顶骨平均值计算。原文 p. 110, Tab. XXI 中所列 5 个北京人顶骨曲度指数平均值为 94.1。

本相似，而冠状缘和人字缘及颞缘的三项指数都小于北京人，尤其是颞缘相差更大，南京人 No. I 为 86.2，北京人为 96.1（表一九），反映了顶颞部分较北京人要圆隆些，是一种比北京人较为进步的性状，但比和县人却明显原始。

颅穹最宽的位置在两耳门稍上处，即在相当于颅长的中 1/3 段，和北京人相当。颅骨最大宽（eu-eu）为 143 毫米，和北京人 No. X 相同（表二〇）。

南京人 No. I 的颅后部分显得隆凸，若单从这一点看应比北京人进步。从表二〇中的测量数值分析：第 1 项，南京人 No. I 的数值处于北京人数值的上限且大于其平均值；第 2 项落于北京人数值之中，接近其平均数；第 3 项南京人 No. I 的数值大于北京人，说明两耳间区的宽度要稍大于北京人，其原始程度二者相近或前者比后者稍原始些；第 4 项，指数愈大，说明距两耳平面的颅顶愈高，是进步现象。南京人 No. I 的这一指数明显小于北京人。第 5 项，指数大则说明顶颞上部宽，也是一种进步现象。此项数值，南京人 No. I 接近北京人的上限且大于其平均值。从数值上看，南京人 No. I 颅顶部的隆凸程度处于北京人 No. Ⅲ、No. Ⅺ 和 No. Ⅹ、No. Ⅻ 之间，与测绘的这一部位的冠状剖面图情况完全相符（图二〇）。

通过以上的观察和研究，顶骨的形态特征及原始程度，南京人 No. I 和北京人基本上是相同的。

（3）枕骨。上、下枕鳞部分都有缺失，枕底由枕骨大孔后缘以前部分没有保存。

枕骨圆枕虽然发育，但不及北京人 No. Ⅺ 和 No. Ⅻ，介于 No. Ⅲ 和 No. Ⅹ 之间。圆枕表面光滑，呈宽条的嵴状隆起，向两侧移行至人字缝之前，分上、下两个小支，上支趋向角圆枕，下支趋向枕乳嵴，性状和北京人相似（张银运，1995）。左侧顶骨后外侧部在发现时和枕骨相连，因此，清晰可见枕外隆凸不位于枕骨圆枕的中部，而是向左侧偏离 6 毫米。隆凸表面圆钝，中心厚 16 毫米。枕骨圆枕中部厚度左侧为 11、右侧为 14 毫米，北京人 No. Ⅻ 同一位置左右侧皆为 13 毫米。枕骨最厚处在星点下之枕乳缝处，为 15 毫米，和北京人 No. Ⅻ 同一位置处相近（表二一）。枕骨圆枕上沟明显，不像北京人 No. Ⅺ 和 No. Ⅻ 那样呈较窄的直沟，而与 No. Ⅲ 和 No. Ⅹ 相近，呈缓弧状的上沟。枕平面和项平面成角状过渡。枕平面和项平面的长度约相等（32 毫米），和北京人 No. Ⅻ 相近（27 毫米），而和郧县人枕平面（47 毫米）明显短于项平面（67 毫米）不同。枕外嵴（Crista occipitalis externa）不明显，显得项平面较扁平（彩版六，2）。约在枕外隆凸和枕骨大孔后缘之间偏前（距枕外隆凸 35 毫米）处，可见由此向左后呈弧嵴状弯曲的上项线，右侧该线则不清楚。不见下项线（Linea nuchae inferior），最上项线（Linea nuchae suprema）也不明显。枕外隆凸发育的程度不如北京人 No. Ⅹ 和 No. Ⅻ，而和 No. Ⅲ 及 No. Ⅺ 相似。

枕外隆凸和枕内隆凸不在同一水平位置，两隆凸相距 37 毫米，大于和县人，更大于大荔人，而接近北京人的上限（表二二）。

表二〇　　　南京人 No. I 复原颅骨和北京人颅骨宽度及指数比较*

单位：毫米

顺序号	测量项目	马丁号	北京人								南京人 No. I
			No. Ⅲ	No. X	No. XI	No. XII	测量数值统计				
							个体数 (n)	离差 (R)	平均值 (X̄)	标准差 (S)	
1	颅骨最大宽 eu-eu	(8¹)W	137.2	143.0	139.8	141.0	4	137.2~143.0	140.3	2.42	143.0
2	耳点间宽 au-au	11	141.0	147.0	143.0	151.0	4	141.0~151.0	145.5	4.43	145.0
3	耳门上点间宽 po-po	XXVI B	122.6	124.0?	120.0	128.0?	4	120.0~128.0?	123.7	3.34	141.0
4	颅耳高宽指数	21/(8¹)	69.6	74.0	67.2	70.3	4	67.2~74.0	70.3	2.82	65.7
5	颅宽高指数	17/(8¹)	—	—	Rest.75.6	—	1	75.6	(75.6)	—	87.4
6	额顶宽指数	9/(8¹)	59.7	62.6	60.4	64.1	4	59.7~64.1	61.7	1.98	63.5
7	顶颅矢状弧指数	27/25	30.7	—	27.6	28.2	3	27.6~30.7	28.8	1.63	31.9

* 北京人数值引自 Weidenreich, 1943, p. 106, Tab. XIX, XIX, p. 110, Tab. XVI.

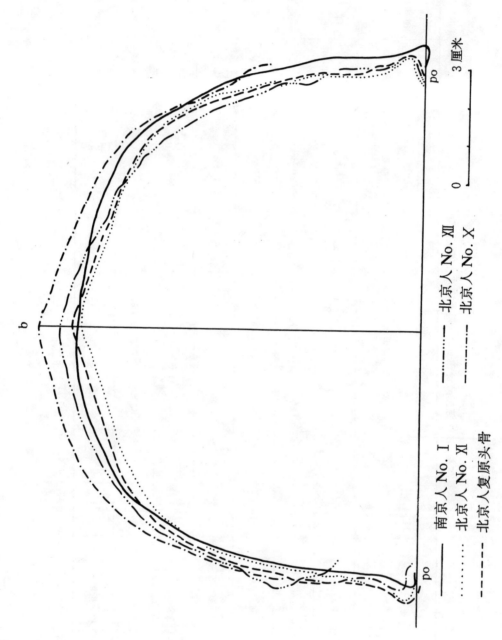

图二〇 南京人 No. I 和北京人颅骨冠骨冠状剖面比较

南京人 No. I ————— 北京人 No. Ⅻ ——·——·——

北京人 No. XI ············· 北京人 No. X ——··——··

北京人复原头骨 ————

0   3 厘米

表二一　　　　　　**南京人 No. I 复原颅骨和北京人 No. XII 枕骨厚度比较***　　　单位：毫米

测　量　位　置		南京人 No. I	北京人 No. XII
枕外隆凸		16.0	15.0*
枕内隆凸		13.0	14.0
枕骨圆枕中段	左	11.0	13.0
	右	14.0	13.0
大脑窝	左	8.0	8.0
	右	8.0	7.0
小脑窝	左	2.5	2.5
	右	2.5	2.5*
枕乳缝	左	15.0	14.0

　　*　北京人数值有 * 者引自 Weidenreich，1943，p. 162，Tab. XXXV，其余皆测自 No. XII 头骨模型。

表二二　　　　　　　　**南京人 No. I 复原颅骨和其他古人类颅骨**

枕外隆凸、枕内隆凸距离比较　　　单位：毫米

测量项目	北京人①						南京人 No. I	和县人②	大荔人②
	No. III	No. V	No. VIII *	No. X	No. XI	No. XII			
两隆凸的距离	27.5	34.0（?）	17.0（?）	38.0	34.0	35.0	37.0	22.0	11.0

　　①　引自 Weidenreich，1943，p. 41，Tab. VII。

　　②　引自吴汝康等，1982，6 页。

　　*　系一小孩头盖骨。

　　总而言之，南京人 No. I 枕骨的形态性状、尺寸和厚度都和北京人相近似。

　　将南京人 No. I 复原的枕骨弦弧指数列入表二三。枕骨弦长 86.5 毫米，稍大于北京人。弧长 116.5 毫米，大于北京人 No. III，但小于 No. XI、No. XII，并大于平均值 114.3 毫米。枕骨曲度指数为 74.2 毫米，和北京人相近，但小于和县人。说明南京人 No. I 枕骨的丰满程度和北京人相似，但稍超过和县人。

　　枕骨上、下鳞部的测量数值列入表二四。从表二四反映的数值看，南京人 No. I 枕骨上、下鳞部的弦长及指数皆落入北京人数值范围之内。上鳞部弦长 [l-op (i)] 和弧长皆为 50 毫米，曲度指数为 100（图一八），说明其枕骨上鳞部比较扁平。下鳞部弦长 [o-op (i)] 62、弧长 66.5 毫米，曲度指数为 93.2（图一八），相比之下，也较扁平。

　　南京人 No. I 枕鳞长、宽及指数比较列入表二五。枕鳞的矢状弦 (l-o) 长，南京人 No. I 为 86.5 毫米，处于北京人的下限值（No. XI 和 No. XII 皆为 86 毫米），而和县人最短（83 毫米）。从枕鳞宽（ast-ast）看南京人 No. I 为 111 毫米，比北京人（平均值 115 毫米）及和县人（141.8 毫米）都短。枕鳞的长宽指数为 77.9，反映了南京人 No. I 的这一

部位比北京人（平均值 74）及和县人（58.5）相对地较窄。

表二三　　　　　**南京人 No. Ⅰ 复原颅骨和其他古人类颅骨枕骨**

矢状弦、弧及曲度指数比较　　　　　单位：毫米

测量项目	马丁号	北 京 人[①]				南京人 No. Ⅰ	和县人[②]
		No. Ⅲ	No. Ⅺ	No. Ⅻ	平均值 (X̄)		
枕骨弦 l-o	31	84（80?）*	86	86	85.3（84.0）**	86.5	83
枕骨弧 L-O	28	108（106?）*	117（118）*	118	114.3（114.0）**	116.5	110
枕骨曲度指数	31/28	77.8（75.5）**	73.5（72.9）**	72.9	74.7（73.8）**	74.2	75.5

① 引自 Weidenreich，1943，p. 39，Tab. Ⅶ。枕骨曲度指数栏内 Weidenreich，1943. p. 110，No. Ⅲ 为 74.2、No. Ⅺ 为 74.5、No. Ⅻ 为 72.8。

② 引自吴汝康等，1982，7 页。

* （ ）数值系 Weidenreich，1943，p.107，Tab. ⅩⅨ 中所给的同一部位的测量数值。

** （ ）数值系著者计算所得。

表二四　　　　　**南京人 No. Ⅰ 复原颅骨和北京人颅骨枕骨上、**

下鳞部矢状弦及弦指数比较　　　　　单位：毫米

测量项目	北 京 人[①]				测量数值统计				南京人 No. Ⅰ
	No. Ⅲ	No. Ⅹ	No. Ⅺ	No. Ⅻ	个体数 (n)	离差 (R)	平均值 (X̄)	标准差 (S)	
上鳞部 l-op(i)	46	48	45	56	4	45～56	48.8	5.40	50
下鳞部 o-op(i)	57（?）	—	65	56	3	56～65	59.3	4.93	62
指数	124	—	144	100	3	100～144	122.7	22.0	124

① 北京人数值引自 Weidenreich，1943，p.38，Tab. Ⅵ。

从枕鳞弧的指数分析，南京人 No. Ⅰ 为 89.6，大于北京人（平均值 75.2），说明其枕外隆凸部分比北京人后突。

枕骨角度比较数值列入表二六。南京人 No. Ⅰ 的上鳞部倾角 [l-op(i) -n] 为 55°，枕骨倾角 Ⅱ [l-op(i) -g] 为 53°，其角度虽然比北京人（平均值分别为 65.2° 和 62.8°）都小，但其下鳞部倾角 [l-op(i) -n] 为 45°，却比北京人（平均值为 38°）大得多，所以其枕骨曲角 [l-op(i) -o 为 100°] 和北京人（平均值为 103°）及和县人（101°）相近，也反映出枕外隆凸部位较北京人及和县人后突（图一九）。

以上形态观察和测量数值表明，南京人 No. Ⅰ 枕骨的原始性状和北京人基本一致，也

与和县人相近。不同的是，南京人 No. I 的枕宽（ast-ast）比北京人及和县人都窄，结合前文所述南京人顶骨角圆枕以上部位显得较为丰满的情况，表明了南京人这部位略显进步的性状特征。

表二五　　　　　南京人 No. I 复原颅骨和其他古人类颅骨枕鳞的
长、宽测量及指数比较　　　　　单位：毫米

标本 测量 项目	北　京　人[①]								南京人 No. I		和县人[②]	
	No. III		No. XI		No. XII		平均值（X̄）					
	弦	弧	弦	弧	弦	弧	弦	弧	弦	弧	弦	弧
枕鳞长 （l-o）	84（?）	106（?）	86	117	86	118	85	114	86.5	116.5	83	110
枕鳞宽 （ast-ast）	117	145	113（?）	153	115	155	115	151	111.0	130.0	141.8	—
指　数	71.8 （71.7）	73.1 （73.2）	76.1	76.5 （76.6）	74.8	76.1 （76.2）	74.2 （74）	75.2 （75.6）	77.9	89.6	58.5	

① 数值引自 Weidenreich，1943，p. 38，Tab. V。指数一项（　）内数值为原表所列，略有出入。

② 引自吴汝康等，1982，7 页。弦指数一项为著者计算所得。

表二六　　　南京人 No. I 复原颅骨和其他古人类颅骨枕骨角度比较　　　单位：度

测量项目	马丁号	北　京　人[①]					南京人 No. I	和县人[②]
		No. III	No. X	No. XI	No. XII	平均值（X̄）		
枕骨倾角 I （上鳞部） l-op(i) -n	33（1a）	67°	70°	60°	64°	65.2°	55°	—
枕骨倾角 II l-op(i) -g	33（1b）	65°	68°	57°	61°	62.7°	53°	—
枕骨下鳞部倾角 o-op(i) -n	34（2a）	39°?	36°?	43°	34°	38.0°	45°	—
枕骨曲角 l-op(i) -o	33（4）	106°	104°	105°	98°	103.2°	100°	101°

① 引自 Weidenreich，1943，p. 109，Tab. XX。

② 引自吴汝康等，1982，7 页。

（4）颞骨。南京人 No. I 的颞骨全部缺失，但左侧顶骨颞缘部位却保存了清晰的颞鳞覆盖痕迹（彩版五；图版四，2）。其形状呈前高后低的缓弧形，不像现代人那样呈圆弧形。因为缺失较多，不能作为研究的依据。现将复原后的颞骨鳞部测量数值列入表二七，作为参考。

由表二七分析，南京人 No. I 的颞鳞长、高及指数都在北京人数值范围之内，说明二者颞骨鳞部性状相似。和县人、郧县人 No. II 和大荔人的颞鳞长高指数分别为 60、63.4

和 64.6，皆大于南京人 No. I，说明其颞鳞的高度增加，具有比南京人 No. I 更多的进步性状。

颞骨乳突部、鼓部和岩部，由于全部缺失，无法进行研究，故从略。

表二七　　　　南京人 No. I 复原颅骨和其他古人类颅骨颞鳞长、高及指数比较　　单位：毫米

标本 测量 项目	北京人[1]							南京人 No. I	和县人[2]	大荔人[3]	郧县人[4] No. II
	No. III		No. V		No. X	No. XI		No. XII			
	左	右	左	右	右	右	左	左	左	左	右
长	74.0	72.5	71.5	70.5	63.0	62.0	74.0	72.5	70.0	72.0	71.0
高	33.5	33.0	35.0	39.0	29.0	35.5	36.5	35.0	42.0	46.5	45.0
指数	45.3	45.5	49.0	55.3	46.0	57.3	49.3	48.3	60.0	64.6	63.4

[1]　数值引自 Weidenreich，1943，p.44，Tab. IX。在该表中指数一栏 No. III 左为 45.5，右为 45.2；No. V 左为 49.3。

[2]　引自吴汝康等，1982，3 页。

[3]　引自吴新智，1981，203 页。

[4]　引自李天元，1994，108 页。

（5）蝶骨。只保存了左侧蝶骨大翼一部分。从保存的情况看，顶骨的前下角和蝶骨相接，而将额、颞两骨隔开，呈 H 型，故翼区（Pterion）属蝶顶型。

关于南京人 No. I 头骨长、高测量见图二一。

3. 颅内构造

（1）额骨。从内面观，骨面光滑，鸡冠（crista galli）仅保存了后部极小一部分。盲孔（Foramen caecum）清晰。紧接盲孔是额嵴（Crista frontalis）的起点。额嵴宽厚（宽 7～9 毫米）。向上后延伸至额鳞约 1/2 处消失，不见像现代人的分叉情况。额嵴的横剖面约呈等腰三角形。嵴棱较圆钝，也不似现代人的那样薄利。嵴棱平直和现代人向后呈弧形不同。棱的两侧有和棱平行的宽沟，而现代人的这一部位则是骨面平坦。总的性状和北京人及蓝田人相似，只是北京人 No. XII 的额嵴较扁，嵴棱较锐利。和县人则不见盲孔，且额嵴末端分叉，两叉之间有上矢状窦沟（Sulcus sinus sagittalis superioris）（吴汝康，1982），其特征和现代人相近。因此，和县人在该性状上和南京人 No. I 有较大的差异。马坝人的额嵴虽也较宽厚，但嵴棱较锐利，且嵴的中部稍向后突出呈弱弧形，有些接近现代人。

额嵴宽沟的两侧，布有明显的、高低不平的大脑额叶压迹。

（2）顶骨。左侧顶骨蝶角的内面保留有较发育的雪氏嵴（Sylvian crest），但前部稍残，后部向后上部延伸，然后呈缓弧状融入顶骨前后径约 1/2 处消失（图版五，2），紧接雪

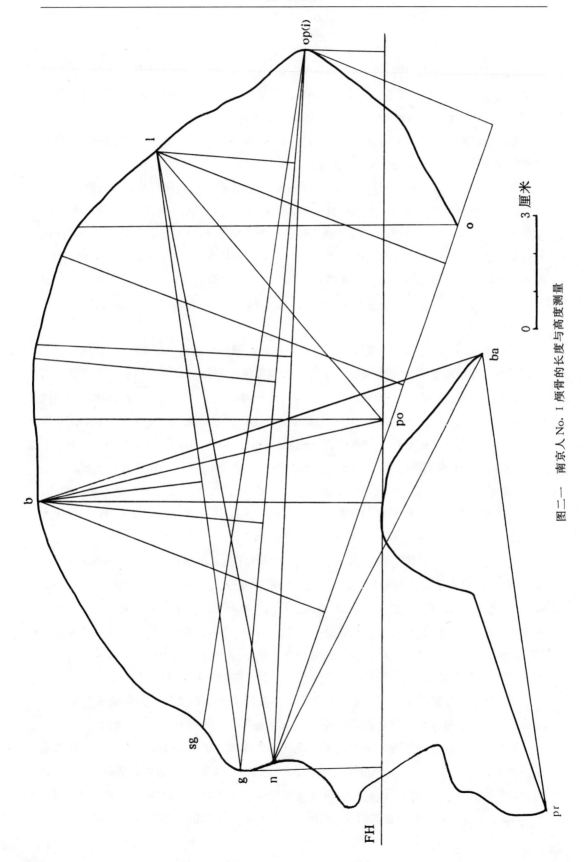

图三一　南京人 No. I 颅骨的长度与高度测量

氏嵴 的冠状缝处，大脑中动脉（Arteries cerebri media）压迹向后上延伸，北京人也有雪氏嵴，较南京人 No. I 稍发育。由压迹看，大脑中动脉分支简单。左右顶骨的后外侧部分，有较明显的角回动脉（Arteries gyri angularis）压迹残部。

冠状缝简单，颅内面较颅表面愈合程度为深，呈微波型（图版五，2）。颅外表面冠状缝的前囟段（Pars bregmatica）和颅内愈合程度相似；复杂形段（Pars complicata）愈合程度较浅，接近深波型；颞窝段（Pars stephanica）愈合程度和前囟段相似（图版五，1）。

矢状缝因顶骨缺失较大，无法窥其全貌，但从前囟点小骨后面保存的 25 毫米长的残缝观察，颅内已愈合成微波型，颅外愈合较轻，为深波型（图版五）。在现代人中，颅内各缝愈合的时间比颅外的要早，南京人 No. I 也是如此情况。另外，冠状缝的颞窝段，其内外冠状缝不是直接相接，而是顶骨覆压额骨。现代人两缝的相接，虽也是这种方式，但覆压的面积较小，一般是叠压三四毫米，而南京人 No. I 叠压的面积越近颞窝越大，可达 10 毫米。

（3）枕骨。十字隆起十分发育，其中心隆起部位即枕内隆凸，厚 13 毫米，隆凸的表面较平坦，并以短的平面和大孔后缘相接，不象现代人那样呈较锐的嵴状。十字隆起的上矢状窦沟虽宽（7 毫米），但较浅，不象现代人那样陡深。该沟较直，和枕内隆凸相接（彩版六，1）。北京人 No. XII 的上矢状窦沟构造性状和南京人 No. I 十分相似，但该沟不直，基部向右偏斜而和右侧的横窦沟（Sulcus sinus transversi）几乎垂直相接。南京人 No. I 枕内隆凸两侧的横窦沟分布对称，但不及上矢状窦沟明显，其发育程度和北京人 No. XII 基本一样，十字隆起的四个"象限"范围为大小脑窝。大小脑窝的边缘都稍有残破，但能清晰看出小脑窝明显小于大脑窝，两窝面积之比近于 1∶2，和北京人相同。现代人情况相反，小脑窝明显大于大脑窝，其面积之比约为 4∶3（吴汝康，1982）。

从顶面观，颅骨整体呈卵圆形，较小。颅骨最大长 [g-op(i)] 为 189、颅矢状弧（n-op）250、鼻根点至大孔后缘点（n-o）146.7 毫米（图二一、二二）。颅骨最大宽（eu-eu）143 毫米、冠颞点间宽（st-st）81 毫米、耳门上点间宽（po-po）141 毫米（图二三）。颅顶部、眶中部和眶上缘两侧最宽分别为 110、142 和 133 毫米；法兰克福水平脑部位宽 141 毫米（图二四）。耳门上点垂直法兰克福水平线至颅顶高 94、大孔后缘点垂直法兰克福水平线至颅顶高 103.2、颅底点至前囟点（ba-b）高 125 毫米（图二一）。

（4）脑量。根据南京人 No. I 的形态和大小及以上所测数值估计，其脑量应为 1000 毫升左右。通过用排水法反复测得复原后的南京人 No. I 的脑量为 1000 毫升。

关于北京人脑量的数值，由于诸著者统计的个体和个体数目不同而有差异。魏敦瑞提供的 5 个北京人（No. II、No. III、No. X、No. XI、No. XII）的脑量数值为 915～1225 毫升，平均值为 1043 毫升（表二八）。吴汝康提供的 5 个北京人（No. II、No. V、No. X、No. XI、No. XII）的脑量数值为 1015～1225 毫升，平均值为 1088 毫升（1985，84

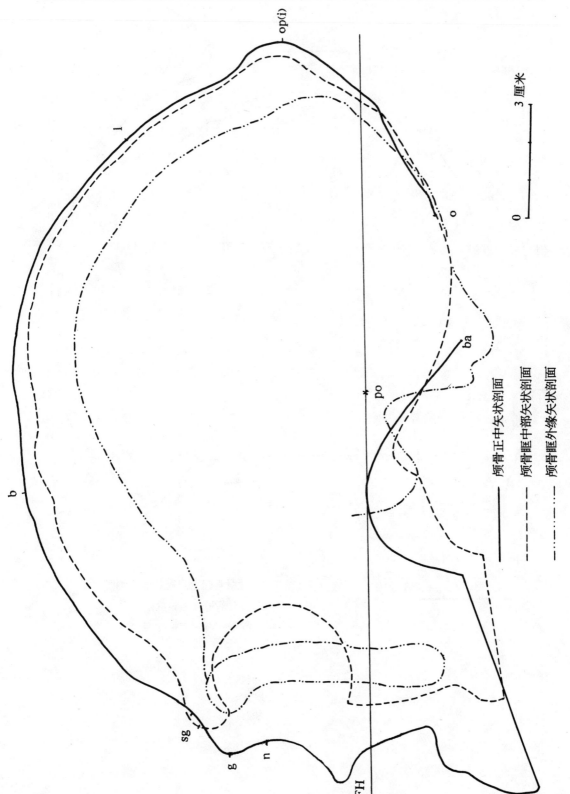

图二二 南京人 No. I 矢状剖面

颅骨正中矢状剖面
颅骨眶中部矢状剖面
颅骨眶外缘矢状剖面

3 厘米

0

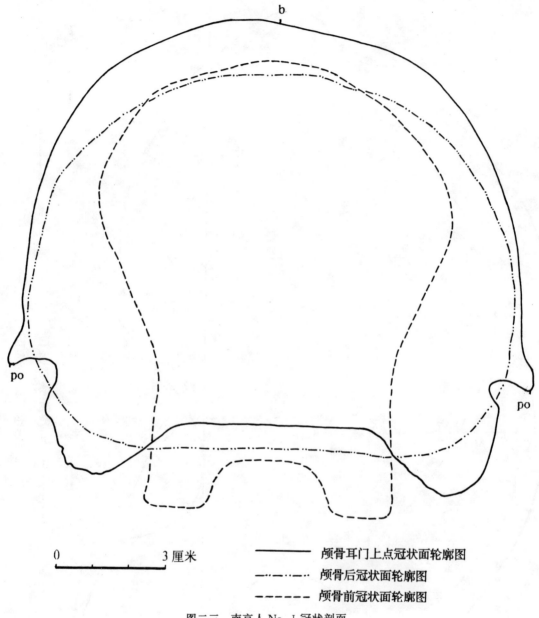

0 ————————— 3 厘米　　——— 颅骨耳门上点冠状面轮廓图

　　　　　　　　　　　　　　　　—·—·— 颅骨后冠状面轮廓图

　　　　　　　　　　　　　　　　----- 颅骨前冠状面轮廓图

图二三　南京人 No. I 冠状剖面

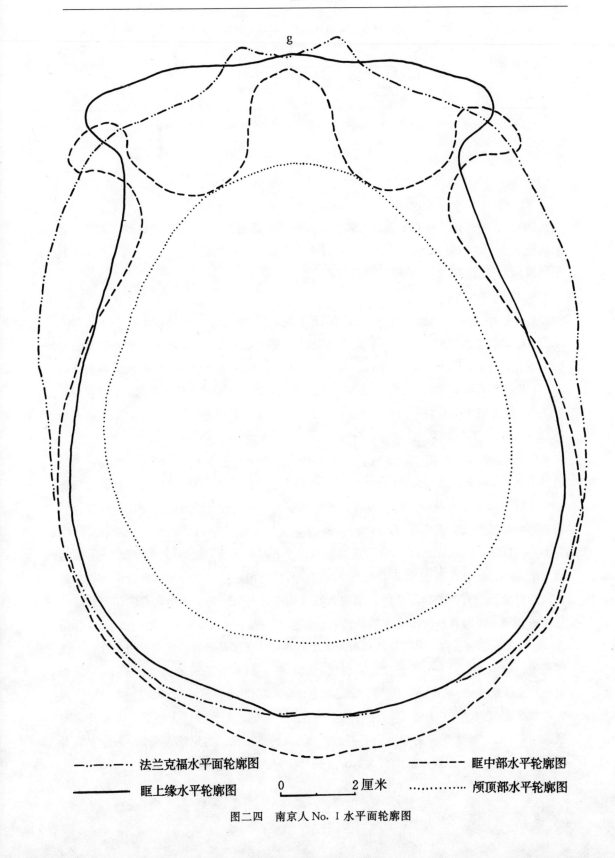

图二四 南京人 No. I 水平面轮廓图

| 表二八 | | | | | | 南京人 No. I 复原颅骨和其他古人类颅骨脑量平均值比较 | | | | 单位：毫升 |

测量项目	北　京　人[①]						南京人 No. I	蓝田人[②]	和县人[③]	大荔人[④]
	No. II	No. III	No. X	No. XI	No. XII	平均数（X̄）				
脑量（c.c）	1030	915	1225	1015	1030	1043	1000	780	约1025	1120

① 数值引自 Weidenreich，1943，p. 108，Tab. XIX。平均数为著者计算。

② 引自吴汝康，1966，9 页。

③ 引自吴汝康等，1982，7 页。

④ 引自吴新智等，1985，94 页。

页），吴汝康另外提供的 6 个北京人脑量的统计平均数值为 1059 毫升（1982，该文著者未列出 6 个个体的编号）。因此，南京人 No. I 的脑量数值在北京人范围之内，但小于其平均值，大于蓝田人，小于和县人和大荔人。

4. 性别与年龄

（1）性别。南京人 No. I 枕外隆凸很弱而圆纯，表面光滑并不粗糙，和北京人 No. X、No. XII 有较明显的差异，和 No. III 虽然相近但其表面又不及 No. III 粗糙，和 No. XI（女性）相比，二者性状一致，枕骨的下鳞部比较平坦，枕外隆凸和项上线都很弱。南京人 No. I 的眶上圆枕并不很粗壮，比北京人 No. III、No. X、No. XII 都纤薄得多，而和 No. XI 相近。另外整个头骨显得较小，和北京人 No. III 与 No. XI 相近。头骨的骨面都显得光滑细弱。从总的性状观察，趋向将南京人 No. I 定为女性。

（2）年龄。确定南京人 No. I 的年龄比较困难。因为确定古人类的年龄主要是依据牙齿的萌生、磨耗级别及头骨缝的愈合程度。但没有发现南京人 No. I 的牙齿，且其矢状缝和人字缝大部分没有保存，给年龄的确定增加了难度。从冠状缝看，脑面比颅面愈合的程度要大些。颅面的前囟段（Pars bregmatica，包括前囟点小骨的前缘）已成弧形线状。复杂形段（Pars complicata）愈合程度比前囟段小，尚处于微弱的锯齿形波纹阶段。颞窝段（Pars stephanica）则呈微波型的细纹，愈合程度比前囟段较重，矢状缝的前囟点小骨两侧的骨缝已较直，前囟点小骨后端的顶段（Pars verticis）矢状缝愈合程度和冠状缝的复杂段相似，尚能看到深波型和简单的锯齿形波纹。人字缝中段（Pars intermedia）尚保存，呈粗大的锯齿形纹，蝶额缝清晰可见，顶乳缝和枕乳缝是颞骨断缺由此处留下的，也较清晰。由上述各缝愈合的程度，和现代人冠状缝在 24 岁左右开始愈合，至 41 岁完全愈合；矢状缝由 22 岁开始愈合，35 岁完全愈合；人字缝 25 岁开始愈合，至 47 岁完全愈合的情况比较，并考虑到古老的化石人类头骨缝愈合的时间比现代人要早些，以及将南京人 No. I 和北京大学考古学系旧石器、古人类教研室所保存的现代人头骨，头骨缝愈合程度（30 岁左右）比较，把南京人 No. I 的年龄定为 30 岁左右较为适宜。

二　Ⅱ号颅骨

（一）材料

南京人Ⅱ号颅骨（简称南京人 No.Ⅱ，彩版七）出土时外部被胶结坚硬的棕红色粘土包裹，颅盖内沉积有成块状的碳酸钙结晶（彩版八，6、7）。修整后，颅骨内外面全部暴露。

南京人 No.Ⅱ化石呈棕黄色，杂有棕红色斑块，比南京人 No.Ⅰ的颜色稍浅，石化程度很深。颅骨厚重粗壮，保存有较完整的颅盖部分。计有：1. 额骨，自前囟点向前 66 毫米以后的部分基本完整，左侧额结节大部保存，右侧额结节缺失。2. 顶骨，基本完整，右侧颞缘部缺失。3. 枕骨，上鳞部基本完整，下鳞部缺失。4. 颞骨，仅存一部分左侧乳突部，并可见颞鳞覆盖的痕迹（图二五；彩版七；图版八、九、一〇）。

南京人 No.Ⅱ因受挤压多处变形，一些骨块错位。如左侧顶骨由冠状缝始，至其长度的中段沿矢状缝下塌错位 4～6 毫米。颅内此部位形成 1 条长 70 毫米的深沟（图版一

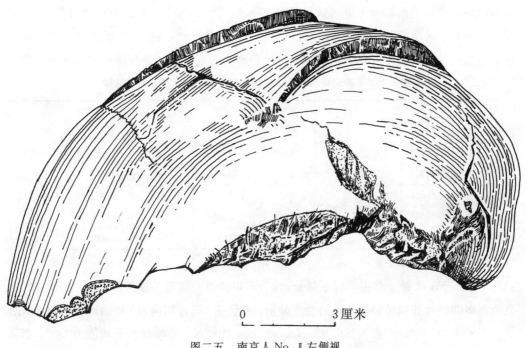

0 ⌞__⌟__⌟__⌟ 3厘米

图二五　南京人 No.Ⅱ左侧视

〇）。约由上颞线中部向后内至枕外隆凸上 30 毫米处止，顶骨和部分枕骨又下塌错位 2～8 毫米（图二六；图版八，2、九，1、一〇，1），因而也影响到星点区向外侧突出。由冠状缝的复杂形段始向后，顶骨也有斜向的错位（图二五）。右侧顶骨后外侧部，由人字点前 22 毫米向内前弯曲，导致大部分人字缝断裂，使人字缝缘部分被枕骨压覆约 27 毫米宽的范围。近右侧颞缘部位，1 条宽 13～15 毫米的骨骼大致沿下颞线方位向内断裂错位约 2 毫米深（图版九，2）。由于多处错位，所以颅内相应部位也有错位和叠压情况。一些错位的骨骼裂缝，出土时都被碳酸钙结晶所填充。颅内右侧顶骨后内侧角和人字缝相会处，有一长 13、宽 5 毫米的不规则形空洞，里面填满了纯净的碳酸钙结晶，甚至于在颞骨乳突基部的松质骨中，也有碳酸钙结晶填充（彩版八，6、7）。尽管南京人 No.Ⅱ 变形和错位，但一些重要的形态特征仍很清楚。

（二）形态观察与研究

南京人 No.Ⅱ 颅骨粗壮重厚。从总体观察，颅骨特征和北京人相似。

1. 额骨

左侧额结节以前及部分额鳞和右侧额结节，大部分额鳞和眶上圆枕全部缺失，只保存了由前囟点向前 66 毫米以后的部分。额骨左部骨面，有 2 条浅槽，系工人挖土时所致，右部表面的骨皮有 2 处剥落。从保存的部分观察，沿额中缝的部位，骨面隆起，矢状嵴十分清晰，该嵴的两侧至上颞线呈两面坡屋顶状（图二七，1；彩版七；图版九），和南京人 No.Ⅰ 呈横向缓弧状隆起不同，而和北京人的额骨性状一致。其两侧顶骨和额骨在前囟点处相接的角度为 169°，其他部位相接的角度列入表二九。矢状嵴角度列入表三〇。

表二九　　　南京人 No.Ⅱ 和北京人颅骨额、顶骨相接处（冠状缝）角度比较　　　单位：度

测 量 位 置	南京人 No.Ⅰ	北 京 人*			
		No.Ⅲ	No.Ⅹ	No.Ⅺ	No.Ⅻ
左内侧（矢状缝侧）	165°	162°	162°	168°	157°
左外侧（冠颞线侧）	162°	162°	166°	168°	162°
右内侧（矢状缝侧）	169°	157°	162°	166°	156°
右外侧（冠颞线侧）	164°	154°	164°	170°	157°
矢状缝（通过前囟点）	169°	163°	163°	168°	158°

＊　北京人数值测自模型。

南京人 No.Ⅱ 缺失鼻根点以下部分，难于测得额骨的弦弧长度及曲度指数。但由表二九所测得的额骨和顶骨相接所成的角度分析，矢状缝（通过前囟点）处的两骨的角度，南京人 No.Ⅱ 为 169°，北京人 No.Ⅲ、No.Ⅹ、No.Ⅺ 和 No.Ⅻ 颅骨的平均值为 163°，且 4 个个体的数值都在南京人 No.Ⅱ 以下。其余 4 个数值中，左外侧（冠颞线侧）角度，北京

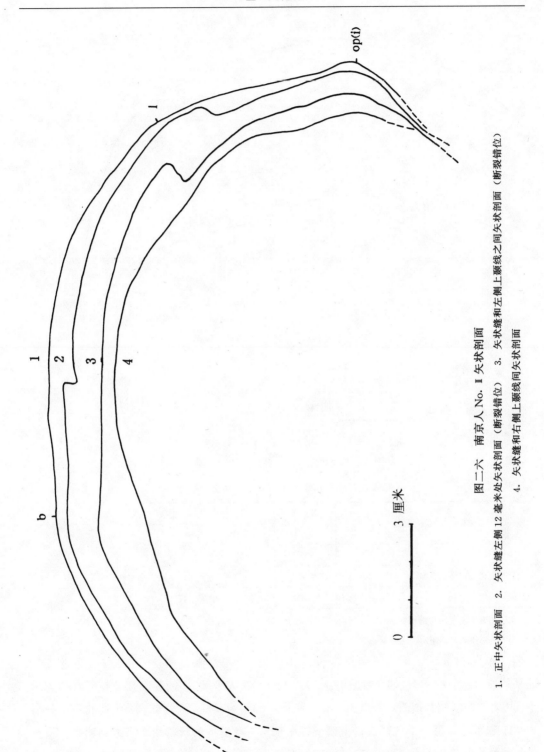

op(i)

1

1
2
3
4

b

0   3 厘米

图二六 南京人 No. Ⅱ矢状剖面

1. 正中矢状剖面 2. 矢状缝左侧 12 毫米处矢状剖面（断裂错位） 3. 矢状缝和左侧上颞线之间矢状剖面（断裂错位）

4. 矢状缝和右侧上颞线间矢状剖面

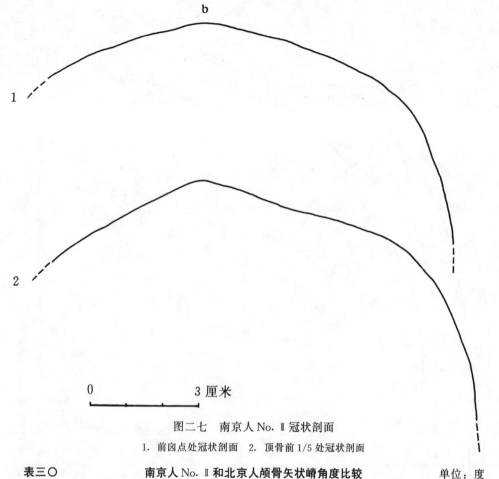

图二七　南京人 No. Ⅱ 冠状剖面

1. 前囟点处冠状剖面　2. 顶骨前 1/5 处冠状剖面

表三〇　　　　　　　南京人 No. Ⅱ 和北京人颅骨矢状嵴角度比较　　　　　　单位：度

测 量 位 置	南京人 No. Ⅱ	北 京 人*			
		No. Ⅲ	No. X	No. XI	No. XⅡ
额骨中部	131°	145°	145°	143°	133°
冠状缝（通过前囟点）	138°	147°	146°	140°	139°
顶骨长前 1/3 处	142°**	150°	147°	149°	140°

* 北京人数值测自模型。

** 测点处骨面下塌，为近似值。

人的平均值（164.5°）略大于南京人 No. Ⅱ，另 3 个数值都是南京人 No. Ⅱ 大于北京人的平均值。说明这一部位的弧度南京人 No. Ⅱ 比北京人平缓，即前者额顶部较后者稍为扁平。从表三〇所测数值看，南京人 No. Ⅱ 额骨中部和冠状缝（通过前囟点）处的角度分别为 131° 和 138°，都小于北京人，说明额骨中部到冠状缝的矢状嵴较北京人为明显。顶骨的矢状嵴由于左侧顶骨下塌，难以确定，但从正面观，矢状嵴也是很发育的。

在前囟点处，骨表面较隆起，向两侧沿冠状缝延伸约 32 毫米，骨面变得较缓，额骨和顶骨相接的这一部位，呈角状（或嵴状）过渡。两侧沿冠状缝横向的 2 条短嵴和矢状嵴在前囟点相会，形成十字隆起（彩版七，2；图版九、一〇，1）。这一特征是直立人的重要性状。北京人也有同样构造的十字隆起，比南京人 No. Ⅱ 稍弱。和县人更弱，郧县人则不见此嵴。

左侧额结节大部分保存，不甚发育，厚 9 毫米。右侧额结节缺失。前囟点（亦即十字隆起之中心）厚 9 毫米，额骨最厚处在冠颞点前，为 10 毫米，最薄 6 毫米，颞线不清晰。不见浅的"颞线沟"。

颅内观察，鸡冠、额嵴皆缺失。左侧大脑额叶压迹较明显，但其低凹程度较南京人 No. Ⅰ 略逊。

2. 顶骨

左侧顶骨较完整，但断裂错位变形较重。右侧顶骨不完整，颞缘部分缺失。由于左侧顶骨错位下塌，矢状嵴无法观察，仅在顶骨前 1/3 段，错位极小，尚能见到长 38 毫米的矢状嵴。正面观，矢状嵴两侧也呈两面坡屋顶状（图二七，2），且顶骨前 1/2 段皆较平坦。其平坦程度和北京人 No. Ⅲ 和 No. Ⅺ 相同。顶结节不发育，厚 11 毫米（右侧）和 10 毫米（左侧）。人字点厚 10 毫米，两侧的角圆枕很发育，左、右侧厚度分别为 18 毫米和 17 毫米，关于厚度的测量值见表三一。表三一的测量数值表明，南京人 No. Ⅱ 颅骨的厚度大于南京人 No. Ⅰ，和头骨最大的北京人 No. Ⅻ 比较，除个别部位相近，多处都是厚于北京人 No. Ⅻ。说明南京人 No. Ⅱ 颅骨硕大厚重。

表三一 　　　　　　　　**南京人 No. Ⅱ 和北京人 No. Ⅻ 颅骨厚度比较** 　　　　单位：毫米

测 量 位 置		南 京 人		北 京 人①
		No. Ⅰ	No. Ⅱ	No. Ⅻ
前囟点		7.0	9.0	9.7*
额鳞中心		6.0	7.0	7.0*
额结节	左	9.0	9.0	8.0
	右	9.0	—	9.0
顶结节	左	10.0	10.0	9.0
	右	—	11.0	8.0
角圆枕	左	14.0	18.0	16.0
	右	16.0	17.0	13.0
人字点		—	10.0	7.0
枕外隆凸中心		16.0	16.0	15.0
枕骨圆枕	中段	12.0	13.0	12.0
	外侧段	13.0	17.0	10.0

① 北京人 No. Ⅻ 中凡带 * 者的数值引自 Weidenreich，1943，p. 162，Tab. XXXV，其余数值依模型测得。

　　直立人的额骨一般长于顶骨。南京人 No. Ⅰ 情况相反，顶骨长于额骨 4.4 毫米。南京人 No. Ⅱ 因额鳞前部缺失，无法测量这一数值。为了探索这一问题，我们将南京人 No. Ⅱ 与形态接近的北京人 No. Ⅻ 进行了具体的对比研究。将南京人 No. Ⅱ 正中矢状剖面图套叠在北京人 No. Ⅻ 的正中矢状剖面图上（图二八），发现二者颅骨的矢状弧线十分接近，尤其是额骨几乎完全一致，有所差异的仅是顶骨前段较北京人 No. Ⅻ 略凹陷，而后段和枕骨的人字点靠下一段却较隆凸。可见南京人 No. Ⅱ 颅骨的形态和北京人 No. Ⅻ 十分接近。在此基础上，进一步将南京人 No. Ⅱ 的顶骨和枕骨上鳞部（下鳞部缺失）与北京人 No. Ⅻ 的有关数值进行比较。南京人 No. Ⅱ 的顶骨（b-l）长 108.5 毫米，枕骨上鳞部 [l-op(i)] 长 48 毫米；北京人 No. Ⅻ 的额骨（n-b）长 113 毫米，顶骨长 91 毫米（Weidenreich, 1943, p. 107），枕骨上鳞部长 57 毫米（据 No. Ⅻ 模型测得）。北京人 No. Ⅻ 的额骨、顶骨和枕骨上鳞部三项长度相加之和为 261 毫米，南京人 No. Ⅱ 顶骨和枕骨上鳞部相加之和为 156.5 毫米，两者相减余数为 104.5 毫米，即南京人 No. Ⅱ 额骨长度的近似值。这样，南京人 No. Ⅱ 的顶骨约长于额骨 4 毫米。

　　通过以上比较，可以认为南京人 No. Ⅱ 和南京人 No. Ⅰ 一样，都是顶骨长于额骨。

　　关于南京人 No. Ⅱ 最大头长的确定，从上述正中矢状剖面看，和北京人 No. Ⅻ 的最大头长似应一样或稍小。考虑到南京人 No. Ⅱ 的额弧稍小于北京人 No. Ⅻ，所以将南京人 No. Ⅱ 的最大头长 [g-op(i)] 初定为 194 毫米，它比北京人 No. Ⅻ 短 1.5 毫米（北京人 No. Ⅻ 最大头长 195.5 毫米。引自 Weidenreich, 1943, p. 106, Tab. ⅩⅨ）。

　　南京人 No. Ⅱ 顶骨长（b-l）108.5 毫米，弧长 115 毫米，顶骨曲度指数为 94.3。南京人 No. Ⅰ 的顶骨曲度指数为 94.5，北京人的为 94.4。左侧冠状缘弦长（b-k）89 毫米，弧长 105 毫米，其曲度指数为 84.8，南京人 No. Ⅰ 为 82.0，北京人为 86.7。测量指数比较表明，南京人 No. Ⅰ、No. Ⅱ 颅顶部的性状和北京人的原始程度相似。由于南京人 No. Ⅱ 的左、右侧顶骨都变形，故不能测得其他数值。顶骨上、下颞线皆不明显，是否像南京人 No. Ⅰ 那样沿上颞线走向有 1 条浅沟，由于骨骼变形和断裂看不清楚。但在左侧角圆枕前却有一段隐约可见的浅沟，右侧此沟不显，和县人模型上左侧由顶骨中部开始，沿着上颞线也有一段较为模糊的浅沟。

　　顶骨内面比较光平，由于断裂错位，一些特征不明显。大脑中动脉压迹简单，和南京人 No. Ⅰ 基本相似。

　　3. 枕骨

　　枕骨上鳞部较完整，但左侧部受压变形，由人字点向后外下 22 毫米处断裂错位，下塌约 8 毫米，右顶骨的后外侧部向前内弯曲，枕骨则叠压其上，最宽达 27 毫米，仅正中矢状面没有变形。枕骨下鳞部缺失。枕骨上鳞部弦长 [l-op(i)] 58 毫米，弧长 60 毫米，曲度指数为 96.7。从形态和测量数值看，枕骨上鳞部的原始性状和南京人 No. Ⅰ 相同，指

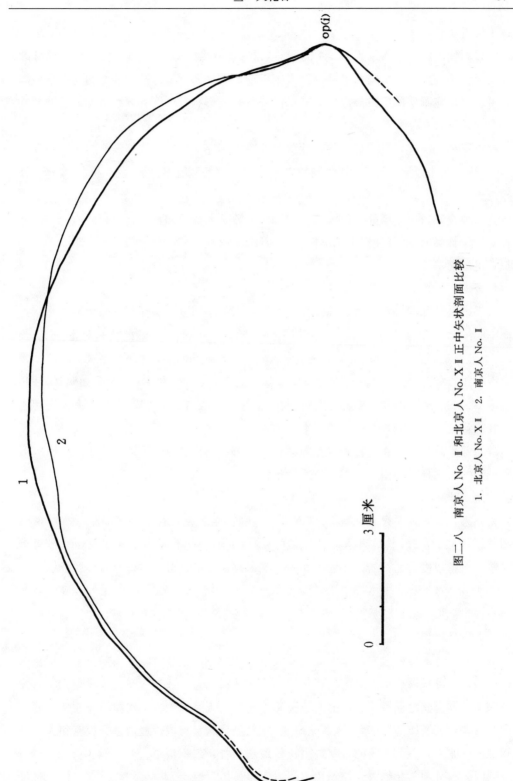

op(i)

1

2

3 厘米

0

图二八　南京人 No. Ⅱ 和北京人 No. ⅩⅡ 正中矢状剖面比较
1. 北京人 No. ⅩⅡ　2. 南京人 No. Ⅱ

数也很接近。

枕骨圆枕上沟没有南京人 No. I 的明显，只在枕外隆凸上方一小段隐约出现。枕骨圆枕较明显，由枕外隆凸横向两侧延伸至人字缝前，右半部下鳞部缺失，左侧尚保存一部分。可以看出在圆枕的中段分出一下支，向外下呈弧形移行至枕乳缝而消失，这种分支的情况比南京人 No. I 要明显。

枕外隆凸较圆钝，且明显后突，性状和北京人不完全相同。枕外隆凸的厚度和南京人 No. I 一样，同为 16 毫米。枕骨圆枕左侧的中段和外侧段厚分别为 13 和 17 毫米。有关厚度见表三一。

枕内观察。由于下鳞部缺失，枕、项部位的特征无法得知。尽管小脑窝缺失，但从保存部分大脑窝的范围推测，大脑窝应大于小脑窝。推测大脑中动脉压迹和南京人 No. I 相似，也较简单。

4. 颞骨

鳞部、鼓部和岩部都缺失，仅保存左侧乳突部一小部分。保存部位的形态和北京人 No. X 较为接近。北京人 No. X 右侧颞骨保存较全，在乳突后，有明显的乳突切迹（Incisura mastoidea），左侧自切迹开始处即乳突孔（Foramen mastoideum）稍下处断掉，断口处骨面显得稍凹。南京人 No. II 同一部位保留部分比北京人 No. X 稍多一些，骨面明显下凹。虽然南京人 No. II 下部及左侧颞骨没有保存，但和北京人 No. X 比较，推测应有乳突切迹的存在，且构造和北京人 No. X 的基本一样。

颞鳞部虽缺失，但在顶骨和保存的颞骨乳突部有清晰的颞鳞覆盖的痕迹。颞鳞的形状呈低矮的缓弧形，和南京人 No. I 的性状相同。

5. 性别与年龄

南京人 No. II 只保存 1 块颅盖骨，判断其性别和年龄较为困难。南京人 No. II 的额结节和顶结节都不发育，枕外隆凸不似南京人 No. I 那样圆钝而是明显突出。另外，颅骨骨壁很厚，最薄厚度为 6 毫米，一般为 9~12 毫米，最厚处达 22 毫米。头骨较大而厚重，最大头长为 194 毫米，在 5 个北京人（No. II、No. III、No. X、No. XI、No. XII）数值（188~199 毫米）范围之内，大于南京人 No. I 有 5 毫米。根据这些性状，初步认为南京人 No. II 应是一男性个体。

冠状缝颅外的前囟段左侧呈弯曲的深波型，右侧则为微波型。复杂形段为不很清晰的锯齿型，右侧该段模糊；颞窝段和矢状缝的前囟段已愈合成直线型，顶段到人字点段因左侧顶骨顺矢状缝断裂下塌，缝的情况看不清楚。人字缝的人字点段呈深波型，缝左部中段已愈合成直线型，比南京人 No. I 愈合程度要深，星点段骨缝的愈合程度和人字点段相似呈深波型，右侧部位的人字缝因枕骨覆压顶骨，看不清晰。

颅内的各缝除矢状缝因骨骼错位不能肯定以外，冠状缝和人字缝皆愈合超过一半，呈直线型。和南京人 No.Ⅰ头骨缝愈合的程度比较，南京人 No.Ⅱ愈合的程度稍深些，年龄估计为一 35 岁左右的个体。

三　牙　齿

南京人牙齿出于小洞东南角化石层下部，完整。除咬合面以外，都被薄薄的一层碳酸钙外壳包裹。当 3 个牙根的钙质壳剥落时，随之剥落掉极薄一层"牙皮"，而暴露出牙本质（图二九；彩版八，1～5）。

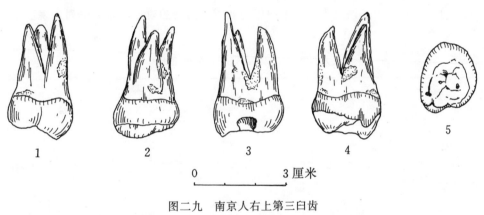

0　　　　　　　3厘米

图二九　南京人右上第三臼齿
1. 颊面　2. 舌面　3. 近中面　4. 远中面　5. 咬合面

牙冠呈圆角三角形，前尖、后尖、原尖和次尖各占三角形的角端，长 10、宽 11、高 6 毫米。

前尖大而高，尖尚锐利，磨耗不重，由弧形过渡到颊面和近中面。近中面可见小的接触面。颊面则显得隆凸，以颊侧沟为界和后尖清晰地相接。后尖低于前尖约 1.5 毫米，磨耗较重，尖部形成凹坑，出现 2 毫米的长方形齿质点。颊侧则呈棱嵴状向前和前尖相连，向后过渡到远中面。

原尖最大，稍低于前尖。尖部磨得圆钝光滑，向中央沟和舌侧呈坡状倾斜。前内侧坡面出现 2 毫米的三角形平面，舌侧的坡面上也同样有一小的平面。原尖隆凸呈丘状和次尖相接。次尖最低，磨成圆凸呈漫坡状向前和原尖相连，界限不清，向后则和远中面相会。齿尖高度测量见表三二。

表三二   **南京人右上第三臼齿齿尖高度测量**   单位：毫米

部 位	前 尖	后 尖	原 尖	次 尖
齿 尖 高	11.5	5.4	11.0	5.0

3 个牙根，以颊侧前根最大，高 11.5 毫米，最宽处在近牙颈处，为 6.3 毫米，根较直，不见牙根管。颊侧后根较短，是 3 个牙根中最弱的 1 个，其上部和前根拼在一起，至 2/3 段处分叉。根高 9、宽 3.6 毫米，向颊后侧稍弯曲，根尖处有牙根管。舌侧根稍粗壮，高 9、宽 5.3 毫米（牙颈处），颊后侧较扁并明显向颊侧弯曲。

根据牙齿远中面圆钝隆凸不见接触面、牙根弯曲情况、牙齿的大小和牙根的数量，鉴定为右上第三臼齿。

北京人的上第三臼齿共发现 7 个，其中 4 个为单个牙齿，3 个仍保留在牙床上（Weidenreich，1943，p.69）。南京人第三上臼齿与北京人臼齿的对比测量数值列入表三三。

表三三   **南京人和北京人第三上臼齿测量数值比较**   单位：毫米

测量项目 数值标本			南京人	北 京 人 [①]						
				No.46	No.47	No.48	No.49	No.112	No.113	No.146
齿冠	高		6.0	(6.1)	—	(5.5)	(5.1)	(6.4)	(6.1)	(6.1)
	长		10.0	9.1	9.4	9.9	8.7	10.1	10.4	9.8
	宽		11.0	10.9	11.3	12.0	10.4	12.5	12.1	12.5
齿根	高	l	9.0	16.5	—	—	10.3	16.3	16.3	14.2
		bm	11.5	14.5	—	—	—	b15.0	b15.0	b13.0
		bd	9.0	12.5	—	—	—	—	—	—
	长		7.3	5.7	—	8.1	6.9	9.1	7.6	7.3
	宽		10.0	10.8	—	11.2	10.3	11.4	11.8	11.3

① 数值引自 Franz Weidenreich，1937. The Dentition of Sinanthropus Pekinensis：A comparative odontography of the Hominids. p. 71, Tab. XVII.

据表三三分析，南京人右上第三臼齿齿冠的高、长、宽数值都在北京人范围之内，而齿根的高度却都小于北京人；长度在北京人范围之内，宽度接近北京人的下限。总体上说和北京人的臼齿相似。

齿冠咬合面因磨耗而纹理不清。前尖中央沟处磨耗出不规则的凹坑，后尖处有 2 毫米范围的齿质点。其余部分咬合面光平。根据其磨耗程度，并考虑到当时人类食物粗糙，该臼齿可能代表 35 岁左右的个体。

四 小 结

南京人化石地点出土的 2 件人颅骨化石标本，虽然完残程度不同，仍可观察到形态特征上许多重要的一致性。例如颅顶穹窿在矢状方向上显得十分低平，而且较长；颅骨骨壁较厚；额、顶骨有矢状嵴存在（但发育程度差别很大）；顶结节不发育，顶骨后外侧部角圆枕十分发育；枕骨圆枕比较发育，枕外隆凸突出，表面显得圆钝；颞鳞低，其上缘呈缓弧状。2 件标本也有许多不同之处。例如颅骨的大小厚重，矢状嵴形状及发育程度，枕骨圆枕及枕外隆凸粗壮程度都有很大区别。许多测量数值也不一致（表三四）。以上分析表明，南京人 2 件颅骨化石，作为同一地点同一层次出土的标本，基本性状特征是一致的。它们之间的差异可能主要和性别、年龄以及个体变异有关。

表三四   **南京人 No. Ⅰ 和 No. Ⅱ 颅骨形态比较**

部　位	南京人　No. Ⅰ	南京人　No. Ⅱ
颅骨	轻，纤细	重，粗大
骨壁	较薄，最薄 5、一般 7～10、最厚 16 毫米	较厚，最薄 6、一般 9～12、最厚 22 毫米
额骨与顶骨相连接的形式	缓弧状过渡	角状过渡
矢状嵴	不明显	明显
十字隆凸	不明显	明显
额顶形状	横向弧状过渡	以正中矢状面为界呈两面坡屋顶状
前囟点小骨	有	无
枕骨圆枕上沟	明显	不很明显
枕骨圆枕	发育，上支明显，下支不明显	稍发育，上支不明显，下支明显
枕外隆凸	圆钝，后突	粗隆状突起，颇向后突
额、顶部瘤状突起	有	无
错位、变形	无	有

以南京人的 2 件颅骨化石标本分别与北京人诸颅骨比较，也显示出性状上的一致性和某些不同。特别是南京人 No. Ⅰ，由于保存比较完整，又经过复原，可以进行比较全面的对比研究。

通过形态观察和测量的比较研究，可以看出南京人 No. Ⅰ 有些方面和北京人某一颅骨稍有差异，但在另些方面却和北京人另一颅骨的特征相近和相同。总体来说，南京人 No. Ⅰ 和北京人颅骨的原始性状是一致的。尽管如此，两者之间仍有一些差异。例如：

（一）面部。总的特征和北京人相似，不同之处以鼻骨较为显著。南京人 No. Ⅰ 鼻骨窄而短，鼻根点较下陷，鼻梁呈嵴状而且下凹，鼻尖明显上翘。北京人的鼻骨较宽、长，呈上下约等宽的亚腰矩形。鼻根点较向前，鼻梁不呈嵴状，较平直，下凹度很小，鼻尖不上翘。

（二）额骨。总的特征和北京人相近。

1. 眶上圆枕厚度较弱，不如其他直立人粗壮（可能和性别差异有关），形状呈横一字形，显得平直，不像北京人眉间部向下弯曲，中间凹度较大。

2. 眉间部向前突出明显。除北京人 No. X 稍显前突外，其他北京人和我国发现的其他直立人眉间都不前突，有的向后凹。

3. 额结节和额隆凸都不及北京人的发育，因而眶上沟显得较平缓，额骨比较低扁。

4. 矢状嵴不明显（可能和额骨的病态有关），矢状缝的两侧呈横弧形，不像北京人呈两面坡屋顶状。

5. 额骨短于顶骨，和北京人不同。和县人和郧县 II 号颅骨也是额骨短于顶骨。这种性状在直立人中比较少见。

6. 额骨表面有严重的皱瘤隆起病态。这种病态虽不能作为一种特征，但在直立人的标本中罕见。

（三）顶骨。总的特征虽和北京人相似，但也有较大的差异。

1. 矢状嵴不明显。在直立人的顶骨上沿矢状缝形成条状隆起的矢状嵴，是直立人的标志。南京人 No. I 顶骨上与额骨一样，矢状嵴不明显。这种情况可能是与两侧顶骨近冠状缝处有病态现象和其中后部骨骼缺失的原因有关。

2. 和额骨一样，顶骨矢状缝两侧骨面呈穹窿形，而非两面坡屋顶形。

3. 顶结节不发育。

4. 前囟点处有前囟点小骨。

5. 前囟点小骨的周围因病态而使骨面隆起和低凹，使这一部位两侧顶骨不对称，左侧显得较高，右侧稍低。

6. 上颞线（Linea temporalis superior）不甚清晰，顺着该线有较明显的"颞线沟"。北京人这一特征不明显。和县人相同部位则隐约可见此沟。

（四）枕骨。总的特征和北京人一致，只是枕外隆凸不位于枕骨圆枕的中间，而是向左偏移 6 毫米。另外，枕外隆凸部位，明显比北京人向后突出。

上述这些不同的特征，构成了南京人 No. I 自身的形态特点。

为了检阅方便，将南京人 No. I 长、宽、高、角度和指数的测量值列入表三五。

南京人 No. II 顶骨及枕骨因受压变形很重，一些重要的数据无法测得。颅骨重厚粗大，总的形态特征接近北京人。矢状嵴和十字隆凸明显，额、顶骨呈"角状"过渡，颅骨呈两面坡屋顶形，角圆枕发育等都和北京人十分一致。但也有一些差异。如额骨短于顶骨，枕骨圆枕及圆枕上沟发育程度不如北京人。圆枕的两侧中段开始减弱，向人字缝延伸一段不明显。圆枕上沟只在枕外隆凸上方一小段尚显，向两侧则消失。因此圆枕上支较弱，而由中段开始的下支却较发育。另外，枕外隆凸粗糙且明显后突。枕骨上鳞部的弦弧指数为 96.7，所以南京人 No.Ⅱ这一部位比北京人的扁平。

南京人牙齿化石仅发现 1 枚，系右上第三臼齿，保存完整。牙齿有一定程度的磨损，约代表 35 岁左右的个体。牙冠的大小（长、宽、高）和北京人的同位牙齿相似，但齿根不及北京人的粗壮，可能和牙根表层骨质剥落有关。

南京人Ⅰ号颅骨和Ⅱ号颅骨及牙齿总的形态特征和北京人相似，某些部位相同，在人类演化上属于同一阶段。虽然和北京人有一些形态差别，但不具有亚种的意义，由此将其定为直立人（*Homo erectus*）。

通过对南京人颅骨化石形态特征的分析和研究，在直立人体质演化上提出了一些值得思考的问题。南京人和北京人形态特征十分相似，都显示了许多蒙古人种的性状。如颧面明显朝向外前方，颧面倾角和北京人相同，都是 50°，现代中国人平均 40°；上颌骨颧突前面较扁平，颧结节底部起点较高；额鼻缝约呈水平等。我国发现的人类化石，早自元谋人，晚至山顶洞人，直至现代中国人，一系列的蒙古人种特征始终存在，说明蒙古人种的主要性状出现很早，在中国广阔的土地上一脉相承地发展至今日。因此，现代人起源于非洲的假说是不足信的。

一般而言，在额、顶骨长度比例上，直立人和现代人相反，是额骨长于顶骨。我国发现的人类化石大部分体现了这种原始性状。但南京人 No.Ⅰ和 No.Ⅱ却是顶骨长于额骨，类似现代人的性状。另外，和县人和郧县人Ⅱ号颅骨也是顶骨长于额骨。由此，目前在长江流域的中下游发现的中更新世的人类化石，其顶骨都长于额骨。这种人类演化体质上的特殊性状是偶然现象还是和地域性有关，尚有待于更多的发现和深入的研究。北京人的 5 个完整的颅骨形态特征十分一致。而南京人的 2 个颅骨形态特征却有显著的差异，是个体的变异？是和地理、气候环境有关？还是其他什么原因？都有待于进一步的综合研究。

表三五　　　　　　　　**南京人 No.Ⅰ测量总表**

（一）南京人 No.Ⅰ颅骨长度测量

顺序号	测 量 项 目	马丁号*	尺寸：毫米
1	颅骨水平投影长	1a	187.0
2	眉间上点—颅后点 sg-op(i)	1b	181.0
3	鼻根点—颅后点 n-op(i)	1d	187.0
4	眉间点—人字点 g-l	3	163.8
5	鼻根点—人字点 n-l	5a	164.0

续表三五（一）

顺序号	测　量　项　目	马丁号*	尺寸：毫米
6	枕骨大孔长 enba-o	—	35.0
7	颅骨最大长 g-op(i)	1(2)	189.0
8	鼻根点—颅底点 n-ba	5	121.0
9	鼻根点—大孔后缘点 n-o	5(1)	146.7
10	前囟点—人字点 b-l	30	96.4
11	前囟点垂直于眉间点—枕外隆凸 g-op(i) 前段长	bp¹w	66.0
12	人字点垂直于眉间点—枕外隆凸 g-op(i) 前段长	lp¹w	159.7
13	前囟点垂直于鼻根点—大孔后缘点 n-o 前段长	bp²w	42.7
14	人字点垂直于鼻根点—大孔后缘点 n-o 前段长	lp²w	139.0
15	枕外隆凸点和鼻根点连线 i-n 在 n-o 线上投影长	ipw	177.4
16	颅后点和鼻根点连线 op-n 在 n-o 线上投影长	opw	177.4
17	上面长 ba-pr	40	121.0
18	后面长（眶额颧点—耳门上点）fmo-po	41	84.0
19	鼻骨后缘长	56(2)	22.5
20	上颌齿槽弓长 pr-alv	61	64.0
21	腭长 ol-sta	62	53.0
22	颞鳞长	—	72.5
23	眶上圆枕长	—	109.5
24	前囟点—蝶大翼点（b-sph）	—	79.3
25	鼻中缝至眉间点—鼻尖点弦（g-rhi）的最大距离	—	7.0
26	枕外隆凸—大孔后缘点（i-o）	—	62.8
27	枕内隆凸与枕外隆凸的距离	—	37.0

* 此栏根据 Weidenreich，1943，p. 106，Tab. XIX。

（二）南京人 No. I 颅骨弦长和弧长测量

顺序号	测　量　项　目	马丁号	尺寸：毫米
1	水平颅周长 sg-sg	23a	507.0
2	最大水平颅周长 g-g(op)	23	546.0
3	颅横弧 po-po(b)	24	270.0
4	颅矢状弧 I n-op	25a	250.0
5	颅矢状弧 II n-o	25	319.5
6	额矢状弧 I n-b	26	101.0
7	额矢状弦 I n-b	29	92.0
8	额矢状弧 II g-b	(26)	92.5

续表三五(二)

顺序号	测 量 项 目	马丁号	尺寸:毫米
9	额矢状弦 Ⅱ g-b	(29)	90.0
10	顶矢状弧 b-l	27	102.0
11	顶矢状弦 b-l	30	96.4
12	枕矢状弧 l-o	28	116.5
13	枕矢状弦 l-o	31	86.5
14	人字点—星点弧 l-ast	27(3)	80.0
15	鼻骨弦	56	22.2
16	鼻骨弧	56(1)	23.0
17	鼻根点—眉间上点弧 n-sg	26(1)	25.0
18	鼻根点—眉间上点弦 n-sg	29(1)	21.0
19	眉间上点—前囟点弧 sg-b	26(2)	76.0
20	眉间上点—前囟点弦 sg-b	29(2)	73.0
21	枕骨上鳞部弦 l-op(i)	—	50.0
22	枕骨上鳞部弧 l-op(i)	—	50.0
23	枕骨下鳞部弧 o-op(i)	—	66.5
24	枕骨下鳞部弦 o-op(i)	—	62.0
25	眉间点—鼻尖点弧 g-rhi	—	34.0
26	眉间点—鼻尖点弦 g-rhi	—	31.0
27	冠状缘弦(左)	—	82.0
28	冠状缘弧(左)	—	100.0
29	人字缘弦(左)	—	90.0
30	人字缘弧(左)	—	108.0
31	颞缘弦(左)	—	112.0
32	颞缘弧(左)	—	130.0

(三)南京人 No. Ⅰ颅骨宽度测量

顺序号	测 量 项 目	马丁号	尺寸:毫米
1	颞鳞上缘间最大宽	8c	134.0
2	颅骨最大宽 eu-eu	(8')W	143.0
3	额骨最小宽 ft-ft	9	90.8
4	额骨最大宽 co-co	10	101.0
5	眶后缩窄宽	9(1)	90.7
6	冠颞点间宽 st-st	10b	81.0
7	耳点间宽 au-au	11	145.0

续表三五(三)

顺序号	测　量　项　目	马丁号	尺寸:毫米
8	星点间宽 ast-ast	12	111.0
9	乳突间宽 ms-ms	13	101.0
10	耳门上点间宽 po-po	XXVIIB	141.0
11	关节窝外侧宽	XXVIIIB	124.4
12	关节窝内侧宽	XXIXB	78.5
13	乳突尖端间宽	XXXIIB	100.2
14	额蝶突宽	—	19.0
15	颧颞切迹宽	—	14.5
16	眶宽 I mf-ec	51	42.0
17	眶宽 II d-ec	51	39.0
18	两眶宽 ec-ec	—	94.0
19	前眶间宽 mf-mf	50	18.0
20	后眶间宽 la-la	49(3)	20.0
21	眶间宽 d-d	—	22.5
22	中眶间宽 or-or	—	70.0
23	两眶内宽 fmo-fmo	43(1)	98.0
24	鼻宽	54	28.2
25	鼻骨最小宽 sc	57	8.2
26	鼻骨最大宽	57(1)	24.0
27	鼻骨上宽	57(2)	10.0
28	鼻骨下宽	57(3)	22.5
29	上颌齿槽弓宽 ecm-ecm	61	70.0
30	齿槽弓后宽	61(1)	67.2
31	齿槽弓前宽	61(2)	46.0
32	腭宽 enm-enm	63	41.0

(四)南京人 No. I 颅骨高度测量

顺序号	测　量　项　目	马丁号	尺寸:毫米
1	颅高(颅底点—前囟点)ba-b	17	125.0
2	大孔后缘点垂直 FH 至颅顶点	19	103.2
3	耳门上点—前囟点 po-b	20	96.0
4	耳门上点垂直 FH 至颅顶点	21	93.0
5	耳门上点—人字点 po-l	XLB	93.0
6	颅盖高 I〔颅顶点垂直于 g-op(i)〕	22a	67.4

续表三五（四）

顺序号	测 量 项 目	马丁号	尺寸：毫米
7	颅盖高Ⅱ［颅顶点垂直于 n-op(i)］	22	70.0
8	颅盖高Ⅲ（颅顶点垂直于 g-l）	22b	45.0
9	前囟点垂直 g-op(i)	bh¹w	62.0
10	前囟点垂直 n-o	bh²w	82.5
11	颅顶点垂直 n-o	vhw	99.0
12	人字点垂直 n-o	lhw	86.0
13	颅后点垂直 n-o	ophw	56.0
14	枕外隆凸点垂直于 n-o	ihw	56.0
15	颞鳞高	—	35.0
16	上面高 n-pr	48	76.8
17	上齿槽突高 ns-pr	48(1)	25.7
18	眶高	52	Ⅰ L.33.0 R.33.0 Ⅱ L.32.0 R.32.0
19	鼻高 n-ns	55	49.4
20	腭高 ol-sta	64	8.7

（五）南京人 No.Ⅰ 颅骨厚度测量

顺序号	测 量 项 目	尺寸：毫米
1	枕内隆凸	13.0
2	枕外隆凸	16.0
3	眉间	21.0
4	眶上圆枕	右 ┫ 内侧段 13.0 / 中段 10.6 / 外侧段 12.5 左 ┫ 内侧段 13.0 / 中段 8.8 / 外侧段 12.5
5	额鳞中心	6.0
6	额鳞颞面	6.0
7	前囟点附近	7.0
8	顶结节	12.0
9	角圆枕	左 14.0，右 16.0
10	枕外隆凸中心	16.0

续表三五(五)

顺序号	测 量 项 目	尺寸:毫米
11	小脑窝	2.5
12	枕骨圆枕(中段)	左11.0,右14.0
13	大脑窝	左8.0,右8.0

(六)南京人 No. I 颅骨角度测量

顺序号	测 量 项 目	马丁号	单位:度
1	额角 m-g-(op)i	32,a	58°
2	额倾角Ⅰ b-n-op(i)	32,1	46°
3	额鳞倾角 b-g-op(i)	32,2	43°
4	眉间倾角 sg-n-op(i)	32,3	68°
5	脑部倾角 sg-b∠n-op(i)	32,4	39.8°
6	额骨曲度角 m-n-b	Morant	20°
7	枕骨倾角Ⅰ l-op(i)-n	33(1a)	55°
8	枕骨倾角Ⅱ l-op(i)-g	33(1b)	53°
9	枕骨下鳞部角 o-op(i)-n	33(2a)	45°
10	枕骨曲角 l-op(i)-o	33(4)	100°
11	额倾角Ⅱ b-n-o	—	63°
12	枕骨总倾角 l-o-n	—	84°
13	颅顶基底角 n-op(i)∠FH	37	3.5°
14	颅底角 ba-n-o	—	8°
15	枕骨大孔倾角 n-ba-o	—	144°
16	总面角 n-pr∠FH	72	80°
17	上面三角鼻角 ba-n-pr	72(5)	72°
18	上面三角齿槽角 ba-pr-n	72(5)	70°
19	上面三角大孔前缘角 n-ba-pr	72(5)	38°
20	鼻侧角 n-rhi∠FH	73	60.5°
21	鼻三角鼻角 n-ns-ba	—	85°
22	齿槽面角Ⅰ ns-pr∠FH	74	78°
23	齿槽面角Ⅱ ss-pr∠FH	—	75°
24	中面角Ⅰ n-ns∠FH	—	82°
25	中面角Ⅱ n-ss∠FH	—	81°
26	额侧角Ⅰ n-m∠FH	—	62°

续表三五(六)

顺序号	测 量 项 目	马丁号	单位:度
27	额侧角Ⅱ g-m∠FH	—	53°
28	前囟角Ⅰ b-g∠FH	—	39°
29	前囟角Ⅱ n-b∠FH	—	43°
30	枕角 l-o∠FH	—	104°
31	人字点—枕外隆突角 l-op(i)∠FH	—	57°
32	大孔后缘点—枕外隆突角 o-op(i)∠FH	—	137°
33	鼻梁角(总面角—鼻侧角)	—	18°
34	鼻颧角 fmo-n-fmo	—	145°
35	颧上颌角 zm-ss-zm	—	124°
36	颧面倾角	—	50°
37	颧侧角	—	101°

(七)南京人 No.Ⅰ 颅骨测量指数

顺序号	测 量 项 目	马丁号	指 数
1	颅长宽指数 eu-eu/g-op(i)	(8')/1(2)	75.7
2	颅长高指数 b-ba/g-op(i)	17/1(2)	66.1
3	颅长耳高指数 po-b/g-op(i)	21/1(2)	49.7
4	颅长大孔后缘点高指数	19/1(2)	54.6
5	颅宽高指数 b-ba/eu-eu	17/(8')	87.4
6	颅宽耳高指数 po-b/eu-eu	21/(8')	65.7
7	前囟高指数Ⅰ	$bh^2/5(1)$	56.2
8	前囟高指数Ⅱ	$bh^1/1(2)$	32.8
9	颅盖高指数Ⅰ	22a/1(2)	35.7
10	颅盖高指数Ⅱ	22/1d	37.4
11	颅顶高指数	vh/5(1)	65.9
12	人字点高指数	lh/5(1)	58.6
13	颅后点高指数	oph/5(1)	38.2
14	枕外隆突高指数	ih/5(1)	. 38.2
15	前囟点垂直 n-o 前段长指数	$bp^2/5(1)$	29.1
16	颅顶点垂直 n-o 前段长指数	$vp^2/5(1)$	50.0
17	人字点垂直 n-o 前段长指数	$lp^2/5(1)$	94.8
18	枕外隆突垂直 n-o 后段长指数	op/5(1)	20.9
19	颅矢曲度指数 n-o/n-o	5(1)/25	45.9

续表三五(七)

顺序号	测　量　项　目	马丁号	指　数
20	颅横曲度指数 au-au/po-po(b)	11/24	53.7
21	额横指数	9/10	89.9
22	额顶宽指数	9/(8¹)	63.5
23	顶枕宽指数	12/(8¹)	77.6
24	眶后缩窄—耳点间宽指数	9(1)/11	62.6
25	下顶宽指数	8c/11	92.4
26	额顶矢状弧指数	27/26	101.0
27	额枕矢状弧指数	28/26	115.3
28	顶枕矢状弧指数	28/27	114.2
29	额颅矢状弧指数	26/25	31.6
30	顶颅矢状弧指数	27/25	31.9
31	枕颅矢状弧指数	28/25	36.5
32	额骨曲度指数	29/26	91.1
33	额骨扁平指数	st/29	14.1
34	眉间曲度指数	29(1)/26(1)	84.0
35	脑部曲度指数	29(2)/26(2)	96.1
36	眉间—脑曲度指数	29(1)/29(2)	28.8
37	顶骨曲度指数	30/27	94.5
38	枕骨曲度指数	31/28	74.2
39	枕鳞上部曲度指数	31(1)/28(1)	100.0
40	枕鳞下部曲度指数	31(2)/28(2)	93.2
41	上面指数Ⅰ(n-pr/zy-zy)	48/45	51.5
42	上面指数Ⅱ(n-pr/zm-zm)	48/46	82.3
43	颧中面指数(zm-zm/zy-zy)	46/45	62.6
44	眶指数Ⅰ(高/宽 mf-ec)	52/51	78.6
45	内眶指数	50/43	16.4
46	鼻颧指数 fm o fmo/ec-ec	44(1)/44	111.2
47	鼻指数(宽/高)	54/55	55.1
48	梨状孔宽高指数(宽/高)	54/55(1)	91.0
49	上齿槽弓指数(宽/高)	61/60	109.4
50	腭面宽指数(腭宽/面宽)	61/45	47.0
51	腭面长指数(腭长/上面长)	60/40	52.9
52	腭指数(宽/长)	63/62	77.4

续表三五(七)

顺序号	测 量 项 目	马丁号	指 数
53	腭深指数(高/宽)	64/63	21.2
54	颧上面指数(fmt-fmt/zy-zy)	43/45	73.7
55	枕骨上、下鳞部矢状弦指数	31(2)/31(1)	124.0
56	枕骨上、下鳞部弧指数	28(2)/28(1)	133.0
57	眉间点—前囟点弦弧指数	(29)/(26)	97.3
58	前囟位指数	bP¹/1(2)	34.9
59	鼻根点—颅底点长指数 n-ba/n-o	5/5(1)	82.5
60	眶后缩窄指数	—	77.6
61	眶指数Ⅱ(高/宽 la-ec)	52/51	82.1
62	枕骨大孔指数(宽/长)	—	66.3
63	枕鳞长宽指数(长/宽)	31/12	77.9
64	枕骨弧长指数(l-op/l-o)	28(1)/28	42.9
65	颅面垂直指数(n-sd/ba-b)	—	61.6
66	颅面横指数(zy-zy/eu-eu)	45/(8')	104.2
67	颧额指数Ⅰ (ft-ft/zy-zy)	9/45	60.9
68	颧额指数Ⅱ (co-co/zy-zy)	10/45	67.8
69	鼻梁弦弧指数(g-rhi/g-rhi)		91.2
70	鼻梁扁平指数(中缝至弦垂距/g-rhi)	—	22.6
71	颞鳞长高指数		49.6
72	鼻根指数(ss/sc)		18.3
73	上颌额指数(subtense mf-mf/mf-mf)	—	36.1
74	前颌指数(subtense GB/zm-zm)	—	42.3
75	颌指数(面部突度指数 pr-ba/n-ba	40/5	100

参 考 文 献

吴汝康,1957,《资阳人》17页,科学出版社。

吴汝康,1966,陕西蓝田发现的猿人头骨化石,《古脊椎动物与古人类》第10卷第1期,科学出版社。

吴新智,1981,陕西大荔县发现的早期智人古老类型的一个完好头骨,《中国科学》第2期200~206页。

吴汝康等,1982,安徽和县猿人化石的初步研究,《人类学学报》第1卷第1期,科学出版社。

邵象清,1985,《人体测量手册》57页,上海辞书出版社。

吕遵谔等,1989,山东沂源猿人化石,《人类学学报》第8卷第4期。

李天元等，1994，湖北郧县曲远河口人类颅骨的形态特征及其在人类演化中的位置，《人类学学报》第 13 卷第 2 期。

吴新智等，1994，中国和非洲古老型智人颅骨特征的比较，《人类学学报》第 13 卷第 2 期。

张振标，1994，中国古代人类麻风病和梅毒病的骨骼例证，《人类学学报》第 13 卷第 4 期。

张银运，1995，郧县人类头骨化石与周口店直立人头骨的形态比较，《人类学学报》第 14 卷第 1 期 1～7 页。

Davidson Black，1930. On an Adolescent Skull of Sinanthropus Pekinensis in Comparison With an Adult Skull of the Same Species and With Other Hominid Skulls，Recent and Fossil. Palaeontologia Sinica，Series D. Vol. Ⅶ.

Franz Weidenreich，1937. The Dentition of Sinanthropus Pekinensis：A Comparative Odontography of the Hominids. Palaeontologia Sinica，New Series D. No. 1.

Franz Weidenreich，1943. The Skull of Sinanthropus Pekinensis：A Comparitive Study on a Primitive Hominid Skull. Palaeontologia Sinica，New Series D. No. 10.

Wu Xinzhi and Wu Maolin，1985. Early *Homo sapiens* in China. Palaeoanthropology and Palaeolithic Archaeology in the People's Republic of China.

Takao Suzuki，1984. Palaeopathological and Palaeoepidemiological Study of Osseous Syphilis in Skulls of the Edo Period. The University Museum，The University of Tokyo，Bulletin No. 23.

Wu Rukan and Dong Xingren，1985. *Homo erectus* in China. Palaeoanthropology and Palaeolithic Archaeology in the People's Republic of China.

肆 动物化石

一 动物化石

南京汤山葫芦洞小洞埋藏的动物化石非常丰富。1993 年考古发掘出土的化石标本代号为 93NTX③，文中简写为 X③。考古发掘前被农民挖出的化石，经过鉴定尽可能收入报告，代号为 NTX：0，文中简写为 X：0。除骨片、中国鬣狗粪化石以外，可鉴定种、属的动物化石标本共 1325 件（附表）。为了尽量详细介绍资料，文中采取的分类叙述方法是，首先介绍该种动物可鉴定标本的数量、类别，并统计最小个体数，然后详细描述典型标本，最后采用对比学方法对该种动物的鉴定依据和特征进行讨论。

（一）食肉目 Carnivora Bowdich，1821

共发现 5 科 6 属 7 种，计有棕熊、中国鬣狗、虎、豹、中华貂、狐、猪獾（?），现详述如下。

1. 熊科 Ursidae Gray，1825

    熊属 *Ursus* Linnaeus，1758

        棕熊 *U. arctos* Linnaeus，1758

（1）材料和最小个体数

113 件。计有头骨 1 件，上颌骨残块 6 件（左侧 3、右侧 3），下颌骨残段 15 件（左侧 5、右侧 10），肩胛骨残块 1 件，肱骨残块 3 件（左侧 1、右侧 2），桡骨残块 5 件（左侧 3、右侧 2），右尺骨残块 2 件，股骨残段 1 件，掌（跖）骨 9 件，近端指（趾）骨 3 件，中间指（趾）骨 2 件，腕骨 1 件，枢椎 1 件，零牙 63 枚，其中 P^{4*} 有 10 枚（左侧 5、右侧 5）、上 M^1 有 8 枚（左侧 3、右侧 5）、上 M^2 有 11 枚（左侧 6、右侧 5）、下 M_1 有 2 枚（左侧 1、右侧 1）、下 M_2 有 8 枚（左侧 5、右侧 3）、下 M_3 有 8 枚（左侧 5、右侧 3），C

---

* 牙齿分别用 I、C、P、M 代表门齿、犬齿、前臼齿和臼齿。右上角和右下角的数字表示上、下牙及其顺序，如 P^4 代表上第 4 前臼齿。

有 16 枚。

　　熊的最小个体数是以头骨、上下颌骨残块和零星牙齿中同一侧同一类牙齿最多的数量计算的。其中以左上 M^2 最多，共计 10 枚。全部熊的材料最少代表 10 个个体。

　　棕熊标本统计见附表。

　　(2) 典型标本描述

　　A. 头骨和上颌骨

　　标本 X③：208，头骨。保存较完整，仅右侧颧弓及右侧前颌骨残缺，颜面部因挤压，稍变形，右侧显得高些。全部门齿和右侧犬齿缺失。左侧犬齿仅存齿根，带左侧 C—M^2 齿列和右侧 P^4—M^2 齿列 (图三〇，A~C；图版一一，1~3)。

　　颅顶视：鼻骨较窄长，长度为 117 毫米，明显大于 M^1 前头骨的宽度 (96 毫米)。吻部较宽，犬齿上方最大吻宽 95 毫米，稍大于左、右眶下孔的间距 (93.7 毫米)。额部眶

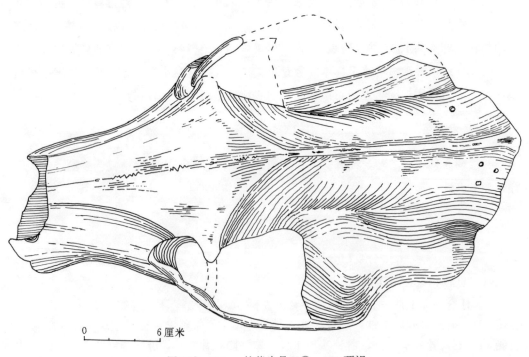

0　　　　　　6 厘米

图三〇 (A)　　棕熊头骨 X③：208 顶视

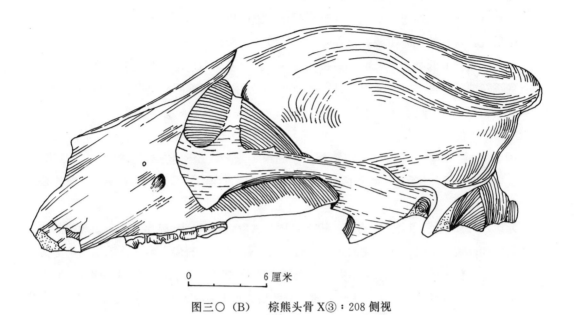

0 |　　　　|　　6 厘米

图三〇（B）　棕熊头骨 X③：208 侧视

0 |　　　　|　　6 厘米

图三〇（C）　棕熊头骨 X③：208 底视

间区宽而平坦，至额区中间稍凹。顶骨狭长。矢状嵴高，顶部最高处达 32 毫米。矢状嵴向前至额骨中部分成两嵴，平缓地延至眶后突。颧弓粗大。

颅后视：枕部的枕嵴粗硕，枕骨外结节呈嵴状，鳞部宽平。

侧视：头骨较低平，头骨最大高在额骨中部，向前和向后方延伸均较平缓。眶上突尖且向下弯曲，颧骨上的眶突较薄锐。眶上突与颧骨上的眶突间距分别为 28（右侧）和 30.4（左侧）毫米。眶下孔较小，朝向前外侧方。眶下孔高、宽分别为 11、6.2（左侧）和 12、6.2（右侧）毫米。

颅底视：腭面宽，中间凹入。齿隙处最小间距 72 毫米。M^2 后方颊侧间宽 81.8 毫米。腭大孔较小，位于 M^1 后部。两侧腭突的腭沟明显，平行向前延伸到犬齿槽后缘。听泡低平，边界不明显。

牙齿，P^1 和 P^3 脱落，仅存齿窝，其间无 P^2，故齿隙较长。P^4 略呈三角形。颊侧的前尖高且粗壮，后尖低矮，在前尖的舌侧和后尖的颊侧有微弱的齿带痕迹。舌侧的第三尖粗大，其后方有一个明显的后附小尖。M^1 前尖和后尖高而粗壮，前、后附尖明显，原尖和次尖低平，其间有一小附尖，在原尖的舌侧和后尖的颊侧有微弱的齿带。M^2 宽大，前尖高大，后尖低矮，原尖和次尖低平，后部缩窄，形成圆的跟座，舌侧齿带发育。

头骨测量和比较见表三六。

标本 X：0183，右侧上颌骨残段，带 P^3—M^2。P^3 小，为圆锥状，舌侧齿带微弱。P^4 颊侧齿带发育。M^2 后部稍缩窄，形成圆形跟座（图三一；图版一五，6）。

上颌骨残块测量见表三七。

B. 下颌骨

标本 X③：1589，右侧下颌骨。保存较好，仅下颌角和枝残缺，带 C 和 P_4—M_2，M_3 缺失。M_1 和 M_2 齿尖磨平，露出大部分齿质，属于老年个体。P_1 紧靠犬齿槽后缘，无 P_2 和 P_3，形成齿隙。P_4 的前附尖稍显，后附尖因磨蚀，特征不明显（图三二；图版一二，6）。

标本 X：0276，右侧下颌骨残段，带 M_2 和 M_3。M_2 前高后低，在 4 个主尖之间瘤状小附尖发育。M_3 长圆形，嚼面布满了平圆的小附尖（图版一二，1）。

下颌骨测量和比较见表三八。

C. 牙齿

上 M^2 的形态略有变化。标本 X：01437，右上 M^2，牙齿较宽大，后部缩窄不显著，嚼面釉质褶和小附尖发育（图版一二，4）。标本 X③：1544，左上 M^2，牙齿的后部明显变窄，嚼面瘤状附尖较简单，釉质褶不发育（图版一二，5）。

下 M_1 的形态和大小也有变异。标本 X③：628，右下 M_1，下原尖和下后尖之间的沟延至下次尖前，下次尖之间的前面也有一竖沟，下次尖和下内尖之间的沟清晰，牙齿齿

尖锐利，稍磨蚀。牙齿长 29.6、宽 13.4 毫米。标本 X：01429，左下 M_1，下原尖和下后

| 表三六 | 南京人化石地点棕熊 *Ursus arctos* 头骨测量和比较 | | | 单位：毫米 |

地点 / 属种及标本号 / 项目 数值	葫芦洞小洞 棕熊 *Ursus arctos* X③：208	周口店第1地点① 棕熊 *U. arctos*	洞熊 *U. spelaeus*	万县盐井沟② 寇氏真熊 *Euarctos kokeni* No. 18735
前颌骨到髁突长	376.0	385.0	405.0	300.0
腭长	—	—	—	160.0
眶前长	144.4	—	—	94.0
眶后长	—	—	—	206.0
鼻骨长	117.0	—	—	—
吻宽	95.0	97.5	101.7	—
M^1 处腭宽	64.2	64.0	66.0	42.0
眶间区最小宽	102.0	87.0	114.8	—
眶后缩窄处最小宽	—	—	—	72.0
额宽	247.0	—	—	200.0
脑颅宽	182.7	125.0	99.6	141.0
枕骨最大宽	85.6	—	—	170.0
乳突基部最大宽	132.7	—	—	—
头盖骨最大高	113.5	122.0	155.0	—
枕部高	109.6	—	—	85.0
枕骨大孔高/宽	26.6/38.3	—	—	—
P^1—P^4 长	—	—	—	30.0
M^1—M^2 长	64.2（左） 64.3（右）	—	—	50.0
C 长×宽	31.8×25.7	—	—	22.3×14.5
P^4 长×宽	18.4×14.4（左） 18.6×14.7（右）	—	—	14.5×9.8
M^1 长×宽	26.5×20.0（左） 26.7×20.0（右）	—	—	20.3×15.8
M^2 长×宽	38.3×21.0（左） 38.2×20.8（右）	—	—	30.7×16.5

① Pei Wen-chung，1934，On the Carnivora from Locality 1 of Choukoutien. Pal. Sin. Ser. C.，Vol. VIII，Fascicle 1. p. 61 and p. 68.

② Colbert，E. H. and D. A. Hooijer，1953，Pleistocene mammals from the Limestone fissures of Szechwan，China. Bull. Am. Mus. Nat. Hist. 102. p. 45.

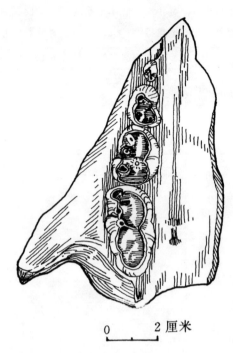

0 　　　 2 厘米

图三一　棕熊右上颌 X：0183

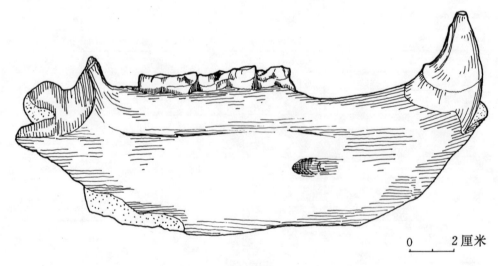

0 　　　 2 厘米

图三二　棕熊右下颌 X③：1589

表三七　　　　　　　　南京人化石地点棕熊 *Ursus arctos* 残上颌骨测量　　　　单位：毫米

数值 \ 标本号 项目	X：0730	X：0184	X③：653	X：0277	X：0183
M¹—M² 长	62.5	58.5	63.2	63.5	58.0
P³　长×宽	—	—	—	—	7.0×5.5
P⁴　长×宽	—	—	—	17.5×15.5	16.5×12.0
M¹　长×宽	25.0×19.5	23.0×18.0	25.0×18.8	25.5×19.0	22.5×17.5
M²　长×宽	37.5×21.5	35.5×19.5	38.2×21.0	38.0×21.0	35.5×20.0

表三八　　　　　　南京人化石地点棕熊 *Ursus arctos* 下颌骨测量和比较　　　　单位：毫米

数值 \ 地点 属种及标本号 项目	葫芦洞小洞 棕熊 *U. arctos* X③：1589	棕熊 *U. arctos* X③：147-1	棕熊 *U. arctos* X③：199	周口店第1地点[①] 棕熊 *U. arctos* HH：32	洞熊 *U. spelaeus*	黑熊 *U. angustidens*
P₄—M₃ 长	92.5*	—	97.3*	104.0	—	—
M₁—M₃ 长	78.0*	—	—	—	—	—
C　长×宽	28.0×19.0	29.6×19.2	—	—	—	21.4×14.4
P₁　长×宽	—	7.5×4.8*	—	—	—	—
P₄　长×宽	16.0×8.0	13.3×8.0	—	15.0×9.4	17.0×11.1	11.6×7.0
M₁　长×宽	28.0×13.5	26.7×12.4	—	29.7×15.3	29.8×15.6	21.0×10.0
M₂　长×宽	28.5×15.0	—	—	32.4×20.5	29.5×19.5	20.5×12.0
M₃　长×宽	—	—	—	27.1×19.2	22.4×17.3	17.3×11.5
P₄ 前下颌高	—	—	55.4	54.2	—	46.5
M₂ 后下颌高	—	—	54.0	57.0	—	—

　①　Pei, W.C., 1934, p.62、p.68、p.50.

　*　均依齿槽测。

尖之间的沟较浅平，下次尖和下内尖之间的沟也较平缓。下原尖、下次尖和下内尖齿尖已磨出齿质点，牙齿的磨耗程度较标本 X③：628 重，牙齿长 26.0、宽 13.0 毫米。

下 M₃ 的形态和嚼面的特征变化较大。标本 X：01457，左下 M₃，长圆形，嚼面瘤状小尖发育（图版一二，3）。标本 X：01459，右下 M₃，牙齿较小，嚼面平，瘤状小尖不发育（图版一二，2）。

牙齿测量数据见表三九。

（3）比较与讨论

南京汤山熊的标本中有保存较好的头骨、下颌骨和牙齿，为我们鉴定属种提供了可靠的依据。棕熊和黑熊的头骨形态特征区别明显。棕熊的头骨显得较窄长，尤其是颜面部较长。由眼眶前缘至 I¹ 齿槽前缘的距离大于左右侧眶后突间的距离。鼻骨的长度超过

表三九　　　　　　　南京人化石地点棕熊 *Ursus arctos* 牙齿测量　　　　　　单位：毫米

P⁴		M¹		M²	
标本号	长×宽	标本号	长×宽	标本号	长×宽
X：01447	18.0×15.0	X：01433	25.5×19.0	X：0300	42.0×22.0
X：01444	18.0×13.5	X：01418	25.7×19.5	X：01438	42.2×22.4
X：01453	17.0×12.5	X：01441	24.0×18.0	X：01436	40.0×22.0
X：01440	17.5×13.5	X③：625	25.0×18.6	X：01414	43.0×24.0
X：01451	19.0×—	X：01440	25.3×19.5	X：01424	37.0×21.5
X：01456	17.5×14.0	X：01412	23.5×18.0	X：01437	41.0×22.0
X：0879	18.3×13.6	X：01425	24.0×18.3	X：01415	37.0×20.0
X：01464	17.5×12.5	X：01439	25.5×18.0	X：01445	40.5×20.5
X：01460	16.0×12.3			X：01427	38.0×20.5
X：01450	18.0×12.5			X③：1544	41.0×23.0
				X③：626	38.7×20.7

M₁		M₂		M₃	
标本号	长×宽	标本号	长×宽	标本号	长×宽
X：01429	26.0×13.0	X：01431	29.0×19.0	X：01422	27.0×18.0
X③：628	29.6×13.4	X：0767	29.0×18.5	X：01442	23.0×18.0
		X：0860	28.0×17.5	X：01457	27.3×19.0
		X：01416	27.0×17.0	X：01448	24.5×19.0
		X：01435	—×17.0	X：01434	22.3×18.0
		X：01409	32.5×18.5	X：01411	24.0×19.0
		X：01452	28.5×18.5	X：01459	23.0×17.5
				X：01009	26.0×18.5

M¹ 前头骨的宽度，左右额骨连接处下凹，顶骨狭长，矢状嵴发育。黑熊的头骨颜面部较短，眼眶前缘至 I¹ 齿槽前缘的距离小于左右侧眶后突的距离。鼻骨长度约等于 M¹ 前头骨的宽度，额骨平坦，中间不凹陷，顶骨宽，矢状嵴不发育。另外，棕熊的前臼齿发育不全，上颌的 P² 和下颌的 P₂、P₃ 在成年时脱落，齿槽愈合形成齿隙。黑熊的前臼齿小，但终生不脱落，不形成齿隙。棕熊的牙齿比黑熊的宽大（高耀亭等，1987）。在汤山发现的熊头骨，其鼻骨长 117 毫米，大于 M¹ 前头骨的宽度（96 毫米）。前额骨的前部稍残，但眼眶前缘至 I³ 齿槽距离为 144.4 毫米（左侧），估计至 I¹ 齿槽的数值应大于此数值，该长度大于左右侧眶上突的间距（143.4 毫米）。上颌无 P²，在 P¹ 与 P³ 间形成齿隙。所有下颌上均无 P₂ 和 P₃，在 P₁ 和 P₄ 间形成齿隙。这些特征均与棕熊相同，而明显地区别于黑熊。牙齿的测量数据也大于周口店第 1 地点的黑熊（*Ursus angustidens*）（Pei，W. C.，1934），而同棕熊相似。

汤山的熊与在周口店第 1 地点发现的洞熊相比，头骨较低矮，头骨最大高度为 113.5

毫米，远小于周口店洞熊头骨的高度（155 毫米）。头骨额部倾斜较平缓，矢状嵴强大，眶下孔小等特征也与洞熊明显不同（Pei，W.C.，1934）。

在周口店第 1 地点发现的棕熊和黑熊（Pei，W.C.，1934），在山顶洞发现的棕熊（Pei，W.C.，1940）以及现生棕熊（高耀亭等，1987）的牙齿测量数据统计表明，棕熊的牙齿较黑熊的宽大，汤山的熊牙齿大小与棕熊的相近，而明显大于黑熊（图三三）。

上述对比表明在汤山发现的熊化石可以鉴定为棕熊，其头骨、下颌骨和牙齿的形态特征与大小均和在周口店第 1 地点发现的棕熊和现生棕熊相似。

2. 鬣狗科　Hyaenidae Gray，1869

　　缟鬣狗属 *Hyaena* Brisson，1762

　　　中国鬣狗 *H. sinensis* Zdansky，1924

（1）材料和最小个体数

60 件。计有：残头骨 1 件（带全部门齿和右侧 P^2 及左侧 C—P^3），左上前颌骨 1 件（带 I^1—I^2），幼年右侧上颌骨 1 件（带有 DP^3—DP^4），下颌骨 1 件（带左侧 I_1—M_1 和右侧 I_1、I_2 和 P_4），幼年下颌骨 1 件（带左侧 DC—DP_4、右侧 DC 和 DP_3—DP_4），右侧下颌骨 1 件（带 P_4—M_1）。零牙 43 枚，其中上牙：I^1 有 2 枚（左、右侧各 1 枚），I^2 有 2 枚（左、右侧各 1 枚），I^3 有 1 枚（右侧），P^2 有 3 枚（左侧 2 枚、右侧 1 枚），P^3 有 3 枚（左侧 1 枚、右侧 2 枚），右 P^4 有 3 枚。下牙：I_2 有 2 枚（左、右各 1 枚），I_3 有 2 枚（左侧），P_2 有 3 枚（左侧 2 枚、右侧 1 枚），P_3 有 3 枚（左侧 1 枚、右侧 2 枚），P_4 有 4 枚（左侧 2 枚、右侧 2 枚），M_1 有 3 枚（左侧 2 枚、右侧 1 枚）。C 有 4 枚。乳齿 8 枚，上牙 DP^4 有 2 枚（左、右各 1 枚），下牙 DP_4 有 2 枚（左、右各 1 枚），DP_3 有 2 枚（左侧），DC 有 2 枚（左、右各 1 枚）。寰椎 1 件，右侧肩胛骨残块 1 件，肱骨残块 3 件（左侧 2 件、右侧 1 件），右侧尺骨残块 1 件，桡骨残块 2 件（左、右各 1 件），左侧股骨残块 1 件，胫骨残块 2 件（左、右各 1 件）。

以下颌骨和零星牙齿中的右下 P_4 数量最多计算，全部成年材料最少代表 4 个成年个体；以下颌和零牙中的左下 DP_4 为代表，全部幼年材料最少代表 2 个幼年个体。

中国鬣狗标本统计见附表。

（2）典型标本描述

标本 X③：637，残头骨。保存前颌骨和部分上颌骨，带全部门齿和右侧 P^2 以及左侧 C—P^3 齿列（表四〇；图三四；图版一四，1）。吻部宽短，P^2 处吻宽 93.6 毫米，眼眶下缘至 I^1 齿槽前缘长 137.7 毫米。左侧眶下孔完好。眶下孔小，位于 P^3 上方，其下缘距 P^3 齿槽最突出点距离为 36 毫米。腭面宽，中间稍凹，P^2 处腭宽 70.3 毫米。腭裂为长圆形，其后缘距 I^1 齿槽前缘距离是 44.7（左侧）和 45（右侧）毫米。腭裂长、宽为 12.2、7.2（左）和 12.8、7.4（右）毫米，腭大孔较小，位于 P^2 后方，距 I^1 齿槽前缘距离为 80.6

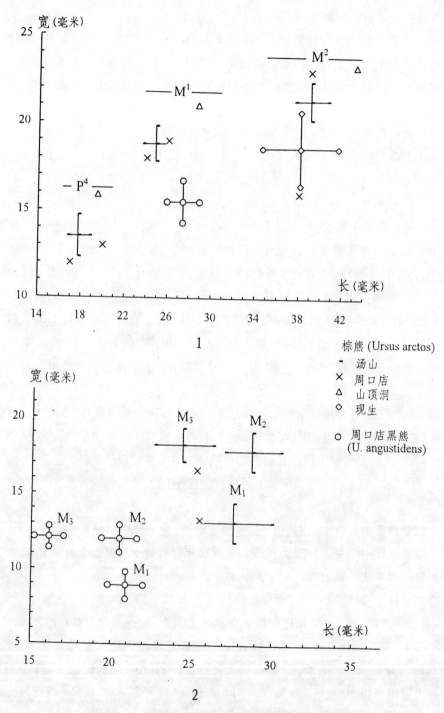

图三三　熊牙测量和比较（X̄ 标准误 95％ 置信区间）

1. 上牙　2. 下牙

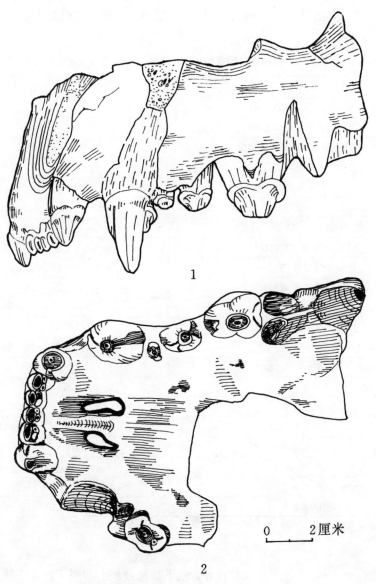

图三四　中国鬣狗残头骨 X③：637

1. 侧视　2. 嚼面视

（左）和 80（右）毫米。

门齿几乎排成 1 条直线。I¹ 和 I² 舌面有 2 个小附尖，I³ 粗壮，前内侧有一纵嵴。I³ 与 C 之间有齿隙，齿隙长 10.5（左侧）和 7（右侧）毫米。犬齿较直，齿尖磨平，露出齿质。P¹ 小，单尖，紧贴在犬齿的后内侧缘。P² 卵圆形，前部较后部宽，于齿冠基部前内侧有一明显的小附尖，因齿尖磨蚀，左侧 P^2 无后附尖，但右侧 P^2 后附尖明显。P^3 呈圆角方形。主尖磨平，露出齿质。主尖的前内侧有一微小的棱嵴，前附尖已磨蚀，后附尖明显。

表四〇　　　　南京人化石地点中国鬣狗 *Hyaena sinensis* 头骨 X③：637 测量

测　量　项　目	尺　　　寸（毫米）
颧弓前缘至 I^1 内侧前缘长	158.0
眶下缘点至 I^1 内侧前缘长	137.7
眶下孔后缘中点至 I^1 前缘长	107.0
鼻孔最大宽	37.8
I^3 上方吻宽	53.0
P^2 上方吻宽	93.6
左、右侧 P^2 内侧间距（腭宽）	70.3
腭裂后缘点至 I^1 前缘长	44.7（左）、45.0（右）
腭裂长/宽	12.2/7.2（左）、12.8/7.4（右）
腭大孔至 I^1 前缘长	80.6（左）、80（右）
腭大孔间距	53.1
I^1—P^4 长	153.1（左）*
I^1—P^3 长	111.7（左）
C—P^3 长	76.5（左）
I^1 长×宽	9×7.5（左）　9.5×6.7（右）
I^2 长×宽	11.0×8.4（左）　11.0×8.6（右）
I^3 长×宽	15.3×12.6（左）　15.7×12.6（右）
C 长×宽	16.8×14.6（左）　—
P^1 长×宽	7.7×9.4（左）　—
P^2 长×宽	16.4×13.4（左）　18.6×13.4（右）
P^3 长×宽	25×18.7（左）　—

*　依 P^4 齿槽测。

标本 X③：366，下颌骨。保存较好，仅下颌枝残缺。右侧下颌体受挤压变形。左侧有 I_1—M_1，右侧有 I_1—I_2 和 P_4，I_3—P_3 残，根尚保存在齿槽中（图三五；图版一三，5）。

下颌骨粗硕，体高而陡直，下缘平直，左侧颏孔保存完好，位于 P_2 下方，距齿槽缘 28 毫米。

下门齿较上门齿小，构造也简单。I_1 和 I_2 无舌侧附尖，I_3 小，后外侧有一明显的齿带状附尖。下犬齿较上犬齿稍弯，在后外侧面形成三角形的咬合面。无 P_1。犬齿与 P_2 间隙长 10.4 毫米（左侧）。

P_2 呈椭圆形。主尖斜向后方，其前后均有微弱的纵嵴，前附尖不明显，后附尖小。P_3

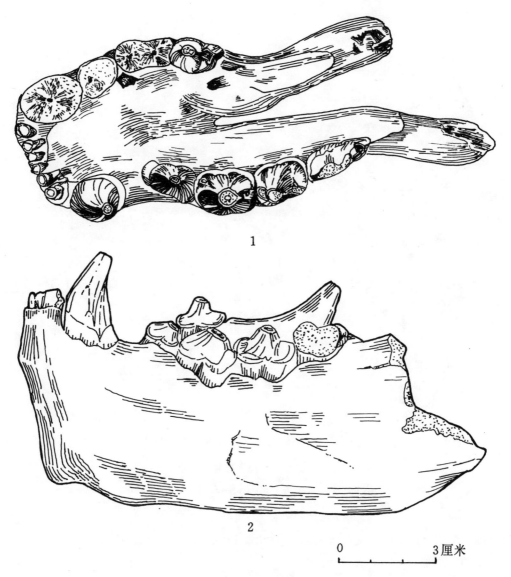

图三五　中国鬣狗下颌 X③：366
1. 嚼面视　2. 侧视

为圆角方形。前附尖弱小，后附尖发育，前齿带微弱。P_4 的前、后附尖均发育，有后齿带。M_1 的齿尖釉质层残，前叶稍大于后叶，跟座上有小附尖。

标本 X③：636，右侧下颌骨，带 P_4 和 M_1，P_4 正萌出。下颌骨体较标本 X③：366 低矮，属于 1 个年青个体（图三六，3；图版一三，1）。

P_4 主尖高而锋利，前、后附尖明显，后齿带发育。M_1 的前叶稍大于后叶，跟座发育，

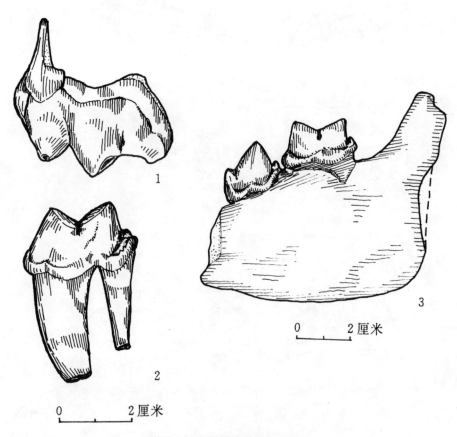

图三六　中国鬣狗牙齿与下颌骨

1. 右上 P⁴ (X：01189)　　2. 左下 M₁ (X③：635)　　3. 右下颌 X③：636

其上有一个发育的小尖。前叶长 12.3、后叶长 11.7、跟座长 5.2 毫米。

下颌骨测量与对比见表四一。

标本 X：01189,右上裂齿(P⁴)。第三叶颊侧釉质层剥落。牙齿的第二尖颇发育,三叶的长度分别是 13、15 和 14.2 毫米,即第一叶＜第二叶＞第三叶(图三六,1;图版一三,4)。

标本 X③：635,左下裂齿(M₁)。牙齿的前叶较后叶稍宽大,前、后齿带明显,跟座发育,其上有 1 个发育的附尖(图三六,2;图版一三,3),牙齿长 29.2、宽 15.1 毫米。

中国鬣狗牙齿测量见表四二。

标本 X③：632,幼年中国鬣狗右上颌残块,带 DP³—DP⁴, DP⁴ 正萌出(图版一五,2)。

表四一　　　　南京人化石地点中国鬣狗 *Hyaena sinensis* **下颌骨测量与比较**　　单位：毫米

项目\数值\标本号\地点	葫芦洞小洞		周口店第 1 地点[1]	
	X③：366	X③：636	Cat. No. $\frac{C}{C.1331}$	Cat. No. $\frac{C}{C.806}$
I_1—M_1 长	145.0（左）	—	—	—
P_2—M_1 长	91.1（左）	—	89.7	82.0
I_1 长×宽	7.2×4.4（左） 7.2×4.8（右）	—	7.3×5.2	—
I_2 长×宽	9.4×6.3（左） 9.1×6.2（右）	—	8.6×7.0	—
I_3 长×宽	11.3×9.2（左）	—	11.0×9.8	—
C 长×宽	21.0×19.0（左）	—	20.0×18.0	—
P_2 长×宽	17.6×13.4（左）	—	18.0×13.2	18.0×9.0
P_3 长×宽	24.9×19.4（左）	—	26.0×18.0	24.0×17.0
P_4 长×宽	26.7×18.0（左） 26.2×18.4（右）	25.3×18.0	28.0×17.1	27.3×18.0
M_1 长×宽	30.3×—（左）	29.1×14.9	28.3×15.2	29.6×15.0
下颌骨前面高	85.4	—	—	—
P_2 前下颌骨高	64.7	—	—	—
M_1 前下颌骨高	63.3	45.3	—	—

[1]　Pei，W.C.1934，p.105. pl. XV. fig. 3；p.106. pl. XVI. fig. 2.

表四二　　　　南京人化石地点中国鬣狗 *Hyaena sinensis* **牙齿测量**　　单位：毫米

P^2		P^3		P^4	
标本号	长×宽	标本号	长×宽	标本号	长×宽
X：01011	19.5×13.3	X：01420	27.5×20.5	X：01189	41.5×25.0
X：01458	20.0×14.0	X：01725	27.5×20.5	X：01623	42.5×—
X：01454	21.3×15.0	X：01613	28.5×20.8		

P_2		P_3		P_4		M_1	
标本号	长×宽	标本号	长×宽	标本号	长×宽	标本号	长×宽
X：01455	17.5×13.5	X：01426	24.0×18.5	X：01408	26.5×18.0	X③：635	29.2×15.1
X：01466	18.4×13.9	X：01625	25.0×18.2	X：0859	26.0×18.0		
X：01460	16.0×13.4			X：01618	26.7×18.7		
				X：0855	26.6×17.7		

标本 X③：631，幼年中国鬣狗下颌骨。除下颌枝残缺以外，基本保存完好，带左侧 DC—DP$_4$ 和右侧 DC、DP$_3$ 及 DP$_4$。左侧 M$_1$ 牙胚尚在齿槽中（图三七，1、2；图版一四，7）。

下颌骨粗短，角突不发育。乳犬齿锋利，稍向后弯曲。无 DP$_1$。DC 与 DP$_2$ 之间齿隙 5.8 毫米。DP$_2$ 的前部向舌侧斜着生长，原尖的前、后各有一微小但明显的纵嵴，后附尖弱小。DP$_3$ 的前附尖高而锋利，后附尖小，后齿带明显。DP$_4$ 前叶较后叶低，两叶张开距离较小（左、右 DP$_4$ 前、后叶张开的距离分别为 12.3 和 12.4 毫米）。跟座发育，上有一锋利的小尖，后齿带微弱（表四三）。

标本 X③：633，左上乳裂齿（DP^4）。前附尖发育，原尖高而锋利。第三尖（tritocene）低，与原尖的后缘形成锐利的切割刃。第二尖很微弱，与原尖的前内侧延至冠底的嵴相连（图三八；图版一三，2）。

中国鬣狗上、下乳裂齿测量见表四四和表四五。

表四三　　南京人化石地点幼年中国鬣狗 *Hyaena sinensis* 下颌骨 X③：631 测量

测 量 项 目	尺 寸 （毫米）
下颌骨长（I$_1$ 齿槽前缘至角突长）	127.0
下颌骨高（下颌前部高）	35.9
下颌骨高（DC 后高）	35.3（左）
下颌骨高（DP$_4$ 前高）	32.8（左）、32.5（右）
I$_1$—DP$_4$ 长	74.6（DP$_4$ 外侧稍残）
DC—DP$_4$ 长	66.4（左）、64.5（右）
DP$_2$—DP$_4$ 长	48.3（左）　—
DC 长×宽	8.2×6.5（左）　9.4×7.0（右）
DP$_2$ 长×宽	14.3×8.0（左）　—
DP$_3$ 长×宽	19.1×9.6（左）　19.1×9.3（右）
DP$_4$ 长×宽	22.6×9.1（左）　21.4×8.7（右）

标本 X③：1041，寰椎。寰椎翼稍残，长 66 毫米（图版三三，8）。中国鬣狗的肢骨多为残块，仅有 1 件右侧桡骨（X③：1436）保存较好。桡骨长 254 毫米，上端宽 35、长 26.8 毫米，下端宽和长分别为 54 和 30 毫米（图三九）

（3）比较和讨论

我国更新世鬣狗类动物的分布，初期是以一种属于印度条鬣狗的桑氏鬣狗（*Hyaena Licenti*）为代表，主要发现于泥河湾和广西柳城巨猿洞；更新世中期，在中国北方桑氏鬣狗发展成中国鬣狗（*Hyaena sinensis*），可以周口店第 1 地点的中国鬣狗为代表；在南方一种与非洲斑鬣狗相似的最后斑鬣狗（*Crocuta Ultima*）逐渐替代了桑氏鬣狗，如在云南富

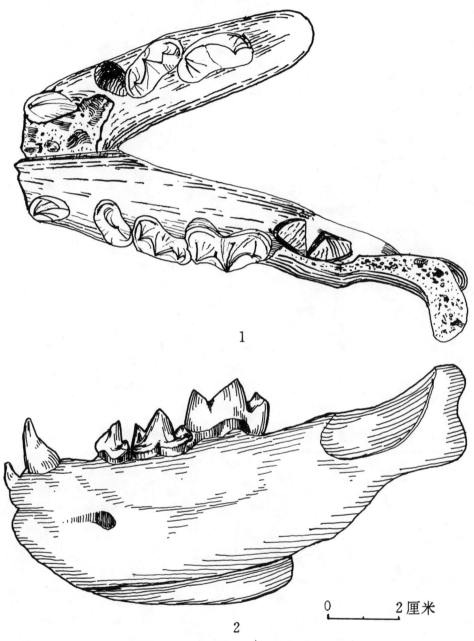

1

2

0　　　　　2厘米

图三七　幼年中国鬣狗下颌 X③：631

1. 嚼面视　2. 侧视

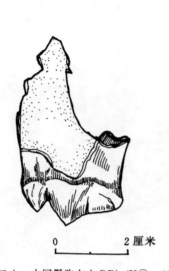

0　　　　　2 厘米

图三八　中国鬣狗左上 DP⁴（X③：633）

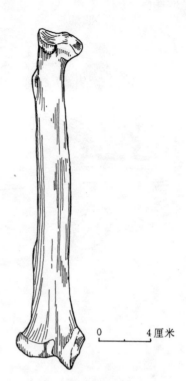

0　　　　4 厘米

图三九　中国鬣狗右桡骨 X③：1436

表四四　　南京人化石地点中国鬣狗 *Hyaena sinensis* 上乳裂齿 DP⁴ 测量和比较　　单位：毫米

数 值　项 目 ＼ 地 点　标 本 号	葫芦洞小洞		周口店第 1 地点[①]	
	X③：634	X③：633	Cat. No. $\frac{C}{C.\ 1384}$	Cat. No. $\frac{C}{C.\ 1337}$
牙齿长	28.5	28.9	28.0	28.4
牙齿宽	9.7	10.0	10.8	9.5
第一叶长	6	5.7	—	—
第二叶长	11.2	11.6	—	—
第三叶长	8.7	8.7	—	—

① Pei, W.C., 1934, p.106. pl. XIX, fig. 3、fig. 1.

表四五　　　　　　　　　　南京人化石地点中国鬣狗 *Hyaena sinensis*
下乳齿 DP₃、DP₄ 测量和比较　　　　　　　　单位：毫米

DP₃				DP₄			
葫芦洞小洞		周口店第 1 地点[①]		葫芦洞小洞		周口店第 1 地点[①]	
标本号	长×宽	标本号	长×宽	标本号	长×宽	标本号	长×宽
X：01624	19.3×10.0	Cat. NO. $\frac{c}{c.1340}$	18.2×8.7	X：01626	22.2×8.8	Cat. NO. $\frac{c}{c.1340}$	20.6×8.0
X：01732	19.6×9.5	Cat. NO. $\frac{c}{c.1333}$	18.4×9.4	X：01639	23.0×9.3	Cat. NO. $\frac{c}{c.1333}$	20.1×8.3

[①]　Pei, W.C., 1934. p. 107, pl. XX, fig. 4、5.

民河上洞和四川万县盐井沟发现的该种动物化石；到了更新世晚期，最后斑鬣狗分布范围扩大到北方地区，取代了中国鬣狗，成为中国更新世晚期的标准化石（裴文中，1987）。有的学者认为化石条鬣狗和印度现生的条鬣狗形态差异很大，而化石条鬣狗与化石斑鬣狗是相同的动物，因而主张将桑氏鬣狗和中国鬣狗的属名 *Hyaena* 修定为 *Pachycrocuta*，即 *Pachycrocuta Licenti* 和 *Pachyctocuta sinensis*（黄万波等，1991）。

　　裴文中在研究周口店第一地点和广西柳城巨猿洞的鬣狗化石时，曾对桑氏鬣狗、中国鬣狗和最后斑鬣狗上、下裂齿（P⁴ 和 M₁）的特征进行了详细描述与比较（裴文中，1934、1987），主要特征见表四六。

表四六　　　　　　　　　　鬣狗上、下裂齿特征比较

特征　　属种　　牙齿	桑氏鬣狗 *Hyaena Licenti*	中国鬣狗 *H. sinensis*	最后斑鬣狗 *Crocuta ultima*
上裂齿（P⁴）	牙齿较小 第二尖中等大小 第一叶宽，比第二叶和第三叶稍小，即 第一叶＜第二叶＜第三叶	牙齿较大 第二尖较大 据周口店第 1 地点 159 件标本统计，三叶、小关系为 第一叶＞第二叶＜第三叶（42.1％） 第一叶＝第二叶＜第三叶（44.9％） 第一叶＜第二叶＜第三叶（6.9％） 其他　　（6.3％）	牙齿大 第二尖发育 第一叶缩小，第三叶特别加长 第一叶＜第二叶＜第三叶
下裂齿（M₁）	牙齿短而宽 前叶中等大小，后叶大，比前叶稍高 跟座较宽长，具有下后尖、下次尖和下内尖	牙齿短而宽 后叶比前叶稍小而低 跟座短而锋利，具有一个下次尖	窄长 前、后叶加长，呈新月形 跟座小，具有下后尖和下次尖，跟座的形态有变异

　　表四七列出中国已发现的这 3 种鬣狗上裂齿（P⁴）的有关测量数据的平均值和 95％置信区间的标准误（表四七，图四○）。用 t 值检验来测定各项平均值之间的差异。

表四七 **鬣狗上裂齿 P⁴ 三叶的长度和指数比较** 单位：毫米

（一）桑氏鬣狗 *Hyaena Licenti*

地　点	标　本	三叶长度			指　数 $\left(\dfrac{第二叶＋第三叶}{第一叶}\times100\right)$
		第一叶	第二叶	第三叶	
广西柳城巨猿洞①	V. 5008.6	10.8	12.8	16.0	267
	V. 5008.11	10.0	13.0	14.3	273
	V. 5008.12	10.0	12.1	13.1	252
	V. 5008.13	10.6	12.1	15.8	263
	V. 5008.14	10.0	13.1	14.0	271
	V. 5008.4	10.0	13.0	14.0	270
	V. 5008.2	9.9	13.0	15.2	285
	V. 5008.3	9.5	12.9	15.6	300
泥河湾②		11.0	13.0	13.5	240.9
元谋③	V.4033	10.0	12.5	14.0	265.0
	V.4034	9.0	13.0	14.0	300.0
巫山大庙龙骨坡④	CV.878.1	9.0	12.0	13.1	278.9
	CV.878.2	9.0	11.8	13.1	276.7
	CV.878.3	9.1	12.2	15.0	298.9
	CV.878.4	9.5	11.5	14.5	273.7
	CV.878.5	9.0	11.8	13.1	276.7
	CV.878.6	8.0	11.4	13.5	311.3
	CV.878.7	9.0	12.0	13.5	283.3
	CV.878.8	8.5	11.0	13.0	282.4
	CV.878.9	8.0	11.5	12.0	293.8
	CV.878.10	9.8	12.0	14.8	273.5
	CV.878.11	8.0	10.9	13.0	298.8
	CV.878.12	9.8	12.0	13.8	263.3
统计标本数（n）		23	23	23	23
平均值（X̄ 标准误95％置信区）		9.5±0.4	12.2±0.3	14.0±0.4	278.2±7.3

（二）中国鬣狗 *Hyaena sinensis*

地　　点	标　本　号	三　叶　长　度			指　　数 $\left(\dfrac{第二叶＋第三叶}{第一叶}\times100\right)$
		第一叶	第二叶	第三叶	
葫芦洞小洞	X：01189	13	15	14.2	224.6
	X：01623	11.5	15.3	14.4	258.3
	X：01638	10.5	14	—	—
周口店第1地点⑤	最　小 Cat. No. $\dfrac{c}{c.750}$	13.0	13.5	15.0	219.2
	最　大 Cat. No. $\dfrac{c}{c.794}$	15.5	14.5	16.2	198.1
蓝田公王岭⑥		11.6	14.1	15.0	250.9
		12.0	14.0	15.5	245.8
统计标本数（n）		7	7	6	6
平均值（x̄标准误95％置信区间）		12.4±1.4	14.3±0.6	15.1±0.7	232.8±22.8

（三）最后斑鬣狗 *Crocuta ultima*

地　　点	标　本　号	三　叶　长　度			指　　数 $\left(\dfrac{第二叶＋第三叶}{第一叶}\times100\right)$
		第一叶	第二叶	第三叶	
广西其他山洞⑦	5651（2）	8.2	15.3	16.3	385
	5651（3）	9.8	15.9	18.6	352
	5711（4）	9.0	14.0	18.1	357
	5651（5）	10.0	14.8	17.8	326
观音洞⑧		7.1	14.0	17.0	436.6
		9.0	14.1	18.2	358.9
杭州留下洞⑨	V. 1642	7.6	14.7	18.6	438.2
溧水神仙洞⑩		10	14	17	310
丹徒莲花洞⑪	N. B. V. 00109.1	6.8	14.7	16	451.5
	N. B. V. 00109.2	9	14	16.9	343.3
辽宁鸽子洞⑫		9.8	15.5	19	352
庙后山⑬		8.5	15.1	16.2	368.2
富民河上洞⑭		9.2	14.5	18.4	357.6
山顶洞⑮		8.8	15.6	20.4	409.1
榆树⑯		7.5	15.5	19.0	460.0
顾乡屯⑰		8.2	15.6	20.4	439.0

续表四七（三）

统计标本数（n）	16	16	16	16
平均值（$\bar{X}$标准误95％置信区间）	8.7±0.5	14.8±0.4	18.0±0.7	383.6±25.3

①⑦　　裴文中，1987，广西柳城巨猿洞及其他山洞之食肉目、长鼻目和啮齿目化石，《中国科学院古脊椎动物与古人类研究所集刊》第18号50、51页，科学出版社。

②③　　尤玉柱等，1973，云南元谋更新世哺乳动物化石新材料，《古脊椎动物与古人类》第11卷第1期71页。

④　　　黄万波等，1991，《巫山猿人遗址》108页，海洋出版社。

⑤　　　Pei，W.C.，1934，p.107。

⑥　　　胡长康等，1978，《陕西蓝田公王岭更新世哺乳动物群》，中国古生物志总号第155册新丙种第21号27页，科学出版社。

⑧　　　李炎贤等，1986，《观音洞——贵州黔西旧石器时代初期文化遗址》10页，文物出版社。

⑨　　　裴文中等，1957，浙江杭州留下洞穴哺乳动物化石，《古脊椎动物学报》第1卷第1期44页，依图版之图3测量。

⑩　　　李炎贤等，1980，江苏溧水神仙洞发现的动物化石，《古脊椎动物与古人类》第18卷第1期61页。

⑪　　　李文明等，1982，江苏丹徒莲花洞动物群，《人类学学报》第1卷第2期174页。

⑫⑭⑮⑯⑰　鸽子洞发掘队，1975，辽宁鸽子洞旧石器遗址发掘报告，《古脊椎动物与古人类》第13卷第2期123页。

⑬　　　辽宁省博物馆等，1986，《庙后山》48页，文物出版社。

　　　统计量t值用下列公式计算：

$$即\ t=\frac{|\bar{X}_1-\bar{X}_2|}{S\ (\bar{X}_1-\bar{X}_2)}$$

　　　式中 $\bar{X}_1$ 与 $\bar{X}_2$ 是两组数据的平均数，$S(\bar{X}_1-\bar{X}_2)$ 是两组均数差数的标准误。t值是以两均数差数的标准误来衡量两个均数的差别（盛和林等，1992）。用t值检验测定各项平均值的差异结果见表四八。从均数比较可以认为这三种鬣狗上裂齿三叶的长度明显不同。中国鬣狗上裂齿三叶长度均比桑氏鬣狗的长。最后斑鬣狗与中国鬣狗相比，前者第一叶明显缩短，而第三叶颇长，但二者第二叶的长度相差不明显。最后斑鬣狗与桑氏鬣狗比较，最后斑鬣狗的第一叶缩小，第二叶和第三叶变长。

　　　中国鬣狗和最后斑鬣狗牙齿测量数据统计见表四九和图四一。牙齿长度和宽度均值比较结果见表五〇。均值比较表明中国鬣狗的上 P^2 较最后斑鬣狗的长，但牙齿的宽度相似。除下 P_2 相差不明显以外，中国鬣狗的上 P^3、P^4 和下 P_3、P_4 均比最后斑鬣狗的宽长。中国鬣狗的下 M_1 比最后斑鬣狗的下 M_1 宽短。

　　　汤山的鬣狗上、下裂齿的形态和测量数据均与中国鬣狗相似，因而鉴定为中国鬣狗（*Hyaena sinensis*）。

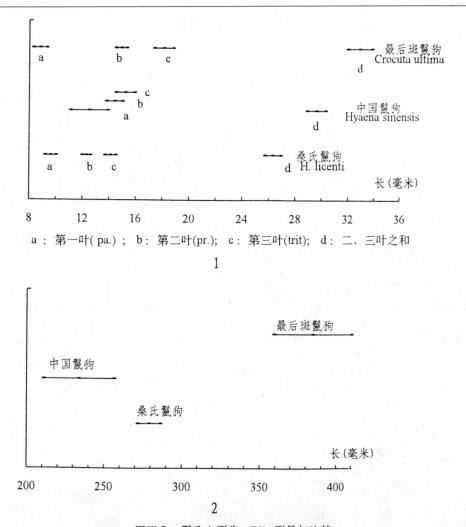

a：第一叶（pa.）；　b：第二叶（pr.）；　c：第三叶（trit）；　d：二、三叶之和

图四〇　鬣狗上裂齿（P⁴）测量与比较

1. 三叶长度、第二叶与第三叶长度之和比较（X̄标准误 95％置信区间）

2. 第二叶与第三叶长度之和与第一叶长度的指数比较（X̄标准误 95％置信区间）

表四八　　　　　　　　鬣狗上裂齿 P⁴ 三叶长度均值比较　　　　　单位：毫米

（一）最后斑鬣狗（X̄₁）和中国鬣狗（X̄₂）

计算项目 牙齿	$\bar{X}_1$	$\bar{X}_2$	计算 t 值	自由度 (df)	t 值表		计算的 t 值与 t 值表对比	结　果
					t0.05	t0.01		
第一叶	8.7	12.7	7.24	21	2.080	2.831	t＞t0.01	相差极显著
第二叶	14.8	14.3	1.65	21	2.080	2.831	t＜t0.05	相差不显著
第三叶	18.0	15.1	4.906	20	2.086	2.845	t＞t0.01	相差极显著

（二）桑氏鬣狗（$\bar{X}_1$）和中国鬣狗（$\bar{X}_2$）

计算项目 牙齿	$\bar{X}_1$	$\bar{X}_2$	计算 t 值	自由度 (df)	t 值表 t0.05	t 值表 t0.01	计算的 t 值与 t 值表对比	结　果
第一叶	9.5	12.4	13.878	28	2.048	2.763	t＞t0.01	相差极显著
第二叶	12.2	14.3	7.258	28	2.048	2.763	t＞t0.01	相差极显著
第三叶	14.0	15.1	2.449	27	2.052	2.771	t0.05＜t＜t0.01	相差显著

（三）最后斑鬣狗（$\bar{X}_1$）和桑氏鬣狗（$\bar{X}_2$）

计算项目 牙齿	$\bar{X}_1$	$\bar{X}_2$	计算 t 值	自由度 (df)	t 值表 t0.05	t 值表 t0.01	计算的 t 值与 t 值表对比	结　果
第一叶	8.7	9.5	2.662	37	2.030	2.724	t0.05＜t＜t0.01	相差显著
第二叶	14.8	12.2	11.728	37	2.030	2.724	t＞t0.01	相差极显著
第三叶	18.0	14.0	10.457	37	2.030	2.724	t＞t0.01	相差极显著

表四九　　　　　　　　鬣狗牙齿长度和宽度比较*　　　　　　　单位：毫米

齿别	统计量	属种	中国鬣狗 *Hyaena sinensis*	最后斑鬣狗 *Crocuta ultima*
P²	标本数（n）		10	5
	平均值 （$\bar{X}$95％置信区间）	长	19.8±1.1	17.4±1.3
		宽	14.6±1.2	12.9±1.1
P³	标本数（n）		10	7
	平均值 （$\bar{X}$95％置信区间）	长	26.5±1.8	24.6±2.0
		宽	19.7±0.6	18.3±1.0
P⁴	标本数（n）		6	8
	平均值 （$\bar{X}$95％置信区间）	长	42.8±1.7	40.1±1.4
		宽	24.8±0.7	22.2±0.9
P₂	标本数（n）		6	5
	平均值 （$\bar{X}$95％置信区间）	长	17.6±0.8	17.4±1.1
		宽	12.7±1.8	12.7±0.9
P₃	标本数（n）		6	11
	平均值 （$\bar{X}$95％置信区间）	长	24.8±0.7	22.9±0.5
		宽	18.3±0.8	17.0±0.4

续表四九

齿别	统计量	属种	中国鬣狗 *Hyaena sinensis*	最后斑鬣狗 *Crocuta ultima*
P$_4$	标本数（n）		11	13
	平均值 （$\bar{X}$95%置信区间）	长	26.6±0.5	24.7±1.2
		宽	18.0±0.3	15.7±0.4
M$_1$	标本数（n）		10	10
	平均值 （$\bar{X}$95%置信区间）	长	29.4±0.5	31.7±1.6
		宽	15.3±0.3	14.2±0.7

* 统计数据依据文献：

① Colbert and Hooijer, 1953, p. 63、p. 64.

② 贾兰坡, 1957, 长阳人化石及共生的哺乳动物群,《古脊椎动物学报》第1卷第3期250页.

③ 李炎贤等, 1986,《观音洞——贵州黔西旧石器时代初期文化遗址》10页, 文物出版社.

④ 李文明等, 1982, 江苏丹徒莲花洞动物群,《人类学学报》第1卷第2期174页.

⑤ 李炎贤等, 1980, 江苏溧水神仙洞发现的动物化石,《古脊椎动物与古人类》第18卷第1期61页.

⑥ 古脊椎动物研究所高等脊椎动物组, 1959,《东北第四纪哺乳动物化石志》21页, 科学出版社.

⑦ Pei, W. C., 1934, p. 117.

⑧ 贾兰坡等, 1957, 河北赤城第四纪哺乳动物化石,《古脊椎动物学报》第1卷第1期49页.

⑨ 计宏祥, 1974, 陕西蓝田涝池河晚更新世哺乳动物化石,《古脊椎动物与古人类》第12卷第3期223页.

⑩ 潘悦容等, 1991, 云南元谋发现的晚更新世哺乳动物群,《人类学学报》第10卷第2期170页.

⑪ 胡长康等, 1978, 27页.

⑫ Pei, W. C., 1934, p. 104、p. 105、p. 106.

⑬ 李炎贤等, 1974, 湖北大冶石龙头旧石器时代遗址发掘报告,《古脊椎动物与古人类》第12卷第2期142页.

⑭ P. Teilhard de Chardin and W. C. Pei, 1941, The fossil mammals from Locality 13 of choukoutien, Pal. Sin. New Ser. c. p. 33.

⑮ 邱中郎等, 1982, 南召发现的人类和哺乳类动物化石,《人类学学报》第1卷第1期115页及本文测量数据.

3. 猫科 Felinae Gray 1821

虎豹属 *Panthera* Oken, 1816

虎 *P. tigris* Linnaeus, 1758

（1）材料与最小个体数

11件。计有：右侧上颌骨残块1件（带 P^3-P^4），左侧下颌骨2件。零牙8枚。其中左下 P$_3$ 有3枚，右下 P$_4$ 有1枚，右下 M$_1$ 有3枚，C 有1枚。以下颌骨和零牙中的左侧下 P$_3$ 计算，全部材料最少代表5个个体。

虎标本统计见附表。

（2）典型标本描述

标本 X③：629，右侧上颌骨残块，带 P^3—P^4。眶下孔为椭圆形，高18.4、宽9.7毫

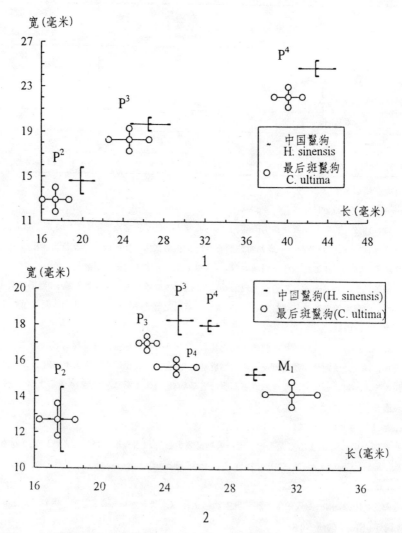

图四一　中国鬣狗和最后斑鬣狗牙齿平均长度和宽度比较（X̄标准误95％置信区间）

1. 上牙　2. 下牙

米，位于 P^3 的后上方，距 P^3 后齿槽缘高 27.6 毫米。P^3 的原尖前内侧有一明显的斜嵴延至齿冠的基部，无前附尖，后附尖小，后齿带明显。P^4 第二尖低平，其前缘几乎与前附尖的前缘平齐，前附尖的前外侧有一微弱的齿带痕迹（图版一五，1）。

标本 X③：26，左侧下颌骨，带 $C—M_1$。骨体下缘残缺。下颌体粗壮，前部保存 I_1-I_3 齿槽，I_3 的牙根尚保存在齿槽中，齿槽的唇舌径远大于内外侧径。犬齿粗大，其表面釉质层大部分残破。在犬齿的前内侧有一竖的棱嵴。无 P_1 和 P_2。在犬齿与 P_3 之间形成齿隙，齿隙间距 34.9 毫米。P_3 原尖高而锋利，前、后附尖明显。P_4 原尖尖部稍磨蚀，前附尖较后附尖大，齿尖均磨出齿质点。M_1后叶（下后尖）颊侧釉质层残。前、后叶（下原尖和下后尖）几乎等大，形成片状刃缘，无后附尖和跟座（图四二，2；图版一五，5）。

标本X：01606，右下M_1，前、后叶尖刃锋利（图四三；图版一四，2）。

下颌骨及零牙测量和比较见表五一、五二。

表五〇　　　　中国鬣狗（$\bar{X}_1$）和最后斑鬣狗（$\bar{X}_2$）牙齿长度和宽度均值比较　　　单位：毫米

牙齿	计算项目	$\bar{X}_1$	$\bar{X}_2$	计算t值	自由度(df)	t值表 t0.05	t值表 t0.01	计算的t值与t值表对比	结果
P^2	长	19.8	17.4	3.014	13	2.160	3.012	t>t0.01	相差极显著
	宽	14.6	12.9	2.072	13	2.160	3.012	t<t0.05	相差不显著
P^3	长	26.5	24.6	1.557	15	2.131	2.947	t<t0.05	相差不显著
	宽	19.7	18.3	2.917	15	2.131	2.947	t0.05<t<t0.01	相差显著
P^4	长	42.8	40.1	2.836	12	2.179	3.055	t0.05<t<t0.01	相差显著
	宽	24.8	22.2	4.622	11	2.201	3.106	t>t0.01	相差极显著
P_2	长	17.6	17.4	0.276	9	2.262	3.250	t<t0.05	相差不显著
	宽	12.7	12.7	0	9	2.262	3.250	t<t0.05	相差不显著
P_3	长	24.8	22.9	4.964	15	2.131	2.947	t>t0.01	相差极显著
	宽	18.3	17.0	3.813	15	2.131	2.947	t>t0.01	相差极显著
P_4	长	26.6	24.7	2.885	22	2.074	2.819	t>t0.01	相差极显著
	宽	18.0	15.7	9.2998	22	2.074	2.819	t>t0.01	相差极显著
M_1	长	29.4	31.7	2.978	18	2.101	2.878	t>t0.01	相差极显著
	宽	15.3	14.1	3.333	17	2.110	2.898	t>t0.01	相差极显著

表五一　　　　南京人化石地点虎 *Felis tigris* 下颌骨测量和比较　　　单位：毫米

地点 数值项目　　种及标本号	葫芦洞小洞 虎 *F. tigris* X③：26	周口店第1地点[①] 虎 *F. tigris* $\frac{c}{c.698}$	虎 *F. tigris* $\frac{c}{c.699}$	虎 *F. tigris* $\frac{c}{c.681}$	杨氏虎 *F. youngi*
下颌联合面高	78.1	—	—	—	71.4
P_3 前下颌骨高	51.7	48.6	43.5	—	54.6
M_1 前下颌骨高					51.5
P_3—M_1 长	68.1				73.2
P_3 长×宽	17.6×9.4	20.3×—	16.0×8.2	18.5×—	18.0×9.2
P_4 长×宽	23.5×12	22.2×—	—	25.5×14.2	25.0×12.6
M_1 长×宽	27.0×14	28.0×14.5	—×13.4	28.0×15.1	28.4×15.1

① Pei, W. C., 1934, p. 132, p. 134.

表五二　　南京人化石地点虎 Felis tigris 牙齿测量与比较

单位：毫米

齿别	计量	葫芦洞 X③:629	葫芦洞 X:01423	葫芦洞 X:01461	葫芦洞 X:01462	小洞 X③:654	小洞 X:01606	小洞 X:01428	周口店第1地点① $\frac{c}{c.700}$	周口店第1地点① $\frac{c}{c.690}$	杨氏虎	F. youngi	观音洞②	盐井沟②	广西山洞④	现生虎④
统计量		X	X	X	X	X	X	X	X	X	X	X	X	X̄	X̄	X̄
$C_{(上)}$	长	—	—	—	—	—	—	—	—	—	—	—	—	30.9±2.2	—	24.5±2.9
	宽	—	—	—	—	—	—	—	—	—	—	—	—	22.7±1.2	—	17.9±2.4
P^3	长	22.8	—	—	—	—	—	—	22.3	—	—	—	24.9	24.1±3.6	—	22.1±1.3
	宽	11.4	—	—	—	—	—	—	13.1	—	—	—	13.5	12.5±2.4	—	11.3±0.7
P^4	长	33.0	—	—	—	—	—	—	33.0	33.0	39.0	36.5	40.0	37.7±2.2	36.1±1.8	33.3±3.7
	宽	17.0	—	—	—	—	—	—	17.2	18.0	20.4	18.6	21.7	20.8±1.2	18.7±0.5	17.5±0.9
M^1	长	—	—	—	—	—	—	—	7.6	—	—	—	—	—	—	—
	宽	—	—	—	—	—	—	—	10.1	—	—	—	—	—	—	—
$C_{(下)}$	长	—	—	—	—	—	—	—	—	—	—	—	—	26.8±3.6	—	22.5±2.0
	宽	—	—	—	—	—	—	—	—	—	—	—	—	19.4±2.6	—	16.2±1.4
P_3	长	—	15.0	15.5	17.5	—	—	—	—	—	—	—	—	17.2±1.0	—	15.5±1.2
	宽	—	9.0	9.0	9.5	—	—	—	—	—	—	—	—	9.6±0.6	—	7.8±0.7
P_4	长	—	—	—	—	—	—	—	—	—	—	—	—	24.9±1.4	—	23.1±1.3
	宽	—	—	—	—	—	—	—	—	—	—	—	—	12.8±0.8	—	11.1±0.5
M_1	长	—	—	—	—	25.0	25.5	25.0	—	—	—	—	—	27.6±1.3	28.7±1.3	25.9±0.7
	宽	—	—	—	—	13.3	13.0	12.0	—	—	—	—	—	14.3±0.7	14.7±0.8	12.7±0.8

① Pei, W.C., 1934, p.132, p.134.
② 李炎贤等, 1986, 11页.
③ Colbert and Hooijer, 1953, p.68, p.69.
④ 裴文中, 1987, 57页.

（3）比较和讨论

汤山的虎牙齿大小均可与周口店的虎（*Felis* cf. *tigris*）对比，但下颌骨的粗硕程度又与杨氏虎（*Felis youngi*）相似。杨氏虎是裴文中先生根据周口店第 1 地点发现的 1 件很粗壮的下颌骨命名的。他认为杨氏虎的下颌骨大，下缘凸，下颌联合面高，犬齿粗大，但其裂齿的大小与一般虎相似（Pei，W. C. ，1934）。遗憾的是汤山的标本 X③：26 因下缘残缺，详细特征无从知道，但从其下颌联合部的高度来看，似可归入杨氏虎。

Colbert 和 Hooijer 在研究盐井沟的虎化石时，曾指出更新世的虎牙齿普遍大于现生虎，虎的颌骨也较现生虎的粗大（Colbert and Hooijer，1953）。我们统计了盐井沟、广西山洞和现生虎牙齿测量数据（图四四）。从平均值的比较来看，盐井沟的虎的牙齿尺寸最大，而现生虎的牙齿尺寸小。在广西山洞发现的虎的上裂齿大小似界于二者之间，下裂齿的尺寸稍小于盐井沟化石，而明显大于现生虎。同样，我们也看到汤山虎的牙齿尺寸较小，多落入现生虎牙齿的尺寸范围之内，周口店第 1 地点的虎牙有的也与现生虎的相似，这说明虎的牙齿大小变异范围较大，化石虎与现生虎的牙齿大小并没有明显的界限。若根据牙齿的大小看，汤山虎又与杨氏虎相去甚远。因此，从总体分析，目前我们暂把汤山的虎定为普通虎（Felis of tigres）。

4. 猫科 Felinae Gray 1821

　　　　虎豹属 *Panthera* Oken，1816

　　　　　　豹 *Panthera pardus* Linnaeus，1758

材料仅有左上颌残块 1 件和右下颌残块 1 件，见附表。

标本 X：0925，左侧上颌骨残块，带 P³—P⁴。与虎的同类牙齿相比，尺寸较小。P³ 的前附尖发育，位置在原尖的前内侧。P⁴ 的后部残缺。P³ 的长和宽分别为 20.5 和 10 毫米（图版一五，3）。

标本 X③：1482，右侧下颌骨残块，带 C—P₄。犬齿尖部向后内侧弯曲，颊侧有纵的深沟。下颌体较虎的低矮。P₃ 和 P₄ 较虎的小，它们的前、后附尖也不如虎的锋利，显得较圆钝。下颌的颏孔较虎的小，在颏孔的前方有一沟槽，延向犬齿的下缘（图四二，1；图版一五，4）。

从下颌骨的测量和比较看，我国已发现的豹化石与现生的豹大小没有明显的区别。在汤山发现的豹下颌骨的高度以及牙齿的尺寸均与在周口店第 1 地点发现的豹相近（表五三）。

5. 犬科 Canidae Gray，1821

　　　　貉属 *Nyctereutes* Temminck，1838

　　　　　　中华貉 *N. sinensis*

（1）材料与最小个体数

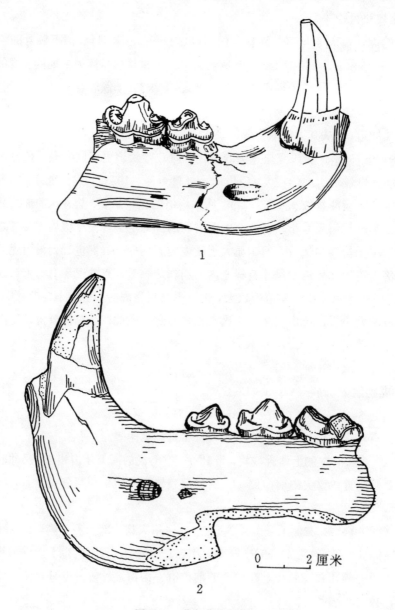

图四二　豹与虎的下颌
1. 豹右下颌 X③：1482　2. 虎左下颌 X③：26

9件。计有带 M^1—M^2 的左侧上颌骨残块1件，右侧下颌骨残块4件。右上 M^1 有2枚；左下 M_1 和 M_2 各1枚。根据右侧下颌残块计算，最少代表4个个体。

中华貉标本统计见附表。

（2）典型标本描述

标本 X：01742，左侧上颌骨残块，带 M^1—M^2。M^1 前尖高，后尖低，原尖盆状，前

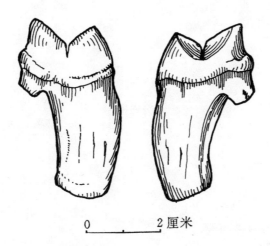

0　　　　　　2厘米

图四三　虎右下 M_1（X：01606）

小尖与前尖由嵴相连，后小尖分裂成双尖，与后尖由棱相连。前、后齿带发育。M^2 小，前尖、后尖和前小尖均发育（图版一四，4）。

标本 X③：355，右侧下颌残块，带 P_3—M_1。P_2 齿槽保存完好，但牙齿残断。M_1 的前部三角座高，后部的跟座低矮。下原尖的后内侧有发育的下后尖，跟座上的下次尖和下内尖也很发育（图版一四，6）。

表五三　　　　　南京人化石地点豹 *Panthera pardus* 下颌骨测量与比较　　　单位：毫米

数值 项目 \ 地点及标本号	葫芦洞小洞 X③：1482	周口店第 1 地点[1] $\frac{c}{c.\,1211}$	周口店第 1 地点[1] $\frac{c}{c.\,1212}$	周口店 第 13 地点[2]	蓝田公王岭[3] V. 2980	现生豹[4] Cat. No. 42
P_3 前下颌骨高	37.0	41.5	35.5	—	—	32.6
M_1 后下颌骨高	—	39.8	36.0	—	47.5	38.3
C 与 P_3 间齿隙长	27.5	17.0	—	—	—	24.9
P_3—M_1 长	—	62.0	—	63.5	51.9	58.0
C　长×宽	16.0×20.0	—	—	18.0×14.2	18.6×14.5	18.0×12.6
P_3　长×宽	15.5×9.5	16.3×9.0	—	16.0×7.5	14.4×8.0	14.6×8.2
P_4　长×宽	23.0×12.0	23.2×12.0	21.5×11.1	21.0×10.0	21.0×11.2	21.4×11.3
M_1　长×宽	—	24.0×12.2	22.0×10.7	21.0×10.0	22.2×12.0	23.0×12.1

[1][4]　Pei, W.C., 1934, p.137, pl. XXIV, fig. 3、4.

[2]　Pei, W.C., 1932, p. 42.

[3]　胡长康等, 1978, 29 页。

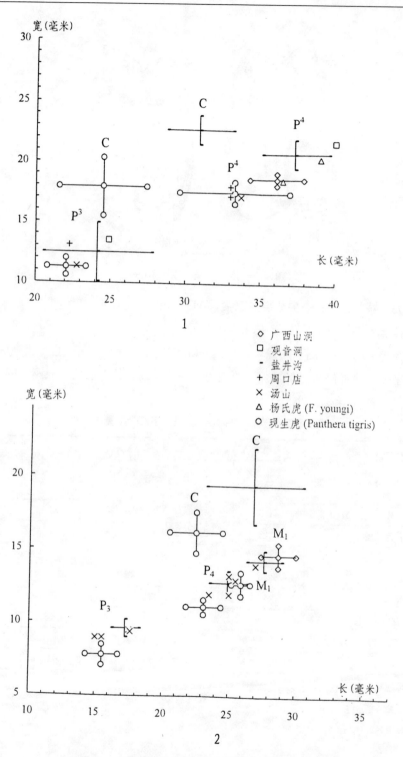

图四四　虎牙齿测量与比较(X̄标准误95％置信区间)
1.上牙　2.下牙

（3）比较与讨论

中华貉（*N. sinensis*）是中国更新世初期和中期广泛分布的化石种。它的头骨和牙齿特征与更新世晚期和现生的貉（*N. procyonoides*）相似，但测量数据却明显大于后者。汤山貉的上、下颌骨和牙齿的大小与周口店及金牛山的中华貉相似，而明显大于在山顶洞和江苏溧水发现的貉（表五四、五五、五六），因而鉴定为中华貉。

表五四　　　南京人化石地点中华貉 *Nyctereutes sinensis* 上牙测量与比较　　　单位：毫米

数值 项目 \ 地点及标本号	葫芦洞小洞			周口店第 1 地点 中华貉[1] *N. sinensis*	江苏溧水 貉[2] *N. procyonoides*
	X：01742	X：01754	X：01756		
M^1+M^2 长	15.5	—	—	17.0（$\bar{X}$） 16.1～19.0（R）	—
M^1 长×宽	9.8×11.5	10.0×11.0	10.6×11.3	10.4（$\bar{X}$）9.6～11.5（R） × 11.4（$\bar{X}$）10.5～12.1（R）	8.1～9.3（R） × 8.5～10.3（R）
M^2 长×宽	7.0×7.0	—	—	6.7（$\bar{X}$）6.0～7.8（R） × 7.6（$\bar{X}$）7.0～8.3（R）	5.0～6.2（R） × 6.0～7.0（R）

[1]　Pei, W. C., 1934, p. 27.

[2]　李炎贤等, 1980, 江苏溧水神仙洞发现的动物化石,《古脊椎动物与古人类》第 18 卷第 1 期 60 页。

表五五　　　南京人化石地点中华貉 *Nyctereutes sinensis* 下颌骨测量与比较　　　单位：毫米

数值 项目 \ 地点及标本号	葫芦洞小洞 X[3]：355	周口店第 1 地点[1] $\frac{c}{c.1227}$
P_2 后下颌骨高/厚	—	12.8/7.0
P_4 后下颌骨高/厚	—	14.0/8.1
M_1 后下颌骨高/厚	16.7/8.3	16.3/8.2
P_3 长×宽	7.3×3.5	7.3×3.3
P_4 长×宽	9.0×4.3	9.0×4.2
M_1 长×宽	15.7×6.6	15.4×6.5
M_2 长×宽	—	8.3×5.5
M_3 长×宽	—	5.1×4.0

[1]　Pei, W. C., 1934, p. 29.

表五六　　　南京人化石地点中华貉 *Nyctereutes sinensis* 下裂齿 M_1 测量与比较　　单位：毫米

属　种 数　值　地 项　目　点	中华貉 *N. sinensis*			貉 *N. procyonides*
	葫芦洞小洞	周口店 第一地点[①]	金牛山[②]	江苏溧水[③]
牙齿长	14.3～15.7	14.2～16.5 15.7 ($\bar{X}$)	14.3～16.8 15.4 ($\bar{X}$)	12.5～13.1
牙齿宽	5.6～6.6	6.3～7.2 6.7 ($\bar{X}$)	5.6～7.3 6.5 ($\bar{X}$)	4.8～5.3

① Pei, W. C., 1934, p. 29.

② 张森水等，1993，金牛山（1978 年发掘）旧石器遗址综合研究，《中国科学院古脊椎动物与古人类研究所集刊第 19 号》96 页，科学出版社。

③ 李炎贤等，1980，60 页。

6. 犬科 Canidae Gray，1821

狐属 *Vulpes* Frisch，1775

狐 *Vulpes* sp.

4 件。左、右侧下颌骨残块各 2 件（见附表）。代表 2 个成年个体。标本 X③：651，右侧下颌骨残块，带 P_3 和 P_4。P_3 和 P_4 原尖高，前、后附尖不明显。下颌骨体纤细，M_1 前下颌体高 11.2、厚 6.2 毫米。P_3 和 P_4 的长、宽分别是 5、2.9 和 6、3.5 毫米（图版一四，3）。

7. 鼬科 Mustelidae Swainson，1835

沙獾属 *Arctonyx* Cuvier，1825

猪獾（?）*A. collaris* Cuvier，1825

2 件。只有右上颌骨残块 1 件和残断的右下 $M_1$1 件（见附表）。代表 1 个成年个体。标本 X③：661，右上颌骨残块，带 P^4 和 M^1。P^4 略呈三角形，颊侧原尖高，前附尖小，后附尖稍大，但均明显。舌侧第二尖低。M^1 菱形，前尖较后尖大，原尖和次尖相连，形成低的嵴，次小尖明显，舌侧齿带发育（图版一四，5）。牙齿的特征与猪獾相似。P^4 长 7.1、宽 5.7 毫米，M^1 长 9.4、宽 9 毫米。

（二）偶蹄目 Artiodactyla Owen，1848

共发现 3 科 4 属 5 种，计有李氏野猪、肿骨鹿、葛氏斑鹿、小型鹿和水牛（?）。分述如下。

1. 猪科 Suidae，Gray，1821

猪属 *Sus* Linnaeus，1758

李氏野猪 *S. lydekkeri* Zdansky，1928

（1）材料与最小个体数

61 件。其中残头骨 1 件，额骨残块 2 件，上颌骨 1 件，上颌骨残块 5 件（左侧 4 件、右侧 1 件），左侧下颌骨残块 2 件，单个牙 42 枚。上牙：C 有 3 枚（左侧 2 枚、右侧 1 枚），右侧 P^2 有 2 枚，右侧 P^3 有 1 枚，左、右侧 P^4 各 1 枚，M^2 有 3 枚（左侧 2 枚、右侧 1 枚），M^3 有 6 枚（左侧有 3 枚、右侧有 3 枚）。下牙：C 共 9 枚（左侧 5 枚、右侧 3 枚、残块 1 枚），左侧 P_3 有 2 枚，左侧 P_4 有 3 枚，左、右 M_2 各 1 枚，左侧 M_3 有 1 枚。门齿 8 枚。肢骨残块 6 件，有左侧肩胛骨、右侧尺骨、右侧桡骨、髋骨、左侧胫骨和中间趾骨各 1 件。属于未成年猪的单个牙齿有 2 枚，即左上 DP^4 和右下 DP_4 各 1 枚。

以带有 M^3 的左侧上颌骨和 3 枚左上 M^3 零星牙齿计算，全部材料最少代表 7 个成年猪；以左上 DP^4 计算，代表 1 个未成年个体。

李氏野猪标本统计见附表。

（2）典型标本描述

标本 X③：203，残头骨，保存眼眶后的颅后部分（图版一六，6）。额区和顶区平坦，颞区凹面。左、右眶后突间距 139 毫米，两眶上缘最小间距为 108 毫米，颅顶最窄处宽 43 毫米。这 3 个数据分别接近或稍大于周口店李氏野猪的测量数值，周口店李氏野猪分别为 160、105 和 30 毫米（C. C. Young，1932）。眶后头颅长，眶后突至颅后枕嵴最高点分别是 149（左）和 143（右）毫米。外耳道朝向后外侧方，两侧外耳道内缘相距 143.5 毫米，枕区高，下部宽。枕嵴最高点至枕骨大孔前缘点高 167.5 毫米，枕骨上部宽 101.2 毫米，下部宽 161.7 毫米。枕骨的中部上面凹入，下面突起呈嵴状，两侧有附着颈肌的嵴和粗糙面。枕骨大孔高 26.7、宽 28.2 毫米。枕髁基部宽 76.6 毫米。

颅底保存蝶骨以后部分，颈突残。左侧关节突保存完好，右侧关节突残缺。关节突长 36、宽 41 毫米。关节突的前部为一肾形的关节面，后部低凹，形成一倾斜的面。关节突的后面以一粗糙而强大的嵴为边界，关节突颇厚，达 17.5 毫米。杨钟健在描述周口店李氏野猪时指出它的后关节突厚 10 毫米，非常粗大（C. C. Young，1932）。汤山的标本也表现出这一特征，但厚度已超过周口店李氏野猪的厚度。

标本 X③：644，保存部分前颌骨和左、右侧上颌骨，带左侧 C—M^3 以及右侧 P^3—M^3 齿列（图四五；图版一六，1）。吻部窄长，从 I^3 齿槽前缘到 M^3 后缘直线距离为 201.7 毫米，P^3 处吻宽 75.6 毫米。眶下孔位于 M^1 上方，其下缘距 M^1 前齿根的齿槽 22.8（左）和 22.4（右）毫米。腭面平，腭沟不明显，腭大孔位于 M^3 第一叶到第二叶之间，腭大孔呈长圆形，长、宽分别为 16.5、3.8（左）和 14.0、4.5（右）毫米。腭大孔内侧腭面间宽 32.7 毫米。

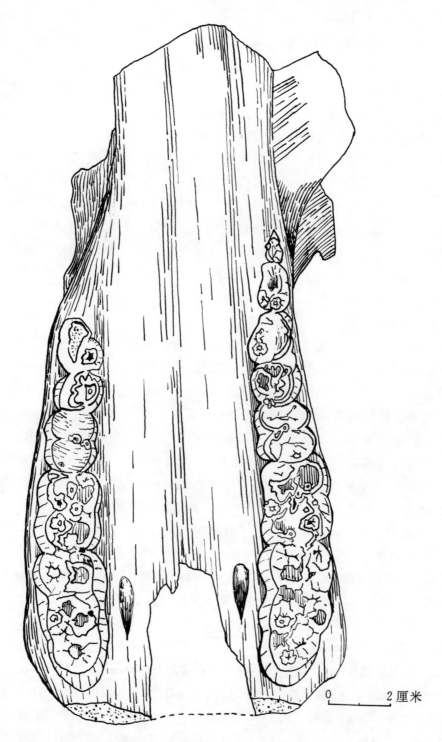

0 ⊢————⊣ 2 厘米

图四五　李氏野猪上颌嚼面视 X③：644

犬齿粗大，内侧基部尚存有釉质条带，犬齿尖部残断。上颌骨于犬齿槽上方有强大的翼状嵴，翼状嵴后部残。根据犬齿的形态特征和发育的翼状嵴可以确定该上颌骨代表1个成年雄性个体。P^1 的前附尖残，后附尖明显，后内侧有齿带痕。P^2 紧贴 P^1，其间无齿隙。P^2 的原尖高，前后附尖发育，舌侧有小附尖。P^3 后部增宽，有发育的附尖构成1个单独的尖。P^4 圆角方形，内侧尖大。M^1 齿尖磨平，嚼面全为齿质。M^2 嚼面釉质环简单。M^3 主尖已磨平，形成梅花状釉质环。牙齿磨蚀较重，代表1个年龄较老的个体。

标本 X③：641，雄猪左上犬齿。牙齿内侧的珐琅质条带宽23毫米，前、后面各有1条窄的珐琅质棱嵴，犬齿长86毫米，最大径、最小径分别为33.3、23.2毫米（图版一六，3）。

标本 X③：640，雄猪右侧下犬齿。牙齿粗大，横断面为三角形。外侧面和内侧面全为釉质层，后面为齿质。牙齿长157.6毫米，中部横断面三边的长度：内侧面长34.6、外侧面长27.3、后面长25.1毫米（图四六；图版一六，5）。

标本 X③：1542，左侧下颌骨残段，带 M_2—M_3。M_3 长，第三叶粗大，由3个附属小尖和1个大的主尖组成（图四七；图版一六，2）。

标本 X③：17，左侧下颌骨残段，带 P_4—M_2。下颌体的下缘残。P_4 齿冠前部和后部稍低于下原尖，属一般猪型。M_1 和 M_2 嚼面宽大，主尖粗大，附尖发育，M_2 的跟座粗大（图版一六，4）。

头骨、上颌骨、上犬齿、下犬齿和颊齿测量与比较见表五七至表六一。

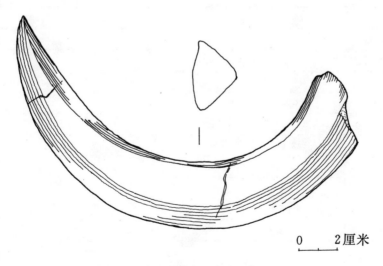

0   2厘米

图四六　李氏野猪右下犬齿 X③：640

表五七　　　南京人化石地点李氏野猪 *Sus lydekkeri* 残头骨和上颌骨测量与比较　单位：毫米

项目	葫芦洞小洞 残头骨 X③：203	葫芦洞小洞 上颌骨 X③：644	周口店第1地点 李氏野猪① *S. lydekkeri*	万县盐井沟野猪② *S. scrofa* A.M.N.H. NOS. 18444	18445	18759	榆树野猪③ *S. scrofa* V.2214	V.2215
眶后突间头宽	139.0	—	160.0	—	—	—	110.5	99.0
眶上缘最小间宽	108.0	—	105.0	—	—	—		
颅顶最小宽	43.0	—	30.0					
P¹—M³ 长	—	142.1	138.0	121.0	123.0	129.0	103.0	96.5
M¹—M³ 长	—	88.0（左）79.9（右）	84.0	77.0	76.0	70.0	56.0	55.0

① C. C. Young, 1932, On the Artiodactyla from the Sinanthropus Site at Choukoutien. Pal. Sin. Seris C. Vol. VIII, fac. 2. p. 6.

② Colbert and Hooijer, 1953, p. 103.

③ 古脊椎动物研究所高等脊椎动物组，1959，51 页。

表五八　　　南京人化石地点李氏野猪 *Sus lydekkeri* 残上颌骨测量　单位：毫米

项目	X③：644	X③：200	X：01175	X③：1592	X：0232	X：0282
P³ 颊侧间宽	75.6	—	—	—	—	—
M² 后叶颊侧间宽	100.0	—	—	—	—	—
M³ 第三叶颊侧间宽	89.3	—	—	—	—	—
眶下孔上缘间宽	36.0	—	—	—	—	—
M¹ 前吻宽	84.8	—	—	—	—	—
C—M³ 长	191.2	—	—	—	—	—
P¹—M³ 长	142.1	—	—	—	—	—
P¹—P⁴ 长	55.2	—	—	—	—	—
M¹—M³ 长	88.0（左）79.9（右）	93.3	85.0	86.0	—	—
C 长×宽	39.2×22.2	—	—	—	—	—
P¹ 长×宽	10.0×6.5	—	—	—	—	—
P² 长×宽	15.3×11.2	15.8×—	—	—	—	—
P³ 长×宽	15.7×14.9（左）15.6×15.2（右）	16.0×14.8	—	—	—	—

续表五八

项目 \ 标本号	X③：644	X③：200	X：01175	X③：1592	X：0232	X：0282
P⁴ 长×宽	14.7×18.7（左） 13.0×18.6（右）	15.4×19.3	16.0×18.0	—	17.0×19.0	—
M¹ 长×宽	18.5×18.2（左） 18.5×18.3（右）	19.0×18.8	18.5×—	19.0×19.0	22.0×18.0	—
M² 长×宽	27.3×23.9（左） 27.2×23.0（右）	29.4×24.2	26.0×21.5	25.0×21.0	—	—
M³ 长×宽	43.6×25.3（左） 42.2×25.2（右）	44.0×26.6	42.0×25.0	41.0×25.0	—	42.0×24.0

表五九　　**南京人化石地点李氏野猪** *Sus lydekkeri* **上犬齿测量与比较**　　单位：毫米

地点	葫芦洞小洞			周口店 第1地点[1]	万县 盐井沟[2]	安阳殷墟[3]
属种及标本号	李氏野猪 *Sus lydekkeri*			李氏野猪 *S. lydekkeri*	野猪 *S. scrofa* A. M. N. H. Nos. 18445	肿面猪 *S. cf. vittatus*
项目	X③：641	X③：639	X③：644			
犬齿长径	33.3	32.2	39.2	27.0	18.6	23.0
犬齿短径	23.3	25.2	22.2	22.0	—	18.0

① C. C. Young，1932，p. 8.

② Colbert and Hooijer，1953，p. 104.

③ P. Teilhard &. C. C. Young，1936，On the Mammalian Remains from the Archaeological Site of Anyang, Pal. Sin. Series C.，Vol. XII, Fas. 1. p. 23.

表六〇　　**南京人化石地点李氏野猪** *Sus lydekkeri* **下犬齿测量与比较**　　单位：毫米

地点	葫芦洞小洞							周口店第1地点[1]		周口店第 13 地点[2]	安阳 殷墟[3]
属种及标本号	李氏野猪　*Sus lydekkeri*							李氏野猪 *S. lydekkeri*		李氏野猪 *S. lydekkeri*	肿面猪 *S. cf. Vittatus*
项目	X③： 640	X③： 93	X③： 374	X： 0173	X： 0750	X： 0807	X： 0889				
犬齿底部 内面长	35.1	32.2	23.1	31.5	29.5	18.0	26.0	36.0	28.0	26.0	21.5
犬齿底部 外面长	24.7	22.0	16.8	25.0	22.0	16.0	19.0	23.0	17.0	20.0	15.0
犬齿底部 后面长	28.5	23.0	17.0	23.5	21.5	12.0	—	27.0	19.0	18.0	18.0

①② P. Teilhard de chardin and W. C. Pei, 1941.

③ P. Teilhard &. C. C. Young，1936，p. 23、p. 24.

表六一　　南京人化石地点李氏野猪 *Sus lydekkeri* 上牙测量

单位：毫米

P² 标本号	P² 长×宽	P³ 标本号	P³ 长×宽	P⁴ 标本号	P⁴ 长×宽	M¹ 标本号	M¹ 长×宽	M² 标本号	M² 长×宽	M³ 标本号	M³ 长×宽
X③：644	15.3×11.2	X③：644	15.7×14.9	X③：644	14.7×18.7	X③：644	18.5×18.2	X③：644	27.3×23.9	X③：644	43.6×25.3
			15.6×15.2		13.0×18.6		18.5×18.3		27.2×23.0		43.2×25.2
		X③：200	16.0×14.8	X③：200	15.4×19.3	X③：200	19.0×18.8	X③：200	29.4×24.2	X③：200	44.0×26.6
X：01765	16.0×9.5			X：01175	16.0×18.0			X：01175	26.0×21.5	X：01175	42.0×25.0
X：01771	17.0×10.5	X：01748	18.5×13.0	X：0232	17.0×19.0	X③：232	22.0×18.0	X：0891	29.0×23.0	X：643	43.5×26.1
				X：01779	16.0×19.0	X③：1592	19.0×19.0	X：01430	30.0×24.0	X：0299	45.0×27.0
				X：01762	13.3×15.5			X：01446	30.5×23.5	X：01419	49.0×27.7
								X③：1592	25.0×21.0	X③：1592	41.0×25
										X：0319	44.5×27.0
										X：01413	49.0×26.7
										X：01421	45.0×26.0
										X：0282	42.0×25.0

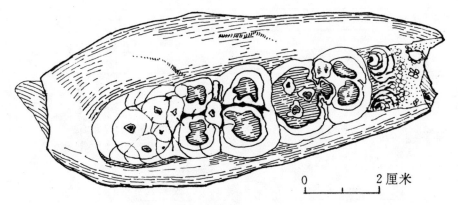

0　　　　　2厘米

图四七　李氏野猪左下颌 X③：1542

（3）比较与讨论

　　汤山的猪头骨虽然残破，但其眶后突间头宽、眶上缘最小间宽、颅顶最小宽和上颌骨上齿列的长度等测量数值均接近或稍大于周口店第1地点的李氏野猪（*Sus lydekkeri*），而明显区别于在盐井沟和榆树发现的化石野猪（*Sus scrofa*）与安阳殷墟的肿面猪（*Sus cf. vittatus*）（五七）。上、下犬齿非常粗大，其各项测量数值也与周口店李氏野猪相似（表五九、六〇）。李氏野猪是华北地区更新世早期到更新世中期广泛分布的化石种类之一，其中以周口店第1地点发现的材料最为丰富。除有大量的牙齿以外，还有保存较好的头骨，上、下颌骨和肢骨，至少代表200多个个体。杨钟健对这些材料进行了详尽的研究（C. C. Young，1932）。李氏野猪比野猪大而凶悍。它头骨长，上、下犬齿粗大。白齿大而嚼面附属小尖多，使用磨蚀后呈现复杂的梅花状图形。汤山的猪头骨、上颌骨以及牙齿的形态特征和测量数值均与李氏野猪相似，所以归入李氏野猪。

　　已发表的有关李氏野猪的牙齿测量数据不多。现仅就其中数据较多的周口店第1地点和山东沂源的李氏野猪的材料统计（依据笔者研究沂源的李氏野猪时的测量数值）与汤山的李氏野猪进行对比（表六二、六三；图四八）。牙齿长度和宽度的均数比较表明，汤山李氏野猪的 M^1 和 M^3 均比周口店的李氏野猪大。M^2 较周口店的李氏野猪长，但宽度二者相似。汤山李氏野猪的 M^3 长度与沂源的李氏野猪相似，但明显要宽。沂源李氏野猪的 M^3 较周口店的长，但宽度相似（表六四）。这些差异是反映了李氏野猪在演化中表现出的形态特征，还是地区差异，有待今后更多的资料统计和研究。

　　2. 鹿科 Cervidae Gray，1821

　　　　大角鹿属 *Megaloceros* Brookes，1828

　　　　　　肿骨鹿 *M. pachyosteus* Young，1932

表六二　　　　　　**南京人化石地点李氏野猪牙齿测量统计与比较**　　　　　单位：毫米

地点 牙齿 项目	葫芦洞小洞 P^4 长	宽	山东沂源 P^4 长	宽	葫芦洞小洞 M^1 长	宽	周口店第1地点 M^1 长	宽	葫芦洞小洞 M^2 长	宽	周口店第1地点 M^2 长	宽
统计数据（n）	7	7	4	4	5	5	13	13	8	8	13	13
平均值（X̄）	15.1	18.3	14.0	16.5	19.4	18.5	18.5	16.6	28.1	23.0	25.0	21.4
离差范围（R）	13.0~ 17.0	15.5~ 19.3			18.5~ 22.0	18.0~ 18.8	15.5~ 20.0	15.0~ 18.0	25.0~ 30.5	21.0~ 24.2	22.3~ 28.0	20.0~ 24.0
X̄标准误95% 置信区间	15.1± 1.8	18.3± 1.7	14.0± 1.4	16.5± 1.5	19.4± 2.1	18.5± 1.1	18.5± 0.7	16.6± 1.1	28.1± 1.9	23.0± 1.5	25.0± 1.4	21.4± 1.3

表六三　　　　　　**南京人化石地点李氏野猪 M^3 测量统计与比较**　　　　　单位：毫米

属种 地点 牙齿 项目	李氏野猪 *Sus lydekkeri* 葫芦洞小洞 长	宽	周口店第1地点[1] 长	宽	沂源 长	宽	野猪 *S. scrofa* 万县盐井沟[2] 长	观音洞[3] 长	榆树[4] 长
统计数（n）	12	12	13	13	8	8	6	—	5
平均数（X̄）	44.3	26.1	39.9	23.4	42.1	23.7	37.9	—	31.4
离差范围（R）	41.0~ 49.0	25.0~ 27.7	37.5~ 42.0	21.5~ 25.5	39.4~ 45.0	21.3~ 26.0	33.5~ 44.5	31.0~ 37.0	29.4~ 34.4
X̄标准误95% 置信区间	44.3± 1.9	26.1± 1.1	39.9± 1.4	23.4± 1.3	42.1± 2.0	23.7± 1.6	37.9± 3.3	—	31.4± 2.4

① C. C. Young, 1932, p.9.
② Colbert and Hooijer, 1953, p.104.
③ 李炎贤等，1986，《观音洞——贵州黔西旧石器时代初期文化遗址》22页，文物出版社。
④ 古脊椎动物研究所高等脊椎动物组，1959，51页。

表六四　　　　**南京人化石地点李氏野猪 M^1、M^2、M^3 长度和宽度均值比较**　　　单位：毫米

（一）葫芦洞小洞（$\bar{X}_1$）和周口店第1地点（$\bar{X}_2$）

牙齿	计算项目	$\bar{X}_1$	$\bar{X}_2$	计算t值	自由度 (df)	t值表 t0.05	t0.01	计算的t值与 t值表对比	结果
M^1	长	19.4	18.5	3.816	16	2.120	2.921	t＞t0.01	相差极显著
	宽	18.5	16.6	4.644	16	2.120	2.921	t＞t0.01	相差极显著
M^2	长	28.1	25.0	3.953	19	2.093	2.861	t＞t0.01	相差极显著
	宽	23.0	21.4	1.247	19	2.093	2.861	t＜0.05	相差不显著
M^3	长	44.3	39.9	5.307	23	2.069	2.807	t＞t0.05	相差极显著
	宽	26.1	23.4	5.718	23	2.069	2.807	t＞t0.01	相差极显著

（二）葫芦洞小洞（$\bar{X}_1$）和沂源（$\bar{X}_2$）

计算项目 牙齿		$\bar{X}_1$	$\bar{X}_2$	计算 t 值	自由度 (df)	t 值表		计算的 t 值与 t 值表对比	结　果
						t0.05	t0.01		
M³	长	44.3	42.1	2.035	18	2.101	2.878	t＜t0.05	相差不显著
	宽	26.1	23.7	4.662	18	2.101	2.878	t＞t0.01	相差极显著

（三）周口店第1地点（$\bar{X}_1$）和沂源（$\bar{X}_2$）

计算项目 牙齿		$\bar{X}_1$	$\bar{X}_2$	计算 t 值	自由度 (df)	t 值表		计算的 t 值与 t 值表对比	结　果
						t0.05	t0.01		
M³	长	39.9	42.1	2.723	19	2.093	2.861	t0.05＜t＜t0.01	相差显著
	宽	23.4	23.7	0.4905	19	2.093	2.861	t＜t0.05	相差不显著

（1）材料和最小个体数

298件。计有残头骨、角、上下颌骨以及肢骨等，件数统计见表六五。

表六五　　　　南京人化石地点肿骨鹿 *Megaloceros pachyosteus* 标本件数统计

数量　位置 名　称	中轴	左侧	右侧	不能鉴定左、右的残块
角		29	26	16
头骨	16			
上颌骨	3	27	22	
下颌骨		34	27	
肩胛骨		4	1	
肱骨		5	4	
桡骨		8	3	1
尺骨			1	
掌骨		7	9	3
股骨			1	
胫骨		10	11	
跗骨		2	1	
跟骨		1	1	
距骨		5	6	
蹠骨		7	4	1
寰椎	1			
枢椎	1			
合计	21	139	117	21

总计：298

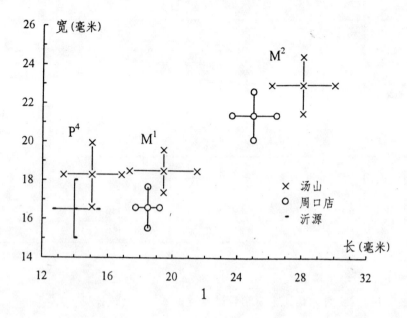

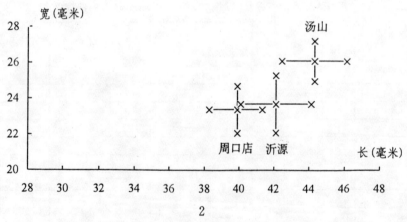

图四八 李氏野猪牙齿测量与比较

1. P⁴、M¹ 和 M² 长度与宽度比较 2. M³ 长度和宽度（X̄标准误 95％置信区间）

最小个体数是根据头骨、角和上、下颌骨的保存状况及数量来分析统计的。16 件残头骨中除 4 件为枕部残块以外，其余的 12 件均保存有额部和左、右侧角柄及部分残枝，至少应代表 12 个个体。残角中以左侧数量最多，计 29 件。其中 15 件保留角环及部分分枝，角环的底面光平，是鹿生前季节性换角而脱落的角，不作最小个体数统计；其余的 14 件左侧角均保留有角柄、角环和分枝，可计入最小个体数。因而全部残头骨和角最少应代表 26 个雄性个体。

上颌骨中带 M³ 的有左侧 22 件，右侧 17 件以及 6 件完整的上颌骨（含头骨上所保存的上颌骨）。带 M_3 的下颌骨有左侧 27 件，右侧 17 件。其中以左侧上颌骨数量最多，计有 28 件，计算最小个体数为 28 个。

未成年下颌骨共 3 件，其中 2 件为左侧，分别保存 DP_4—M_1（X③：525）和 DP_2—DP_4 段（X：0213），代表了 2 个未成年的个体。

动物考古学中统计最小个体数的方法是根据每种动物中同一种骨骼数量最多的计算，因而全部肿骨鹿化石最少应代表 28 个成年个体和 2 个未成年个体。

肿骨鹿标本统计见附表。

（2）典型标本描述

A. 头骨和角

标本 X③：918，头骨，保存基本完整。左侧颧骨和鼻骨残缺，右侧颧骨和眶下缘稍残。带左、右侧角，两角于眉枝分杈处断落（图四九；图版一七、一九，2）。左、右侧颊齿（P^2—M^3）齐全。白齿的颊侧齿尖（前尖和后尖）磨平，舌侧齿尖（原尖和次尖）稍磨，仍能看出分离的新月形釉质环。由牙齿磨蚀特征看，头骨属于成年不久的雄性个体。

头骨的额区宽平。眶上孔大而圆，眶上沟明显。额骨后部强烈隆起，形成粗大的嵴，在嵴的两侧生出角柄。角柄粗短，角环大，紧靠角环的上方分出眉枝。眉枝扁平，朝向前面。眉枝基部宽、厚分别为 74、32（左）和 72、32（右）毫米。主枝朝向后外侧伸出，与头矢状面约呈 40°（右）和 47°（左）的夹角。主枝横断面似椭圆形，其内外侧径和背腹侧径分别为 52 和 43 毫米。

顶骨低平。顶骨的颞板窄，向前延伸，与颞骨的基底连接。枕区低而宽阔，枕骨嵴细且高耸。枕区中嵴发育。颈突扁平而低矮。枕骨髁粗大。枕骨体粗壮。听泡小。腭骨的水平板宽阔，略呈扇形，中间低平，有一纵向的嵴。腭大孔在水平板的前缘，其位置与 M^2 平齐。上颌骨的腭面中间凹入。

右侧眼眶基本完好。眼眶的高和长度分别为 50 和 48 毫米，眶下缘与颧弓几乎平直。眼眶的前外侧缘有上下排列的 2 个泪孔。泪骨宽大，其前外侧面凹入，形成深的漏斗。颧骨的前外侧面与泪骨的下缘连接。眶下孔小，位于 P^2 的上方。颧骨的颧面呈水平伸展，构成眼眶下缘。颧弓细弱，后关节突宽平。

标本 X③：916，残头骨。保存上颌骨，部分颧骨和额骨及左、右侧角柄，右侧角在眉枝上方残断（图五〇；图版一八、一九，1）。全部恒齿萌出。M^3 齿尖开始磨蚀，但白齿的 4 个主尖全由各自独立的新月形釉质环构成，代表刚成年不久的雄性个体。

头骨的额部特征与标本 X③：918 相似，但泪骨保存较后者的完好。泪骨大，向前延至 P^3 与 P^4 之间。泪骨的前外侧面深凹形成漏斗，其下外侧缘由颧骨的颌突构成。

标本 X③：927，残头骨。除鼻骨、部分额骨和左侧颧骨残缺外，大部分保存。颊齿齿尖磨平，出现齿质嚼面和前后分离的扁形釉质环，属于 1 个年龄较老的雄性个体（图

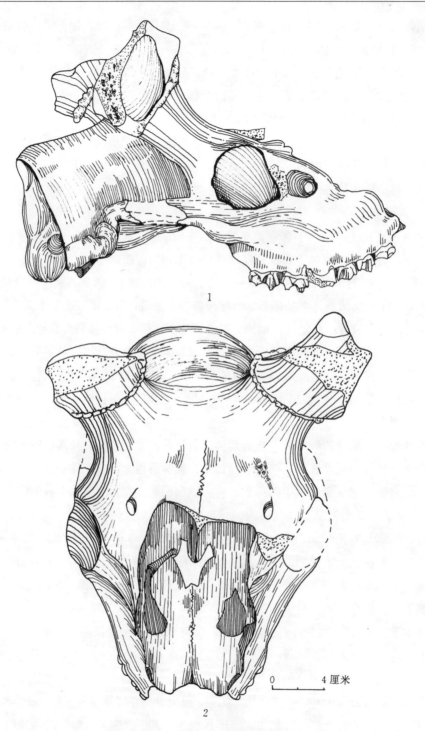

0 —————— 4 厘米

图四九（A）　肿骨鹿头骨 X③：918

1. 侧视　2. 顶视

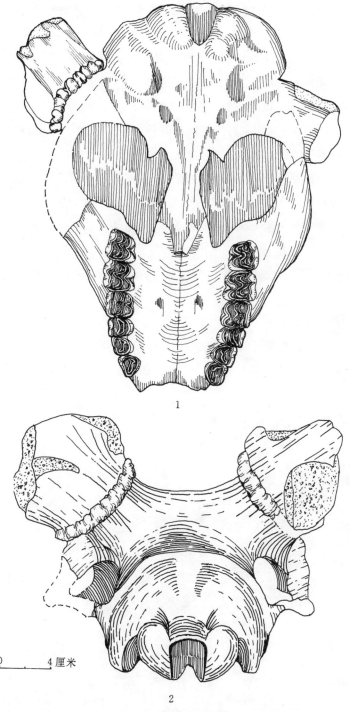

0　　　4厘米

图四九（B）　肿骨鹿头骨 X③：918

1. 底视　2. 枕视

五一；图版二〇）。头骨表面较粗糙疏松，不如前述 2 件头骨致密和坚硬。这一特征可能与年龄较老有关。

该头骨的左、右侧角均保存有部分主枝，较好地展示了角与头骨的关系。角环上方分出的眉枝扁平，朝向前方，与头骨的矢状面形成的夹角约为 58°（右）和 53°（左）。主枝朝后外侧方伸延，然后主枝的主轴向后下方倾斜。主枝延伸的主轴与头骨的矢状面约呈 55°（右）和 53°（左）夹角。主枝向下倾斜的斜面与头骨的水平切面约呈 31°夹角。主枝圆柱状残长 230（右）和 140（左）毫米。

头骨枕区的中部强烈隆起，形成粗大的结节，其发育程度远大于前述的 2 件标本。颞骨保存较好。颞骨较低矮，颞骨的颧突较薄而纤细，于颧突的基部有一圆孔。颞鳞的上缘和后缘也可见数个小孔。这一现象在标本 X③：918 头骨的颞骨上未见。外耳道短，朝向外侧开口，孔颇小。

标本 X③：926，残头骨。保存部分额骨及左右侧角柄。角环面光平，角已脱落（图版二一，8）。

头骨和上颌骨测量见表六六和表六七。

标本 X③：1573，自然脱落的右侧角段。眉枝残，眉枝底部宽 46、厚 21 毫米。主枝在靠近眉枝分叉处（距角环底 100 毫米），横断面为圆角三角形，前内侧面平，后外侧面和

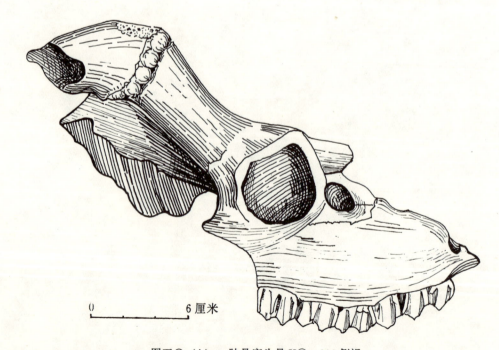

0   6 厘米

图五〇（A）   肿骨鹿头骨 X③：916 侧视

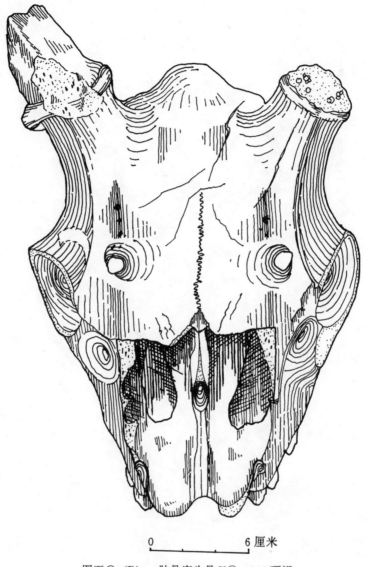

0　　　　　　　6 厘米

图五〇（B）　　肿骨鹿头骨 X③：916 顶视

下缘呈弧形，向后逐渐变成前内侧平的长圆形，在距角环底缘约 200 毫米处，横断面内外侧径和背腹侧径分别为 48、55 毫米。在距角环底缘 230 毫米处主枝变成扁平的掌状，其内外径和背腹侧径是 36.5 和 60 毫米（图五二；图版二二，6）。

　　标本 X：0142，自然脱落的左侧角段，残长 250 毫米。紧靠角环的上方分出眉枝，残，底部宽 40 毫米，主枝由圆角三角形逐渐向内外侧变扁。在距角环底缘约 240 毫米处变成扁平角，其内外侧径和背腹侧径分别为 28.5 和 57 毫米（图五三）。

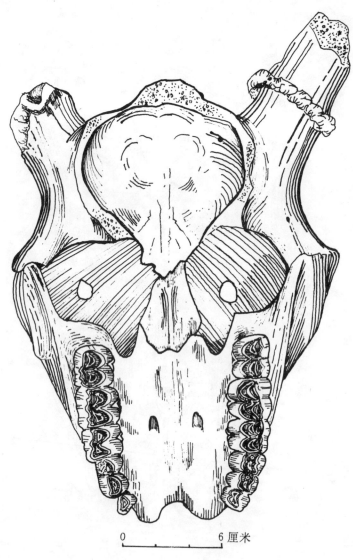

0　　　　　　　　6 厘米

图五〇（C）　　肿骨鹿头骨 X③：916 底视

　　标本 X③：19，自然脱落的右侧角段，残长 150 毫米。角环呈长圆形，其内外径和前后径分别是 49 和 53 毫米。眉枝残，主枝横断面为不规则的四边形，在距角环 150 毫米处变扁平，其内外径及背腹侧径是 24 和 54 毫米（图五四，图版二二，4）。

　　残鹿角的角柄、角环和主枝（靠近眉枝与主枝分权处）测量见图五五。角柄、角环与主枝的前后径和内外侧径的相关系数、直线回归方程以及回归关系的显著性测定结果见表六八。测定结果说明角柄的前后径和内外侧径之间没有显著的相关关系，二者之间

表六六　　　**南京人化石地点肿骨鹿** *Megaloceros pachyosteus* **头骨测量**　　　单位:毫米

测量项目＼标本号	X③:918	X③:927	X③:916	X③:925	X③:747	X③:915	X③:958	X③:923	X③:1465	X③:708	X③:924	X③:926
P² 到枕大孔后缘基底长	283	291	—	—	—	—	—	—	—	—	—	—
P² 前吻宽	77	78	81	—	—	—	—	—	—	—	—	—
眶后缩窄区最小宽	160	—	154	166	150	149.5	—	164.5	—	153	151	165.5
两角基底间宽(内侧)	90	98	101.5	94	99	87	—	—	—	75	64	85
两角基底间宽(外侧)	192	190	175.5	179.5	164	177.5	—	—	—	166	170	185.5
顶骨长	83	82	—	—	—	92(?)	102.5	68	—	—	—	—
顶骨的颞板间距	104	108.5	—	108	109	111.5	—	109.5	—	99.4	—	109.3
顶骨最小宽	54	67	—	—	—	59(?)	75	67	68	—	—	—
枕骨高(人字嵴顶点到大孔后缘点)	61	66	—	—	—	57	75	69	65	—	—	—
枕骨宽(人字嵴最大宽)	128	122	—	—	—	—	154	131.5	126	—	—	—
枕髁外侧间宽	82	81	—	—	—	83.5	102	87	77.5	—	—	—
枕大孔内外侧/前后径	25.8/30.5	27/29	—	—	—	27/27.5	38/—	30/28.5	24.5/36.5	—	—	—
听泡长/宽	33/23(左)32.5/22(右)	—	—	—	—	—	—	39/21(左)	—	—	—	—
颈突长/宽	32.5/16(左)29/14(右)	25/12(左)26/13(右)	—	—	—	—	—	32/10(左)	—	—	—	—

表六七　　　　南京人化石地点肿骨鹿 *Megaloceros pachyosteus* 上颌骨测量　　　单位：毫米

测量项目	标本号数值	X③：916	X③：918	X③：927	X③：922	X③：766、928	X③：994、855
左、右侧齿列颊侧间宽	P² 前齿根	81.5	77	78	72.5	75	76.5
	M¹ 前齿根	112.0	117	107	108.6	109.5	100
	M³ 后齿根	118.5	122.3	111	107	107.5	118
左、右侧齿列舌侧间宽/齿槽连线至颌骨中间凹入深度	P² 前齿根	54/11.5	51/12.5	47/16	51/20.2	51/—	50.6/—
	M¹ 前齿根	63/17	68/19	61/21	63.6/17.5	58.5/15	65.5/21
	M³ 前齿根	70/15	72.5/13.3	60.5/25	66.5/7.5	64/9	67/12
颊齿齿列长 P²—M³	左	119	117.3	112	117.3	119*	104*
	右	121	118.3	116	117.7	120*	109*
P²—P⁴	左	53	54	46.5	54.5	—	—
	右	52	55	51	54.5	53	—
M¹—M³	左	73	67.5	66(?)	69	—	—
	右	73	68.5	69.5	69	69	—
牙齿长×宽 P²	左	17×—	19×18	16×17	18.5×17	—	—
	右	16.5×17	19×17	17.5×16	18.3×16.3	—	—
P³	左	17.2×—	17.5×20	16.7×20.5	17×17.5	—	—
	右	17.5×16.5	18×18	17.5×19,	18×18	17.5×18	—
P⁴	左	—	17.2×18.5	15×20	18.5×18.5	—	—
	右	17×16.5	17×19	16×21	18.2×19	—	—
M¹	左	25×24	20×25.5	—	22×22.5	—	21×25
	右	25×23	22×24.5	21×23	22×23	—	—
M²	左	26×24	24×25.5	—	24.5×24	—	—
	右	26.5×23	24.5×27	24×25	24×24	26×24	—
M³	左	24.5×22	24.5×24	—	25.7×22	24.5×21	—
	右	24.3×21	24.3×23	25×23	25.5×23	25×22	—

*　牙齿残缺，测量齿槽。

的回归关系也不显著，说明角柄的形态特征变异较大。角环的前后径和内外侧径之间则有非常显著的相关关系，它们之间的回归关系也非常显著，角环的前后径增大，内外侧径也随着增大，角环虽有大小的差异，但形态特征相似。主枝的内外侧径和背腹径之间也有显著的相关关系，其回归关系显著。主枝有粗细之别，但形态特征基本相似。表中各项测量数据的离差（R），代表了年龄和个体变异的范围。

表六八　　南京人化石地点肿骨鹿角柄、角环、主枝前后径和内外侧径相关关系与回归关系测定*

单位:毫米

部位	项目	前后径(X)	内外侧径(Y)	相关系数(r)	相关程度的测定		直线回归方程	回归方程估计标准差	回归关系显著性测定		
					自由度(df)	判　断			t 值	自由度(df)	判　断
角柄	n	14	14	0.426	12	r<r0.05 相关不显著	Y=43.2+0.25X	±12.31	0.463	12	t<t0.05 回归关系不显著
	X̄	60.9	58.5								
	R	54~71	52~65								
角环	n	28	28	0.77	26	r>r0.01 相关非常显著	Y=20.59+0.61X	±5.17	6.04	26	t>t0.01 回归关系非常显著
	X̄	67.8	62.2								
	R	53~84	47~78								
主枝(靠近眉枝处)	n	33	33	0.352	31	r0.05<r<r0.01 相关显著	Y=15.65+0.62X	±12.64	2.073	31	t0.05<t<t0.01 回归关系显著
	X̄	48.7	45.9								
	R	34.5~65	31.5~58								

* 测定方法参阅盛和林等:《哺乳动物野外研究方法》354~360页, 中国林业出版社, 1992年。

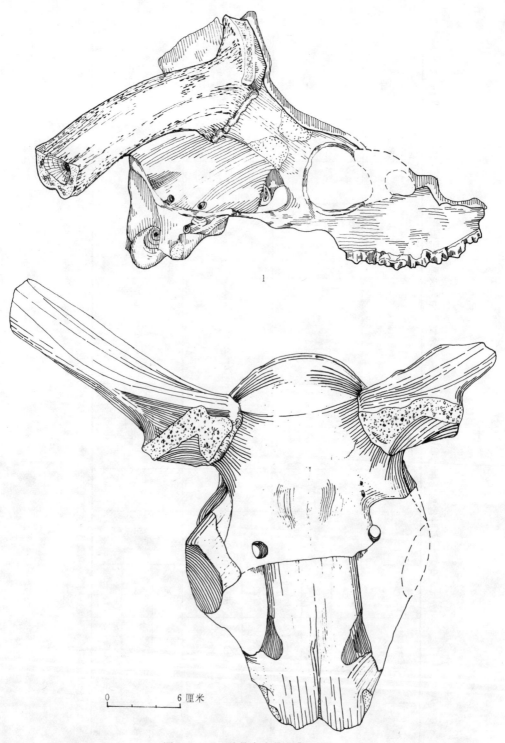

1

0　　　　　6厘米

图五一(A)　肿骨鹿头骨 X③：927

1.侧视　2.顶视

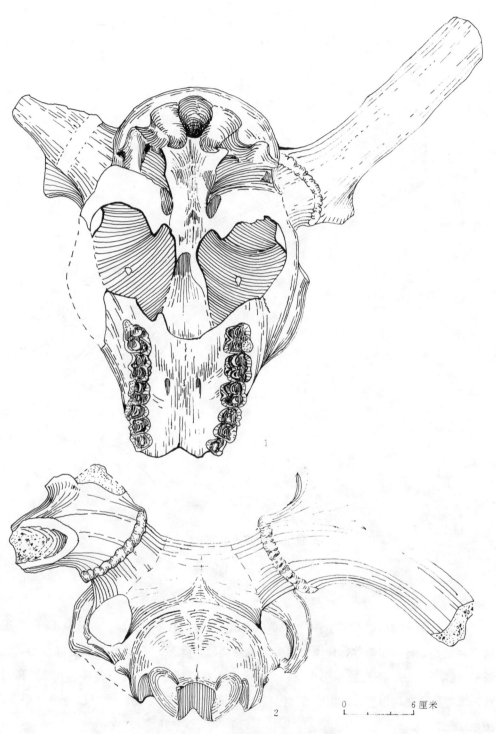

图五一(B)　肿骨鹿头骨 X③：927

1.底视　2.枕视

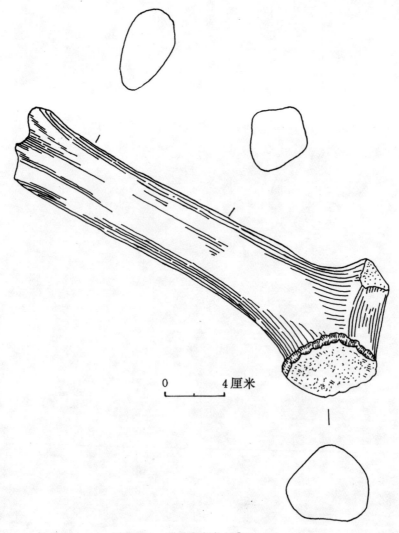

0   4厘米

图五二　肿骨鹿右角 X③：1573

B. 下颌骨

标本 X③：1243，左侧下颌骨，带 P_2—M_3 齿列。下颌骨肿厚。骨体从 P_2 向后逐渐增厚和加高，显得很匀称，骨体的内侧面较外侧面稍隆起，M_3 处横断面近椭圆形，下缘弧形。M_3 后下方，下缘缩窄形成下颌角。于下颌骨的颊侧有一宽的边棱。下颌枝高而粗壮，喙突和髁突均很粗厚，喙突长 24、宽 12.6 毫米，髁突长 13、宽 37.2 毫米（图五六；图版二三，2）。

标本 X③：306，右侧下颌骨，带 P_3—M_3 齿列。下颌枝部分残。下颌骨特别肿厚，下

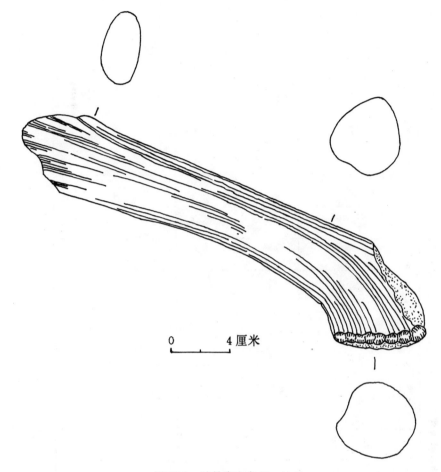

图五三　肿骨鹿左角 X：0142

颌体的内、外侧面均强烈隆凸。M_3 处横断面呈圆形。下颌枝较其他标本粗壮。喙突长 27.5、宽 18.8 毫米，髁突长 21、宽 43.2 毫米（图五七；图版二三，1）。

　　标本 X③：539，右侧下颌骨，带 P_2—M_2。M_2 磨蚀严重，下颌骨肿厚（图版二四，5）。

　　保存较完整的下颌骨测量数据见表六九。

　　一般常用下颌骨的厚度指数$\left(\dfrac{M_3\text{中叶处下颌厚}}{M_3\text{中叶下颌内侧高}}\times100\right)$来表示下颌骨的肿厚程度。汤山葫芦洞小洞发现的肿骨鹿下颌骨中只有 25 件保存有 M_3 处的下颌骨体。测量了这 25 件下颌骨的厚度（X）和高度（Y）（表七〇，图五八）。下颌骨厚度和高度的相关系数（r）是 0.526，r＞r0.01 值，下颌骨的厚度和高度之间有非常显著的相关关系。二者之间的直线回归方程是 Y＝29.6＋0.49X，用回归方程式计算下颌骨高度（Y）时，平均误差

表六九　南京人化石地点肿骨鹿 _Megaloceros pachyosteus_ 下颌骨测量

单位：毫米

项目＼数据＼标本号	下颌骨长				下颌枝高			下颌体高*/厚度				齿列长			牙齿长/宽					
	I_1齿槽缘至角突缘长	I_1齿槽缘至髁突后缘长	I_1齿槽缘至下颌枝后缘长	I_1齿槽缘至角突下缘切迹长	角突下缘至髁突下缘	角突至髁突距离		齿隙最窄处	P_2前	M_1前	M_3中叶	P_2–M_3	P_2–P_4	M_1–M_3	P_2	P_3	P_4	M_1	M_2	M_3
X③:1243	301	322	314	292	162	117.3	47	20.6/14.5	31.2/18	37.3/30	51.1/36.7	123	48.5	76	15.4/9.7	17.8/10.4	16.5/11.8	23.8/15.5	23.7/15.5	30.4/15.2
X③:306	334	—	341	323	—	131	—	21.8/17	29/22.5	33.6/37	54.1/45.3	132	51.6	83.8	—	18/11.2	19/13.4	24.5/—	25.3/15.4	34/15.1
X③:1245	299	—	307	289	—	110.3	—	18.2/13	28.6/16.7	33/27	43.6/33.5	123	—	—	—	16/10	18.3/13	22/15	23.7/15.6	32.5/14.8
X③:4	—	—	—	—	161.4	115.3	52	—	—	—	50.3/38	—	—	80	—	—	—	23.3/14.7	25/15	32.6/14.4

* 舌侧高。

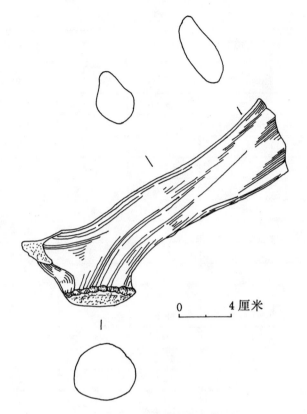

图五四　肿骨鹿右角 X③：19

为±2.5毫米。回归系数标准误差是0.167，t值为2.938，自由度23，t＞t0.01值，下颌骨厚度与高度之间有显著的回归关系。

表七〇　　南京人化石地点肿骨鹿 *Megaloceros pachyosteus* 下颌骨厚度和高度测量

单位：毫米

项目 数值 标 本 号	P₂ 前下颌			M₃ 中叶		
	厚度	舌侧高	指数	厚度	舌侧高	指数*
X③：986	15.3	21.1	72.51	35.3	52.9	66.72
X③：1271	—	—	—	36	43.5	82.75
X③：188	17	29.7	57.24	38.4	50.8	75.59
X③：4	—	—	—	38	50.3	75.55
X③：452	—	—	—	37.3	48	77.71
X③：806	—	—	—	37.1	49.4	75.10
X③：973	17.5	30.1	58.14	34.8	44.3	78.56

续表七〇

项目 数值 标本号	P₂ 前下颌			M₃ 中叶		
	厚度	舌侧高	指数	厚度	舌侧高	指数 *
X③：1245	16.7	28.6	58.39	33.5	43.6	78.68
X③：788	—	—	—	35	45.8	76.42
X③：411	—	—	—	34.3	48	71.46
X③：1247	—	—	—	33.2	44	75.45
X③：1024	—	—	—	33.5	47.1	71.13
X③：1243	18	31.2	57.69	36.7	51.1	71.82
X③：306	22.5	29	77.59	45.3	51.4	88.13
X③：410	—	—	—	33	44.3	74.49
X③：186	—	—	—	35	45.6	76.75
X③：539	17.3	32.4	53.40	—	—	—
X③：1088	15	24	62.5	—	—	—
X：0263	—	—	—	35	47	74.47
X：0264	19	30	63.3	—	—	—
X：0149	19	30	63.3	39	47	82.98
X：0186	—	—	—	32	44	72.73
X：01609	—	—	—	34	50	68.0
X：0266	—	—	—	34	46	73.91
X：0695	—	—	—	37	51	72.55
X：070	—	—	—	35	45	77.78
X：01586	—	—	—	39	47	82.98
X：01587	—	—	—	42	48	87.5

* 　指数＝$\dfrac{厚度}{高度}\times 100$

　　下颌骨厚度指数平均值是 76.4（X̄），离差范围是 66.7-88.1（R）。牙齿测量数值统计见表七一。

　　C. 未成年个体的头骨和下颌骨

　　标本 X③：747，残头骨。保存部分额骨和左右侧角基部。左侧角于角环上方分叉处残断，右侧角的眉枝残，保存部分主枝，主枝残长约 140 毫米。头骨的冠状缝未愈合，角环小，主枝细，代表未成年的雄性个体。于右侧额骨眶上沟附近有三道钉子状咬痕，推测该头骨曾被食肉动物啃咬过（图五九；图版二一，6）。

表七一 南京人化石地点肿骨鹿牙齿测量数值统计

(一)上 牙

统计项目	齿列长			牙 齿											
	P^2- M^3	P^2- P^4	M^1- M^3	P^2		P^3		P^4		M^1		M^2		M^3	
				长	宽	长	宽	长	宽	长	宽	长	宽	长	宽
标本数(n)	25	22	32	13	13	23	23	28	28	31	31	33	33	39	39
平均值($\overline{X}$)	115.8	53.5	69.0	17.7	16.5	17.1	18.1	16.9	18.7	22.6	22.8	24.8	21.2	24.3	21.5
$\overline{X}$标准误 95% 置信区间	115.8 ±2.1	53.5 ±1.8	69.0 ±1.8	17.7 ±1.2	16.5 ±1.2	17.1 ±1.0	18.1 ±1.2	16.9 ±1.0	18.7 ±1.2	22.6 ±1.3	22.8 ±1.1	24.8 ±1.2	21.2 ±1.1	24.3 ±1.1	21.5 ±1.1

(二)下 牙

统计项目	齿列长			牙 齿											
	P_2- M_3	P_2- P_4	M_1- M_3	P_2		P_3		P_4		M_1		M_2		M_3	
				长	宽	长	宽	长	宽	长	宽	长	宽	长	宽
标本数(n)	9	10	14	4	4	15	15	20	26	22	20	25	25	27	27
平均值($\overline{X}$)	130.0	49.1	79.5	14.3	9.0	17.7	10.6	18.4	11.9	22.2	15.0	24.9	15.4	32.4	15.0
$\overline{X}$标准误 95% 置信区间	130.0 ±3.6	49.1 ±2.6	79.5 ±2.3	14.3 ±2.1	9.0 ±1.7	17.7 ±1.2	10.6 ±1.1	18.4 ±1.2	11.9 ±1.2	22.2 ±1.3	15.0 ±1.0	24.9 ±1.1	15.4 ±1.0	32.4 ±1	15.0 ±0.8

标本X：0265,右侧上颌骨,带 P^2—M^3,P^2、P^3、P^4 和 M^3 正萌出。由牙齿萌出的状态看,恒齿萌出的顺序是 M^1、M^2、M^3、P^4、P^3 和 P^2(图版二一,5)。

标本X③：525,左侧下颌骨,保存齿隙至 M_1 段骨体,带 DP_2—M_1。M_1 已完全萌出,但齿尖尚未磨蚀(图六〇,2;图版二四,6)。

标本X：01696,左侧下颌骨,保存 P_3—M_3。P_3、P_4 和 M_3 正萌出(图六〇,1;图版二四,3)。

D. 体骨和肢骨

寰椎,1件。标本X③：640,椎弓体背侧和腹侧的长度分别为57和51毫米,最大厚度63.5、长89毫米(图版三三,7)。

枢椎,1件。标本X：01032,前面宽93毫米。齿突横径为47毫米,椎体长126毫米(图六一,1)。

肱骨,左侧5件,右侧4件,均为下端段残块。肱骨的冠状窝中部有一粗大的竖嵴,将

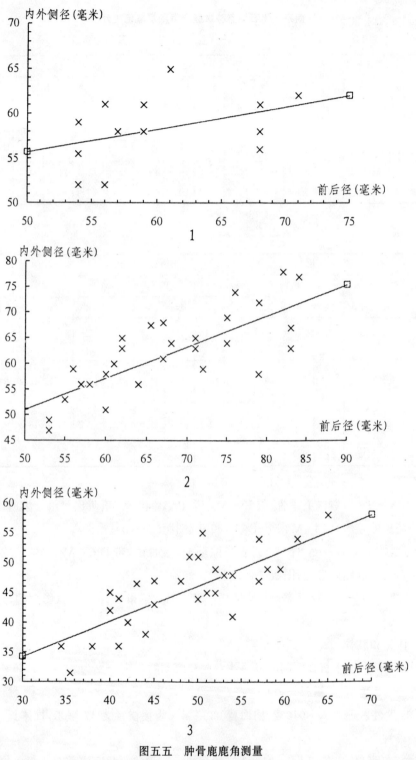

图五五 肿骨鹿鹿角测量

1.角柄 2.角环 3.主枝(近眉枝处)

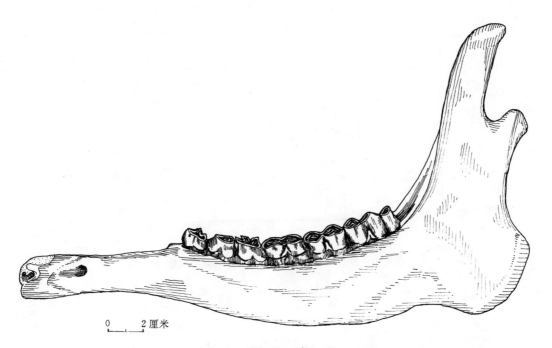

0   2厘米

图五六 肿骨鹿左下颌 X③：1243

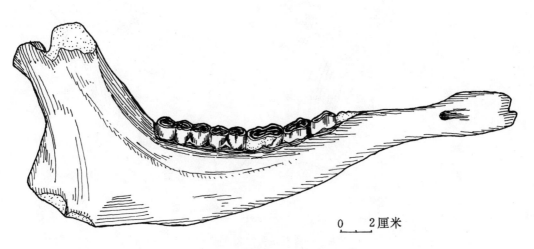

0   2厘米

图五七 肿骨鹿右下颌 X③：306

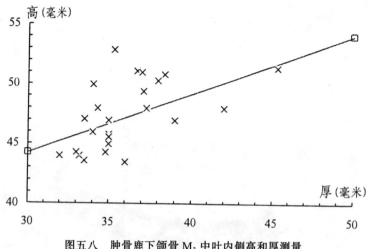

图五八　肿骨鹿下颌骨 M_3 中叶内侧高和厚测量

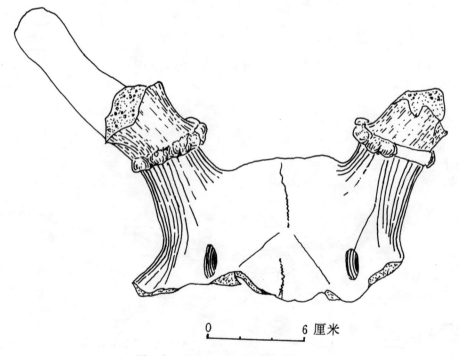

图五九　肿骨鹿残头骨 X③：747

冠状窝分成内、外 2 个小窝。滑车外侧嵴锐。

　　桡骨，左侧 8 件，右侧 3 件，其中仅有标本 X③：129 保存较完好，其余的均为上端段或下端段残块。

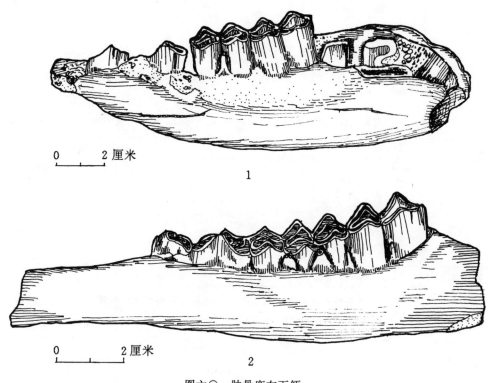

0 ⌐———⌐———⌐ 2 厘米

1

0 ⌐———⌐———⌐ 2 厘米

2

图六〇　肿骨鹿左下颌

1. X：01696　2. X③：525

标本 X③：129，左侧桡骨，与尺骨连接在一起。尺骨的尺骨突和尺骨体破损。桡骨全长 376 毫米，上端长 43、宽 85 毫米。骨体中部长、宽是 29.5 和 50.5 毫米，下端长 54、宽 75 毫米（图版二五，1）。

掌骨，左侧 7 件，右侧 9 件。其中有 3 件保存完整（X：040、X③：764 和 X③：1461）。掌骨体前面的血槽沟窄，终止于滋养孔，下端两髁向外扩展（图版二五，3）。

胫骨，左侧 10 件，右侧 11 件。其中标本 X③：733 保存较好，其他均为上、下端残段。

标本 X③：733，右侧胫骨，除上端稍有残损外，基本保存完好。胫骨的上、下端较粗大，上端宽 110 毫米，为胫骨长度的 25.8％，下端宽 76 毫米，为胫骨长度的 17.8％，胫骨上端的肌沟夹角较牛的开阔，胫骨嵴较牛的细短，半腱膜结节为粗糙的小面，骨体较牛的细长（图版二五，2）。

跟骨，左、右侧各 1 件。与牛跟骨相比较，鹿的跟骨较小，形态上亦稍有区别。鹿的跟骨体较为纤细，距骨关节面较为窄长，前关节面呈弯曲的条带状。

距骨，左侧 5 件，右侧 6 件。与牛相比较，鹿的距骨较小，距骨的下滑车上缘较为平直，上滑车嵴也较锐。

跖骨,左侧7,右侧4件。标本X③:1508,左跖骨。跖骨较掌骨长而粗,前面的血槽沟也宽而深(图六二)。

标本X③:793,左侧跖骨,病态,骨体中间有一骨瘤(图版二五,11)。

肿骨鹿的肱骨、桡骨、掌骨、胫骨、跟骨、距骨和跖骨等的测量数据见表七二至七八。

表七二 南京人化石地点肿骨鹿 *Megaloceros pachyosteus* 肱骨残块测量 单位:毫米

标本号	位 置	下端长×宽	下 滑 车		
			宽	内侧高	外侧高
X③:967	右	83×76	74	57	47
X③:1466	右	—×85	83	59	42
X③:833	左	—	79	59	51
X③:769	左	80×74	73	—	—
X③:816	左	—×80	74	51	46

表七三 南京人化石地点肿骨鹿 *Megaloceros pachyosteus* 桡骨残块测量 单位:毫米

标 本 号	位 置	上端长×宽	下端长×宽
X③:849	左	43×81	—
X③:988	左	41×76	—
X③:1021	左	—	49×72
X:0126	左	39×73	—
X:0155	左	37×67	—
X:01356	左	—	51×63
X:0591	左	—	60×86
X:01053	右	36×65	—
X:01105	右	48×87	—
X:0942	右	47×86	—

表七四 南京人化石地点肿骨鹿 *Megaloceros pachyosteus* 掌骨和掌骨残块测量

单位:毫米

标 本 号	位 置	全 长	上端长×宽	骨干中部长×宽	下端长×宽
X③:764	右	275	33×46	27.5×28.5	32×43(?)*
X③:1461	左	265	29×38(?)	—	31×49
X③:466	右	—	32×43.5	—	—
X③:1017	右	—	34×48	29.5×34	—

续表七四

标 本 号	位 置	全 长	上端长×宽	骨干中部长×宽	下端长×宽
X：040	左	310	39×56.5	35.5×40.5	36×56
X：0144	左	—	32.5×43	—	—
X：0971	左	—	35×45	—	—
X：09	右	—	34×47	—	—
X：0597	右	—	34×47	—	—
X：0994	右	—	32×42.5	—	—
X：0193	右	—	—	—	34×50
X：0666	右	—	—	—	30.5×46
X：06	左	—	41×60	—	—
X：01225	右	—	44×61	—	—
X：0607	左	—	—	—	38×—

* 边缘稍残

表七五　　　南京人化石地点肿骨鹿 *Megaloceros pachyosteus* 胫骨测量　　　单位:毫米

标 本 号	全 长	上 端		骨体中部		下 端	
		长	宽	长	宽	长	宽
X③：733	427	97	110	39	51	56	73
上端残块	—	84—87	111—113	35—39	47.5—54	—	—
下端残块	—	—	—	—	—	51—60	61—86

表七六　　　南京人化石地点肿骨鹿和牛跟骨测量与比较　　　单位:毫米

种 类	标 本 号	位 置	全 长	跟骨结节 长×宽	载距托 长×宽	跟骨最大厚
肿骨鹿	X③：135	右	169.5	46×35	54×51	62
	X③：371	左	157	46×36	53×52	64
牛	X③：432	右	176	55×50	61×69	63

表七七　　　南京人化石地点肿骨鹿 *Megaloceros pachyosteus* 距骨测量　　　单位:毫米

标 本 号	位 置	长		宽		厚
		外侧长	内侧长	下面宽	上面滑车间宽	
X③：1223	右	76	68.5	50	48	44
X③：12	左	83	73	54	53	48
X：01329	左	77	70	49	48	45

续表七七

标 本 号	位　置	长		宽		厚
		外侧长	内侧长	下面宽	上面滑车间宽	
X：01370	左	71	64	47	45	40
X：0613	左	78	69	48	48	47
X：0932	右	75	67	51	46	40
X：0968	右	75	71	51	49	46
X：01057	右	63	55	39.5	39	35

表七八　　　　**南京人化石地点肿骨鹿 *Megaloceros pachyosteus* 跖骨测量与比较**　　　　单位：毫米

地　点	标 本 号	全 长	上　端		骨体中部		下　端	
			长	宽	长	宽	长	宽
葫芦洞	X③：1364	356	—	—	45	43	41	65
小洞	上端残段	—	54—58	51—57	41—47	33—43	—	—
周口店	大	310	—	50	—	32	—	56
第 1 地点*	小	270	—	41	—	29	—	52

＊　C. C. Young, 1932, p. 58.

（3）比较与讨论

南京汤山葫芦洞小洞尽管目前尚未发现保存较完整的肿骨鹿角，但根据已发现的 12 个残头骨和大量的残鹿角仍能确定它的属种。在小洞发现的鹿头骨粗硕，显得较低和宽短。左、右侧角柄间距较开阔，角柄粗大，紧靠角环上方分出眉枝。眉枝扁平，与头骨的矢状面约呈 50°～60°夹角。主枝朝向后外侧方近于水平延伸，与头骨的矢状面夹角为 40°～55°，主枝圆筒状，近眉枝处主枝横断面为前面平的圆角三角形，向后逐渐变成内侧平的长圆形，最后变成扁平的掌状角。头骨和角的特征均与周口店的肿骨鹿〔*Cervus (Euryceros) pachyosteus*〕相同（C. C. Young，1932）。鹿角的眉枝均在变成掌状处残断，保存主枝变扁平处的最大长度为 240 毫米左右，与周口店第 1 地点的 B 型角相似，而不同于公王岭大角鹿（*Sinomegaceros konwanlinensis*）。公王岭大角鹿鹿角的主枝相当长而掌状部分不发育，主枝长度为 350～400 毫米（胡长康等，1978）。汤山鹿角的主枝伸出的方向与头骨矢状面的夹角为 40°～55°，眉枝叶面的横轴与头骨矢状面的夹角近为 50°～60°，与在河北省阳原县发现的桑干河大角鹿（*Megaloceros sangganhoensis*）的鹿角不同，后者的眉枝与头骨矢状面斜交，主枝向侧后方微微向上伸出，主枝伸出的方向与头骨矢状面夹角为 52°～65°，主枝圆柱状部分长 400 毫米（卫奇，1983）。汤山的鹿角与洛川大角鹿（*Megaloceros luochuanensis*）区别较大，后者的主枝分别向两外侧伸展，与眉枝平行，眉

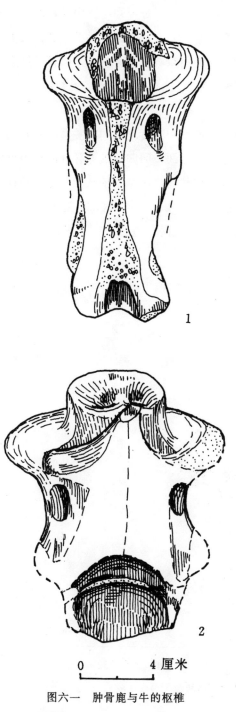

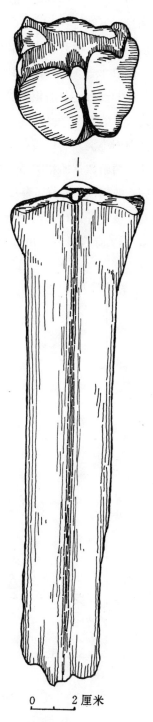

图六一　肿骨鹿与牛的枢椎

1. 肿骨鹿枢椎 X：01032　2. 牛枢椎 X③：1358

图六二　肿骨鹿左跖骨 X③：1508

枝与颜面夹角为 60°（薛祥煦，1982）。

　　通过对下颌骨在 M₃ 处最大厚度和舌侧下颌骨高度的测量可知，汤山葫芦洞小洞和周口店第 1 地点的肿骨鹿下颌骨的厚度与高度之间都有非常显著的相关关系和回归关系（表七九；图六三）。周口店第 13 地点的扁角肿骨鹿和山东沂源的肿骨鹿下颌骨的厚度与高度之间却没有显著的相关关系，回归关系也不显著。可能是这两个地点的数据太少，不具有统计学的意义。

　　葫芦洞小洞和周口店第 1 地点肿骨鹿下颌骨的厚度与高度之间的相关系数的差的测定说明这两组数据的相关系数之间没有差异（表八〇）。两个回归系数差异性的检验也说明回归系数间没有差异（表八一）。因而将葫芦洞小洞和周口店第 1 地点肿骨鹿下颌骨的厚度与高度合并进行回归分析，计算的回归方程是：$Y=23.7+0.6X$，相关系数（r）＝0.757，相关非常显著。用回归方程式计算高度时，平均误差为±2.51 毫米。

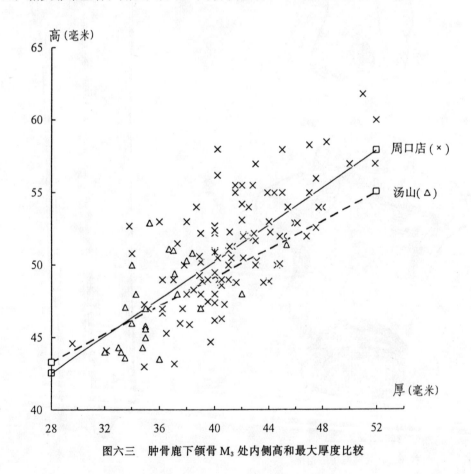

图六三　肿骨鹿下颌骨 M₃ 处内侧高和最大厚度比较

表七九　　肿骨鹿下颌骨 M_3 处最大厚度（X）和内侧高（Y）的相关关系和回归关系测定

单位:毫米

地点	项目	厚度(X)	高度(Y)	相关程度的测定			回归关系显著性测定				
				相关系数(r)	自由度(df)	判断	直线回归方程	回归方程估计标准差	t值	自由度	判断
葫芦洞小洞	标本数(n)	25	25	0.526	23	r>r0.01 (0.505) 相关非常显著	Y=29.56+0.49X	±2.45	2.938	23	t>t0.01 (2.807) 回归关系非常显著
	平均值(X̄)	36.1	47.4								
	离差范围(R)	32.0~45.3	43.5~52.9								
周口店第1地点①	标本数(n)	107	107	0.704	105	r>r0.01 (0.254) 相关非常显著	Y=24.62+0.64X	±2.66	10	103	t>t0.01 (2.625) 回归关系非常显著
	平均值(X̄)	41.3	51.2								
	离差范围(R)	29.6~51.9	43.2~61.8								
周口店第13地点②	标本数(n)	8	8	0.628	6	r<r0.05 (0.707) 相关不显著	Y=24.86+0.6X	±1.44	1.974	6	t<t0.05 (2.447) 回归关系不显著
	平均值(X̄)	36.4	46.7								
	离差范围(R)	35~40	44~49								
沂源③	标本数(n)	5	5	0.53	3	r<r0.05 (0.879) 相关不显著	Y=25.0+0.58X	±2.48	1.091	3	t<t0.05 (3.182) 回归关系不显著
	平均值(X̄)	38.0	47								
	离差范围(R)	35.5~40.6	44.5~50.4								

① 数据依 C. C. Young, 1932, pp. 46~49.
② 数据依 P. Teilhard de chardin and W. C. Pei, 1941, p. 93.
③ 数据依吕遵谔等, 1989, 山东沂源猿人化石,《人类学学报》第 8 卷第 4 期 304 页。

表八〇　　　　　　南京人化石地点和周口店第 1 地点肿骨鹿下颌骨厚度与

高度之间相关系数差的测定*

地　点	标 本 数	相 关 系 数	Z　值	Z 的方差（1/n−3）
葫芦洞小洞	25	0.526	0.585	1/22＝0.0455
周口店第 1 地点	107	0.704	0.875	1/104＝0.0096
			差＝0.29	和＝0.0551

差的标准偏差＝$\sqrt{0.0551}$＝0.2347

t＝0.29/0.2347＝1.2356　自由度：∞

測定结果 t＜t0.05（1.960），两个相关系数之间没有差异。

* 计算方法：Z＝$\frac{1}{Z}$［Log$_e$（1+r）−log$_e$（1−r）］，Z 的方差公式：$U_{\bar{z}}^2＝\frac{1}{n-3}$参见（日本）山田淳三，统计
方法在畜牧上的应用，上海科学技术出版社，1965，72～75 页。

表八一　　　　　　南京人化石地点和周口店第 1 地点肿骨鹿下颌骨厚度和

高度两个回归系数间差异的显著性检验*　　　　　　单位：毫米

地　点	回归系数	直线回归方程	相关系数	计算 t 值	自由度	判　断
葫芦洞小洞	0.49（b$_1$）	Y＝29.56+0.49X	0.526	0.840	128	t＜t0.05（1.960）回归系数间没有差异
周口店第 1 地点	0.64（b$_2$）	Y＝24.62+0.64X	0.704			

* 计算方法参见盛和林等：《哺乳动物野外研究方法》360～362 页，中国林业出版社，1992。

周口店第 13 地点的扁角肿骨鹿和周口店第 1 地点、山东沂源以及葫芦洞小洞的肿骨鹿下颌骨厚度指数方差分析结果见表八二。实得 F 值（4.079）＞F0.01（3.8），说明上述 4 个地点的肿骨鹿下颌骨厚度指数差异非常明显（表八二）。采用最小显著差 D 可以测验各地点相互的差异是否显著。计算方法为 p＝0.05 时，最小显著差数 D＝t0.05×S$_D$；p＝0.01 时

最小显著差数 D＝t0.01×S$_D$；S$_D$＝$\sqrt{\frac{S_x^2}{n_1}+\frac{S_x^2}{n_2}}$。式中的 S$_x$ 为组内均方差，n$_1$ 和 n$_2$ 为样本数量。自由度 df＝n$_1$+n$_2$−2（盛林和等，1992）。检验结果说明周口店第 13 地点与周口店第 1 地点、周口店第 13 地点与山东沂源、周口店第 13 地点与葫芦洞小洞、周口店第 1 地点与山东沂源、山东沂源与葫芦洞小洞之间下颌骨的厚度指数的差异均不显著。但周口店第 1 地点与葫芦洞小洞的肿骨鹿下颌骨厚度指数的差异却极显著，即从整体来看葫芦洞小洞的肿骨鹿下颌骨比周口店第 1 地点的肿骨鹿下颌骨显得略微扁平，与周口店第 13 地点的扁角肿骨鹿的下颌骨肿厚程度差异不大。

H.D. 卡尔克研究了周口店第 1 地点 33 米厚的地层中每层所出土的肿骨鹿下颌骨厚度指数，认为周口店第 1 地点下部地层肿骨鹿下颌骨肿厚程度适中，上部地层中肿骨

鹿下颌骨强烈隆起，厚度指数增大（H. D. 卡尔克，1958）。葫芦洞小洞肿骨鹿下颌骨厚度指数与周口店下部地层（深度为23～33米）的肿骨鹿下颌骨的厚度指数（74.8～75.8）相近。

表八二　　　　　　肿骨鹿下颌骨厚度指数（M$_3$处）方差分析*

（一）各地点下颌骨厚度指数（$\bar{X}$）　　　　　　单位：毫米

统计量	周口店13地点（扁角肿骨鹿）	周口店第1地点（肿骨鹿）	山东沂源（肿骨鹿）	葫芦洞小洞（肿骨鹿）	总　计
$\bar{X}$	77.9	80.49	80.88	76.37	78.91
n	8	107	5	25	145
ΣX	623.42	8612.6	404.4	1909.21	11549.63
ΣX^2	48640.28	696749.7	32793.06	146487.86	924670.9

（二）方差分析表

变异来源	自由度	平方和	均方	F 值
组　间	3	376.302	125.434	
组　内	141	4336.3	30.75	125.434/30.75＝4.079
总变异	144	4712.602		

（三）不同地点肿骨鹿下颌骨厚度指数的差数

地　点	周口店第1地点	山东沂源	葫芦洞小洞
周口店13地点	2.59	2.98	1.53
周口店第1地点		0.39	4.12
山东沂源			4.51

（四）各地点之间下颌骨厚度指数差别显著性检测

地　点	SD	p0.05时最小差数D	p0.01时最小差数D	差　数	判　断
周口店第13地点/第1地点	2.032	4.0274	5.334	2.59	差数（2.59）<D0.05(4.0274) 二者的指数差异不显著
周口店第13地点/山东沂源	3.161	6.957	9.818	2.98	差数<D0.05 差异不显著
周口店第13地点/葫芦洞小洞	2.253	4.601	6.196	1.53	差数<D0.05 差异不显著

续表八二（四）

地　点	SD	p0.05 时最小差数 D	p0.01 时最小差数 D	差　数	判　断
周口店第 1 地点/山东沂源	2.537	5.028	6.6596	0.39	差数＜D0.05 差异不显著
周口店第 1 地点/葫芦洞小洞	1.232	2.415	3.174	4.12	差数＞D0.01 差异极显著
山东沂源/葫芦洞小洞	2.717	5.564	7.507	4.51	差数＜D0.05 差异不显著

*　分析方法和计算参阅盛和林等：《哺乳动物野外研究方法》346~351 页，中国林业出版社，1992。

关于周口店第 13 地点的扁角肿骨鹿，H. D. 卡尔克和胡长康曾认为它与周口店第 1 地点的肿骨鹿是同种异名（H. D. 卡尔克、胡长康，1957）。后来胡长康等又指出，尽管这 2 种鹿牙齿和下颌骨的特征不易分开，但角的特征仍有区别，将周口店的肿骨鹿分为 2 种还是比较合适的（胡长康等，1978）。葫芦洞小洞的肿骨鹿，目前尚未发现完整的鹿角，从头骨和残鹿角的特征看，与周口店第 1 地点的肿骨鹿更为相似。下颌骨的厚度指数平均值较周口店第 1 地点的平均值小，但所有数据仍在周口店第 1 地点肿骨鹿下颌骨厚度指数的变异范围之内（64.1~91.1）。总体上看，葫芦洞小洞的肿骨鹿下颌骨显得较为纤细。

杨钟健曾记述周口店第 1 地点肿骨鹿的下颌肿厚程度似乎是随着年龄而增厚的（C. C. Young，1932）。南京汤山葫芦洞小洞的标本看不出这一现象。相反，1 件属于老年个体的下颌骨（X③：539），在 M_1 齿槽处缩窄，下颌骨体显得低矮（图版二四，5）。标本 X③：186，牙齿磨蚀重，代表老年个体。其下颌骨在 M_3 处的高和厚度分别是 45.6 和 35 毫米，厚度指数为 76.75，骨体并不比其他标本粗壮。

（4）肿骨鹿死亡年龄分析

根据牙齿的萌出和磨蚀程度可以估计动物的死亡年龄。观察肿骨鹿上、下颌骨上颊齿嚼面特征，可将牙齿的磨蚀程度分为 I 至 IV 级，它们分别代表了肿骨鹿由青年到老年的各个生长时期。

下颌骨牙齿磨蚀分级特征，根据葫芦洞小洞标本，可作如下描述。

I 级：标本 X③：986，M_1 的下后尖和下内尖磨平，下原尖与下次尖的釉质环相连。M_2 的下后尖磨平，下内尖稍尖，下原尖与下次尖的釉质环分离。M_3 的齿尖稍磨，嚼面全为分离的新月形釉质环（图版二四，2）。属于刚成年的青年个体。

II 级：标本 X③：188，M_1 全部齿尖磨平，嚼面可见前后 2 个分离的新月形釉质环。M_2 的下原尖与下内尖的釉质环连接。M_3 的第三叶开始磨蚀，出现单独的釉质环（图六四，2；图版二四，1）。

III 级：标本 X③：1245，M_1 嚼面中间的 2 个小釉质环变小而简单。M_2 嚼面磨平，前、后 2 个釉质环分离，呈弯曲的新月形。M_3 舌侧的齿尖磨平，嚼面的新月形釉质环分离开（图版二四，7）。

Ⅳ级：标本 X③：410，M_1 磨至冠底，嚼面全为牙本质，仅颊、舌侧边缘为釉质。M_2 嚼面齿尖磨平，前、后两个分离的釉质环小而简单。M_3 齿尖磨平，第三叶的釉质环消失，全为牙本质（图六四，1；图版二四，4）。代表老年个体。

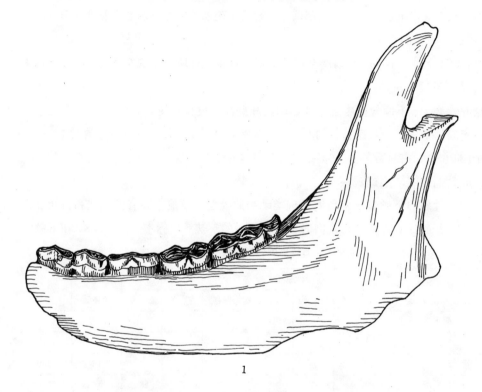

1

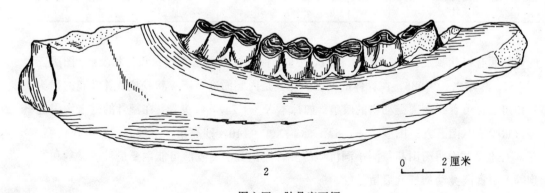

2

0 　 2 厘米

图六四 肿骨鹿下颌

1. 左下颌 X③：410，Ⅳ级磨蚀 2. 右下颌 X③：188，Ⅱ级磨蚀

成年上颌骨牙齿磨蚀状况也可分为 I 至 IV 级。

I 级：标本 X③：704，臼齿的 4 个主尖全由各自独立的新月形釉质环组成（图六五，1；图版二一，1）。

II 级：标本 X③：1022，颊侧齿尖磨平，形成釉质小环，舌侧齿尖稍磨，仍由分离的新月形釉质齿尖构成（图六五，2；图版二一，2）。

III 级：标本 X③：1269，齿尖全部磨平，嚼面出现前、后分离的 2 个釉质小环（图六五，3；图版二一，3）。

IV 级：标本 X③：1096，牙齿磨至齿冠底部，嚼面的釉质环变成窄条形，或逐渐消失（图六五，4；图版二一，4）。

根据肿骨鹿上、下颌骨标本上的牙齿萌出和磨蚀程度分析统计，它们共代表 39 个个体。其中未成年个体 2 个，占总数的 5.1%；刚成年的青年个体 7 个，占总数的 17.9%；青壮年个体 26 个，占总数的 66.6%；老年个体 4 个，占总的 10.3%（表八三）。

（5）肿骨鹿骨表面痕迹观察

大多数肿骨鹿的下颌骨上保留有食肉类动物的咬痕。咬痕主要有圆点状和钉状 2 大类。钉状咬痕浅而细，应是动物食肉时留在骨表面的痕迹，如标本 X③：788，在下颌骨

表八三　　　　　　　　南京人化石地点肿骨鹿死亡年龄统计

数量　　标本 牙齿萌出和磨蚀分级	上颌骨			下颌骨		估计最小个体数	%
	左　侧	右　侧	左、右侧均保存	左　侧	右　侧		
M$_1$萌出	—	—	—	2	1	2	5.1
I	3	2	1	7	1	7	17.9
II	7	14	2	3	8	16	41.0
III	8	—	2	8	6	10	25.6
IV	3	—	1	3	4	4	10.3
合　计	21	19	6	23	20	39	100

的内侧面有钉状咬痕。标本 X③：1251，在左下颌骨的两面留有点状和钉状咬痕（图版三三，5）。标本 X③：986，在骨体的两面，尤其是内侧面遍布圆点状咬痕。肿骨鹿的残头骨和角上也可看到食肉类动物的咬痕。如标本 X③：747，残头骨，在额骨的眶上沟附近有钉状咬痕（图五九；图版二一，6）。标本 X③：140，残鹿角，主枝表面有多处咬痕。

上述观察表明汤山葫芦洞小洞沉积的肿骨鹿化石上的咬痕可能主要是被虎、豹和鬣狗等大型食肉类动物捕食后留下的。

3. 鹿科 Cervidae Gray，1821

鹿属 *Cervus* Linnaeus，1758

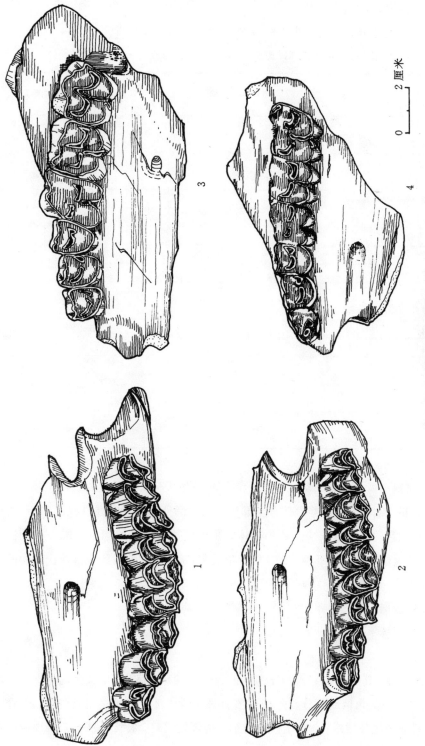

图六五 肿骨鹿上颌骨牙齿磨蚀程度分级

1. 右上颌 X③：704，Ⅰ级磨蚀　2. 右上颌 X③：1022，Ⅱ级磨蚀　3. 左上颌 X③：1269，
Ⅲ级磨蚀　4. 左上颌 X③：1096，Ⅳ级磨蚀

葛氏斑鹿 C.（*Pseudaxis*）*grayi*

（1）材料和最小个体数

424 件。计有角、头骨、上下颌骨及肢骨等。详见表八四。

表八四　　　　南京人化石地点葛氏斑鹿 *Cervus*（*Ps eudaxis*）*grayi* 标本件数统计

名称 数量 位置	中轴	左侧	右侧	不能鉴定左、右残块
角		62	62	19
头骨	16			
上颌骨		15	14	
下颌骨		66	76	
寰椎	1			
枢椎	3			
肩胛骨		5	5	
肱骨		3	3	
桡骨		6	2	
尺骨		5	3	
掌骨		5	2	1
股骨				1
胫骨		5	6	
跗骨		4	2	1
跟骨		2	1	
距骨		9	2	1
跖骨		10	5	1
合计	20	197	183	24

总计　424

　　全部材料中以下颌骨数量最多。下颌骨的保存状况大致可分为三类：第一类是保存齿隙到 M_3 的骨体段，第二类为带有全部颊齿或大部分颊齿的下颌骨残块，第三类仅保存有 1～3 枚颊齿的下颌骨残块。最小个体数是根据数量最多的同一侧同一枚牙齿来计算的。全部下颌骨中以右侧下颌骨的 M_1 数量最多，计 47 件，因此全部葛氏斑鹿的材料最少应代表 47 个个体。

　　葛氏斑鹿标本统计见附表。

（2）典型标本描述

A. 头骨

　　共计 16 件，其中 2 件（X③：1468 和 X③：919）保存较好，其余的只保存颅顶的角基部，带左、右侧角柄或部分残主枝。16 件残头骨中 7 件的角是自然脱落，保存角柄和角环；7 件角的主枝残断；2 件角仅存角柄，角环处残缺，特征不明显，难以确定角的生长状况。

标本 X③：250，残头骨，保存额后部和两侧角，角于角环处残断（图版二一，7）。

标本 X③：919，头骨。保存部分额骨至颅后部，带左、右侧角柄，角已自然脱落（图六六；图版二二，2）。头骨的额部前面平，额中缝清晰，延至眶上孔前缘消失，眶上孔圆，眶上沟短而深。额面从眶上孔始向上隆起成一斜面。顶骨短，其前方为尖形，在头骨最高处与额骨相连接，顶骨向后倾斜。枕区宽阔，两侧低平，中间上方有一明显的结节，颈突扁薄，听泡圆突，后关节突薄，关节面的前缘锐。头骨测量见表八五。

标本 X③：122，残头骨。保存部分额骨和顶骨，带左、右侧角，两侧角于角环上方残断，额面较宽平，两侧眶上孔内侧缘间距 62 毫米，眶后缩窄处间宽 105 毫米，顶骨颞板间宽 85 毫米，两侧角内侧间宽 51 毫米（图六七；图版二六，2）。

标本 X③：219，保存颅顶，带左、右角，两侧角均在眉枝分叉处残断。颅顶隆起，向后外侧伸出角柄。角柄粗壮，横断面略为圆角三角形，角柄高 26 毫米，其前后、内外侧

表八五 南京人化石地点葛氏斑鹿 Cervus (Pseudaxis) grayi 头骨 X③：919 测量

项　　　目	尺　寸（毫米）
左右眶上孔内侧缘间距	58
眶后额骨最大宽	128
眶后额骨缩窄部最小宽	99
左、右侧角内侧最大间距	46
角柄 前后径/内外径	左 37.5/41 右 35.5/41
顶骨矢状长	50
顶额缝中点至颅后枕骨人字嵴最大长度	85.5
左、右侧顶骨颞板间宽（颅后宽）	87.5
枕区最大宽	117
枕区高（枕骨人字嵴最高点至大孔前缘点距离）	70
枕髁基部宽	66.5
颈突间宽	94
枕大孔 前后/内外径	26/20
听泡外侧间宽	68
听泡长/宽	左 25/18 右 —

径分别是 40、44（左）和 41、43（右）毫米。左、右侧角柄内侧间距 59 毫米。角环圆形，径为 57（左）和 56（右）毫米，眉枝分叉处距角环的距离，内侧稍大于外侧，其内侧、外侧距离分别是 88、78（左）和 86、85（右）毫米（图六八；图版二六，1）。

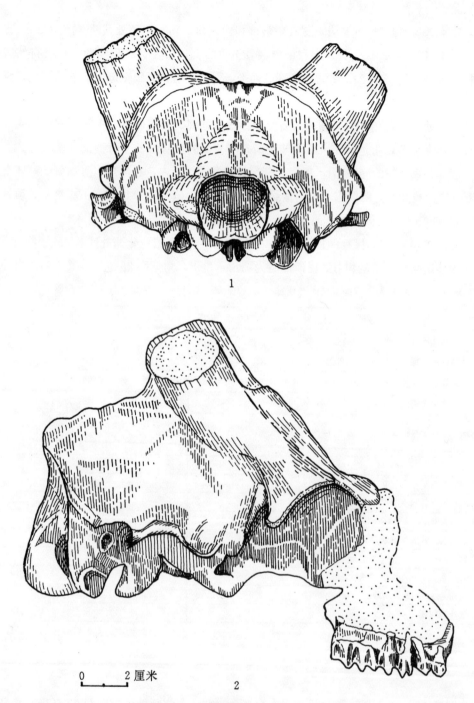

1

0 　 2厘米

2

图六六　葛氏斑鹿头骨 X③：919

1. 枕视　2. 侧视

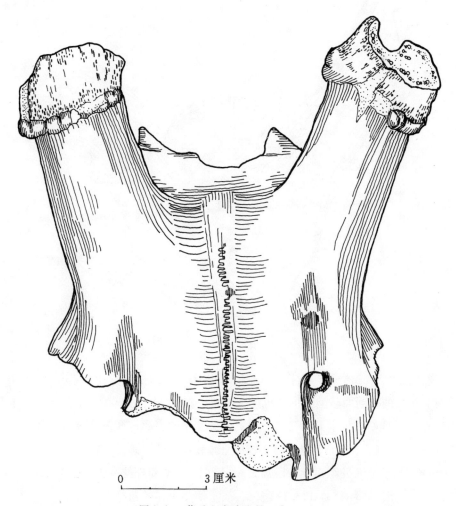

0 ———— 3厘米

图六七 葛氏斑鹿残头骨 X③：122

标本 X③：920，残头骨。保存额后部和两侧角，角于眉枝分叉处残断。角表面沟棱发育（图六九；图版二六，3）。

B. 残鹿角

包括角柄段、角柄及部分主枝和主枝段残块。其中 62 件左侧残角中有 14 件是鹿生前自然脱落的，62 件右侧残角中有 15 件自然脱落的角。

标本 X③：960，右侧角，保存角柄及部分主枝，眉枝基本完好，仅末端残断。主枝残长 320 毫米（图七〇；图版二二，5）。眉枝分叉处距角环的距离是 89 和 80（内侧和外侧）毫米。眉枝与主枝约呈 90°夹角。眉枝朝前上方伸出，末端向前内侧弯曲，眉枝残长 158 毫米。眉枝由圆柱状逐渐变成椭圆状，在距眉枝分叉 20 毫米处，眉枝径为 34 毫米，

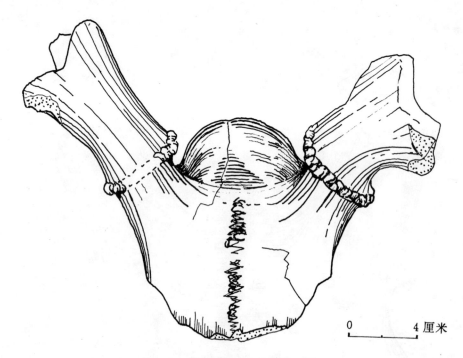

0　　　　　　　　4 厘米

图六八　葛氏斑鹿残头骨 X③：219

向上 50 毫米处径为 32.5～35 毫米，100 毫米处眉枝的径变为 27～35 毫米。主枝直，上方稍弯曲，主枝的横断面略呈圆形，其直径在 35～37.2 毫米之间变化，主枝在距眉枝分叉处 250 毫米长残断，仍未见第二枝分叉的痕迹。角的表面沟棱发育。

标本 X：01585，右侧角。眉枝与主枝的夹角较小，眉枝保存完整，长 75 毫米，径为 14～16 毫米。眉枝分叉处距角环的距离是 64 和 61（内侧和外侧）毫米。角柄高 29 毫米，径为 26～27 毫米，角环径为 35～39 毫米，属于幼年个体的角（图版二二，7）。

标本 X③：485，左侧角，保存角环及部分主枝，眉枝末端残断。眉枝粗大，与主枝的夹角大于 90°。主枝残断，眉枝分叉处距角环的距离是 61 和 63（内侧和外侧）毫米（图版二二，1）。

标本 X：01016，病态角（图版二二，3）。

全部残鹿角测量数据和统计结果见图七一。角柄的前后径（X）和内外侧径（Y）之间的回归系数是 0.96，回归直线方程式是 Y=4.46+0.96X。回归关系非常显著。角环的前后径（X）和内外径（Y）之间的回归系数是 0.97，直线回归方程式是 Y=0.97X-0.27，回归关系非常显著。靠近角环上方主枝的前后径（X）和内外径（Y）之间的回归系数是 0.67，直线回归方程式是 Y=7.91+0.67X，回归关系也非常显著。

角柄高度统计表明角柄高度的变异范围在 20～37 毫米之间，其中以 24～28 区间分

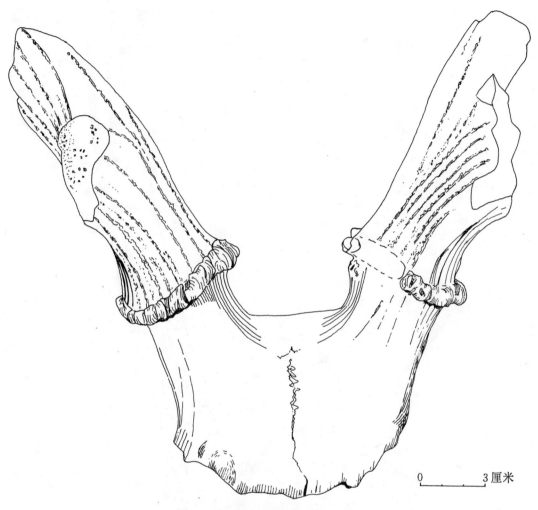

0 ———— 3厘米

图六九　葛氏斑鹿残头骨 X③：920

布较为集中（图七二）。眉枝分叉处距角环底缘的距离，内侧高（X）与外侧高（Y）之间的回归系数是 0.78，直线回归方程式是 Y＝0.78X＋10.94，回归关系非常显著（图七三）。

　　以上各组数据间的关系检验说明葛氏斑鹿角的大小随年龄和个体变异而差异较大，但角的形态相似。

　　C. 上、下颌骨

　　上、下颌骨及其残块计有：上颌骨左侧 15 件、右侧 14 件；下颌骨左侧 66 件、右侧 76 件，从幼年到老年各个时期均有代表。

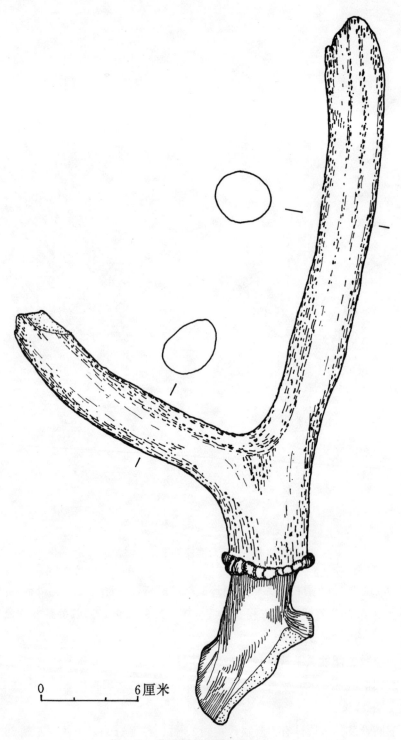

0   6厘米

图七〇　葛氏斑鹿右角 X③：960

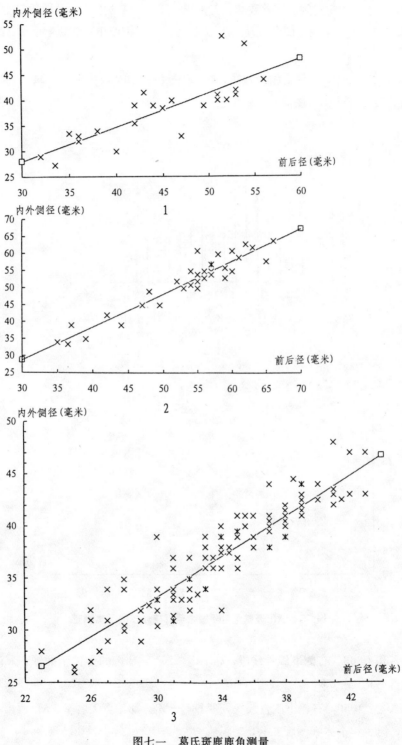

图七一　葛氏斑鹿鹿角测量

1.角环上主枝　2.角环　3.角柄

标本 X：01719，左侧上颌骨残块，带 DP²—DP⁴，属幼年个体（图版二七，6）。

标本 X：0317，左侧上颌骨残块，带 DP³—M¹，M¹ 正萌出，属幼年个体（图版二七，7）。

标本 X③：1098，右侧上颌骨残块，带 DP⁴—M²。DP⁴ 齿尖磨平，M² 萌出不久，齿尖稍磨蚀，属少年个体（图版二七，9）。

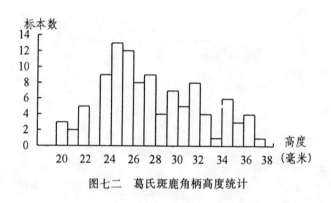

图七二　葛氏斑鹿角柄高度统计

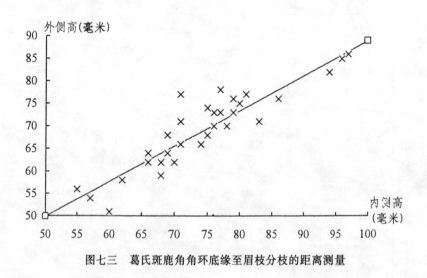

图七三　葛氏斑鹿角角环底缘至眉枝分枝的距离测量

标本 X③：366，右侧下颌骨残段，带 DP₂—DP₄。牙齿的齿尖稍磨蚀，属幼年个体（图版二七，5）。

标本 X③：1050，右侧下颌骨残块，带 DP₃—M₂。DP₄ 齿尖磨平，M₂ 萌出不久，齿尖未磨蚀，属少年个体（图版二七，8）。

标本 X③：1109，左侧下颌骨残块，带 P₄—M₂。M₂ 齿尖稍磨蚀，P₄ 正萌出，属少年个体（图版二七，10）。

标本 X③：738，右侧下颌骨残块，带 P_4—M_2，有咬痕（图版三五，12）。

全部恒齿萌出以后的成年鹿，牙齿磨蚀程度分为 I 至 IV 级。

I 级：M_3 齿尖开始磨蚀，如标本 X③：1018，左侧上颌骨（图七四，1；图版二七，1）和标本 X③：1006，左侧下颌骨（图版二六，5）。

II 级：M1 齿尖磨平，嚼面出现单独的釉质新月形环。M2 颊侧的前尖和后尖的新月形釉质环连接。下 M_3 第三叶开始磨蚀。如标本 X③：1036，右侧上颌骨（图七四，2；图版二七，4）和标本 X③：503，左侧下颌骨（图版二六，7）。

III 级：M_1 嚼面中间的釉质环变小。M_2 的釉质环分离开，形成独立的新月形小环。如标本 X③：159，右侧上颌骨残块（图七四，3；图版二七，3）和标本 X③：1040，右侧下颌骨（图版二六，4）。

IV 级：M1 和 M2 已磨至冠底，嚼面全为牙本质。M3 嚼面的釉质小环变小，属于老年个体。如标本 X③：870，左侧上颌残块（图七四，4；图版二七，2）和标本 X③：185，右侧下颌残块（图版二六，6）。

根据上、下颌骨上恒齿的萌出以及牙齿磨蚀程度可以分析在葫芦洞小洞发现的葛氏斑鹿的死亡年龄。表八六统计的上、下颌骨标本共 164 件，代表最小个体数 78 个，其中未成年个体 7 个，约占总数的 9%；恒齿全部出齐的成年个体共 71 个，其中刚成年不久的青年个体 16 个，占总数的 20.5%，老年个体 9 个，占总数的 11.5%，青壮年个体 46 个，占总数的 59%。

表八六 南京人化石地点葛氏斑鹿死亡年龄统计

数量 标本 牙齿萌出和磨蚀分级	上颌骨		下颌骨		估计最小个体数	%
	左 侧	右 侧	左 侧	右 侧		
恒齿未出齐	3	2	7	2	7	9
I	7	6	13	16	16	20.5
II	3	3	23	28	28	35.9
III	3	3	11	18	18	23.1
IV	1	—	6	9	9	11.5
合 计	17	14	60	73	78	100

全部上、下颌骨及其残块测量数据统计结果见表八七和图七五。

测量比较表明在葫芦洞小洞发现的葛氏斑鹿的牙齿大小与在周口店第 1 地点发现的葛氏斑鹿的牙齿大小相近。测量数据的离差范围反映了葛氏斑鹿年龄和个体的变异。

D. 脊椎骨和肢骨

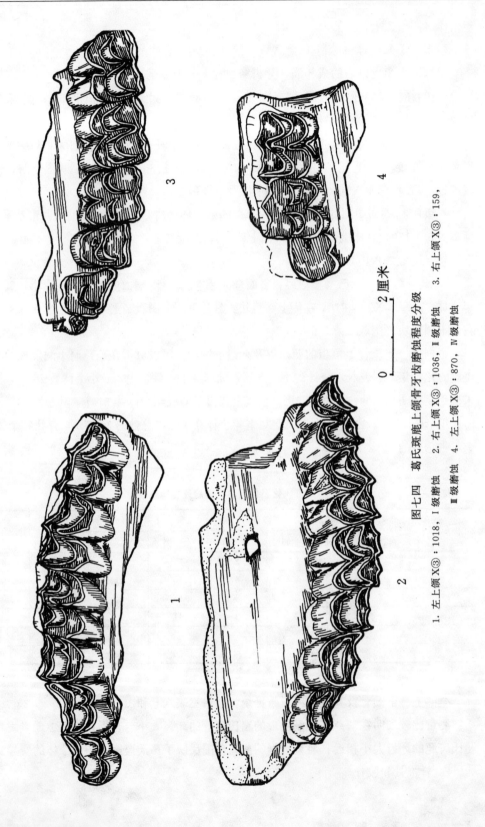

图七四　葛氏斑鹿上颌骨牙齿磨蚀程度分级

1. 左上颌 X③：1018，I 级磨蚀　　2. 右上颌 X③：1036，Ⅱ级磨蚀　　3. 右上颌 X③：159，

Ⅲ级磨蚀　　4. 左上颌 X③：870，Ⅳ级磨蚀

表八七　　南京人化石地点葛氏斑鹿上、下颌骨测量统计和比较

单位：毫米

部位	地点	统计量	齿列长 P2-M3	齿列长 P2-P4	齿列长 M1-M3	P2 长	P2 宽	P3 长	P3 宽	P4 长	P4 宽	M1 长	M1 宽	M2 长	M2 宽	M3 长	M3 宽
上颌骨	葫芦洞小洞	标本数(n)	3	7	10	8	8	11	11	14	14	20	20	21	21	13	13
		平均值($\bar{X}$)	97.3	45	55.0	15.6	13.6	14.5	15	13.5	15.7	17.7	17.4	19.5	18.2	20.3	17.9
		离差(R)	94~100	41.5~47	50~59.4	14~17.5	13~15.5	13~16	13~17	12~15.5	13.5~18	16~19.5	15.5~19.5	17~21.5	15~21	19~21.5	14.5~20.5
		$\bar{X}$标准误差95%置信区间	97.3±4.2	45.0±1.9	55.0±2.2	15.6±1.6	13.6±1.2	14.5±1.1	15.0±1.3	13.5±1.1	15.7±1.2	17.7±1.0	17.4±1.1	19.5±1.1	18.2±1.2	20.3±1.1	17.9±1.6
	周口店第1地点	离差(R)	86~100	37.5~44	48~56	12~14.5	11~15	12~14.5	11.5~16	11~13	13~17	14~16	16~19	15~18.5	17.5~21	17~19	15~22
下颌骨	葫芦洞小洞	标本数(n)	10	30	29	16	15	27	27	32	31	36	38	40	38	60	61
		平均值($\bar{X}$)	102.4	41.4	60.6	11.5	7.7	15.0	9.0	15.7	10.7	16.6	11.9	19.6	12.8	25.9	12.3
		离差(R)	98.0~107.0	38.0~47.0	57.5~65.3	10~14	6.5~9	13.4~17.5	8.0~10.0	14.0~17.0	9.5~12.5	15.5~19.0	10.0~13.0	18.0~21.8	11~14.5	23.0~28.0	11.0~14.3
		$\bar{X}$标准误差95%置信区间	102.4±1.9	41.4±1.4	60.6±1.3	11.5±1.2	7.7±0.9	15.0±1.0	9.0±0.8	15.7±0.9	10.7±0.8	16.6±0.8	11.9±0.7	19.6±0.8	12.8±0.7	25.9±0.8	12.3±0.7
	周口店第1地点	离差(R)	97~108	40~43.5	59~66	9~10.5	6~7	13~14	7~9	15~16	8~11	15~15.5	11~12	17~18	12~13	24~27	11.5~12

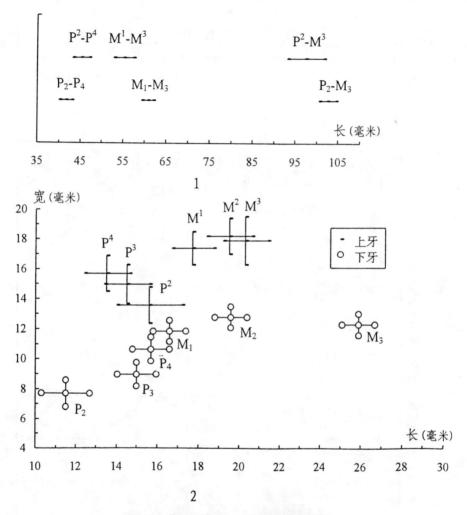

图七五　葛氏斑鹿上、下齿列和牙齿测量

1. 上、下齿列长度（X̄标准误95％置信区间）　2. 牙齿测量（X̄标准误95％置信区间）

脊椎骨标本2件。标本X：0984，寰椎，后部残损。较肿骨鹿的寰椎小，长61、厚41毫米（图版三三，9）。标本X③：1161，枢椎。椎体前面宽58、长72毫米。齿突横径为28毫米。

肢骨，主要是根据大小来区分肿骨鹿与斑鹿。

肩胛骨，均保存关节端和部分骨板。标本X：01058，右侧肩胛骨残块，关节盂圆，喙突发育，关节盂前后、背腹侧径为37、35毫米，关节端的长和高分别为51和35毫米。

肱骨，多为下端段残块。标本X③：1105，右侧肱骨下端残块，下端宽48.5、长49毫米，内侧滑车和冠状窝上方留有食肉动物的咬痕（图版二五，6）。

桡骨，保存上端段或下端段残块。标本X：01259，左侧桡骨上端段残块，上端宽50、长25毫米。有3件上端段残块，上端宽42～45、长21～24毫米。标本X③：778，左侧桡骨下端段残块，尺骨与桡骨的下端完全愈合在一起。下端宽53、长35毫米（图版二五，7）。

掌骨，多为上端段或下端段残块。上端宽33～36、长23～25.5毫米，下端宽31.5～35、长23～24.5毫米。标本X：0178，下端段残块（图版二五，8）。

胫骨，2件保存较完好，其余的均为下端段残块。标本X③：1522，右侧胫骨，保存完整，胫骨嵴和骨体上留有食肉动物咬痕（图版二五，5）。标本X③：992，右侧胫骨，较标本X③：1522纤细（图版二五，4），详细测量数值见表八八。

距骨，4件保存较完好，其余稍有破损。完整距骨测量见表八九。标本X：01216，左侧距骨，距骨较窄长，滑车嵴棱明显而平行（图版二五，9）。

跟骨，1件。标本X：0954，完整。长105.5、宽29、厚40毫米（图七六，2）。

表八八　　南京人化石地点葛氏斑鹿 Cervus（Ps eudaxis）grayi 胫骨测量　　单位：毫米

标本号	全长	上端（长×宽）	骨体中部（长×宽）	下端（长×宽）
X③：1522	342	—×79	28×40	45×58
X③：992	337	66.5×60	25.5×28	35.5×43
下端残块	—	—	—	32～45×41～59

表八九　　　　南京人化石地点葛氏斑鹿 Cervus（Pseudaxis）grayi 距骨测量　　单位：毫米

标本号	外侧长	内侧长	前面宽	后面宽	厚
X：01323	52.5	49.5	30.5	33.0	28.0
X：01216	49.0	47.0	30.5	30.0	27.5
X：0983	52.0	47.0	32.0	30.0	29.0
X：01392	46.0	43.0	32.0	30.0	26.0

跖骨，多为上端段残块。上端宽33～47、长36～47毫米。标本X：0192，为左侧跖骨上端段残块（图版二五，10）。

在斑鹿的残头骨、下颌骨和肢骨上常保留有大型食肉类动物的咬痕。如标本X③：1290，残右角（图版三三，1）和标本X③：35，跖骨残块，都有咬痕（图版三三，3）。

4. 鹿科 Cervidae Gray，1821

小型鹿（未定属种）

9件。一种明显较斑鹿小的鹿。计有：上颌骨残块2件（左、右侧各1件），下颌骨残段7件（左侧3件、右侧4件）。4件右侧下颌残段中有1件是 P_3—P_4 段，1件为 M_2—M_3 段。这2件标本牙齿磨蚀程度相似，作一个个体计算，因而全部化石代表的最小个体

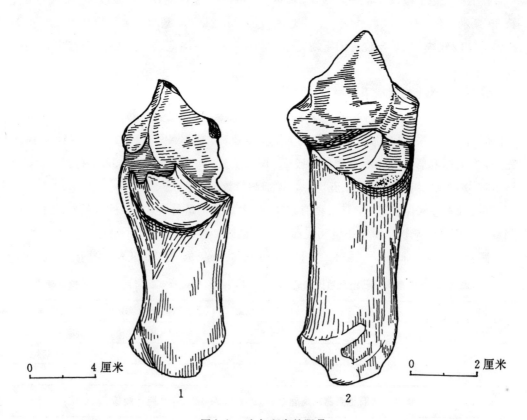

0 ————— 4 厘米

1

0 ————— 2 厘米

2

图七六　牛与斑鹿的跟骨

1. 牛右跟骨 X③：432　　2. 斑鹿左跟骨 X：0954

数是 3 个。

小型鹿标本统计见附表。

标本 X：0246，左侧下颌残块，带 P_3-M_3。P_3 的前附尖和后附尖均由 2 个附尖褶组成，后附尖褶深凹入，P_4 分为前、后两叶，前叶宽于后叶。M_1-M_3 普通鹿型，齿柱发育（图版二七，11）。

下颌骨残段测量和比较见表九〇。

与周口店第 1 地点的北京香麝（*Moschus moschiferus var pekinensis*）和獐（?*Hydropotes* sp.）比较，葫芦洞小洞的小型鹿下颌骨前臼齿和臼齿齿列的长度明显大于麝而与獐相近，但因标本太少，尚不能鉴定属种。

5. 牛亚科 Bovinae Gill，1872

水牛属 *Bubalus* Smith，1827

水牛（?）*Bubalus* sp.

地点	项目 标本号	齿列长			牙齿　长×宽					
		P_2-M_3	P_2-P_4	M_1-M_3	P_2	P_3	P_4	M_1	M_2	M_3
葫芦洞小洞	X：0246	59.5*	24	35	—	8.5×5.5	9.5×6	9.3×6.5	12×7	15×7
	X：0256						9×6	10×7.4	12×8	
	X：0779								10×8.5	15×8
	X：0336			37.3				9×7.8	11.5×8.5	16.5×7.5
	X③：1086	64	26	39	7×4.5	9.7×6.2	10×7	9.7×8	12×8.4	17×8
	X③：1267						10×7	9.6×8.1		
周口店第1地点① *	獐? *Hydropotes* sp.		23	33					9.3×7	
	香麝 *Moschus* *moschiferus*	46~48	17~17.5	30~31						

表九〇　南京人化石地点小型鹿下颌骨测量　单位：毫米

① C. C. Young，1932，p. 23、p. 20.

* P_2 依齿槽测。

(1) 材料和最小个体数

279 件。计有：额骨残块 1 件，上颌骨残块 6 件（左侧 3 件、右侧 3 件），残下颌骨 7 件（左侧 3 件、右侧 4 件）。单个牙齿 63 枚。肢骨共计 202 块，有：右侧肩胛骨 1 件，肱骨 30 件（左侧 11 件、右侧 19 件），桡骨 30 件（左侧 15 件、右侧 15 件）；尺骨 3 件（左侧 1 件、右侧 2 件），掌骨 29 件（左侧 12 件、右侧 10 件、残段 7 件），股骨 15 件（左侧 7 件、右侧 8 件），胫骨 39 件（左侧 21 件、右侧 18 件），距骨 18 件（左侧 6 件、右侧 10 件、残块 2 件），跟骨 9 件（左侧 3 件、右侧 6 件），距骨 25 件（左侧 13 件、右侧 12 件），中间趾骨（指）1 件；寰椎和枢椎各 1 件。肢骨中保存较完整的标本不多，多是带有一端关节的残块。以残肢骨计算最小个体数时，必须考虑到同一侧的上端段和下端段是否是一件肢骨断开的。若因断茬不能拼接而计算成 2 件，计算最小个体数则有较大误差。所以文中最小个体数是以左侧胫骨中的 15 件带有下端关节的残块和 2 件保存较完好的标本计算的。全部标本最少代表了 17 个个体。

水牛（?）标本统计见附表。

(2) 典型标本描述

A. 下颌骨

标本 X③：1427，右侧下颌骨。保存较完整，仅下颌枝的喙突和下颌角的下缘残缺，带 P_3-M_3。牙齿磨蚀较重，P_3、P_4 和 M_1 已磨至齿冠底部，嚼面几乎全为齿质，应属老年个体。下颌骨的切齿部稍残。齿隙段形成薄锐的边棱，长 56.5 毫米，下颌体高而扁平。
在下颌角的颊侧面有 1 条粗大的嵴由 M_3 后下方延向下颌角的边棱。下颌枝宽大，其前部
和后缘都向舌侧翻转，下颌枝中部隆起。下颌枝前缘上升处距 M_3 后缘约 46 毫米。下白
齿的齿柱发育，牙齿表面覆有白垩质（图七七；图版二八，8）。

标本 X③：301，左侧下颌骨。带 P_4－M_3，下颌枝后缘和喙突残。P_4 和 M_1 磨蚀较轻，
代表青年个体。下颌骨体明显较标本 X③：1427 的下颌骨体粗壮。下颌枝上升处距 M_3 后
缘约 20 毫米。下颌枝较陡直，其前部不向舌侧转折，下颌枝颊侧面平坦，牙齿表面覆盖
的白垩质层也较标本 X③：1427 的厚（图七八）。

上述 2 件下颌骨的特征区别较大，是代表不同的属种，还是年龄的差异，因标本太
少，尚难作出判断。

下颌骨测量和比较见表九一。

标本 X③：692，右侧下颌骨，带 DP_2－DP_4，M_1 前叶的齿尖刚萌出，代表 M_1 萌出
时期的幼年个体（图版二八，6）。牙齿的大小与周口店德氏水牛相似（表九二）。

B. 未成年个体的上颌骨残块

标本 X：0342，左侧上颌残块，带 DP^2－DP^4。牙齿的齿尖稍磨蚀。属于幼年个体
（图版二八，2）。

标本 X③：699，右上颌残块，带 M^1－M^2，M^3 齿尖刚冒出齿槽缘。M^1 长 33、宽 23
毫米，M^2 齿尖稍磨蚀，长 33、宽 19 毫米。该标本代表 M^2 萌出不久的未成年个体（图版
二八，1）。

C. 牙齿

标本 X③：1539，左上 M^1，嚼面略呈方形。标本 X③：1435，左上 M^2，嚼面的前部
宽而后部缩窄。标本 X：01650，左上 M^3。牙齿的后附尖褶发育（图版二八，3、4、5）。

标本 X：01645，右下 M_3。M_3 的第三叶发育。舌侧的前、后肋粗大，但附尖褶较平
缓。颊侧在第一叶与第二叶以及第二叶与第三叶之间均有齿柱。牙齿长 47.5、宽 19 毫米。
（图版二八，7）。

颊齿测量数据见表九三和图七九。

D. 脊椎骨和肢骨

标本 X③：1358，枢椎。椎体宽大粗短。椎体长 122 毫米，前面宽 121 毫米，齿突横
径 56 毫米（图六一，2；图版二九，1）。

标本 X③：755，寰椎，较完整。椎体长 135、宽 105、厚 84 毫米（图版三三，6）。

肢骨化石多破损，其中较完整的肱骨、桡骨、掌骨、股骨、胫骨、距骨、跟骨和距
骨等（图七六，1、图八〇；图版二九，2～9)测量数据见表九四至一〇一。肱骨、桡骨、

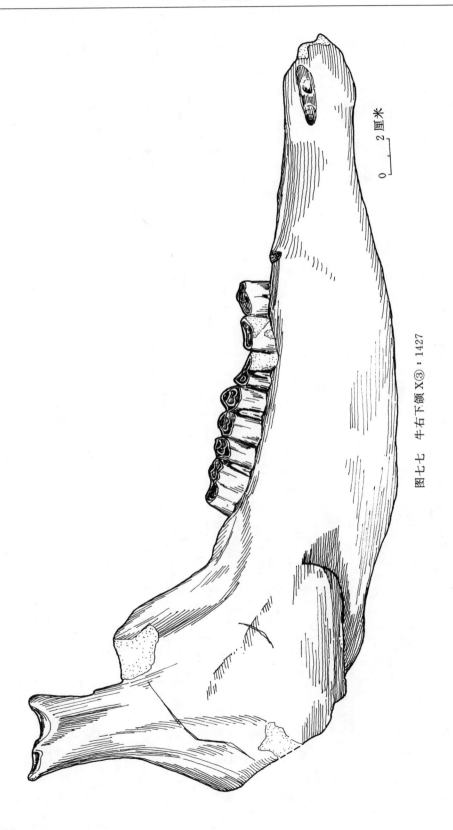

图七七　牛右下颌 X③：1427

表九一　南京人化石地点水牛（?）*Bubalus* sp. 下颌骨测量与比较

单位：毫米

项目	葫芦洞小洞 *Bubalus* sp. X③：1427	葫芦洞小洞 *Bubalus* sp. X③：301	*Bubalus* sp. X：0705	周口店第1地点① *B. teilhardi*	盐井沟② *B. bubalis* 21784	*B. bubalis* 39193	*Bibos gaurus* 18465	*Bibos gaurus* 39188
门齿缘到下颌枝后缘长	—	—	—	460.0	—	—	—	—
下颌骨高/厚 P_2前	62.0/24.0	—	—	50.0/—	—	—	—	—
下颌骨高/厚 M_3后	91.0/34.0	76.0/37.5	—	95.0/—	—	—	—	—
髁突到下颌角下缘高	182.0	—	—	—	—	—	—	—
下颌枝最小宽	91.0	—	—	—	—	—	—	—
髁突 长×宽	20.5×46.0	—	—	—×53.0	—	—	—	—
齿列长 P_2—M_3	151.0	—	—	165.0	178.0	—	172.0	157.0
齿列长 P_2—P_4	—	—	—	67.0	—	—	—	—
齿列长 M_1—M_3	91.0	110.0	—	90.0	—	—	—	—
牙齿 长×宽 P_2	—	—	—	15.1×10~11	—	19.0×12.0	16.0×12.0	15.0×11.0
牙齿 长×宽 P_3	19.2×13.0	—	21.0×16.0	21.0×12.0	22.0×13.0	23.0×15.0	25.0×15.0	22.0×14.0
牙齿 长×宽 P_4	21.5×11.5	23.5×17.5	23.0×17.0	21~22×14~15	23.0×15.0	25.0×16.0	26.0×16.0	24.0×16.0
牙齿 长×宽 M_1	22.0×19.0	30.4×20.5	24.0×20.0	22~27×17~19	29.0×20.0	—	29.0×20.0	25.0×21.0
牙齿 长×宽 M_2	28.6×22.0	33.2×21	—	27~30×17~20	33.0×20.0	—	31.0×21.0	29.0×23.0
牙齿 长×宽 M_3	40.0×19.0	45×22	—	40~45×20	46.0×20.0	—	45.0×20.0	45.0×22.0

① C. C. Young, 1932, p. 84, p. 87.

② Colbert and Hooijer, 1953, p. 120.

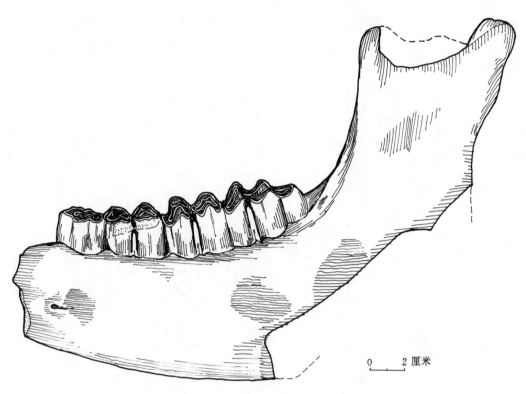

0 ——— 2 厘米

图七八　牛左下颌 X③：301

表九二　南京人化石地点幼年水牛（?）*Bubalus* sp. 下颌骨 X③：692 测量与比较

单位：毫米

	X③：692		周口店德氏水牛[1] Bubalus Teilhardi
DP$_2$-DP$_4$ 长	74.8		67.0
DP$_2$ 长×宽	13.0×7.5		13.5×7.5
DP$_3$ 长×宽	24.0×11.5		长 22～26，宽 10～11
DP$_4$ 长×宽	40.0×13.5		长 30～40，宽 13～15
下颌骨高/厚	DP$_2$ 前 33.5/16.5 DP$_4$ 后 50.5/27.0		

① 依 C. C. Young, 1932, p. 87.

掌骨、胫骨和跖骨残块测量见图八一至八五。

表九三　　南京人化石地点水牛（？）*Bubalus* sp. 上牙测量

单位：毫米

P³ 标本号	P³ 长×宽	P⁴ 标本号	P⁴ 长×宽	M¹ 标本号	M¹ 长×宽	M² 标本号	M² 长×宽	M³ 标本号	M³ 长×宽
X：0479	22.0×20.0	X：0819	17.5×24.0	X③：1539	30.0×27.5	X③：1527	30.0×24.0	X：0481	33.0×25.5
X：01808	20.0×19.0	X：0777	18.0×22.5	X：01173	29.0×26.0	X③：1435	33.0×27.0	X：0769	33.0×25.5
X：01806	20.0×21.5			X：0787	31.5×26.0	X③：1113	30.0×26.0	X：0743	35.0×26.0
X：0758	21.0×21.0			X：0313	30.0×29.0	X③：1082	33.0×26.0	X③：1541	35.0×27.0
				X：0741	29.0×26.0	X：0753	34.0×26.0	X：01650	38.0×27.0
				X：01807	30.0×28.0	X：0747	36.0×25.0	X：01649	37.0×26.5
				X：01805	27.0×26.0	X：0739	33.0×25.0	X：01657	32.5×26.0
				X：01641	32.0×27.0	X：01648	32.5×23.0		
				X：01665	31.0×27.0	X：01667	31.5×25.0		
				X：01652	32.5×28.0	X：01651	32.5×23.5		
				X：01671	27.5×27.0	X：01661	33.0×25.0		

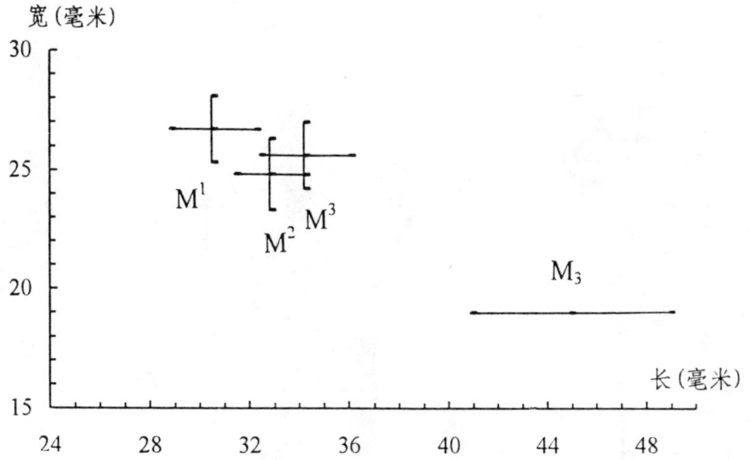

图七九　牛牙齿测量统计

表九四　**南京人化石地点水牛**（?）*Bubalus* sp. **肱骨测量与比较**　单位：毫米

项目 / 数值 / 标本号 / 地点	葫芦洞小洞			周口店第1地点①	榆树②
	X③：841	X③：762	X③：842	*Bubalalus teilhardi*	*Bovinae* V.2253
全　长	330.0	341.0	340.0	346.0	350.0
上端　长/宽	—/117.0	144.0/107.5	141.0/—	102.0/—	84.2/—
中部　长/宽	78(?)/64.0	77.0/67.0	70.0/52.0	71.0/57.0	68.0/57.0
下端　长/宽	107(?)/111	103.5/116.0	100.0/106.0	—/106.0	101.0/—

①　C. C. Young，1932，p. 87，pl. XXVI，fig. 2.

②　古脊椎动物研究所高等脊椎动物组，1959，67页。

（3）对比与讨论

鉴定牛的种属主要是根据头骨和角的形态特征。目前汤山葫芦洞小洞中尚未发现保存较好的这类标本。牙齿和下颌骨的测量对比也很难看出各种牛之间的不同（表九一），因而根据牙齿很难将牛的材料鉴定到种。Colbert 在研究盐井沟的牛化石时总结了水牛（*Bubalus*）和犎牛（*Bibos*）的牙齿与掌骨、跖骨的区别。水牛和犎牛的牙齿相似，但水牛

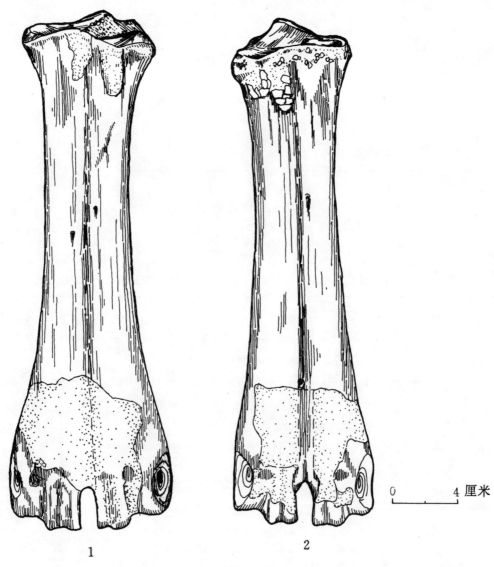

0 ＿＿＿＿ 4 厘米

1　　　　　　　　2

图八〇　牛跖骨

1. 左跖骨 X③：702　2. 右跖骨 X③：2

的下 P_2 较大，而犐牛的下 P_2 明显缩小。水牛与掌骨、跖骨较犐牛的宽短粗壮，尤其是下端两髁特别宽大（Colbert and Hooijer，1953）。徐余瑄等也对水牛、野牛（*Bison*）和黄牛（*Bos*）的掌骨、跖骨进行过比较研究，认为根据掌骨、跖骨的粗壮程度和特征可以将这 3 种牛区分开（古脊椎动物研究所高等脊椎动物组，1959）。在葫芦洞小洞发现的牛的下颌骨上，P_2 脱落，仅保存齿槽，有关 P_2 的长度不清楚。牛的掌骨多为残段，其上端宽 72～

94 毫米，下端宽 85～98 毫米。下端宽度与在周口店和盐井沟等地发现的水牛相似，大于在盐井沟发现的犎牛和在榆树发现的野牛的掌骨下端宽度。其中 1 件保存较完整的左掌骨（X：042）全长 255、宽 80、下端宽 92 毫米。掌骨的长宽比（$\frac{下端宽}{全长}\times100$）为 36。与在河南南召发现的 1 件犎牛的掌骨比较，葫芦洞小洞的标本显得明显的宽短（表九六）。犎牛的掌骨长 290、上端宽 99、下端宽 71.6 毫米，掌骨的长宽比是 24.7（邱中郎，1982）。在葫芦洞小洞发现的 2 件保存较好的跖骨（X③：702 和 X③：2），大小均与周口店的德氏水牛（*Bubalus* Teilhardi）相似，而明显地大于盐井沟的水牛（*B. Bubalis*）（表一〇一，图八〇）。根据掌骨、跖骨的特征，在汤山发现的牛化石似可鉴定为水牛（*Bubalus* sp.）。但因缺乏角的标本，所以也不能排除有其他牛的存在。

表九五　　　南京人化石地点水牛（?）*Bubalus* sp. 桡骨测量与比较　　单位：毫米				
地点 数　　标 值　本 项　目　号	葫芦洞小洞			周口店第 1 地点[1]
	X③：1426	X③：725	X③：087	*B. teilhardi*
全　　长	372.0	367.0	382.0	—
上端　长/宽	60.0/115.0	58.0/107.0	59.0/104.0	99/109.0
中部　长/宽	43.4/66.5	41.0/63.0	47.0/62.0	42.0/60.0
下端　长/宽	64.0/106.0	59.0/97.0	66.0/101.0	—

[1]　C. C. Young，1932，p. 88，pl. XXVⅡ，fig. 3.

（三）奇蹄目 Perissodactyla Owen，1848

共发现 2 科 2 属 2 种。计有梅氏犀和马。详述如下。

1. 犀科 Rhinocerotidae Owen，1845

　　额鼻角犀属 *Dicerorhinus* Gloger，1845

　　　　梅氏犀 D. *mercki* Jaeger

（1）材料与最小个体数

表九六　　　　南京人化石地点水牛（?）*Bubalus* sp. **掌骨测量与比较**　　　单位：毫米

属种 地点 数值 项目	水牛 *Bubalus* sp. 葫芦洞小洞 X：042	德氏水牛 *B. teilhardi* 周口店 第1地点①	水牛 *Bubalus* 万县 盐井沟②	水牛 *Bubalus* sp. 榆树③ V.2257	犎牛 *Bibos* sp. 南召④	犎牛 *B. gaurus* 万县 盐井沟⑤	野牛 *Bison* sp. 榆树⑥ V.2259
全　长	255	260～295	186～215	230	290	281～289	205～255
上端宽	80	79～91	76～91	99	77.9	72～94	70～92
中部宽	59	46～53	52～62	71	51.1	43～56	42～62
下端宽	92	86～91	84～97	105	71.6	71～90	73.5～93

① C. C. Young，1932，p. 88.

②④ Colbert and Hooijer，1953，p. 121，p. 126.

③⑥ 古脊椎动物研究所高等脊椎动物组，1959，67 页。

⑤ 邱中郎，1982。

表九七　　　　南京人化石地点水牛（?）*Bubalus* sp. **股骨测量**　　　单位：毫米

项目 \ 数值　标本号	X③：840	X③：1368
全　长	503.0	489.0（?）
上端　长/宽	84.0/161.0	83.0/156.0
中部　长/宽	67.0/56.0	60.0/59.0
下端　长/宽	176.0/—	190.0/177.0

表九八　　　　南京人化石地点水牛（?）*Bubalus* sp. **胫骨测量与比较**　　　单位：毫米

地点 数值　标本号 项目	葫芦洞小洞		周口店第1地点①
	X③：1428	X③：202	德氏水牛 *B. teilhardi*
全　长	440（?）	445	475
上端　长/宽	131.0/—	128.0/—	—/131.0
中部　长/宽	48.0/69.0	47.0/68.0	—/60.0
下端　长/宽	—	—/103.0	—/97.0

① C. C. Young，1932，p. 88，pl. XXIX，fig. 2 and 2a.

表九九　　　　南京人化石地点水牛（?）*Bubalus* sp. 跟骨测量与比较　　单位：毫米

地点 数值 标本号 项目	葫芦洞小洞			周口店第1地点[1]	榆树[2]
	X③：432	X③：144	X：01078	德氏水牛 *Bubalus* Teilhardi	野牛 *Bison* V.2265
全　长	176.0	180.0	182.0	142～193	183～193
跟骨结节 横径	50.0	40.0（?）	49.0	43～60	50.3～59.0
跟骨结节 纵径	55.0	49.0（?）	58.0	45～63	51.2～56.2
载距突纵径	69.0	67.0	64.0	54～73	73～77

[1]　C. C. Young, 1932, p. 89.

[2]　古脊椎动物研究所高等脊椎动物组，1959，69页。

表一〇〇　　　　南京人化石地点水牛（?）*Bubalus* sp. 距骨测量　　单位：毫米

标本号 数值 项目	长		宽		厚
	外侧长	内侧长	最大宽	远端宽	
X③：1493	97	86	73	69	52
X③：1066	94	85	72	69	54
X③：686	94	85	73	69	57
X③：1382	92	87	70	67	54
X③：1439	93	85	72	69	56
X：01350	96	88	71	64	56
X：0615	92	84	68	66	53
X：01046	94	84	69	65	53
X：0181	94	87	76	71	57
X：01249	96	87	72	67	55

　　49件。计有左、右侧残上颌各1件；残左侧下颌骨2件；单个牙齿6枚；肢骨共计39件，其中股骨6件（左侧2件，右侧4件），股骨头残块3件（均在骺线处脱落），胫骨5件（左侧4件、右侧1件），桡骨6件（左侧3件、右侧3件），尺骨5件（左侧3件、右侧2件），右侧肱骨2件，髌骨1件，距骨4件（左侧3件、右侧1件），掌（跖）骨下端段残块4件，趾骨2件，右跟骨1件；依据左侧胫骨计算，最小个体数为4。

　　梅氏犀标本统计见附表。

　　（2）典型标本描述

　　标本X③：189，左侧上颌残块，带DP³—M¹。DP³小，小刺和前刺发育，前齿带明

表一〇一　南京人化石地点水牛(?)Bubalus sp. 跖骨测量与比较

单位:毫米

项目	葫芦洞小洞 水牛? Bubalus sp. X③:702	葫芦洞小洞 水牛? Bubalus sp.	周口店第1地点① 德氏水牛 B. teilhardi X③:2	万县盐井沟② 水牛 Bubalis A.M.N.H. 18485	万县盐井沟② 水牛 Bubalis A.M.N.H. 39205	万县盐井沟② 水牛 Bubalis A.M.N.H. 39207	万县盐井沟② 大额牛 Bibos gaurus grangeri A.M.N.H. 39213	大额牛 39213	大额牛 39210	大额牛 39210	大额牛 39214	榆树③ 野牛 Bison(?)
全 长	305	299	290	226	224	213	312	312	310	310	301	280～295
上端宽	80	73	73	72	69	64	66	68	72	59	60	61～63
中部宽	55	55	46.5	50	48	46	41	46	47	38	40	35～42
下端宽	99	86	81	87	83	81	74a	77	77	63	67	70～75
长宽比($\frac{下端宽}{全长}$)	0.32	0.29	0.28	0.38	0.37	0.38	0.24a	0.25	0.25	0.20	0.22	—

① C. C. Young, 1932, p. 89.
② Colbert and Hooijer, 1953, p. 126.
③ 古脊椎动物研究所高等脊椎动物组, 1959, 69 页.

显，齿冠外壁光滑，有一明显的肋。DP^4 较 DP^3 大，前附尖发育，颊侧前肋强大。小刺和前刺发育。M^1 颊侧前肋强大，后尖凹入，齿冠外壁呈波状起伏。前刺强大，小刺弱，反前刺不明显，前齿带发育。DP^3 长 45.7、宽 41 毫米，DP^4 长 49.3、宽 52 毫米，M^1 长 61.5、宽 57.6 毫米（图八六；图版三〇，4）。

标本 X③：648，左上 P^3。齿冠外壁光滑，附尖褶和肋不发育。小刺强大。长 41、宽 42.4 毫米（图版三〇，2）。

标本 X：01181，右上 M^3。后嵴不发育。原嵴强大。齿冠略呈三角形。小刺发育，后窝不封闭，前齿带发育，长 60、宽 57 毫米（图版三〇，5）。

标本 X：0562，左侧下颌骨，带 DP_2-DP_4。颊齿的前叶较后叶稍高，前叶颊侧壁较平，后叶圆凸（图版三〇，1）。测量数值见表一〇二。

表一〇二　　　　　　南京人化石地点梅氏犀 *Dicerorhinus mercki* 下颌骨测量

测 量 项 目	尺寸：毫米
DP_2-DP_4 长	141
下颌骨高/厚　DP_2 前	50/33
DP_3 前	58/35.5
DP_4 前	62/43

标本 X③：646，右下 M_2。前叶高而窄，后叶低而宽阔。齿冠外壁隆凸，呈圆弧形（图版三〇，6）。

肢骨多破损，可以下列标本为代表。

标本 X：01145，右侧肱骨，残断后修复。肱骨大结节的前面具有双滑车，d 状结节发育，全长 475 毫米，上端宽 182、长 162.5 毫米。d 状结节处骨体最大宽 167 毫米。肱骨下端宽 167 毫米，下滑车宽 122 毫米，滑车内侧高 101、外侧高 70 毫米（图版三一，1）。

桡骨多为上端段，上端宽 103～119 毫米，长 66～78 毫米。标本 X③：745，左桡骨，保存较好，仅下端外侧面残断。桡骨残长 442 毫米，上端宽 111、长 77 毫米，骨干中部宽 65、长 48 毫米。

标本 X：0566，右尺骨，保存关节端和部分骨体（图八七；图版三一，6）。

股骨破损，保存上端段或下端段。标本 X③：1451，右侧股骨，股骨头和下端残缺。股骨的上端宽大，骨体中部的第三转子粗大，股骨残长 418 毫米，上端宽 182、长 44 毫米（图版三一，3）。

标本 X：022，右侧股骨下段，下端粗大，冠状窝深凹（图版三一，7）。

胫骨中有 1 件保存较好，其他均残破。标本 X③：1370，左侧胫骨，保存完好。胫骨上端粗硕，胫骨嵴粗短，胫骨嵴以下骨体变宽扁。全长 433 毫米，上端宽 144、长 127.5 毫米，骨干中部宽 81、长 67 毫米。下端的宽和长分别为 88.5 和 110 毫米（图版三一，2）。

距骨为单滑车，外侧滑车嵴宽大，内侧滑车嵴较窄。如标本 X③：1449，左侧距骨（图版三一，4）。距骨测量数据见表一〇三。

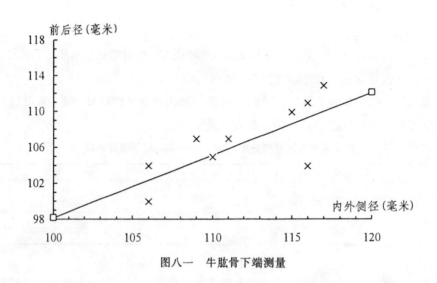

图八一　牛肱骨下端测量

表一〇三　　　　南京人化石地点梅氏犀 *Dicerorhinus mercki* 距骨测量　　　　单位：毫米

数值项目 标本号	长		宽		厚
	外侧长	内侧长	前宽	后宽	
X③：823	96（?）	91	96	95	71（?）
X③：1449	96	92	99	92	72
X③：668	100	92	98	103	71
X：0579	88	86	84	91	55

标本 X：01110，中间趾骨，上端厚，下端扁平。上端宽 24.4、长 60.5 毫米，下端宽 40.5、长 67 毫米（图版三一，5）。

（3）讨论

发现于葫芦洞小洞的犀牛化石数量不多，从牙齿的特征看，如上颊齿的齿冠外壁光滑，前刺和小刺发育，前、后嵴不倾斜以及下颊齿外壁圆凸等特征均与梅氏犀牛相似，因而鉴定为梅氏犀（*Dicerorhinus mercki*）。

2. 马科 Equidae Gray，1821

马属 Equus Linnaeus，1758

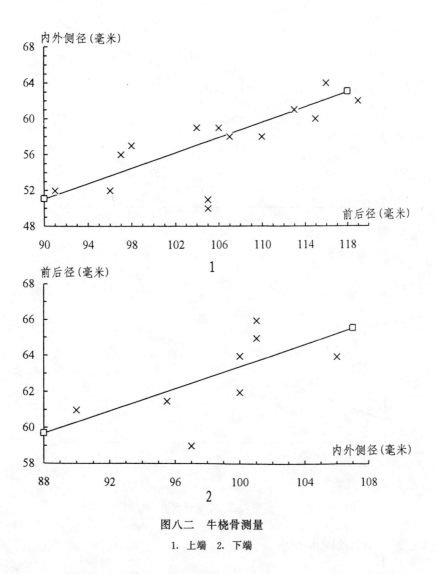

图八二　牛桡骨测量

1. 上端　2. 下端

马（未定种）*Equus* sp.

只有 1 件掌骨的下端段残块（X：0124）。下端宽 58、长 39.5 毫米（图版三〇，3）。

（四）长鼻目 Proboscidea I lliger，1811

仅发现剑齿象 1 种。

真象科 Elephantidae Gray，1821

剑齿象属 *Stegodon* Falconer，1857

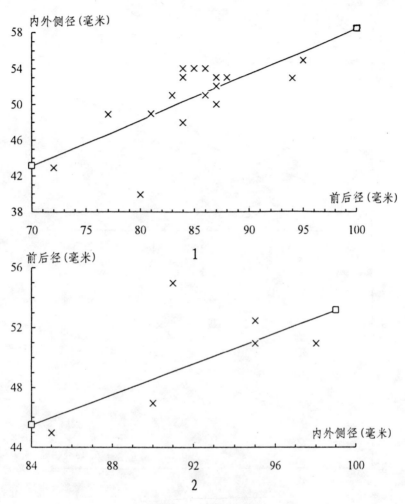

图八三　牛掌骨测量

1.上端　2.下端

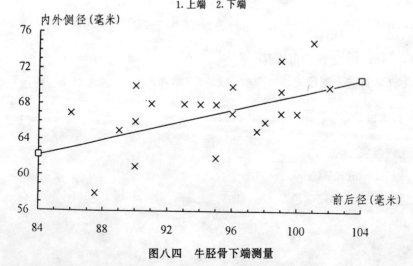

图八四　牛胫骨下端测量

剑齿象（未定种）*Stegodon* sp.

3件。

剑齿象标本统计见附表。

标本 X：01630，齿嵴残块。齿嵴上的乳突分裂成小锥状。低冠，釉质层较厚（图版三二，1）。

标本 X③：1480，右侧尺骨。保存上端关节和部分骨体，残长 460 毫米。尺骨的上端关节面略呈马鞍形，下外角与内侧角间距 189 毫米。尺骨体的横断面似三角形，内侧面稍凹，前面平（图版三二，2）。

标本 X③：1611，左侧跟骨。部分跟骨结节破损。跟骨的前关节面平，由内、外 2 个关节面组成。上面的 2 个关节面似肾形，宽大而平坦，下面还有 1 个宽大的关节小平面。跟骨长 142 毫米，前面最大宽 145 毫米（图八八；图版三二，3、4）。

根据齿嵴残块的特征，可鉴定为剑齿象。

附：鬣狗粪化石

在葫芦洞小洞发掘出土和由小洞积土中筛洗出的鬣狗粪化石共计 68 件。其中发掘的 22 件，均出自第 3 层化石层中。粪化石长 22.1～61.3，平均长 39.7 毫米。直径 16～46.9、平均直径长 31.5 毫米。化石基本呈灰白色，质地细密、坚硬，长度和直径的测量统计见图八九。

以下对 12 件典型标本的形态特征作简要描述。

标本 X③：1384，长 61.1、直径 28.1 毫米。长圆形，两端尖圆。表面有黑色小斑点（图版三四，1）。

标本 X：01560，长 58.6、直径 27.5 毫米。呈长圆状，两头尖。表面灰白色，附有黑色小斑点（图版三四，2）。

标本 X：01569，长 32.9、直径 16 毫米。中间宽，两端窄尖。表面黑褐色（图版三四，3）。

标本 X③：130-1，长 40.9、直径 30.7 毫米。标本 X③：130-2，长 57.7、直径 28 毫米。这 2 件化石标本均呈椭圆形，出土时上下连接为一长段，呈半环状。化石连结处有碳酸钙结晶（图版三四，5）。

标本 X③：1447，长 42.9、直径 22.8 毫米。一端宽，另一端缩成尖状，表面黑褐色，从宽端断口处可见孔隙，较轻（图版三四，4）。

标本 X③：1288，长 34.5、直径 33.3 毫米。一端残断，一端圆尖凸。灰白色，表面附黑色小斑点（图版三四，7）。

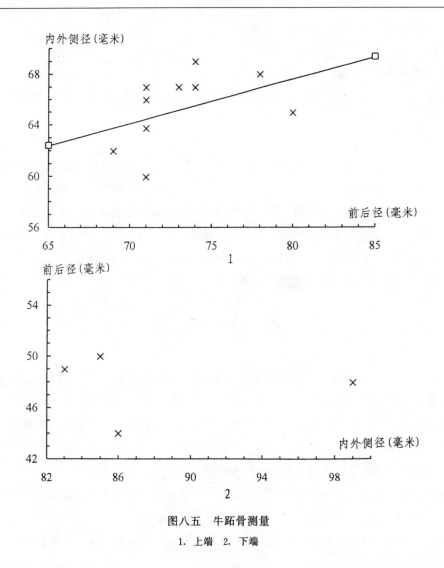

图八五　牛跖骨测量

1. 上端　2. 下端

标本 X③：312，长 54、直径 46.9 毫米。圆球状，一端稍尖。黑褐色，表面附碳酸钙（图版三四，12）。

标本 X③：1285，长 39.5、直径 30.7 毫米。椭圆球状，表面黑褐色（图版三四，9）。

标本 X③：1287，长 41.1、直径 25.5 毫米。椭圆球状，束腰。表面黑褐色（图版三四，11）。

标本 X③：1340，长 23.9、直径 21 毫米。小圆球状，一端缩尖（图版三四，6）。

标本 X：01583，长 22.1、直径 18.9 毫米。圆球状，个体较小。表面黑褐色（图版三四，8）。

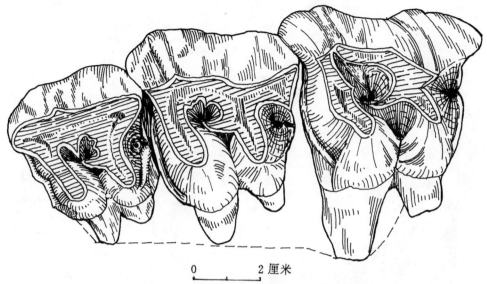

0   2 厘米

图八六 梅氏犀左上颌嚼面视 X③：189

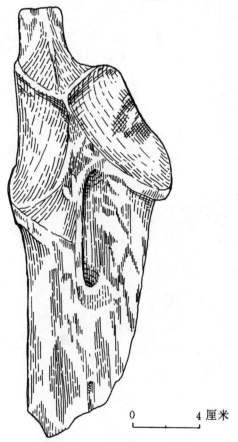

0   4 厘米

图八七 梅氏犀右尺骨 X：0566

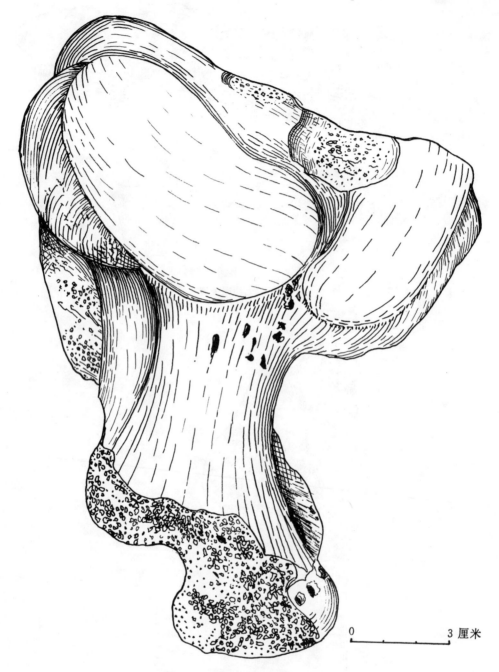

0 　　　　　　　　　 3 厘米

图八八　剑齿象左跟骨 X③：1611

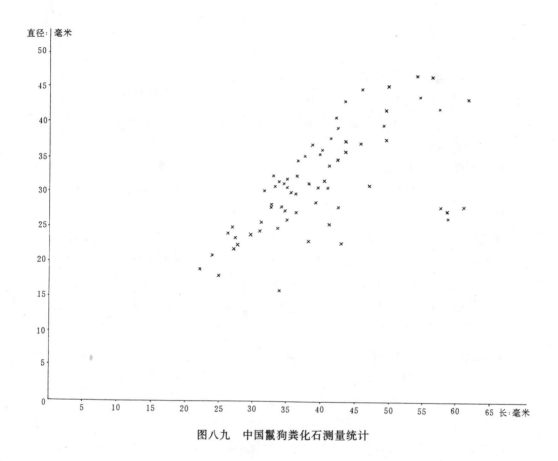

图八九　中国鬣狗粪化石测量统计

　　标本 X：01576，长 41.5、最大直径 37.9 毫米。由几个圆球状化石胶结在一起，外观灰白色，表面有黑色小斑点（图版三四，10）。

　　上述化石的形状大致有两类：一类呈长圆状，两端尖圆；另一类则呈球状。大多数化石都为单个，也有少量是几个胶结在一起的。质地较硬，表面多附黑色斑点，可能和洞内岩石中锰的作用有关。

　　出土的鬣狗粪化石在小洞西北部相对较为集中，从小洞西部、北部化石分布可以看出 X③：128、X③：130、X③：304、X③：305、X③：308、X③：312 等几件化石集中出土，呈原始堆积状。其中 X③：130 是 2 段化石连在一起，属于 1 个个体连续行为所致。有些化石两端的尖圆部分均未遭磨损，保持了原始形状。上述情况和考古发掘情况表明，鬣狗粪化石的分布及现 状未见有搬运迹象，表现为一种原生的堆积，从而说明在小洞内化石层形成过程中，鬣狗曾在洞内活动过。

二　骨　片

在小洞内发现了大量的骨片化石。由于洞内潮湿，部分骨片质地疏松，容易断裂。为了能对骨片进行全面分析，在清洗加固的基础上，挑选出 2602 件断裂处为旧痕的骨片进行了测量统计，发现有动物咬痕的骨片 238 件，约占总数的 9.1%，无动物咬痕的骨片 2364 件，约占总数的 90.9%。

测量表明，有咬痕的骨片平均长度为 96.5 毫米，平均宽度为 27.7 毫米，无动物咬痕的骨片平均长度为 82.8 毫米，平均宽度为 25.6 毫米。两类骨片相比，前者的平均长度比后者长了 13.7 毫米，平均宽度宽了 2.1 毫米。

直观看出，两类骨片在外形上是基本一致的，仅在其长度、宽度等方面有明显的区别。通过直方图显示，有咬痕的骨片平均长度主要集中在 61 至 110 毫米 5 个区间内，占总数的 63.9%；平均宽度主要集中在 19 至 30 毫米 3 个区间内，占总数的 60.9%。无咬痕的骨片平均长度主要集中在 51 至 100 毫米 5 个区间内，占总数的 68.6%，平均宽度主要集中在 19 至 30 毫米 3 个区间内，占总数的 58.7%。对比后发现，从 61 至 100 毫米的 4 个区间是两类骨片平均长度的共同密集区（图九〇、九一、九二、九三）。下面将 13 件具有明显咬痕的骨片进行描述。

标本 X③：1379，鹿掌骨骨片，长 194、宽 29、厚 5.9 毫米。在骨片的两侧边缘有犬齿对咬而形成的半圆弧形凹口和腔面崩疤，骨表留有长条形的齿咬印痕（图版三五，1）。

标本 X③：557，鹿股骨骨片，长 203、宽 30、厚 5.6 毫米。在骨片一端的两侧边缘有犬齿对咬而形成的半圆弧形凹口状咬痕，一侧凹口径 7、深 2 毫米，另一侧凹口径 5、深 4 毫米，疤面平滑（图九四，6；图版三五，2）。

标本 X③：44，鹿掌骨骨片，长 129、宽 25、厚 7 毫米。在其边缘有犬齿咬的弧形凹口，凹口径 4、深 2 毫米，疤面光滑（图版三五，3）。

标本 X③：1614，鹿掌骨骨片，长 94、宽 26、厚 6.8 毫米。在其边缘有犬齿咬的 2 处半圆弧形凹口，右侧咬痕凹口径 3、深 1 毫米，左侧咬痕凹口径 6、深 3 毫米，疤面平滑（图版三五，4）。

标本 X③：443，鹿掌骨骨片，长 159、宽 29、厚 6.8 毫米。在其边缘有 3 处半圆弧形凹口和浅平的腔面崩疤，咬痕凹口径 10、深 4 毫米，疤面较光滑（图九四，1；图版三五，8）。

标本 X③：737，肢骨骨片，长 204、宽 40、厚 9.5 毫米。在其上端边缘处有 1 个半圆形凹口，凹口壁直径 14、深 7 毫米（图版三五，6）。

标本 X③：1617，肢骨骨片，长 95、宽 33、厚 11.3 毫米。在骨片的边缘有 3 处弧形

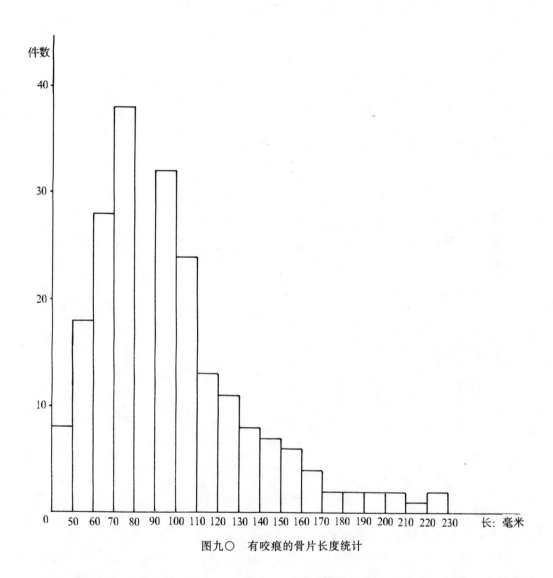

图九〇　有咬痕的骨片长度统计

凹口状咬痕，最大 1 处凹口径 7、深 5 毫米，腔面咬痕的崩疤面宽大（图九四，3；图版三五，5）。

标本 X③：1622，肢骨骨片，长 108、宽 28、厚 5.8 毫米。在骨片的一侧边缘有连续的咬痕，腔面形成窄的崩疤，骨表面也有多处长条状咬痕（图版三五，9）。

标本 X③：1618，鹿掌骨骨片，长 79、宽 20、厚 6.2 毫米。在骨片的边缘上有多处咬痕，腔面形成陡而宽大的崩疤，疤宽 20、深 3 毫米，边缘可见 3 处牙印痕（图九四，4；图版三三，2）。

标本 X③：1623，肢骨骨片，长 52、宽 20、厚 4.3 毫米。在骨片的两侧边缘各有 2

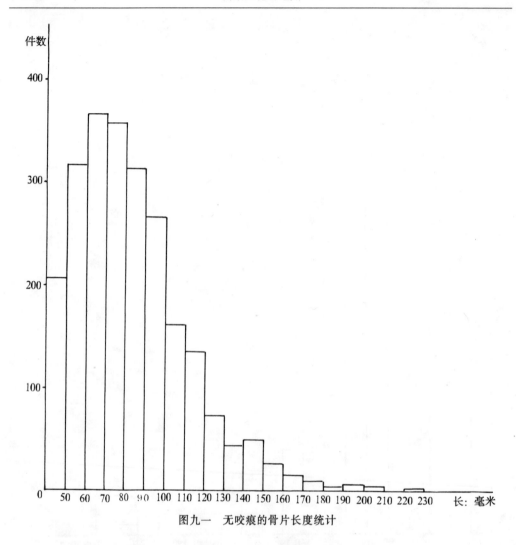

图九一　无咬痕的骨片长度统计

处弧形凹口和腔面崩疤，咬痕相互对应（图版三五，10）。

标本 X③：1621，肢骨骨片，长 74、宽 33、厚 7.9 毫米。在骨片的边缘有 1 处弧形凹口和腔面崩疤。咬痕凹口径 10、深 3 毫米，崩疤宽大（图九四，5；图版三三，4）。

标本 X③：1620，肢骨骨片，长 72、宽 28、厚 6 毫米。在骨片一端表面有略呈梯形的崩疤。长 22、宽 20 毫米，疤面不平。骨片的一侧边缘于腔面有重叠的浅平疤痕，边缘处也有连续的咬痕（图九四，2；图版三五，11）。

标本 X③：508，鹿桡—尺骨骨片，长 134、宽 27、厚 9.2 毫米。在骨片的 1 端有一个半圆形凹口。凹口径 8、深 10 毫米，在骨片的另一侧边缘还有 2 个连续的半圆形凹口，2 个咬痕凹口径皆为 4、深均为 5 毫米。骨表面留有多处牙印痕（图版三五，7）。

骨片标本中，可鉴定的均为鹿的肢骨，其中有掌骨，桡—尺骨，胫骨和股骨的碎片

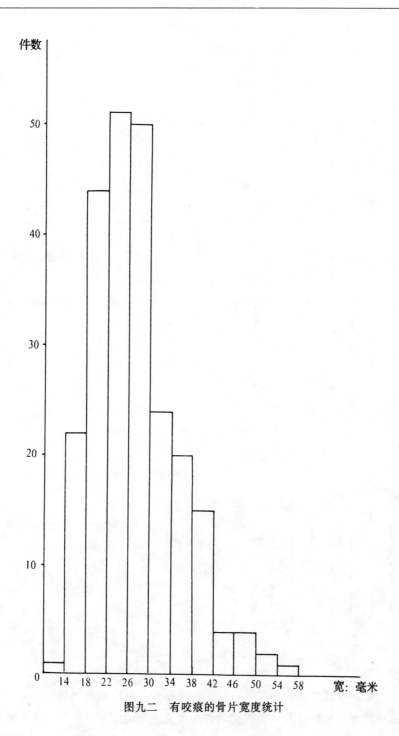

图九二　有咬痕的骨片宽度统计

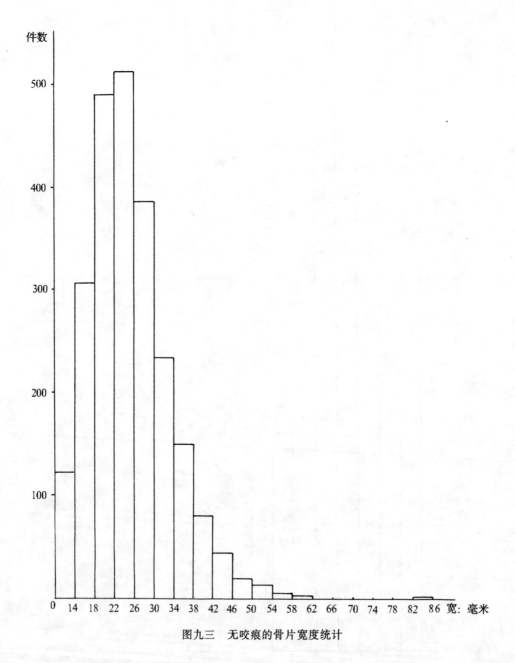

图九三　无咬痕的骨片宽度统计

等。这些骨片上的咬痕大部分为弧形凹口和腔面崩疤，从咬痕的形状、齿形及深度等分析，绝大部分是虎、鬣狗等大型食肉类动物的犬齿留下的痕迹。如前所述，在小洞发掘出的鬣狗粪化石，其产状呈原始状态，没有搬运过的痕迹，说明当时小洞中生活过鬣狗。

　　另外在小洞中还出土了大量鹿的头、角、牙及肢骨化石等，不少标本上都有咬痕，结

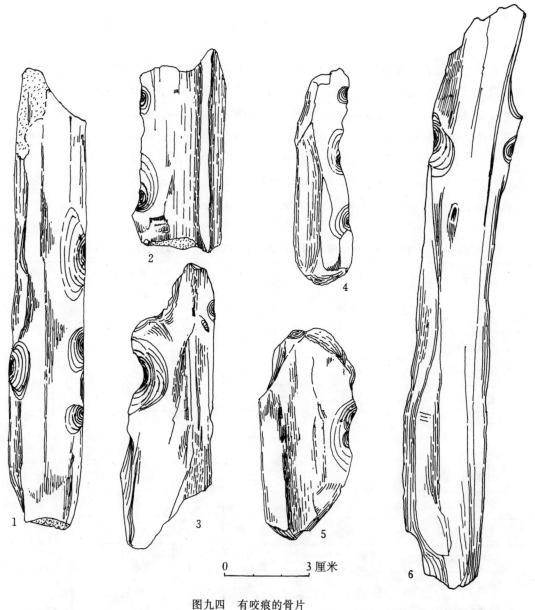

图九四　有咬痕的骨片

1. X③：443　2. X③：1620　3. X③：1617　4. X③：1618　5. X③：1621　6. X③：557

合骨片的性质、特征，可以推测鹿类动物是虎、鬣狗等大型食肉类动物捕食的对象。

　　由于在小洞中没有发现人类居住的遗物及遗迹，在骨片上也未发现任何火烤及人工敲骨吸髓的痕迹，这些骨片的来源，除了被大型食肉类动物吃剩外，也不排除自然因素，如在动物骨骼被冲进小洞的过程中，一些肢骨与坚硬物体相撞被挤压破碎而形成骨片。

三　小　结

在南京人化石地点葫芦洞小洞中发掘和采集的动物化石较丰富。剔除骨片、鬣狗粪化石及残破或已粉化的化石外，鉴定标本共1325件。已鉴定的古脊椎动物种类包括4目11科，13属、15种，计有食肉目中的棕熊、中国鬣狗、虎、豹、中华貉、狐、猪獾（?）；偶蹄目中的李氏野猪、肿骨鹿、葛氏斑鹿、小型鹿、水牛（?）；奇蹄目中的梅氏犀、马及长鼻目中的剑齿象。根据最小个体数统计，全部动物化石标本共代表了148个个体（表一○四）。其中以葛氏斑鹿为大宗，占总数的36.5%；其次为肿骨鹿和水牛（?），各占总数的20.3%和12.2%；其他动物比例均在10%以下。

表一○四　　　　　南京人化石地点葫芦洞小洞动物化石标本最小个体数统计

属　　　　　种	鉴定标本数量	最小个体数			
		成年个体	未成年	合　计	%
棕熊 *Ursus arctos*	113	10		10	6.7
中国鬣狗 *Hyaena sinensis*	60	4	2	6	4.1
虎 *Panthera tigris*	11	5		5	3.3
豹 *Panthera pardus*	2	1		1	0.7
中华貉 *Nyctereutes sinensis*	9	4		4	2.7
狐 *Vulpes* sp.	4	2		2	1.4
猪獾（?）*Arctonyx collaris*	2	1		1	0.7
李氏野猪 *Sus lydekkeri*	61	7	1	8	5.4
肿骨鹿 *Megaloceros pachyosteus*	298	28	2	30	20.2
葛氏斑鹿 *Cervus (Pseudaxis) grayi*	424	47	7	54	36.5
小型鹿 *Cervidae*	9	3		3	2.0
水牛? *Bubalus* sp.	279	17	1	18	12.2
梅氏犀 *Dicerorhinus mercki*	49	4		4	2.7
马 *Equus* sp.	1	1		1	0.7
剑齿象 *Stegodon* sp.	3	1		1	0.7
合　　计	1325	135	13	148	100

　　根据对出土的动物化石标本总体形态特征的观察分析,发现其中的典型动物如棕熊、中国鬣狗、中华貉、肿骨鹿、葛氏斑鹿、梅氏犀等均是华北中更新世北京人—肿骨鹿动物群中的主要成员,而且它们在数量上占了绝大多数。这些动物在北京人遗址周口店第1地点的各层堆积中几乎都有发现,其形态特征和测量数值均可互相对比,表现出较明显的一致性。其中水牛主要分布在第9～7层。肿骨鹿下颌骨肿厚的程度与北京人遗址堆积中下部出土的肿骨鹿很接近。据此可以认为,南京人动物群的年代约相当于周口店第1地点的中部地层,即9～5层,其地质年代为中更新世中期。

　　南京人动物群与北京人动物群的性质相同,属华北动物群。但动物群中有猪獾(?)、水牛(?)、剑齿象等南方动物群中的种类。因此当时南京汤山一带的气候比北京周口店一带更温暖湿润些,应属亚热带气候,这和南京汤山的地理位置更靠南有关。

　　与临近的安徽和县人动物群相比,两者一方面有相近的动物种类,如都有北京人动物群中的肿骨鹿、中国鬣狗、棕熊等典型代表;另一方面又有明显的区别,和县人动物群中发现有中国貘、巨貘、中国犀、剑齿象等典型的华南动物群成员,且在数量上约占总数1/3,明显反映出一种南北过渡的特征(黄万波,1982)。南京人动物群中南方动物的数量很少,只有剑齿象、猪獾(?)等,占总数的比例较小,这种区别很可能是由这2个动物群的地质年代的差异所造成的。

　　南京人化石地点出土了大量的动物骨骼和碎片,观察中发现了相当数量的残骨上有食肉类动物啃咬的痕迹,因而食肉类动物的捕杀可能是许多动物死亡的主要原因之一。

　　南京人动物群中,发现有较多的葛氏斑鹿与肿骨鹿。对其个体死亡的年龄分析表明,幼年个体和老年个体所占的比例较少,而以成年个体为主。肿骨鹿中,幼年个体占5.1%,成年个体占84.5%,老年个体占10.3%。葛氏斑鹿中,幼年个体占9%,成年个体占79.5%,老年个体占11.5%。观察现生鹿被食肉动物捕杀的情况,素以幼年个体为主(陈化鹏等,1993)。南京人动物群中鹿的死亡年龄统计与上述观察情况有所不同,这说明鹿除了被食肉动物捕杀以外,可能还有人类狩猎的因素。

参 考 文 献

高耀亭等,1987,《中国动物志,兽纲,第八卷,食肉目》,科学出版社。

裴文中,1987,广西柳城巨猿洞及其他山洞之食肉目、长鼻目和啮齿目化石,48～55页,科学出版社。

黄万波等,1991,《巫山猿人遗址》105～109页,海洋出版社。

尤玉柱,1973,云南元谋更新世哺乳动物化石新材料,《古脊椎动物与古人类》第11卷第1期66～85页。

胡长康等，1978，《陕西蓝田公王岭更新世哺乳动物群》，中国古生物志，总号第 155 册，新丙种第 21 号，科学出版社。

李炎贤等，1986，《观音洞——贵州黔西旧石器时代初期文化遗址》，文物出版社。

裴文中等，1957，浙江杭州留下洞穴哺乳动物化石，《古脊椎动物学报》第 1 期 43～46 页。

李炎贤等，1980，江苏溧水神仙洞发现的动物化石，《古脊椎动物与古人类》第 18 卷第 1 期 59～64 页。

李文明等，1982，江苏丹徒莲花洞动物群，《人类学学报》第 1 卷第 2 期 169～179 页。

辽宁省博物馆等，1986，《庙后山——辽宁本溪市旧石器文化遗址》，文物出版社。

贾兰坡，1957，长阳人化石及共生的哺乳动物群，《古脊椎动物学报》第 1 卷第 3 期 247～258 页。

贾兰坡等，1957，河北赤城第四纪哺乳动物化石，《古脊椎动物学报》第 1 卷第 1 期 47～55 页。

计宏祥，1974，陕西蓝田涝池河晚更新世哺乳动物化石，《古脊椎动物与古人类》第 12 卷第 3 期 222～230 页。

潘悦容等，1991，云南元谋发现的晚更新世哺乳动物群，《人类学学报》第 10 卷第 2 期 167～175 页。

邱中郎等，1982，南召发现的人类和哺乳类动物化石，《人类学学报》第 1 卷第 1 期 109～117 页。

古脊椎动物研究所高等脊椎动物组，1959，《东北第四纪哺乳动物化石志》，科学出版社。

盛和林等，1992，《哺乳动物野外研究方法》，中国林业出版社，317～363 页。

卫奇，1983，泥河湾层中的大角鹿一新种，《古脊椎动物与古人类》第 21 卷第 1 期 87～95 页。

薛祥煦，1982，记洛川大角鹿（新种）*Megaloceros luochanensis*（sp. nov）《古脊椎动物与古人类》第 20 卷第 3 期 228～235 页。

H. D. 卡尔克，1958，周口店肿骨鹿腭骨的肿厚现象，《古脊椎动物学报》第 2 卷第 2～3 期。

H. D. 卡尔克，等，1957，Megaceros 在中国的分布，《古脊椎动物学报》4 期。

（日本）山田淳三，1965，《统计方法在畜牧上的应用》72～75 页，上海科学技术出版社。

黄万波等，1982 年，安徽和县猿人化石及其有关问题的初步研究，《古脊椎动物与古人类》第 20 卷第 3 期 248～256 页。

陈化鹏等，1993，《野生动物生态学》202～211 页，东北林业大学出版社。

Pei, W. C., 1934. On the Carnivora from Locality of Choukoutien. Pal. Sin. Ser. c., 8.

Pei, W. C., 1940. The Upper Cave Fauna of Choukoutien . Pal. Sin. , New Ser. , c. 10：1～100.

Colbert，E. H. and D. A. Hooijer, 1953. Pleistocene Mammals from the Limestone Fissures of Szechwan，China. Bull. Am. Mus. Nat. Hist. 102.

P. Teilhard de Chardin and W. C. Pei, 1941. The Fossil Mammals from Locality 13 of Choukoutien. Pal. Sin. New. Ser. c, 11：1～118.

C. C. Young, 1932. On the Artiodactyla from the Sinanthropus Site at Choukoutien. Pal. Sin. Ser. c. 8：2. 1～101.

附：葫芦洞大洞采集的动物化石摘记

葫芦洞大洞此次没有进行正式的考古发掘。大洞的标本都是发掘前由当地农民挖出的，后由考古队收集。经整理和登记的标本计 1796 件。动物种类有野猪（*Sus* sp.）、狍（*Capreolus* sp.）、肿骨鹿（*Megaloceros pachyosteus*）、葛氏斑鹿（*Cervus*（*Pseudaxis*）*grayi*）、猪獾（*Arctonyx collaris*）、棕熊（*Ursus arctos*）、中国鬣狗（*Hyaena sinensis*）、马（*Equus* sp.）和梅氏犀（*Dicerorhinus mercki*）等（图版三六，三七）。现将其中部分典型标本摘记于下，以供参考。

标本 D：01399，狍右侧角。主枝下部表面布满瘤状突起（图版三六，2）。

标本 D：046，鹿右侧角。在距角环 48 毫米处分出眉枝。眉枝短小，与主枝的夹角近于 90°（图版三六，3）。

标本 D：038，葛氏斑鹿右侧角，主枝在第二分杈上方残断。眉枝分杈处距角环高 74 毫米。眉枝与主枝约呈 90° 夹角。主枝横断面为圆形，径约 33～38 毫米。在距眉枝分杈约 270 毫米处分出第二枝。角的表面沟棱发育（图版三六，5）。

标本 D：039，肿骨鹿右侧角。角环底面光平，为自然脱落的鹿角，紧靠角环分出扁平的眉枝。眉枝边缘稍残，其基部最大宽 180、高 160、厚 13 毫米。主枝在距角环约 200 毫米处变成扁平的角，长 430 毫米。扁平角面高 160、厚 27 毫米（图版三六，4）。

标本 D：031 和标本 D：032，均是肿骨鹿的左侧残角，眉枝残缺，只保存了部分主枝。这 2 件标本虽然保存的部位相似，但形态差别较大。前者的主枝由角环上方逐渐变宽扁，而后者的主枝却呈圆柱状，在距角环 260 毫米处明显变成扁平角，其边缘处有残的指状突（图版三六，7、8）。

以上 3 件肿骨鹿标本说明大洞的肿骨鹿鹿角的形态变异较大。

标本 D：01，猪獾头骨，除左侧颧弓残缺外，其余部分保存完整。头骨的眶前区下凹，鼻骨较窄长，眶下孔大，翼骨的钩状突宽扁。M^1 呈菱形。头骨的基底长 134.5、眶鼻间长 62.3、吻宽 33.5、后头宽 77、上齿列长 62 毫米（图版三七，1）。

标本 D：077，猪獾右下颌。髁突虽残，但仍能看清其位置高出下齿列水平。下颌枝较高而窄，角突位置较高，表现出明显的猪獾特征而与狗獾不同。下颌骨长（从 I_1 到下颌角）75、下颌体高 15.5、厚 7.5（M_1 前）毫米，下颌枝高 51、齿列长（I_1—M_2）54 毫米（图版三七，4）。

大洞的动物化石比较丰富，动物种类与小洞基本相似，其地质时代相当于中更新世中、晚期。但因出土时没有准确的地层记录，故关于大洞堆积确切的时代划分以及它与小洞堆积的关系有待今后的发掘才能解决。

附表   南京人化石地点葫芦洞小洞动物化石标本登记总表
（未包括骨片、鬣狗粪化石及单个鹿牙标本）

（一）   棕熊

序号	标 本 号	名 称	现 状
1	X③：208*	头骨	较完整，带左侧 $C-M^2$ 和右侧 P^4-M^2
2	X③：653	左上颌残块	带 M^1-M^2
3	X：0184	左上颌残块	带 M^1-M^2
4	X：0730	左上颌残块	带 M^1-M^2
5	X：0183*	右上颌残块	带 P^3-M^2
6	X：0277	右上颌残块	带 P^4-M^2
7	X：0738	右上颌残块	带 P^3-P^4
8	X：0727	左下颌角残块	残
9	X：0749	左下颌残块	带 P_4-M_1
10	X：0707	左下颌残块	保存 C—齿隙段
11	X：0233	左下颌残块	带 M_1-M_3
12	X：0751	左下颌残块	带 $C-P_4$
13	X③：147—1	右下颌残块	带 $C-M_1$
14	X③：627	右下颌残块	带 M_2
15	X③：199	右下颌	牙全残
16	X③：147—2	右下颌残块	带 M_2-M_3
17	X③：1047	右下颌残块	保存 C—齿隙段
18	X：0212	右下颌残块	带 $C-P_4$
19	X：0709	右下颌残块	带 $C-P_3$
20	X：0276*	右下颌残块	带 M_2-M_3
21	X：0703	右下颌残块	带 $C-M_1$
22	X③：1589*	右下颌	带 C 和 P_4-M_2
23	X③：117	左肩胛骨	残
24	X③：1588	左肱骨残块	残
25	X③：1600	右肱骨残块	下端
26	X③：1438	右肱骨残块	下段
27	X③：1578	左桡骨残块	下端段
28	X③：885	左桡骨残块	上端段
29	X③：773	左桡骨残块	下段
30	X：01655	右桡骨残块	上段

*   文中有描述的标本，下同。

续附表（一）

序号	标本号	名　称	现　状
31	X：01694	右桡骨残块	上段
32	X③：977	右尺骨残块	上段
33	X：01653	右尺骨残块	下端段
34	X：0170	右股骨	残
35	X③：1069	掌（跖）骨	完整
36	X③：1053	掌（跖）骨	完整
37	X：0785	掌（跖）骨	完整
38	X：01252	掌（跖）骨	残
39	X：01214	掌（跖）骨	残
40	X：01002	掌（跖）骨	残
41	X：01075	掌（跖）骨	残
42	X：01056	掌（跖）骨	完整
43	X：01047	掌（跖）骨	完整
44	X：0617	近端趾骨	残
45	X：01396	近端趾骨	完整
46	X：01406	近端趾骨	残
47	X：0679	中间趾骨	完整
48	X：0776	中间趾骨	完整
49	X：01088	腕骨	完整
50	X③：1610	枢椎	完整
51	X：01447	左上 P^4	
52	X：01444	左上 P^4	
53	X：01453	左上 P^4	
54	X：01440	左上 P^4	
55	X：01451	左上 P^4	
56	X：01456	右上 P^4	
57	X：0879	右上 P^4	
58	X：01464	右上 P^4	
59	X：01460	右上 P^4	
60	X：01450	右上 P^4	
61	X：01433	左上 M^1	
62	X：01418	左上 M^1	
63	X：01441	左上 M^1	

续附表（一）

序号	标 本 号	名　称	现　状
64	X③：625	右上 M^1	
65	X：01440	右上 M^1	
66	X：01412	右上 M^1	
67	X：01425	右上 M^1	
68	X：01439	右上 M^1	
69	X③：1544*	左上 M^2	
70	X：0300	左上 M^2	
71	X：01438	左上 M^2	
72	X：01436	左上 M^2	
73	X：01414	左上 M^2	
74	X：01424	左上 M^2	
75	X③：626	右上 M^2	
76	X：01437*	右上 M^2	
77	X：01415	右上 M^2	
78	X：01445	右上 M^2	
79	X：01427	右上 M^2	
80	X：01429*	左下 M_1	
81	X③：628*	右下 M_1	
82	X：01431	左下 M_2	
83	X：0767	左下 M_2	
84	X：0860	左下 M_2	
85	X：01416	左下 M_2	
86	X：01435	左下 M_2	
87	X：01409	右下 M_2	
88	X：01452	右下 M_2	
89	X：01465	右下 M_2	
90	X：01422	左下 M_3	
91	X：01442	左下 M_3	
92	X：01457*	左下 M_3	
93	X：01448	左下 M_3	
94	X：01434	左下 M_3	
95	X：01411	右下 M_3	
96	X：01459*	右下 M_3	

续附表（一）

序号	标 本 号	名　　称	现　　状
97	X：01009	右下 M_3	
98	X③：173	左上 C	
99	X③：28—3	右上 C	
100	X③：624	右下 C	
101	X③：883	C	残
102	X：01260	C	残
103	X：01569	C	残
104	X：0722	C	残
105	X：01594	C	残
106	X：01597	C	残
107	X：0720	C	残
108	X：01595	C	残
109	X：01593	C	残
110	X：0702	C	残
111	X：01591	C	残
112	X：01598	C	残
113	X：0805	C 的齿根残块	残

（二）中国鬣狗

序号	标 本 号	名　　称	现　　状
114	X③：637*	残头骨	带全部 I 和右侧 P^2 及左侧 C—P^3
115	X：01637	左上前颌骨	带 I^1—I^2
116	X③：632	右上颌	带 DP^3—DP^4，幼年
117	X③：366*	下颌骨	带左侧 I_1—M_1 和右侧 I_1、I_2 和 P_4
118	X③：631*	下颌骨	带左侧 DC—DP_4、右侧 DC 和 DP_3—DP_4，幼年
119	X③：636*	右下颌	带 P_4—M_1
120	X：01743	左上 I^1	
121	X：01735	右上 I^1	
122	X：01731—1	左上 I^2	
123	X：01731—2	右上 I^2	
124	X：01600	右上 I^3	
125	X：01011	左上 P^2	

续附表（二）

序号	标本号	名　　称	现　　状
126	X：01458	左上 P^2	
127	X：01454	右上 P^2	
128	X：01420	左上 P^3	
129	X：01613	右上 P^3	
130	X：01725	右上 P^3	
131	X：01623	右上 P^4	
132	X：01638	右上 P^4	
133	X：01189*	右上 P^4	
134	X：01739	左下 I_2	
135	X：01733	右下 I_2	
136	X：01727	左下 I_3	
137	X：01729	左下 I_3	
138	X：01460	左下 P_2	
139	X：01466	左下 P_2	
140	X：01455	右下 P_2	
141	X：01625	左下 P_3	
142	X：01426	右下 P_3	
143	X：01712	右下 P_3	
144	X：0859	左下 P_4	
145	X：01618	左下 P_4	
146	X：01408	右下 P_4	
147	X：0855	右下 P_4	
148	X③：635*	左下 M_1	
149	X：01432	左下 M_1	
150	X：0761	右下 M_1	
151	X：01590	C	
152	X：026	C	
153	X：01596	C	
154	X：01605	C	
155	X③：633*	左上 DP^4	
156	X③：634	右上 DP^4	
157	X：01639	左下 DP_4	
158	X：01626	右下 DP_4	

续附表（二）

序号	标 本 号	名　　称	现　　状
159	X：01732	左下 DP_3	
160	X：01624	左下 DP_3	
161	X：01737	左下 DC	
162	X：01627	右下 DC	
163	X③：1041*	寰椎	完整
164	X③：1467	右肩胛骨残块	
165	X：019	左肱骨残块	上段
166	X③：1000	左肱骨残块	下段
167	X③：780	右肱骨残块	上段
168	X③：394	右尺骨残块	上段
169	X：0938	左桡骨残块	上段
170	X③：1436*	右桡骨	完整
171	X③：1521	左股骨残块	
172	X：0118	左胫骨残块	上段
173	X：074	右胫骨残块	上段

（三）虎

序号	标 本 号	名　　称	现　　状
174	X③：629*	右上颌	带 P^3—P^4
175	X③：26*	左下颌	带 C—M_1
176	X③：1478	左下颌	带 C—P_4
177	X：01423	左下 P_3	
178	X：01461	左下 P_3	
179	X：01462	左下 P_3	
180	X③：630	右下 P_4	
181	X③：654	右下 M_1	
182	X：01606*	右下 M_1	
183	X：01428	右下 M_1	
184	X：01592	C	

（四）豹

序号	标 本 号	名　　称	现　　状
185	X：0925*	左上颌残块	带 P^3—P^4
186	X③：1482*	右下颌残块	带 C—P_4

（五）中华貘

序号	标 本 号	名　称	现　状
187	X：01742*	左上颌残块	带 M^1—M^2
188	X③：355*	右下颌残块	带 P_3—M_1
189	X：0911	右下颌残块	带 P_1—M_1
190	X：01610	右下颌残块	带 M_1—M_2
191	X：01740	右下颌残块	带 M_2
192	X：01754	右上 M^1	
193	X：01756	右上 M^1	
194	X：01758	左下 M_1	
195	X：01764	左下 M_2	

（六）狐

序号	标 本 号	名　称	现　状
196	X③：953	左下颌残块	带 C—P_3
197	X：01187	左下颌残块	带 P_4—M_2
198	X：0802	右下颌残块	带 P_3—P_4
199	X③：651*	右下颌残块	带 P_3 和 P_4

（七）猪獾（?）

序号	标 本 号	名　称	现　状
200	X③：661*	右上颌残块	带 P^4—M^1
201	X：01762	右下 M_1	残

（八）李氏野猪

序号	标 本 号	名　称	现　状
202	X③：203*	残头骨	保存眼眶后的颅后部分
203	X③：160	额骨残块	残
204	X③：642	额骨残块	残
205	X③：644*	上颌骨	带左侧 C—M^3 和右侧 P^3—M^3
206	X③：200	左上颌残块	带 P^2—M^3
207	X：01175	左上颌	带 P^4—M^3
208	X：0232	左上颌	带 P^4—M^1
209	X③：1592	左上颌残块	带 M^1—M^3

续附表（八）

序号	标本号	名　称	现　状
210	X：0282	右上颌	带 M^2—M^3
211	X③：17*	左下颌残块	带 P_4—M_2
212	X③：1542*	左下颌残块	带 M_2—M_3
213	X③：641*	左上 C	
214	X：01599	左上 C	
215	X③：639	右上 C	
216	X：01765	右上 P^2	
217	X：01771	右上 P^2	
218	X：01748	右上 P^3	
219	X：01762	左上 P^4	
220	X：01779	右上 P^4	
221	X：01430	左上 M^2	
222	X：01446	左上 M^2	
223	X：0891	右上 M^2	
224	X：0319	左上 M^3	
225	X：0299	左上 M^3	
226	X：01419	左上 M^3	
227	X③：643	右上 M^3	
228	X：01413	右上 M^3	
229	X：01421	右上 M^3	
230	X③：93	左下 C	
231	X③：374	左下 C	
232	X③：638	左下 C	残
233	X：0173	左下 C	
234	X：0889	左下 C	
235	X③：640*	右下 C	
236	X：0750	右下 C	
237	X：0807	右下 C	
238	X③：28—4	C 残块	
239	X：01773	左下 P_3	
240	X：01761	左下 P_3	残
241	X：01443	左下 P_4	
242	X：01776	左下 P_4	

续附表（八）

序号	标 本 号	名　称	现　状
243	X：01750	左下 P_4	
244	X：0744	左下 M_2	
245	X：01777	右下 M_2	
246	X③：18	左下 M_3	残
247	X③：1110	I	
248	X：01019	I	
249	X：0823	I	
250	X：01604	下 I	
251	X：01602	上 I	
252	X：01601	上 I	
253	X：0809	I	
254	X：0808	I	
255	X：01037	左肩胛骨	残
256	X③：429	右尺骨	完整
257	X：0629	右桡骨残块	上段
258	X：01109	髋骨	残
259	X：0100	左胫骨残块	下段
260	X：0584	中间趾骨	完整
261	X：01775	左上 DP^4	
262	X：01752	右下 DP_4	

（九）肿骨鹿

序号	标 本 号	名　称	现　状
263	X③：916*	头骨	保存上颌骨部分颧骨和额骨及左右侧角柄
264	X③：918*	头骨	基本完整
265	X③：927*	头骨	大部完整
266	X③：747*	头骨	保存部分额骨和左右侧角基部，未成年
267	X③：925	头骨	残
268	X③：1465	头骨	残
269	X③：958	头骨	残
270	X③：915	头骨	残
271	X③：923	头骨	残

续附表（九）

序号	标本号	名　称	现　状
272	X③：926*	头骨	保存部分额骨及左右侧角柄
273	X③：708	头骨	残
274	X③：924	头骨	残
275	X③：917	枕骨残块	残
276	X③：1483—1	头骨	残
277	X③：956	头骨	残
278	X：0603	头骨枕部残块	残
279	X③：922	上颌	保留左右侧上颌
280	X③：766 ⎫ 修复 X③：978 ⎭ 为1件	上颌	保留左右侧上颌
281	X③：855 ⎫ 修复 X③：994 ⎭ 为1件	上颌	保留左右侧上颌
282	X③：1027	左上颌残块	带 P^2—M^3
283	X③：1115	左上颌残块	带 P^2—M^3
284	X③：776	左上颌残块	带 P^2—M^3
285	X③：456	左上颌残块	带 M^1—M^3
286	X③：1273	左上颌残块	带 P^3—M^3
287	X③：1269	左上颌残块	带 P^2—M^3
288	X③：1039	左上颌残块	带 P^2—M^3
289	X③：1096	左上颌残块	带 P^2—M^3
290	X③：862	左上颌残块	带 P^3—M^1
291	X③：609	左上颌残块	带 M^2—M^3
292	X：0269	左上颌残块	带 P^4—M^3
293	X：071	左上颌残块	带 P^4—M^3
294	X：0185	左上颌残块	带 P^4—M^3
295	X：0660	左上颌残块	带 P^3—M^3
296	X：0725	左上颌残块	带 P^3—M^3
297	X：0268	左上颌残块	带 P^2—M^3
298	X：0333	左上颌残块	带 P^4—M^3
299	X：01153	左上颌残块	带 P^4—M^2
300	X：0719	左上颌残块	带 M^1—M^3
301	X：0706	左上颌残块	带 M^2—M^3
302	X：0291	左上颌残块	带 M^3

续附表（九）

序号	标本号	名　称	现　　状
303	X：0781	左上颌残块	带 M^1—M^3
304	X：0347	左上颌残块	带 P^4—M^2
305	X：0274	左上颌残块	带 P^3—P^4
306	X：0343	左上颌残块	带 M^2—M^3
307	X：0907	左上颌残块	带 M^3
308	X：01723	左上颌残块	带 P^3—M^2
309	X③：1076	右上颌残块	带 P^2—M^3
310	X③：438	右上颌残块	带 P^2—M^3
311	X③：1022	右上颌残块	带 P^2—M^3
312	X③：984	右上颌残块	带 P^2—M^3
313	X③：704	右上颌残块	带 P^2—M^3
314	X③：196	右上颌残块	带 P^4—M^3
315	X③：1026	右上颌残块	带 P^2—M^3
316	X：0204	右上颌残块	带 P^4—M^3
317	X：0222	右上颌残块	带 P^4—M^2
318	X：025	右上颌残块	带 M^1—M^3
319	X：0303	右上颌残块	带 P^3—M^1
320	X：0715	右上颌残块	带 M^1—M^3
321	X：0216	右上颌残块	带 M^1—M^2
322	X：0294	右上颌残块	带 M^2—M^3
323	X：0736	右上颌残块	带 M^3
324	X：0227	右上颌残块	带 M^3
325	X：0239	右上颌残块	带 M^3
326	X：0772	右上颌残块	带 M^3
327	X：0280	右上颌残块	带 M^3
328	X：0279	右上颌残块	带 P^2—P^3
329	X：0265 *	右上颌残块	带 P^2—M^3
330	X：01021	右上颌残块	带 P^2—M^1
331	X③：1251	左下颌残块	带 M_3 及部分下颌枝
332	X③：1088	左下颌残块	带 P_2—P_3
333	X③：525 *	左下颌残块	带 DP_4—M_1
334	X③：1515	左下颌残块	带 M_2—M_3
335	X③：1587	左下颌残块	带 M_2—M_3

续附表（九）

序号	标本号	名　称	现　状
336	X③：156	左下颌残块	带 M_2—M_3
337	X③：410	左下颌	带 P_3—M_3
338	X③：411	左下颌	带 P_3—M_3
339	X③：1243*	左下颌	带 P_2—M_3
340	X③：986	左下颌残块	带 M_1—M_3
341	X③：1245	左下颌	带 P_3—M_3
342	X③：452	左下颌	带 P_4—M_3
343	X③：186	左下颌	带 P_3—M_3
344	X③：788	左下颌	带 P_4—M_3
345	X③：1271	左下颌	带 P_3—M_3
346	X③：1249	左下颌残块	带 M_2—M_3
347	X③：812	左下颌残块	带 M_1—M_3
348	X③：454	左下颌残块	带 M_2—M_3
349	X③：418	左下颌残块	带 P_4—M_3
350	X③：1106	左下颌残块	带 M_1—M_2
351	X：0263	左下颌残块	带 M_1—M_3
352	X：0264	左下颌	带 P_2—P_4
353	X：0337	左下颌残块	带 M_1
354	X：0149	左下颌	带 P_2—M_3
355	X：01586	左下颌	带 P_2—M_3
356	X：01587	左下颌残块	带 M_1—M_3
357	X：0213	左下颌	带 DP_2—DP_4
358	X：063	左下颌残块	带 M_1—M_3
359	X：070	左下颌	带 P_3—M_3
360	X：01721	左下颌残块	带 M_3
361	X：01696*	左下颌	带 P_3—M_3
362	X：0733	左下颌残块	带 P_2—P_4
363	X：0235	左下颌残块	残
364	X：01342	左下颌枝残块	残
365	X③：306*	右下颌	带 P_3—M_3
366	X③：806	右下颌残块	保存 M_2 及下颌枝
367	X③：1024	右下颌残块	M_3 以后部分
368	X③：1247	右下颌	带 P_2—M_3

续附表（九）

序号	标本号	名　称	现　　状
369	X③：539	右下颌	带 $P_2—M_2$
370	X③：973	右下颌	带 $M_2—M_3$
371	X③：818	右下颌残块	带 $P_2—M_1$
372	X③：4	右下颌残块	保存 $M_1—M_3$ 及下颌枝
373	X③：387	右下颌	带 $P_4—M_3$
374	X③：188	右下颌	带 $P_2—M_3$
375	X：0186	右下颌残块	带 $M_1—M_3$
376	X：01609	右下颌残块	带 $M_1—M_3$
377	X：0266	右下颌	带 $P_2—M_3$
378	X：0210	右下颌残块	带 $M_2—M_3$
379	X：0695	右下颌残块	带 M_3
380	X：0699	右下颌	带 $P_3—M_3$
381	X：0574	右下颌残块	带 M_3
382	X：0768	右下颌残块	带 M_3
383	X：0267	右下颌	带 $P_2—P_4$
384	X：0635	右下颌	带 $P_4—M_1$
385	X：0799	右下颌	带 $P_2—P_4$
386	X：0728	右下颌	带 $DP_4—M_1$
387	X：01116	右下颌枝残块	残
388	X：01722	右下颌残块	带 $M_1—M_3$
389	X：01697	右下颌	保存联合面—M_2
390	X：0909	右下颌残块	带 $M_1—M_2$
391	X：0756	右下颌枝喙突残块	残
392	X③：1582	左角	残，自然脱落
393	X③：964	左角	残
394	X③：862	左角	残，自然脱落
395	X③：810	左角	残
396	X③：1253	左角	残，自然脱落
397	X③：701	左角	残
398	X③：1047	左角	残，自然脱落
399	X③：970	左角	残，自然脱落
400	X③：965	左角	残

续附表（九）

序号	标 本 号	名　称	现　　状
401	X③：1156	左角	残，自然脱落
402	X③：1255	左角	残
403	X③：842	左角	残，自然脱落
404	X③：1234	左角	残，自然脱落
405	X③：957	左角	残，自然脱落
406	X③：1483—2	左角	残
407	X③：1484—1	左角	残
408	X③：1538	左角	残，自然脱落
409	X：0142*	左角	残，自然脱落
410	X：0169	左角	残
411	X：0561	左角	残
412	X：0109	左角	残
413	X：01179	左角	残
414	X：071	左角	残
415	X：0137	左角	残
416	X：01245	左角	残
417	X：094	左角	残
418	X：0686	左角	残
419	X：0117	左角	残
420	X：01555	左角	残
421	X③：958	右角	残，自然脱落
422	X③：1009	右角	残，自然脱落
423	X③：976	右角	残，自然脱落
424	X③：140	右角	残，自然脱落
425	X③：663	右角	残
426	X③：729	右角	残，自然脱落
427	X③：1130	右角	残
428	X③：983	右角	残
429	X③：754	右角	残
430	X③：1534	右角	残，自然脱落
431	X③：19*	右角	残，自然脱落
432	X③：1524	右角	残
433	X③：1484—2	右角	残

续附表（九）

序号	标本号	名　称	现　状
434	X③：197	右角	残，自然脱落
435	X③：1573*	右角	残，自然脱落
436	X：0962	右角	残
437	X：01311	右角	残
438	X：0138	右角	残
439	X：01330	右角	残
440	X：01261	右角	残
441	X：0133	右角	残
442	X：0171	右角	残
443	X：0119	右角	残
444	X：01484	右角	残
445	X：01258	右角	残
446	X：0691	右角	残
447	X③：800	残角枝	残
448	X③：817	残角枝	残
449	X③：1157	残角枝	残
450	X③：714	残角枝	残
451	X③：735	残角枝	残
452	X③：772	残角枝	残
453	X③：839	残角枝	残
454	X③：996	残角枝	残
455	X③：739	残角枝	残
456	X③：1488	残角枝	残
457	X③：1070	残角枝	残
458	X③：1437	残角枝	残
459	X③：1061	残角	残
460	X：0948	主枝残块	残
461	X：0195	残角	残
462	X：0687	残角	残
463	X③：378	左肩胛骨	残
464	X③：791	左肩胛骨	残
465	X③：698	左肩胛骨	残
466	X：046	左肩胛骨	完整

续附表（九）

序号	标本号	名　称	现　状
467	X：01205	右肩胛骨	完整
468	X③：833	左肱骨	残
469	X③：769	左肱骨	残
470	X③：322	左肱骨	残
471	X③：816	左肱骨残块	残
472	X③：431	左肱骨残块	残
473	X③：967	右肱骨残块	残
474	X③：1466	右肱骨残块	残
475	X③：741	右肱骨残块	残
476	X③：1479	右肱骨残块	下段
477	X③：129*	左桡—尺骨	完整
478	X③：849	左桡骨残块	上段
479	X③：988	左桡骨残块	上段
480	X③：1021	左桡骨残块	残
481	X：0126	左桡骨残块	上端段
482	X：0155	左桡骨残块	上端段
483	X：01356	左桡骨残块	下端段
484	X：0591	左桡骨残块	下端段
485	X：01053	右桡骨残块	上端段
486	X：01105	右桡骨残块	上端段
487	X：0942	右桡骨残块	上端段
488	X：01150	桡骨残块	骨体段
489	X③：1108	右尺骨残块	残
490	X③：1461*	左掌骨	修复完整
491	X：040*	左掌骨	完整
492	X：0636	左掌骨残块	上端段
493	X：0144	左掌骨残块	上端段
494	X：0971	左掌骨残块	上端段
495	X：06	左掌骨残块	上端段
496	X：0607	左掌骨残块	下端段
497	X③：466	右掌骨残块	上端段
498	X③：1017	右掌骨残块	上段
499	X③：764*	右掌骨	完整

续附表（九）

序号	标本号	名　称	现　状
500	X：09	右掌骨残块	上端段
501	X：0597	右掌骨残块	上端段
502	X：0994	右掌骨残块	上端段
503	X：01225	右掌骨残块	上端段
504	X：0193	右掌骨残块	下端段
505	X：0666	右掌骨残块	下端段
506	X：01322	掌骨残块	下端段
507	X：0143	掌骨残块	下端段
508	X：0128	掌骨残块	下端段
509	X③：1232	右股骨残块	下段
510	X③：726	左胫骨	残
511	X③：8	左胫骨	残
512	X③：137	左胫骨	残
513	X：01004	左胫骨残块	下端段
514	X：01317	左胫骨残块	下端段
515	X：0580	左胫骨残块	下端段
516	X：0114	左胫骨残块	骨体段
517	X：037	左胫骨残块	上段
518	X：050	左胫骨残块	下段
519	X：01096	左胫骨残块	下端段
520	X③：813	右胫骨	残
521	X③：715	右胫骨	残
522	X③：717	右胫骨	残
523	X③：722	右胫骨	残
524	X③：727	右胫骨	残
525	X③：733*	右胫骨	完整
526	X③：430	右胫骨	残
527	X：01408	右胫骨残块	下端段
528	X：0582	右胫骨残块	下端段
529	X：0201	右胫骨残块	下端段
530	X：0976	右胫骨残块	下段
531	X：0653	左跗骨	完整
532	X：01281	左跗骨	完整

续附表（九）

序号	标本号	名　称	现　状
533	X：01094	右跗骨	完整
534	X③：371	左跟骨	完整
535	X③：135	右跟骨	完整
536	X③：12	左距骨	完整
537	X：01329	左距骨	完整
538	X：01370	左距骨	完整
539	X：0621	左距骨	完整
540	X：0613	左距骨	完整
541	X③：1517	右距骨	完整
542	X③：1223	右距骨	完整
543	X：0932	右距骨	完整
544	X：0968	右距骨	完整
545	X：01057	右距骨	完整
546	X：01141	右距骨	完整
547	X③：793	左跖骨残块	残，有骨瘤
548	X③：51	左跖骨残块	上段
549	X③：730	左跖骨	残
550	X③：1508*	左跖骨	残
551	X：04	左跖骨残块	上端段
552	X：01239	左跖骨残块	上端段
553	X：0102	左跖骨残块	上端段
554	X③：1364	右跖骨	较完整
555	X③：1366	右跖骨	残
556	X：01171	右跖骨残块	上端段
557	X：07	右跖骨残块	骨体段
558	X③：1558	右跖骨残块	下段
559	X③：640*	寰椎	完整
560	X：01032*	枢椎	基本完整

（一〇）葛氏斑鹿

序号	标本号	名　称	现　状
561	X③：985	左角	额骨及角柄
562	X③：2—4	左角	角基部至角环

续附表（一〇）

序号	标本号	名　称	现　　状
563	X③：748	左角	部分主枝、角柄残、眉枝残
564	X③：1108	左角	角基部，角环处残断
565	X③：680	左角	角环及分枝段
566	X③：485*	左角	角环及主枝、眉枝
567	X③：1036	左角	角柄及角环段
568	X③：1025	左角	额骨及角柄
569	X③：1214	左角	角柄段
570	X③：1213	左角	角柄段
571	X③：1147	左角	角柄段
572	X③：376	左角	角环及主枝段
573	X③：665	左角	角柄段
574	X③：1159	左角	角柄段
575	X③：893	左角	角基残块保存至角环
576	X③：156	左角	角柄至角环
577	X③：1486	左角	角环至主枝段
578	X③：1551	左角	自然脱落
579	X③：1590	左角	自然脱落
580	X③：1573	左角	主枝残
581	X③：1574	左角	主枝残
582	X③：1579	左角	主枝残
583	X③：1595	左角	主枝残
584	X③：420	左角	带额部及部分主枝
585	X③：974	左角	带额部及部分主枝
586	X③：7	左角	带额部及部分主枝
587	X③：145	左角	带额部及部分主枝
588	X③：850	左角	角柄及主枝
589	X③：740	左角	角柄及主枝
590	X③：770	左角	额骨及主枝
591	X：01267	左角	自然脱落，角柄段
592	X：0662	左角	自然脱落，角柄段
593	X：01269	左角	自然脱落，角柄段
594	X：0629	左角	自然脱落，角柄至角环段
595	X：0115	左角	自然脱落，角柄段

续附表（一〇）

序号	标本号	名称	现状
596	X：01034	左角	自然脱落，角柄段
597	X：0973	左角	自然脱落，角柄段
598	X：0564	左角	自然脱落，角柄段
599	X：0637	左角	自然脱落，角柄段
600	X：01137	左角	自然脱落，角柄段
601	X：01170	左角	主枝残
602	X：0930	左角	主枝残
603	X：01277	左角	主枝残
604	X：0940	左角	主枝残
605	X：0609	左角	主枝残
606	X：01232	左角	主枝残
607	X：01041	左角	主枝残
608	X：0952	左角	主枝残
609	X：0754	左角	主枝残
610	X：0988	左角	主枝残
611	X：0950	左角	主枝残
612	X：0966	左角	主枝残
613	X：01202	左角	主枝残
614	X：01255	左角	主枝残
615	X：051	左角	主枝残
616	X：01233	左角	主枝残
617	X：0965	左角	主枝残
618	X：01207	左角	主枝残
619	X：062	左角	主枝残
620	X：0180	左角	主枝残
621	X：0661	左角	主枝残
622	X：01584	左角	眉枝完整，主枝残
623	X③：1158	右角	额骨、角柄及部分主枝
624	X③：1043	右角	角环及部分主枝
625	X③：1016	右角	角柄、角环上主枝残
626	X③：1090	右角	角柄及部分主枝
627	X③：1160	右角	角柄、角环上主枝残
628	X③：981	右角	角柄、角环处主枝残

续附表（一〇）

序号	标本号	名称	现状
629	X③：703	右角	角柄及残主枝
630	X③：856	右角	角柄至角环段
631	X③：1215	右角	角柄段
632	X③：710	右角	角柄、角环处残断
633	X③：480	右角	角柄段
634	X③：749	右角	角柄段
635	X③：1485	右角	角柄及主枝残段
636	X③：1290	右角	角柄及部分主枝
637	X③：786	右角	角环至分杈段
638	X③：960 ⎫ 修复 X③：1152 ⎭ 为1件	右角	额骨、角柄及残主枝、眉枝基本完好
639	X③：963	右角	角基部及部分主枝
640	X③：857	右角	角环上方至分杈处
641	X③：794	右角	角环及眉枝段
642	X③：1444	右角	额骨、顶骨、颞骨及角柄
643	X③：1402	右角	角环及主枝残段
644	X③：1606	右角	自然脱落，角环及部分主枝
645	X③：1595	右角	主枝残
646	X③：1093	右角	角柄及残主枝、眉枝残
647	X：01316	右角	主枝残
648	X：01039	右角	主枝残
649	X：01263	右角	主枝残
650	X：01122	右角	主枝残
651	X：01345	右角	主枝残
652	X：01271	右角	主枝残
653	X：0145	右角	主枝残
654	X：01352	右角	自然脱落，角柄段
655	X：01300	右角	主枝残
656	X：01278	右角	主枝残
657	X：0975	右角	主枝残
658	X：0654	右角	自然脱落，角柄段
659	X：01297	右角	自然脱落，角柄段
660	X：0684	右角	自然脱落，角柄段

续附表（一〇）

序号	标本号	名　称	现　　状
661	X：01243	右角	自然脱落，角柄段
662	X：01331	右角	自然脱落，角柄段
663	X：0663	右角	自然脱落，角柄段
664	X：01135	右角	自然脱落，角柄段
665	X：01010	右角	自然脱落，角柄段
666	X：01128	右角	自然脱落，角柄段
667	X：01106	右角	自然脱落，角柄段
668	X：01068	右角	主枝残
669	X：0967	右角	自然脱落，角柄段
670	X：01016*	右角	角病态
671	X：01256	右角	自然脱落，角环至分枝段
672	X：049	右角	主枝残
673	X：01285	右角	主枝残
674	X：0625	右角	主枝残
675	X：01225	右角	主枝残
676	X：01101	右角	主枝残
677	X：01085	右角	主枝残
678	X：053	右角	主枝残
679	X：01235	右角	主枝残
680	X：055	右角	主枝残
681	X：078	右角	主枝残
682	X：061	右角	主枝残
683	X：01585*	右角	眉枝完整，角柄及眉枝段
684	X：01695	右角残块	残
685	X③：1605	角残块	残
686	X：01193	角残块	残
687	X：0673	角残块	残
688	X：01234	角残块	残
689	X：01384	角残块	残
690	X：01071	角残块	残
691	X：0586	角残块	残
692	X：01334	角残块	残
693	X：01093	角残块	残

续附表（一〇）

序号	标本号	名　称	现　　状
694	X：01215	角残块	残
695	X：01699	角眉枝残段	残
696	X：01702	角眉枝残段	残
697	X：01700	角分枝残段	残
698	X：01705	角分枝残段	残
699	X：01701	角分枝残段	残
700	X：01703	角分枝残段	残
701	X：069	角分枝残段	残
702	X：072	角分枝残段	残
703	X：0106	角枝残段	残
704	X③：1468*	残头骨	角基部到颅后部
705	X③：919*	残头骨	部分额骨到颅后部
706	X③：219	残头骨	颅顶部带左、右侧角柄
707	X③：920*	残头骨	额后部带左、右侧角柄
708	X③：11	残头骨	额后部及顶骨前部带左、右侧角柄
709	X③：10	残头骨	额后部及两侧角基部
710	X③：122*	残头骨	额骨及部分顶骨带两侧角
711	X③：921	残头骨	颅顶部带左、右侧角柄
712	X③：119	残头骨	额后部及两侧角柄
713	X③：1469	残头骨	额后部及两侧角柄
714	X③：954	残头骨	额后部及顶颞骨带左、右侧角柄
715	X③：390	残头骨	额后部及顶骨带左、右侧角柄
716	X③：731	残头骨	颅顶部带左、右侧角柄
717	X③：250*	残头骨	额后部及左、右侧角柄
718	X③：807	残头骨	颅顶部及左侧角柄
719	X③：955	残头骨	额后部及左、右侧角柄
720	X③：1018*	左上颌	带 P^2—M^3
721	X③：1103	左上颌	带 P^2—M^1
722	X③：1139	左上颌残块	带 M^2—M^3
723	X③：1265	左上颌残块	带 P^3—M^1
724	X③：461	左上颌残块	带 M^2—M^3
725	X③：182	左上颌残块	带 P^4—M^2
726	X③：1008	左上颌残块	带 M^1—M^3

续附表（一〇）

序号	标本号	名　称	现　状
727	X③：1020	左上颌残块	带 M^1—M^2
728	X③：870*	左上颌残块	带 M^1—M^3
729	X③：901	左上颌残块	带 P^2—P^4
730	X：01719*	左上颌	带 DP^2—DP^4
731	X：0317*	左上颌	带 DP^3—M^1
732	X：0292	左上颌残块	带 P^4—M^2
733	X：0278	左上颌残块	带 P^2—M^1
734	X：0714	左上颌	带 P^3—M^3
735	X③：1036*	右上颌	保存有上颌骨的腭突和腭骨
736	X③：159*	右上颌	带 P^3—M^3
737	X③：1048	右上颌残块	带 M^1—M^3
738	X③：1263	右上颌	带 P^2—M^1
739	X③：314	右上颌残块	带 M^1—M^2
740	X③：1042	右上颌残块	带 M^2—M^3
741	X③：670	右上颌残块	带 M^1—M^2
742	X③：1481	右上颌	带 P^2—M^3
743	X③：1098*	右上颌	带 DP^2—M^2
744	X：0289	右上颌残块	带 P^4—M^3
745	X：0293	右上颌残块	带 P^3—M^1
746	X：0260	右上颌残块	带 P^2—P^4
747	X：0223	右上颌残块	带 M^1—M^3
748	X：0377	右上颌残块	带 P^4—M^1
749	X③：1006*	左下颌	残，带 P_4—M_3
750	X③：388	左下颌	残，带 P_4—M_3
751	X③：867	左下颌	残，带 P_4—M_3
752	X③：132	左下颌	残，带 P_4—M_3
753	X③：503*	左下颌	残，带 P_4—M_3
754	X③：495	左下颌残块	带 M_2—M_3
755	X③：869	左下颌	残，带 P_4—M_3
756	X③：1011	左下颌	保存齿隙—M_3
757	X③：1078	左下颌残块	带 M_2—M_3
758	X③：1092	左下颌	残，带 P_2—M_2
759	X③：1104	左下颌	残，带 P_2—M_2

续附表（一〇）

序号	标本号	名　称	现　状
760	X③：1034	左下颌	残，带 P_2—M_2
761	X③：1080	左下颌	残，带 P_2—P_4
762	X③：601	左下颌残块	带 P_2—P_4
763	X③：104	左下颌残块	带 P_2—P_4
764	X③：1460	左下颌	保存颏孔—M_1
765	X③：559	左下颌残块	保存 M_3 齿槽及部分枝
766	X③：1028	左下颌	保存齿隙—DM_3
767	X③：868	左下颌	残，带 P_3—M_3
768	X③：1109*	左下颌	残，带 P_4—M_2
769	X：0340	左下颌残块	保存 P_2—M_1 前叶段
770	X：0229	左下颌残块	带 P_3—M_1
771	X：0328	左下颌残块	保存 P_2—M_1 前叶段
772	X：0737	左下颌	残，保存 P_2—M_2 前叶段
773	X：0215	左下颌残块	保存 P_4—M_3 前叶
774	X：0220	左下颌残块	带 M_2—M_3
775	X：0716	左下颌残块	带 M_2—M_3
776	X：0273	左下颌残块	带 M_2—M_3
777	X：0281	左下颌残块	带 M_2—M_3
778	X：0902	左下颌残块	保存 M_2 后叶—M_3 段
779	X：0310	左下颌残块	保存 M_3 段
780	X：0288	左下颌残块	保存 M_2 后叶—M_3 段
781	X：0320	左下颌残块	保存 M_3 段
782	X：0318	左下颌残块	保存 M_3 前叶
783	X：0298	左下颌残块	保存齿隙—P_4 段
784	X：0309	左下颌残块	保存齿隙—P_4 段
785	X：01015	左下颌残块	保存 P_2—P_4 段
786	X：0259	左下颌残块	保存 P_2—P_4 段
787	X：0335	左下颌残块	保存 P_3—P_4 段
788	X：0732	左下颌残块	保存联合—P_3 段
789	X：01017	左下颌残块	保存齿隙段
790	X：0323	左下颌残块	保存齿隙—P_3 段
791	X：0734	左下颌残块	带 P_2—M_1
792	X：0271	左下颌残块	带 P_2—M_1

续附表（一○）

序号	标 本 号	名　称	现　状
793	X：0218	左下颌残块	带 P_2—M_1
794	X：0225	左下颌残块	带 P_3—M_2
795	X：0251	左下颌残块	保存 P_3—M_1 前叶
796	X：0283	左下颌残块	带 P_3—M_1
797	X：0255	左下颌残块	带 M_1—M_2
798	X：0244	左下颌残块	带 M_2—M_3
799	X：0287	左下颌残块	带 M_2—M_3
800	X：0270	左下颌残块	带 M_2—M_3
801	X：0236	左下颌残块	带 M_1—M_2
802	X：0314	左下颌残块	带 M_1—M_2
803	X：0332	左下颌残块	保存 P_4 后根—M_1 段
804	X：0325	左下颌残块	带 M_1—M_2
805	X：0295	左下颌残块	带 M_1—M_2
806	X：0693	左下颌残块	带 P_4—M_3
807	X：0573	左下颌	残，带 P_3—M_3 段
808	X：0759	左下颌	残，带 P_2—M_3 前两叶
809	X：01027	左下颌残块	带 P_4—M_3
810	X：0224	左下颌残块	带 P_4—M_3
811	X：0757	左下颌残块	带 P_4—M_3
812	X：0290	左下颌残块	带 M_1—M_3
813	X：0305	左下颌残块	带 M_2—M_3
814	X：0221	左下颌残块	带 P_4—M_3
815	X③：1050*	右下颌	残，带 DM_2—M_2 段
816	X③：1010	右下颌残块	带 P_4—M_3
817	X③：138	右下颌残块	带 P_4—M_3
818	X③：696	右下颌	残，保存齿隙—M_3 段
819	X③：1267	右下颌残块	保存 M_3 段
820	X③：1051	右下颌残块	保存 M_3 及下颌角段
821	X③：1040*	右下颌	带 P_2—M_3
822	X③：313—1	右下颌	保存颏孔—M_3 段
823	X③：693	右下颌	保存颏孔—M_3 段
824	X③：29	右下颌	带 P_3—M_3
825	X③：190	右下颌残块	带 P_2—M_1

续附表（一〇）

序号	标本号	名　称	现　　状
826	X③：185*	右下颌	残，保存 P_4—M_3 及部分枝
827	X③：1038	右下颌	带 P_2—M_2
828	X③：738	右下颌残块	带 P_4—M_2
829	X③：882	右下颌残块	带 M_2—M_3
830	X③：1127	右下颌残块	带 P_3—M_2
831	X③：1259	右下颌残块	带 P_3—M_2
832	X③：1257	右下颌残块	带 P_4—M_2
833	X③：1065	右下颌残块	带 P_2—P_4
834	X③：905	右下颌残块	带 P_4—M_1 段
835	X③：1329	右下颌残块	保存 M_3 段
836	X③：1274	右下颌残块	保存 M_3 段
837	X③：366*	右下颌	带 DP_2—DP_4
838	X③：1443	右下颌残块	带 P_4—M_2
839	X③：1272	右下颌残块	保存 M_1—M_2 段
840	X：0234	右下颌残块	保存 M_2—M_3 段
841	X：0209	右下颌残块	保存 M_1—M_3 段
842	X：0729	右下颌残块	保存 M_1—M_3 段
843	X：0206	右下颌	带 P_2—M_3
844	X：0205	右下颌	带 P_2—M_3
845	X：0302	右下颌	带 P_3—M_3
846	X：0301	右下颌残块	保存 P_4—M_3 段
847	X：0723	右下颌残块	保存 M_1—M_3 段
848	X：0211	右下颌残块	保存 M_1—M_3 段
849	X：0272	右下颌残块	保存 M_2—M_3 段
850	X：0214	右下颌残块	保存 M_2—M_3 段
851	X：01303	右下颌残块	保存 P_4—M_3 段
852	X：0773	右下颌残块	保存 M_1—M_3 段
853	X：0756	右下颌残块	保存 M_1—M_3 段
854	X：0712	右下颌残块	保存 M_3 段
855	X：01302	右下颌残块	保存 M_3 段
856	X：0228	右下颌残块	保存 M_3 段
857	X：0322	右下颌残块	保存 M_3 段
858	X：0901	右下颌残块	保存 M_3 段

续附表（一〇）

序号	标 本 号	名　称	现　状
859	X：0316	右下颌残块	保存 M_3 段
860	X：0250	右下颌残块	保存 DP_4 段
861	X：0249	右下颌残块	保存 P_3—P_4 段
862	X：0326	右下颌残块	保存 P_2—P_3 段
863	X：0231	右下颌残块	保存 P_3—M_2 前根
864	X：0284	右下颌残块	保存 P_2—P_3 段
865	X：0334	右下颌残块	保存 P_4—M_1 段
866	X：0252	右下颌残块	保存 P_3—P_4 段
867	X：0226	右下颌	带 P_2—M_2
868	X：0333	右下颌残块	保存 P_4—M_1 段
869	X：0248	右下颌残块	保存 P_2—M_1 段
870	X：0821	右下颌残块	保存 M_1—M_2 段
871	X：0311	右下颌残块	保存 M_1—M_2 段
872	X：0257	右下颌残块	保存 M_1—M_2 段
873	X：0243	右下颌残块	保存 M_1 段
874	X：0322	右下颌残块	保存 P_4—M_1 段
875	X：0307	右下颌残块	保存 M_2—M_3 段
876	X：0905	右下颌残块	保存 M_3 段
877	X：0230	右下颌残块	保存 M_2—M_3 段
878	X：0344	右下颌残块	保存 M_1—M_3 段
879	X：0341	右下颌残块	保存 M_1—M_3 段
880	X：0771	右下颌残块	保存 P_4—M_3 段
881	X：0713	右下颌	残，带 P_2—M_2
882	X：0701	右下颌	残，带 P_3—M_2
883	X：0217	右下颌	残，带 P_4—M_3
884	X：0208	右下颌	残，带 P_4—M_3 段
885	X：0721	右下颌	残，保存齿隙—M_1 前叶
886	X：0731	右下颌	残，保存齿隙—M_1 前点根
887	X：0285	右下颌残块	保存 P_3—M_1 前根
888	X：0329	右下颌残块	保存 P_2—P_3 段
889	X：0253	右下颌残块	保存 P_2—M_1 前根
890	X：0321	右下颌残块	保存 P_2—P_3 段
891	X：0984	**寰椎**	残

续附表（一〇）

序号	标 本 号	名　称	现　　状
892	X③：1476	枢椎	完整
893	X③：1161*	枢椎	残
894	X：01476	枢椎	残
895	X：01000	左肩胛骨	保存关节盂和部分骨板
896	X：01287	左肩胛骨	保存关节盂和部分骨板
897	X：01006	左肩胛骨	保存关节盂和部分骨板
898	X：01336	左肩胛骨	保存关节盂和部分骨板
899	X：01012	左肩胛骨	保存关节盂和部分骨板
900	X：01058*	右肩胛骨	保存关节盂和部分骨板
901	X：0958	右肩胛骨	保存关节盂和部分骨板
902	X：01280	右肩胛骨	保存关节盂和部分骨板
903	X：0157	右肩胛骨	保存关节盂和部分骨板
904	X：01067	右肩胛骨	保存关节盂和部分骨板
905	X：01264	左肱骨残块	骨体段
906	X：0970	左肱骨残块	骨体段
907	X：01278	左肱骨残块	下端段
908	X③：1105	右肱骨残块	下端段
909	X：0992	右肱骨残块	骨体段
910	X：01060	右肱骨残块	下端段
911	X：0979	左桡骨残块	上端段
912	X：0981	左桡骨残块	上端段
913	X：01259*	左桡骨残块	上端段
914	X：0153	左桡骨残块	骨体段
915	X：01231	左桡骨残块	骨体段
916	X③：778*	左桡骨残块（带尺骨）	下端段
917	X：01294	右桡骨残块	上端段
918	X：01399	右桡骨	下端关节，骺线处脱落
919	X③：826	左尺骨残块	上端段
920	X③：1473	左尺骨残块	上端段
921	X：0620	左尺骨残块	残
922	X：0158	左尺骨残块	上端段
923	X：01262	左尺骨残块	上端段

续附表（一〇）

序号	标 本 号	名 称	现 状
924	X：01369	右尺骨残块	上端段
925	X：01229	右尺骨残块	上端段
926	X：01069	右尺骨残块	上端段
927	X：01226	左掌骨残块	上端段
928	X：01240	左掌骨残块	上端段
929	X：01254	左掌骨残块	上端段
930	X：0178*	左掌骨残块	下端段
931	X：0634	左掌骨残块	下端段
932	X：0198	右掌骨残块	上端段
933	X③：1572	右掌骨残块	上端段
934	X③：1585	掌骨残块	下段下端
935	X：01340	股骨残块	下端段
936	X③：799	左胫骨残块	骨体段
937	X：0990	左胫骨残块	下端段
938	X：0926	左胫骨残块	下端段
939	X：01306	左胫骨残块	下端段
940	X：01343	左胫骨残块	下端段
941	X③：992*	右胫骨	完整
942	X③：1522*	右胫骨	完整
943	X③：1019	右胫骨残块	下端段
944	X③：840	右胫骨残块	骨体段
945	X：0643	右胫骨残块	下端段
946	X：01099	右胫骨残块	下端段
947	X：0964	左跗骨	完整
948	X：0603	左跗骨	残
949	X：01044	左跗骨	完整
950	X：0995	左跗骨	完整
951	X：01362	右跗骨	完整
952	X：01387	右跗骨	完整
953	X：01398	跗骨	残
954	X：0954*	左跟骨	完整
955	X：01049	左跟骨	残
956	X：01241	右跟骨	残

续附表（一〇）

序号	标 本 号	名　　称	现　　状
957	X③：774	左距骨	残
958	X：01324	左距骨	残
959	X：0645	左距骨	残
960	X：01298	左距骨	残
961	X：01216*	左距骨	完整
962	X：0983	左距骨	完整
963	X：01052	左距骨	残
964	X：01392	左距骨	完整
965	X：01174	左距骨	残
966	X：01344	右距骨	残
967	X：01323	右距骨	完整
968	X③：473	距骨	残
969	X③：1601	左跖骨残块	上端段
970	X③：1564	左跖骨残块	上端段
971	X③：809	左跖骨	残
972	X③：88	左跖骨残块	上端段
973	X③：313—2	左跖骨	残
974	X③：164	左跖骨	残
975	X：0587	左跖骨残块	上段
976	X：0192*	左跖骨残块	上段
977	X：066	左跖骨残块	下段
978	X：01403	左跖骨残块	上端段
979	X③：784	右跖骨	残
980	X：01204	右跖骨残块	上段
981	X：0608	右跖骨残块	上段
982	X：01321	右跖骨残块	上段
983	X：0963	右跖骨残块	上段
984	X③：35	跖骨残块	下端段

（一一）小型鹿

序号	标 本 号	名　　称	现　　状
985	X：01677	左上颌残块	带 P^4—M^3
986	X：01689	右上颌残块	保存 M^1—M^3 段

续附表（一一）

序号	标本号	名　　称	现　　状
987	X③：1267	左下颌残块	保存 P_3 后部至 M_2 前叶
988	X：0246*	左下颌	残，带 P_3—M_3
989	X：0256	左下颌残块	保存 P_4—M_2 段
990	X③：1086	右下颌残块	保存 P_2—P_3 段
991	X：01680	右下颌残块	保存 P_3—P_4 段
992	X：0779	右下颌残块	保存 M_2—M_3 段
993	X：0336	右下颌残块	保存 M_1—M_3 段

（一二）水牛（？）

序号	标本号	名　　称	现　　状
994	X③：719	额骨残块	保存额后部及角基部
995	X③：757	左上颌残块	保存 M^1—M^3 段
996	X③：1097	左上颌残块	保存 M^1—M^2 段
997	X：0342*	左上颌残块	保存 DP^2—DP^4 段
998	X③：699*	右上颌残块	带 M^1—M^2
999	X：01177	右上颌残块	保存 P^4—M^2 段
1000	X：0338	右上颌残块	保存 M^2—M^3 段
1001	X③：301*	左下颌	残，带 P_4—M_3
1002	X：0219	左下颌残块	保存 P_2—P_3 段
1003	X：0705	左下颌残块	保存 P_3—M_1 段
1004	X③：397	右下颌残块	保存 M_3 段
1005	X③：692*	右下颌	残，带 DP_2—DP_4
1006	X③：1427*	右下颌	基本完整，带 P_3—M_3
1007	X：01007	右下颌残块	保存 P_4 段
1008	X：0766	左上 P^3	
1009	X：0479	左上 P^3	
1010	X：01808	右上 P^3	
1011	X：01806	右上 P^3	
1012	X：0758	右上 P^3	
1013	X：01669	右上 P^3	
1014	X：0819	右上 P^4	
1015	X：0777	右上 P^4	
1016	X：0775	右下 P_4	

续附表（一二）

序号	标 本 号	名　　称	现　　状
1017	X：0825	右下 P_4	
1018	X：01676	右下 P_4	
1019	X：0887	左上 DP^3	
1020	X：01881	左上 DP^3	
1021	X：0391	右上 DP^3	
1022	X：01810	右上 DP^3	
1023	X：01809	左上 DP^4	
1024	X：0812	右上 DP^4	
1025	X：0813	右上 DP^4	
1026	X：01812	右下 DP_4	
1027	X③：1539*	左上 M^1	
1028	X：0313	左上 M^1	
1029	X：0741	左上 M^1	
1030	X：01665	左上 M^1	
1031	X：01671	左上 M^1	
1032	X：01805	左上 M^1	
1033	X：01807	右上 M^1	
1034	X：0787	右上 M^1	
1035	X：01173	右上 M^1	
1036	X：01641	右上 M^1	
1037	X：01652	右上 M^1	
1038	X：0480	左下 M_1	
1039	X③：1527	左上 M^2	
1040	X③：1435*	左上 M^2	
1041	X：0739	左上 M^2	
1042	X：01648	左上 M^2	
1043	X：01667	左上 M^2	
1044	X③：1082	右上 M^2	
1045	X③：1113	右上 M^2	
1046	X：0747	右上 M^2	
1047	X：0753	右上 M^2	
1048	X：01651	右上 M^2	
1049	X：01661	右上 M^2	

续附表（一二）

序号	标 本 号	名 称	现 状
1050	X：01664	左下 M_2	
1051	X③：1354	右下 M_2	
1052	X：0743	左上 M^3	
1053	X：0769	左上 M^3	
1054	X：01650*	左上 M^3	
1055	X③：1541	右上 M^3	
1056	X：0481	右上 M^3	
1057	X：01649	右上 M^3	
1058	X：01657	右上 M^3	
1059	X：01643	左下 M_3	
1060	X③：1516	右下 M_3 残块	
1061	X：01645*	右下 M_3	
1062	X：048	左下 M	
1063	X：0725	左下 M	
1064	X：01646	左下 M	
1065	X：0491	右下 M	
1066	X：0786	右下 M	
1067	X：0774	右下 M	
1068	X：0765	右下 I	
1069	X：0763	右下 I	
1070	X：01417	左 I	
1071	X③：755	寰椎	
1072	X③：1372	右肩胛骨残块	上端段
1073	X③：522	左肱骨残块	骨体段
1074	X③：721	左肱骨残块	下段
1075	X③：762	左肱骨	上端大，小结节及部分肱骨头残
1076	X③：841	左肱骨	上端大，小结节稍残
1077	X：0146	左肱骨残块	下端段
1078	X：0191	左肱骨残块	下端段
1079	X：0121	左肱骨残块	下端段
1080	X：0131	左肱骨残块	下端段
1081	X：08	左肱骨残块	下端段
1082	X：091	左肱骨残块	下端段

续附表（一二）

序号	标本号	名 称	现 状
1083	X：01589	左肱骨残块	下端段
1084	X③：842	右肱骨	上端大，小结节稍残
1085	X③：1360	右肱骨残块	下段
1086	X③：744	右肱骨残块	下段
1087	X③：323	右肱骨残块	残
1088	X③：724	右肱骨残块	残
1089	X：069	右肱骨残块	下端段
1090	X：0123	右肱骨残块	下端段
1091	X：0130	右肱骨残块	下端段
1092	X：01161	右肱骨残块	下端段
1093	X：0563	右肱骨残块	下端段
1094	X：0113	右肱骨残块	下端段
1095	X：059	右肱骨残块	下端段
1096	X：099	右肱骨残块	下端段
1097	X③：980	右肱骨残块	骨体段
1098	X：01038	右肱骨残块	下端段
1099	X：038	右肱骨残块	下端段
1100	X：01312	右肱骨残块	下端段
1101	X：0681	右肱骨残块	下端段
1102	X：0127	右肱骨残块	下端段
1103	X③：712	左桡骨残块	残
1104	X③：844	左桡骨残块	残
1105	X③：1064	左桡骨残块	上段
1106	X③：685	左桡骨残块	上端段
1107	X：0113	左桡骨残块	下端段
1108	X：0569	左桡骨残块	下端段
1109	X：0664	左桡骨残块	下端段
1110	X：01328	左桡骨残块	上端段
1111	X：067	左桡骨残块	上端段
1112	X：025	左桡骨残块	上端段
1113	X：031	左桡骨残块	上端段
1114	X：087	左桡骨	完整
1115	X：0167	左桡骨残块	上端段

续附表（一二）

序号	标本号	名　称	现　　状
1116	X：01360	左桡骨残块	残
1117	X：01588	左桡骨残块	上端段，带尺骨上段
1118	X③：1426	右桡骨	完整
1119	X③：725	右桡骨	完整
1120	X③：922	右桡骨残块	残
1121	X③：1—1	右桡骨残块	残
1122	X③：709	右桡骨残块	残
1123	X③：28—1	右桡骨残块	残
1124	X③：1455	右桡骨残块	残
1125	X③：838	右桡骨残块	残
1126	X③：1440	右桡骨残块	残
1127	X：0190	右桡骨残块	下端段
1128	X：01313	右桡骨残块	下端段
1129	X：036	右桡骨残块	下端段
1130	X：01198	右桡骨残块	上端段
1131	X：01244	右桡骨残块	上端段
1132	X：0165	右桡骨残块	上端段
1133	X③：402	左尺骨	残
1134	X③：1—2	右尺骨	残
1135	X③：689	右尺骨	残
1136	X③：372	左掌骨	残
1137	X③：718	左掌骨	残
1138	X③：990	左掌骨	残
1139	X：012	左掌骨残块	上端段
1140	X：041	左掌骨残块	骨体受压变形
1141	X：042	左掌骨	完整
1142	X：077	左掌骨残块	上端段
1143	X：0196	左掌骨残块	上端段
1144	X：0716	左掌骨残块	上端段
1145	X：0125	左掌骨残块	上端段
1146	X：0928	左掌骨残块	上端段
1147	X：0102	左掌骨残块	上端段
1148	X③：526	右掌骨	残

续附表（一二）

序号	标本号	名　称	现　状
1149	X③：831	右掌骨	残
1150	X：0108	右掌骨残块	上端段
1151	X：0179	右掌骨残块	上端段
1152	X：0189	右掌骨残块	上端段
1153	X：0199	右掌骨残块	上端段
1154	X：01036	右掌骨残块	上端段
1155	X：01386	右掌骨残块	上端段
1156	X：01314	右掌骨残块	上端段
1157	X：0120	右掌骨残块	上端段
1158	X③：1608	掌骨残块	下段下端
1159	X：011	掌骨残块	下端段
1160	X：0571	掌骨残块	下端段
1161	X：0595	掌骨残块	下端段
1162	X：0698	掌骨残块	下端段
1163	X：01201	掌骨残块	下端段
1164	X：01095 ⎫ 修复 X：01147 ⎭ 为1件	掌骨残块	下端段
1165	X③：716	左股骨	残
1166	X③：777	左股骨	残
1167	X③：1368	左股骨	基本完整
1168	X：038	左股骨残块	骨体段
1169	X：081	左股骨残块	下端段
1170	X：035	左股骨残块	上段
1171	X：086	左股骨残块	骨体段
1172	X③：830	右股骨	残
1173	X③：828	右股骨	残
1174	X③：201	右股骨	残
1175	X③：1111	右股骨	残
1176	X③：840	右股骨	基本完整
1177	X③：961	右股骨	残
1178	X：090	右股骨残块	下段
1179	X：0111	右股骨残块	下端段
1180	X③：257—2	左胫骨	残

续附表（一二）

序号	标本号	名　称	现　　状
1181	X③：212	左胫骨	残
1182	X③：303	左胫骨残块	上端段
1183	X③：434	左胫骨	残
1184	X③：756	左胫骨	残
1185	X③：142	左胫骨	残
1186	X③：1428	左胫骨	残
1187	X：085	左胫骨残块	上端段
1188	X：0108	左胫骨残块	下端段
1189	X：030	左胫骨残块	下端段
1190	X：0200	左胫骨残块	下端段
1191	X：0576	左胫骨残块	下端段
1192	X：01111	左胫骨残块	下端段
1193	X：016	左胫骨残块	下端段
1194	X：0105	左胫骨残块	下端段
1195	X：01309	左胫骨残块	下端段
1196	X：01200	左胫骨残块	下端段
1197	X：0197	左胫骨残块	下端段
1198	X：080	左胫骨残块	下端段
1199	X：0581	左胫骨残块	下端段
1200	X：01103	左胫骨残块	上端段
1201	X③：768	右胫骨残块	下段，受压变形
1202	X③：257—1	右胫骨	残
1203	X③：829	右胫骨	残
1204	X③：1478	右胫骨	残
1205	X③：205	右胫骨	残
1206	X③：836	右胫骨残块	上端段
1207	X③：1559	右胫骨残块	下段
1208	X③：202	右胫骨	残
1209	X：01092	右胫骨残块	上端段
1210	X：01197	右胫骨残块	下端段
1211	X：0565	右胫骨残块	下端段
1212	X：0110	右胫骨残块	下端段
1213	X：0163	右胫骨残块	下端段

续附表（一二）

序号	标 本 号	名　称	现　状
1214	X：0150	右胫骨残块	下端段
1215	X：01299	右胫骨残块	下端段
1216	X：0585	右胫骨残块	下端段
1217	X：0583	右胫骨残块	下端段
1218	X：089	右胫骨残块	下端段
1219	X③：1087	左距骨	残
1220	X③：211 〉修复为1件 X③：1545	左距骨	较完整
1221	X③：1362	左距骨	残
1222	X③：2—3	左距骨	完整
1223	X：01149	左距骨残块	上端段
1224	X：0172	左距骨残块	上端段
1225	X③：1021	右距骨残块	上段
1226	X③：700	右距骨残块	上段
1227	X③：566	右距骨残块	上段
1228	X③：702	右距骨	完整
1229	X③：1552	右距骨残块	上端段
1230	X③：1561	右距骨残块	上端段
1231	X：01361	右距骨残块	上端段
1232	X：01107	右距骨残块	上端段
1233	X：054	右距骨残块	上端段
1234	X：01117	右距骨残块	上端段
1235	X：01115	距骨残块	下端段
1236	X：01230	距骨残块	下端段
1237	X③：144	左跟骨	完整
1238	X③：1580	左跟骨	残
1239	X：0175	左跟骨	残
1240	X③：432	右跟骨	完整
1241	X③：834	右跟骨	残
1242	X③：1033	右跟骨	残
1243	X③：1603	右跟骨	残
1244	X：01078	右跟骨	完整
1245	X：0161	右跟骨	残

续附表（一二）

序号	标 本 号	名　称	现　状
1246	X③：1382	左距骨	完整
1247	X③：1439	左距骨	完整
1248	X③：148	左距骨	残
1249	X③：815	左距骨	残
1250	X：01350	左距骨	完整
1251	X：0605	左距骨	残
1252	X：0696	左距骨	残
1253	X：0647	左距骨	残
1254	X：0615	左距骨	完整
1255	X：01076	左距骨	残
1256	X：01310	左距骨	残
1257	X：0669	左距骨	残
1258	X：0601	左距骨	残
1259	X③：789	右距骨	残
1260	X③：1493	右距骨	完整
1261	X③：1562	右距骨	完整
1262	X③：1066	右距骨	完整
1263	X③：686	右距骨	完整
1264	X：01046	右距骨	完整
1265	X：0181	右距骨	完整
1266	X：01022	右距骨	残
1267	X：0946	右距骨	残
1268	X：01265	右距骨	残
1269	X：01206	右距骨	残
1270	X：01249	右距骨	完整
1271	X③：1506	中间趾骨	完整
1272	X③：1358*	枢椎	残

（一三）梅氏犀

序号	标 本 号	名　称	现　状
1273	X③：189*	左上颌残块	带 DP^3—M^1
1274	X：01191	右上颌残块	带 DP^3—DP^4
1275	X：0562*	左下颌残块	带 DP_2—DP_4

续附表（一三）

序号	标 本 号	名　称	现　状
1276	X③：645	左下颌残块	带 DP_3—DP_4
1277	X：01621	左下 P_2	
1278	X③：648*	左上 P^3	
1279	X：01185	右上 P^3	
1280	X③：647	右下 DP_3	
1281	X③：646*	右下 M_2	
1282	X：01181*	右上 M^3	
1283	X③：1453	左股骨残块	上端段
1284	X：065	左股骨残块	下端段
1285	X③：1451*	右股骨残块	上端段
1286	X③：3	右股骨残块	上端段
1287	X③：763	右股骨残块	上端段
1288	X：022*	右股骨残块	下端段
1289	X③：713	股骨头残块	残
1290	X③：804	股骨头残块	残
1291	X③：801	股骨头残块	残
1292	X③：805	左胫骨残块	骨体段
1293	X③：139	左胫骨残块	骨体段
1294	X③：1370*	左胫骨	完整
1295	X：0685	左胫骨残块	下端段
1296	X：096	右胫骨残块	上端段
1297	X③：745*	左桡骨	稍残
1298	X：079	左桡骨残块	上段
1299	X：0630	左桡骨残块	骺线脱落的上关节
1300	X③：832	右桡骨残块	上段
1301	X：01123	右桡骨残块	上段
1302	X：0156	右桡骨残块	上段
1303	X：0177	左尺骨残块	上段
1304	X：097	左尺骨残块	上段
1305	X：084	左尺骨残块	上段
1306	X③：1129	右尺骨残块	上段
1307	X：0566*	右尺骨残块	上段
1308	X③：1450	右肱骨残块	下段

续附表（一三）

序号	标 本 号	名　称	现　状
1309	X③：959〉修复 X：01145 为1件*	右肱骨	完整
1310	X③：674	髌骨	完整
1311	X③：668	左距骨	完整
1312	X③：1449*	左距骨	完整
1313	X：0579	左距骨	完整
1314	X③：823	右距骨	完整
1315	X③：547	掌（跖）骨	残
1316	X：01218	掌（跖）骨	残
1317	X：0936	掌（跖）骨	残
1318	X：0986	掌（跖）骨	残
1319	X③：765	趾骨	完整
1320	X：01110*	中间趾骨	完整
1321	X③：1206	右跟骨	残

（一四）马

序号	标 本 号	名　称	现　状
1322	X：0124	掌骨残块	下端段

（一五）剑齿象

序号	标 本 号	名　称	现　状
1323	X：01630	齿脊残块	残
1324	X③：1480	右尺骨残块	保存部分半月切迹和骨体
1325	X③：1611	左跟骨	基本完整

伍 结 语

一 南京人的体质特征及其在我国古人类演化序列中的位置

南京人化石材料的形态观察及研究，报告第三部分已作详细阐述。总结起来，从体质人类学的角度观察，南京人的基本特征与北京人相似，同时又具有其自身的性状特点。

（一）南京人 No.Ⅰ出土时比较完整，许多数值可以直接进行测量。在按照古人类研究的方法进行复原、测得各项基本数值后，对南京人 No.Ⅰ可以得到比较全面的认识。

南京人 No.Ⅰ与北京人相似的基本特征，主要有如下诸方面。

额骨低平，且明显向后倾斜。脑部曲度指数 96.1，前囟点与法兰克福水平线的垂直距离 93 毫米。

眶上圆枕横直，左右眉嵴相连，成一字形，比较发育。有明显的圆枕上沟。眶上圆枕全长 109.5 毫米。

眶后区比较狭窄。眶后缩窄指数 77.6。

眼眶呈圆角方形，两眶近内侧壁有明显的眶上突。

颧骨正面较为平坦，朝向前方，形成较为扁平的面部。颧面倾角 50°。

顶骨顶视略呈椭圆形，角圆枕明显发育。角圆枕左侧厚 14、右侧厚 16 毫米。

枕骨上、下鳞部比较扁平，枕骨圆枕呈宽条形嵴状隆起，比较发育。具有明显的圆枕上沟。枕骨圆枕中部厚度左侧为 11、右侧为 14 毫米。

枕外隆凸偏于圆枕左侧，表面圆钝，厚 16 毫米。枕外隆凸点与颅后点基本重合。

枕内隆凸与枕外隆凸点不在同一水平位置上，两者相距 37 毫米。

枕内隆凸表面平坦，枕骨十字隆起十分发育。小脑窝明显小于大脑窝。

颞骨鳞部低矮。

颅骨较厚。额骨眉间点处厚 21 毫米。前囟点处厚 7 毫米。顶骨顶结节处厚 12 毫米。枕骨最厚位于星点处，厚 15 毫米。

脑容量，以复原标本初步测定为 1000 毫升。

南京人 No. Ⅰ 与北京人特征不同或区别较大的主要有如下几方面。

额骨较短，其矢状弦长 92、矢状弧长 101 毫米。复原后的顶骨矢状弦长 96.4、矢状弧长 102 毫米。额骨明显短于顶骨。

眉嵴虽然比较发育，但额结节与顶结节却不够发育。

额骨与左右顶骨相接处有前囟点小骨。小骨平面近长方形，长 21、宽 10～12.3 毫米。

额骨与顶骨自中部向两侧呈缓弧状过渡，但矢状嵴不明显（这一特征可能与额骨与顶骨中部有许多病态骨瘤有关）。

颞鳞较低矮，其上缘呈缓弧形。

鼻骨形状特殊。鼻梁狭窄呈嵴形，鼻根点下凹，鼻尖点朝向前上方。鼻骨弦弧指数 91.2，扁平指数 21.6。

从复原后的颅骨观察，颅穹最宽位置在两耳门稍上处，颅顶后上方两侧显得较为隆起。

（二）南京人 No. Ⅱ 出土时保存有较为完整的颅盖。其余部位缺失。形态观察，其基本特征亦与北京人相似或相近，主要有如下几方面。

额骨低平并向后倾斜。

额骨与顶骨之间呈角状过渡。

额骨与顶骨中部矢状嵴明显，十分发育。矢状嵴两侧凹陷，与嵴相连形成两面坡屋顶状。在前囟点附近，有比较发达的十字隆凸。

顶骨后外侧部角圆枕十分发育。其左侧厚 18、右侧厚 17 毫米。

枕骨圆枕比较发达。枕外隆凸明显突起，表面圆钝、较厚。

颞骨鳞部低矮。

南京人 No. Ⅱ 与北京人区别较大之处，主要有如下几方面。

整个颅骨硕大厚重。额骨冠颞点处厚 10 毫米，顶骨顶结节处厚度左侧 10、右侧 11 毫米，枕骨枕外隆凸处厚 16 毫米。

根据测量数值的对比研究，发现南京人 No. Ⅱ 也是额骨短于顶骨。

顶结节不很发育。

枕骨圆枕上沟不明显，枕外隆凸明显后突。

颞鳞虽较低矮，但其上缘呈缓弧形，不甚平直。

（三）南京人牙齿仅发现 1 枚右上第三臼齿。总特征与北京人相似，唯齿根不及北京人的粗壮发达。

综上所述，3 件南京人化石材料，从基本特征分析，与北京人具有相当的一致性，在某些形态特征方面又有一定差异。这些差异有些属于趋于进步的性状，多数则可能是地区变异或个体变异。由此判断，南京人在体质发展阶段上应属于人类演化的直立人阶段。按体质人类学特征分析，南京人在我国古人类演化序列中的位置，可排列在北京人时期偏晚的阶段，而早于安徽和县人。

二　南京人的年代分析

南京人的年代分析主要从以下几个方面进行。

（一）南京人在我国古人类演化序列中的位置，如上所述，处于北京人偏晚阶段而早于和县人。北京人的地质时代为中更新世早、中期，绝对年代约在距今 70～20 万年。安徽和县人的地质时代为中更新世中期，铀系法测定绝对年代约距今 27～15 万年。南京人按序列编排，当在地质年代的中更新世中期，绝对年代略早于距今 30 万年。

（二）在南京人化石地点的发掘中，与人化石同层出土了大量古脊椎动物化石。经整理鉴定，共有 4 目、11 科、13 属、15 种，包括棕熊、中国鬣狗、虎、豹、中华貂、狐、猪獾（？）（以上食肉目），李氏野猪、肿骨鹿、葛氏斑鹿、小型鹿、水牛（？）（以上偶蹄目），梅氏犀、马（以上奇蹄目）和剑齿象（长鼻目）。这一动物群的主要成员属于周口店动物群，特别是中国鬣狗、李氏野猪、肿骨鹿、葛氏斑鹿等，更是其中的典型动物。由此，则南京人化石地点的动物群应与周口店动物群时代相同，为中更新世中期。再进一步以两地的上述典型动物形态作具体对比，特别与肿骨鹿下颌骨肿厚程度的形态对比，发现南京人的动物群更接近周口店第 1 地点中部地层 7～6 层的动物。由此判断，与南京人共生的动物群时代约相当于周口店第 1 地点第 7～6 层的时代。

（三）孢粉分析与洞穴沉积物环境的分析表明，南京人生存的时代，当地具有温暖、潮湿的亚热带或偏暖的温带气候。周口店第 1 地点地层中出土人化石与较多动物化石的第 11 层以上堆积，按自然环境划分，大致可分为 3 个阶段。第一阶段 11～10 层，属于温带半干旱气候，以草原动物为主，多喜干燥的动物类型。第二阶段 9～5 层，属于温暖潮湿的气候类型，以森林动物及喜水动物为多。第三阶段 4～1 层，属于半干旱的温带气候，以草原动物为主（李炎贤等，1981）。分析南京人化石地点气候及生态环境，其时代约相当于周口店第 1 地点的第二阶段，即 9～5 层时期。

（四）南京人化石地点绝对年代的测定，根据陈铁梅等用铀系法及电子自旋共振法测定的结果，该地点化石的年龄为 35 万年左右。这一结果支持了上述根据该地点动物形态、植物孢粉和沉积环境分析得出的结论。测年结果显示，周口店第 1 地点 7～6 层铀系混合法测定年代为 35～36 万年（夏明，1982），第 7 层古地磁法测定年代为 37～40 万年（钱方，1980、1985），第 9～8 层氨基酸法测定年代为 39 万年（李任伟、林大兴，1979），第 9～8 层铀系法测定年代为大于 35 万年（赵树森、夏明等，1985）。安徽和县人地点氨基酸法测定年代为 20～30 万年（王将克等，1986），铀系法测定年代为 15～27 万年（陈铁梅等，1987）。上述测定数值显示，周口店第 1 地点 9～6 层的绝对年代约为 39～35 万年左右，和县人则在 30 万年以下，与陈铁梅等测定的南京人化石地点化石的绝对年代十分吻合。

由以上 4 个方面的分析，可以初步认为，南京人生活的地质时代为中更新世中期，绝对年代约距今 35 万年左右。

三　有关学术问题的探讨

（一）南京人在我国古人类演化序列中的位置，上文已经作了判断。这一判断主要是根据南京人 3 件化石标本的基本体质形态特征及其与北京人的对比研究提出的。在这一前提下，还必须深入研究另一方面，即南京人不同于北京人而具有自身特点的体质人类学特征所具有的意义。事实上，以往所发现的直立人标本，都有其自身的特点。对它们的研究，至少应从两个方面考虑。其一，关于直立人的基本特征及其合理的变异范围的明确界定；其二，直立人在漫长的发展过程中，体质形态特征发展的不平衡性及其在不同地域平行发展的可能性。南京人化石标本为上述的总体研究提供了新的重要资料。南京人颅骨具有明显的自身特点，诸如颅穹的低平程度及其脑颅最大宽度位置的高低，额骨与顶骨矢状长度比例的变异，南京人 No. I 骨壁略显纤薄、南京人 No. II 硕壮厚重，南京人 No. I 中部矢状嵴不明显和眶上圆枕形状、鼻骨形状的特殊，以及南京人枕骨圆枕和枕外隆凸的发育程度等等方面。上述这些特征与北京人和其他直立人化石之间的异同、变化，指示我们必须十分重视直立人体质特征变化的多样性和复杂性，并由此出发，积极探讨直立人在数十万年的演变中体质特征的不平衡发展情况，同时将人类本身的体质发展与古人类所处的地理位置、生态环境等结合起来研究，去发现直立人的体质人类学发展特征及其规律。

（二）与南京人共生的化石动物群，已鉴定包括 4 目 11 科 13 属 15 种。这一动物群的基本成分是北京周口店动物群的典型动物；同时存在属于南方动物群的动物，但缺乏其中的典型动物。参照安徽和县人及其动物群的组成情况，一方面可以认为长江中下游一带，当时正处于南北方动物群的交汇区域；另一方面也提出了南京人及其动物群与北京人及其动物群之间的关系问题。在中国各地直立人及其共生动物群分布状况的研究中，许多专家就迁徙和平行发展等方面进行过许多分析探讨。南京人及其动物群的发现，对于这一研究工作，具有十分重要的价值。南京人化石地点位于长江下游南岸，距江约 25 公里。到目前为止，周口店动物群的典型动物，除少数外，基本上没有在长江以南发现过。因此，当研究北京人及其动物群在类似的地理生态环境与气候条件下自然迁徙的可能性时，就需要考虑它们如何渡过宽阔的长江这一问题。如果认为这一点十分困难的话，一个比较合理的解释是在中更新世的地质时期长江河道可能存在着南北摆动的现象。这一问题的答案将有待于地学工作的研究与配合。

　　除上述有关迁徙的设定以外，还可以设定长江下游以南地区原本就有体质特征与北京人相似的另一群人类。南京人动物群可能原本也是生活在江南地区的。由于目前其中的典型动物很少在江南发现，因此这一看法有待今后更多的发现与研究来证明。至于江南地区人类的活动，从社会人类学的角度观察，人类的体质特征与其文化遗存应该作为互相统一的整体进行研究。近年来在长江中下游地区，包括湖北、湖南、江西和安徽等省，多次发现中更新世到晚更新世的"砾石工业"遗存，即以石英岩和砂岩砾石为材料制作大型尖状器、砍砸器和石片刮削器的文化遗存。这种"砾石工业"的内涵与华北地区旧石器传统完全不同，应属于另成体系的一个旧石器文化系统。但是创造这一旧石器文化的人群却至今没有确定。郧县人遗址曾发现有性质与砾石工业系统比较接近的石器，但其个别岩性不同。这似乎可以作为一个线索。安徽和县人和南京人化石地点目前尚未发现石器，无法确定其文化面貌与性质。如在今后的工作中对此加强调查与探索，相信会有新的成果。

　　（三）南京人及其共生动物群化石的出土，不仅对于旧石器时代考古学、古人类学和古脊椎动物学的研究具有重要的意义，而且引起了学术界对于重建直立人生活环境研究的兴趣。目前，这一多学科的研究工作刚刚开始。第四纪地质及溶洞发育为古人类的生存提供了基本的地质、地理环境，特别是自第三纪开始的地壳活动平稳期，在对断块隆起的山体不断进行蚀低和塑造过程中，逐步形成了汤山地区的低山丘陵地貌，地势平缓，具有广阔的山麓面和阶地、水体，为植物的生长和动物的活动提供了有利条件。沉积物分析与孢粉分析的结果显示了当时适宜的气候与生态环境。这些成为南京汤山地区古人类生存与发展的良好基础。另一方面，对于南京人体质特征及其生存适应性的研究，以及今后对其文化遗存新发现的研究等等，也将促进上述各学科自身的研究与发展。

　　1993～1994年度出土的3件南京人化石标本，尤其是2件颅骨化石标本，提供了丰富的资料和信息，为进一步深入进行古人类的体质人类学研究奠定了更为坚实的基础。上述人化石的资料以及古脊椎动物与各学科调查获取的资料，作为一个完整的资料系统，丰富了人类研究自身发展的资料宝库。

参 考 文 献

李炎贤等，1981，北京猿人生活时期自然环境及其变迁的探讨，《古脊椎动物与古人类》第19卷4期337～347页。

夏明，1982，周口店北京猿人洞骨化石铀系年龄数据——混合模式，《人类学学报》第1卷2期191

～196 页。

钱方等，1980，周口店洞穴堆积的磁性地层学，《科学通报》第 25 卷 192 页。

钱方等，1985，周口店第一地点西壁及探井堆积物磁性地层的研究，《北京猿人遗址综合研究》251～255 页，科学出版社。

李任伟等，1979，我国"北京人"、"蓝田人"和"元谋人"产地骨化石中氨基酸的地球化学，《地质科学》第 1 期 56～61 页。

赵树森等，1985，应用铀系法研究北京猿人年代，《北京猿人遗址综合研究》246～250 页，科学出版社。

王将克等，1986，《氨基酸地质年代学》，海洋出版社。

陈铁梅等，1987，安徽省和县和巢县古人类地点的铀系法年代测定和研究，《人类学学报》第 6 卷 3 期 249～254 页。

附录一

南京人化石地点年代测定报告

陈铁梅　　杨　全　　胡艳秋

（北京大学考古学系实验室）

一　测年样品的采集与测年方法简介

汤山所发现的人化石材料均出自汤山葫芦洞中一小洞的第 3 层。小洞面积不大，约 25 平方米。堆积物厚度约 1 米，分为四层，第一层为覆盖整个洞的一层钙板。因此钙板的形成年代应是南京人年代的上限，而与人化石同在 3 层的其他动物化石应与南京人基本同时。据黄蕴平等研究，汤山葫芦洞小洞所出化石动物群的时代为中更新世。我们选用不平衡铀（U）系法和电子自旋共振（ESR）法两种测年方法，对小洞第 1 层钙板和第 3 层中的动物牙齿化石进行了年代测定。由于测年材料地层关系比较明确简单，不再另绘出采样点的地层位置图。

为了便于后面对测年结果及其可靠性、精确性的讨论，简要介绍上述 2 种测年方法的基本原理是必要的。

（一）不平衡铀系法

动物的骨牙等硬组织主要为羟基磷酸钙,但活体的硬组织基本上不含铀及其子体。动物死亡埋葬后，随着硬组织的石化和其中有机质的分解，羟基磷酸钙在不太长的一段时间内（千年尺度）从周围地下水中交换吸附铀并保留于化石中。如果以后不再发生铀及其子体次生的加入或析出（封闭条件假设），那么铀的子体^{230}Th 和^{231}Pa 将按放射性变化规律不断增长，使得样品中的 2 个放射性活度比值^{230}Th/^{234}U 和^{231}Pa/^{235}U 趋向其平衡值 1（^{230}Th/^{234}U 的平衡值稍大于 1）。根据实测这 2 个比值趋近于 1 的程度可分别定出骨牙化石样品 2 个独立的年龄值，我们称之为钍年龄与镤年龄。^{230}Th 与^{231}Pa 的半衰期分别为 7.5 万年与 3.2 万年，因此钍法的最大可测年龄约为 30 万年（最近发展的质谱铀系法把最大可测年限推远到 50 万年），而镤法才 12 万年。样品的实际年龄越接近最大可测年限，铀系法的测年误差也愈大。应该指出前面提到的封闭条件假设并非在任何环境中对所有样品均成立。如果被测样品曾经历过铀的次生加入（或析出），那么其铀系年龄将有系统误差，偏年轻（或偏老）。因此，必须检验被测样品的封闭性，办法是比较$^{230}Th/^{234}U$ 和 $^{231}Pa/^{235}U$2个比值，或者钍和镤2个年龄值之间是否协调。就汤山地点肯定早于15万年的样品而言，要检验$^{231}Pa/^{235}U$ 比值是否在1附近。如检验封闭假设基本成立，则所测钍年龄基本可信并可代表样品的铀系年龄。

地层中的钙结层、洞穴中的钟乳、钙板等自生的碳酸盐沉积物也可用铀系法来测定其形成年龄，其原理基本与骨牙化石的测年相似。关于铀系法测年原理与技术，有兴趣的读者还可参见陈铁梅等所写文章（陈铁梅等，1982、1984）。

（二）电子自旋共振（ESR）法

牙珐琅的组成主要是羟基磷酸钙。羟基磷酸钙晶体在牙化石本身的以及周围埋藏土中铀、钍和钾三种天然放射性元素的电离辐射辐照下，其晶格的电子陷阱中被俘获的不成对电子数目随时间不断增长，而且电子数与牙珐琅样品接受的总累积辐照剂量 AD 值成正比。电子数或 AD 值可以用附加剂量法在电子自旋共振谱仪上实际测定。图一是测量葫芦洞小洞 N94003 样品的 AD 值的实例。这里采用指数函数拟合各附加剂量值时的 ESR 信号点，拟合线与 X 轴的交点给出该样品的 AD 值为 $1619\pm200Gy$（Gy 又称戈瑞，是辐射剂量学中表示吸收剂量大小的一个单位，1Gy 相当于 1 公斤物质吸收 1 焦耳能量的辐射剂量）。另一方面，样品的 AD 值显然是样品每年接受的剂量值 D 的累积和。D 称为年剂量率，它可根据牙化石和周围土壤中的铀、钍和钾等放射性元素的含量计算得到。如果 D 是常量且不随时间变化，那么样品的年龄 t＝AD/D，可简单算得。但实际上因牙化石中铀系放射性的不平衡，年龄的计算不似上式那么简单，但也是可以算得的（陈铁梅等，1993）。

ESR 法测牙珐琅化石年龄的可靠性也同样受样品中铀封闭假设是否成立的影响，因此封闭假设检验也能提高 ESR 年龄的可靠性。ESR 年龄的精确性还受其他一些因素的影响，我们估计其相对误差在 20% 左右，即如果测得样品年龄值为 30 万年，则误差在正负 6 万年左右。ESR 法相对于铀系法的一个重要优点是它适用于全部中更新世年代范围的样品，即早于 30 万的样品可以用 ESR 法测年，而用常规铀系法测年误差较大。

二　测年结果及讨论

（一）铀系测年结果

共用铀系法测了 6 个样品的年龄。2 个钙板碳酸盐样品，2 个牙本质样品，2 个牙珐琅样品。其中 BKY94011、BKY94015、BKY94016 和 BKY94018 等 4 样品同时用 ESR 法作对比测年。铀系法测定实验数据列于表一，年龄值 T 列于该表的第 8 列，所标本年龄误差系一个 σ 统计误差，即样品 U 系年龄在 T−σ 至 T+σ 范围的概率为 68%。

表一　　6 个样品的铀系法测年结果（第 8 列为铀系年龄，第 9 列为封闭性检验）

样品号 BKY	对应的 ESR 样品号	材料	铀量 (ppm)	$^{234}U/^{238}U$	$^{230}Th/^{234}U$	$^{230}Th/^{232}Th$	Th−年龄 (ka)	$^{231}Pa/^{235}U$
93004		方解石	0.264±.013	1.394±.068	1.008±.054	51	317+110−71	
94029		方解石	0.414±.020	1.298±.055	1.05±.06	90	360+∞−80	
94011	N94001	牙珐琅	3.35±.16	1.586±.066	.951±.046		221+33−26	
94016	N94002	牙本质	20.7±1.0	1.313±.042	1.003±.045		295+77−47	1.05±.08
94015	N94003	牙珐琅	5.37±.32	1.764±.115	0.929±.048		201+30−28	
94018	N94004	牙本质	15.2±.6	1.122±.044	.993±.043		244+∞−68	1.07±.08

1. 2 个钙板样从外表看纯净、结晶良好，未见风化迹象。它们的 $^{230}Th/^{232}Th$ 放射性活度比大于 20，也表明无粘土或岩屑的污染。它们的铀系年龄分别为 32 万年与 36 万年。由于含铀量低，所测年龄的误差值较大，也无法对它们作铀封闭性检验，但一般说来未风化和非重结晶的洞穴碳酸钙盐的铀系年龄应是可靠的。鉴于钙板覆盖着"文化堆积"，其形成年代应晚于被覆盖物的堆积年龄，这样钙板的 U 系测年给出化石地层的年龄似应早于 30 万年。

2. 2 个牙本质样品均作了 U 封闭性检验。它们的 $^{231}Pa/^{235}U$ 比值在误差范围内接近平衡值 1，即样品基本上是封闭的。这 2 个样品的钍年龄均在 30 万年左右。既然样品对铀封闭，则铀系测年结果 30 万年不会偏离它们的真实年龄太远。

3. 2 个牙珐琅样品的铀系年龄都偏晚，为 21 万年左右。由于含铀量低，样品量也不足，未作封闭性检验。但这 2 个样品的 $^{234}U/^{238}U$ 比值明显比其他 4 个样品为高，表明可能有铀的后期加入。如果真是如此，那么其铀系测年结果偏晚就可以得到解释。

（二）ESR 法测年结果

ESR 测年对象是 5 个与人化石同层的动物牙化石的珐琅质。用附加剂量法和指数函数拟合测定了它们的累积吸收剂量值 AD。典型情况见图一。

为了测定年剂量率 D 用 α 能谱法和激光荧光法测量了牙样中珐琅与牙本质的铀含量。环境剂量根据小洞中埋藏土的实测的 U（4.2ppm）、Th（12.5ppm）和 K（2.49%）

ESR 信号强度(任意单位)

ESR Signal Intensity(a.u.)

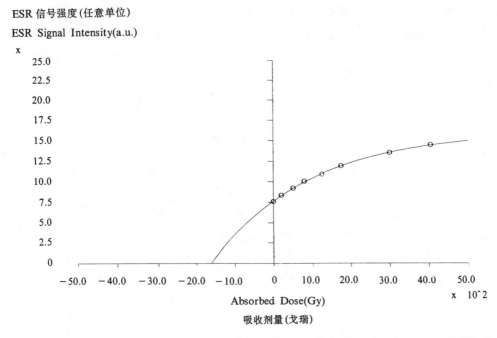

图一　葫芦洞小洞 N94003 样为例表明用附加剂量法测样品的 AD 值。实验点是各附加剂量值时的
　　　ESR 信号强度。拟合曲线为指数函数曲线。曲线在横轴上的截距为 AD 值。

含量计算。珐琅样的厚度和其表面层磨去量均由实验测定。但计算年龄时关于样品在历
史时期的含水量和氡逸失量采用假设值（15±5）％和（30±15）％，由此可能产生的年龄
值误差已计入。考虑到铀系法所检验的 4 个牙化石样品都基本封闭，因此我们用铀早期
加入模式计算 ESR 年龄。ESR 测年的中间数据（如 AD 值，U 含量等）和最终结果均列
于表二中。

表二　　　　　　　　　　　　　5 个样品的 ESR 测年结果

样品号	厚度 (mm)	AD (Cy)	珐 琅			牙 本 质			ESR 年龄 (ka)
			U (ppm)	234U/238U	230Th/234U	U (ppm)	234U/238U	230Th/234U	
N94001	1	1293±274	3.35±.11	1.585±.066	0.951±.046	20.7±.06	1.313±.043	1.003±.045	332±75
N94002	1.2	827±134	0.5			6.87			378±64
N94003	1.5	1619±200	5.37±.32	1.764±.115	0.929±.048	65.8			293±44
N94004	1.2	1104±155	1.67			15.21±.55	1.122±.044	.993±.043	388±61
N94005	1.4	1039±154	0.68			24			395±69

　　5 个 ESR 年龄值从 29 到 40 万年，平均为 35 万年。其中有 3 个样品同时用铀系法对
比测年。虽然这 3 个样品的 ESR 年龄都比铀系年龄稍偏老，但是差别未超出误差范围。我

们认为 2 种测年方法的结果基本上是相互印证的。在排除了 BKY94011 和 BKY94015 2 个可能有铀后期加入的珐琅样品的偏晚年龄后,可以将 28～38 万年这个年代区间作为南京人化石地层年代的估计值。如果我们考虑到 30 万年已接近铀系法的最大可测年限,从而更偏重 ESR 测年的话,并考虑 2 个钙板年龄,则我们可以认为南京人年龄为 35 万年左右。他们早于和县直立人而和旧石器时代中、晚期的北京人相当。

参 考 文 献

陈铁梅、原思训、高世君、王良训、赵桂英,1982,许家窑遗址哺乳动物化石的铀子系法年代测定,《人类学学报》1 卷 1 期 91～95 页。

陈铁梅、原思训、高世君,1984,铀子系法测定骨化石年龄的可靠性研究及华北地区主要旧石器地点的铀子系年代序列,《人类学学报》3 卷 3 期 259～269 页。

陈铁梅、杨全、吴恩,1983,辽宁金牛山遗址牙釉质样品的电子自旋共振(ESR)测年研究,《人类学学报》12 卷 4 期 337～346 页。

附录二

南京汤山地区第四纪地质与地貌

张兆干　张建新　俞锦标　杨剑明　王祥

（南京大学城市与资源学系）

王永慧

（南京教育学院）

第一节　地貌发育与第四纪地质

汤山地区的地貌与区内的中生代以来特别是新生代以来的地质环境有极大关系。印支运动时期，这里的褶皱构造形成，山体走向，背、向斜的格局业已奠定。至中生代后期，太平洋板块的向西俯冲和欧亚板块向南移动，并导致两板块相碰撞，先上拱，后断裂，在我国东部产生一系列断块升降和洼陷盆地。宁镇山脉也就是一系列断块凸起山地中的一部分。汤山地区位于断块凸起山地西端，其北以长江为界与仪征凹陷隔江相望，其南与句容凹陷相近。

新生代后期的新构造运动时期，在前期的地貌轮廓格局的影响下，地貌发育中发生众多变化，首先将前期被夷平的山地复又抬升成山，地貌特征与前期相比，发生了很大变化，北侧宝华山一带原为向斜谷地，此刻已成为向斜山地，两翼已成为宽阔的次成谷地，而汤山本身仍然为背斜山，南北侧亦相对处于沉积区，其中，还有火山沉积。在被剥露出来的石灰岩体内，由于降雨的作用，发生了喀斯特作用。汤山地区在这一时期既有断裂、构造活动，又有火山的影响，并有流水和喀斯特等一系列营力相互作用，形成极为复杂的地貌体系和众多的地貌类型。现将汤山地区的地貌类型归纳如下：

一　地貌类型（见报告图二）

（一）构造控制的地貌类型

1. 背斜山

汤山和孔山即为背斜山。汤山为本地区的背核部，成穹隆状隆起，东西两端倾伏，下部古生代白云岩为其核部岩层。孔山为泥盆系石英砂岩组成，南北侧有逆断层，山体呈近东西向。孔山高 341.1 米，为区内各山高度之冠。

2. 向斜山

孔山两侧的陡山、棒槌山和丝山均为向斜山。陡山由二叠系栖霞组组成，棒槌山和丝山为三叠系青龙群组成。其实陡山向斜为整个复式背斜山体中派生的小型向斜，而棒槌山和丝山为向斜山。向斜山体均为石灰岩组成，地层倾角较为平缓（陡山为 15°），在地貌发育过程中由向斜谷地成为向斜山的倒置现象。

3. 单面山

汤山侯家塘谷地北侧有一系列近于东西向排列的山体，如下羊山、连山、团山、纱帽山、土山、狼山和刺山等，均由坟头群、茅山组、五通组砂页岩组成，山体一侧坡度为 30°左右，另侧坡度亦较缓，海拔高度约 250 米左右。该系列山体原为一体，其间分布有北西西向断裂，分别把山体割裂为上述山地。

4. 断层谷

根据断层与褶皱之间的关系，断层谷可分为 2 种：一种的走向与褶皱轴一致，由于断层面极陡成为陡峭的逆冲断层（近于 90°），谷地发育不完整，而且又受后期西北向平移断层切割，成为不连续的零碎谷地，局部断层谷发育成鞍部；另一种是受北西、北东向平移断层控制的谷地，其特征是短小、谷地成为深切的“V”字形，显示这种谷地是由晚于褶皱期出现的断裂活动所形成。

（二）流水作用的地貌类型

区内由于处在分水岭地带，河流塑造的地貌类型较少，通常表现为流水的片状侵蚀、短暂的线状侵蚀地貌以及堆积地貌为主。它们有：

1. 山麓面

在汤山地区表现十分典型，它呈垄岗状分布在孔山、团山、刺山和汤山等山体的南北两侧。它们的表面可以联成一个平坦的、微向谷地倾斜的地面。在接近山体处，坡度有突变，形成拐点，拐点之上一般山体的坡度在 30°左右，而在拐点以下，坡度在 8°左右，其后向下坡度逐渐变小，在中段以后，往往在 3°～5°之间。从这里观察，山麓面均切割基部岩层，其上盖有碎石层，一般厚度在 1 米以下，局部超过 1 米。碎石层的碎石粒径由山麓向前缘逐渐变小，磨圆度则逐渐增高。从碎石层的结构、颜色和层位分析可能存在不同时期的产物（详见后）。在碎石之上普遍覆盖有下蜀土层。碎石层的物质主要是泥盆系五通组石英砂岩和少量侵蚀体岩石。在汤山之南的山麓面则缺失上覆碎石层，主要有河湖相水平沉积层，其上为下蜀土覆盖。表示汤山南侧曾有过湖泊水体。

据观察分析，南京地区的山麓面极普遍，表明在中、上新世时期，曾有一个较为宁静的构造平静期，此时，基准面处于同一高度，山坡平行后退，切割各种构造和地面。山麓面的形成，为动物的繁衍，特别是古人类的生存和发展创造了有利条件。其后在山麓面上发育顺坡沟谷，坡面水流顺沟集中，并侵蚀形成垄岗地与低谷并存的特点。

2. 阶地

仅出现在汤山地区南部的上峰河以下地段，海拔高度在 35 米上下，高出谷底 5～10 米，为基座阶地，但其上有次生黄土（Q_4）覆盖。

3. 河漫滩

分布在上峰河谷中，主要为全新世亚粘土砂砾层构成。此外分布在孔山、棒槌山、丝山以北的长江冲积平原地区。

4. 冲洪积扇

汤山地区有北西向断层形成的断层谷，其山口多数有冲洪积扇存在。按其汇水面积的大小，扇体大小也有变化。在黄栗墅向北的沟谷因北西西向和北东向断层的交会，谷地集水面积较大，因而在谷口形成较大的冲洪积扇，其坡度较大，组成物质为全新世的砾石层，磨圆度较山麓面的碎石层要好。

5. 坳沟

在山麓面上发育与坡面一致的沟谷,坳沟的沟头,一般接近山体,坳沟中分布着下蜀土。从坳沟中沉积物的特点分析,坳沟发育在中更新世或以后时期,下蜀土覆盖其上。

6. 冲沟

由地面汇水集中于低地发育的沟谷，位于侯家塘至汤山镇之间的谷地。

（三）喀斯特地貌类型

汤山地区分布着大面积的碳酸盐类岩石，主要为石灰岩和白云岩以及两者过渡的灰质白云岩或白云质石灰岩等岩石。它们长期暴露在地表，在雨水的淋洗作用下，发生化学溶解和物理的侵蚀作用，形成各种喀斯特地貌形态类型。

1. 喀斯特化山地

从汤山地区的石灰岩和白云岩山地分析，喀斯特地貌形态类型中除若干零星的石芽外，其他正地形如喀斯特峰林、喀斯特丘陵和石林等缺失，喀斯特负地形却时有发现。从外表看亦存在与常态地貌相似的特点。这种既存在喀斯特作用但又不十分明显的山体为喀斯特化山地。它们是汤山、丝山、棒槌山、甘家山和宝华山等。

2. 溶沟和石芽

汤山地区的溶沟和石芽形态类型分布不多、范围不广。主要分布在汤山顶部一带。该地区为白云岩组成，在雨水冲刷和溶解下，岩石突起呈石芽，高可达 2～3 米，其下多为沟谷状溶槽。由于为白云岩组成，因而石芽的表面并不平整，而且有白云岩风化的刀砍状特点。

在山坡地带也有石芽和溶沟分布，但由于地表有土层覆盖，溶沟被填满，石芽也不显突出，成为覆盖型石芽。

3. 喀斯特洼地

在汤山南新建城北的沟谷中有一洼地，直径 100 米左右，发育在奥陶系红花园组石灰岩中。

4. 喀斯特漏斗

目前喀斯特漏斗仅发现于宝华山隆昌寺对面的山顶上。漏斗直径约 30 米，深度为 20 米，漏斗底部直接与一洞穴连通，漏斗集水面积不大。经分析，早期漏斗地区的集水面积可能较大，后来地下洞穴顶部地面塌陷成为漏斗，但保持着与洞穴相通的特点。

5. 溶洞

汤山地区的溶洞较多，有的溶洞洞口被揭露，有的仍然深埋于地下，根据目前被揭露的和通过物探了解的溶洞分析，有下列几个特点：

（1）洞穴数量多，密度大，但个体较小。本区溶洞的长度没有超过 500 米的，一般很少超过 100 米，多数在 50～100 米之间。

（2）洞穴分布的高度相对集中，其中 85～100 米、120 米、145 米等 3 个高度较为集中。

（3）主要分布在石灰岩中，少量发育在白云岩中。

（4）溶洞大量集中在汤山北坡，同时与该地的东西向断层有依存关系。

（5）洞穴的时代较为复杂，不少洞穴发育较为古老，其中沉积物有的业已成岩，已失去洞穴特性；有的古老洞穴呈封存状态被保护下来，有的为近期形成并正在扩大和充填的洞穴。

（6）洞穴的成因多种，除降水渗入地下溶蚀成因外，可能有地下矿液、地热上升而由应力溶蚀成因，或者由两者混合作用形成洞穴。

6. 喀斯特泉，可分为热水泉和冷水泉 2 种。

（1）热水泉（温泉），汤山镇的温泉闻名遐迩，水温一般在 50°～60℃之间，不受季节性气候影响。温泉的平均流量约为 20 升秒。流量与季节性降水量有关，春冬少雨时期，流量减少，夏秋雨多，流量增大。汤山温泉水质洁净，透明，无臭而略带苦涩味。经江苏水文地质队测定，该泉水为含微弱硫酸盐钙（镁）的高热泉，是通过地下水下渗与地下热源交融后再流出地表的。

（2）冷泉，汤山有喀斯特冷泉多起，或为深循环的承压泉，或为浅循环的自流泉。由于该地区采水量日益加大，泉点水量减少，有的喀斯特泉成为季节性泉点。

二　区域地貌发育

汤山地区的现代地貌特征，经历了复杂的地质构造发展历史，最终是在晚燕山期——

喜马拉雅期完成的，表现为汤山地区的凸起和两侧仪征（北）与句容（南）的凹陷。至今这种凸起和凹陷仍在继续进行中。

本区在震旦纪——三叠纪阶段，由于海侵——海退频繁进行，形成较为稳定的准地台型盖层。三叠纪末期，即印支运动时，本区处于中国东部大陆边缘活动带内，出现演化地壳新阶段，在经历了凹陷、褶皱、隆起后，代之以断裂、断块升降运动。在地块上升成为陆地的地区，受到侵蚀和溶蚀作用，留下了古代侵蚀面和古洞穴，侵蚀面上堆积有陆相地层，洞穴内充填着洞穴堆积物。在相邻的相对下沉地区，往往形成古盆地，其沉积物或为河流冲积相或为冲积扇相。这种侵蚀和堆积作用，逐渐使本地区被夷平，而接近准平原化。

燕山运动强烈影响本区，在前期被夷平的地区产生一些逆掩断层。这种断裂活动的同时也发生岩浆的侵入，同样控制着周围盆地的轮廓和沉积作用。岩浆活动和断裂活动促进了本地区洞穴的发育。喜马拉雅运动为继承性活动，除在燕山期断块凸起和两侧凹陷地区继续发展外，大陆边缘泛流式的火山喷溢作用的玄武岩类也在邻近地区发生，同时本区的地貌业已定型。复式背斜的断块山地，北侧平坦的仪征凹陷，沉积了巨厚的中生代和新生代初期的陆相碎屑层。南侧平坦的句容凹陷除分布有各时期盆地沉积外，也沉积有火山玄武岩和各种侵入体。

约在中上新世时期，区内除短时火山喷发外，有一较长时期的地壳宁静期，届时在断块上升的山体进行蚀低和塑造过程。在地貌上，于山地内山坡后退过程中形成微向谷地底部倾斜的山麓面。

其时，侵蚀基准面相对稳定，地下水面的位置也相当固定，限制在同一高度的位置，为此在石灰岩山地中，形成了众多而较大的洞穴。在平坦而微倾斜的山麓面上，在气候适宜的情况下，植物茂盛，动物众多。汤山地区的南部，山麓面延伸较远。在本区的北部长江沿岸一带，沉积有雨花台砾石层，并成为三级阶地，海拔一般为 60 米左右。

早更新世以来，区内地壳运动以继承性的抬升运动为主，随着气候的变化，塑造地貌的动力亦有相应变更。早更新世，在山麓面继续发育的同时，并对山麓面进行改造。中更新世早期，由于全球气候变化，区内大范围内处于冰缘气候条件下，山麓面上产生融冻泥流作用，从而堆积成融冻泥流堆积的碎石层。其后气候变暖变湿，促使这一碎石层发育成网纹层。在披盖有碎石层的山麓面上并发育顺向谷地的沟谷，山麓面被切割成长条形状垄岗地形。其后在垄岗与沟谷上又有被改造的碎石层再搬运沉积，同时由于流水和风的作用，在区内海拔 90 米以下的范围内沉积了下蜀土层，再次起到填平作用。全新世以来，在原有沟谷的基础上，形成间歇性水流，形成坳沟和切沟等，在南部地区地表水汇集之处，发育有湖泊，其上游则形成河流，发育河漫滩堆积和河床等地形。

三　第四纪地质

根据前人研究，区内第四系广为分布，成因类型多样，但缺失下更新统沉积，中更新统以融冻泥流和洞穴堆积为主，上更新统以风成堆积为主，残坡—坡洪积次之，全新统则以冲积为主。本次工作在汤山地区共调查第四纪剖面 15 个，对其中 7 个作了采样分析，填了第四纪地质图（见本报告图二）。此外，根据江苏区调大队 1985 年资料中对坟头村中更新统剖面以及本次对洞穴堆积物等的分析（分析资料见下），本区的第四系地层情况如下：

（一）洞外第四纪沉积与地层划分

1. 成因类型

主要有：

（1）残积

（2）坡积

（3）风积　主要指风成黄土，区内风成黄土可覆盖在不同岩性和时代的地层之上。分布高程一般不超过 150 米海拔高度。风成黄土主要呈黄色，质松软，孔隙较多，具古土壤化特征，未经风化的风成黄土为棕褐色、褐棕色乃至淡红色亚粘土，质地一般由上向下变得坚实，含铁锰胶膜少许，有柱状节理。目前多分布在岗地的顶部，其下为碎石层。

风积黄土受片状水流的改造成为次生黄土，这种次生黄土具有坡积和冲积的特征，在一些地区表现出良好的层理，有时有不清楚的层理，中间可以夹有砾石，砾石的大小悬殊。次生黄土在区内主要分布在坡麓和沟谷中。

（4）洪积　洪积指山麓面后缘接近山体的沟谷出口的沉积层。洪水时期，在孔山、陡山一带山地沟谷出口处，山地风化物质由洪水挟带出口，至山麓面一带坡度变缓、地势开阔处沉积下来，它们都是异地源岩，以及沟谷两侧山体斜坡风化的碎屑物质所形成的一种冲出锥体。从沉积动力学分析，一种为片流沉积，可以在一个砾层之上被侵蚀后再被一个具交错层理的砂层所覆盖，其上又可为砾石层所盖。另一种是河床沉积物，由河床残余堆积物形式产出，其中可以由原先河床沉积物的崩塌物所混杂。第三种是砂砾层与砾石层相互成层的间歇性河流沉积。区内这种洪积类型的冲出锥在北侧山地一带出口处均有分布，但个体大小不一，大的面积可达 1 平方公里以上，延伸较远，可能有两个时期的冲出锥叠置而成。

（5）冰缘沉积（融冻泥流）　当气温长期在零度上下波动，地表岩层与残坡积物处于机械风化和冰冻融化反复过程中，地表碎屑物质在重力和冻融水的作用下，沿山麓面发生滑动而成一种厚度不大堆积杂乱的碎石夹泥层。由冰缘作用而沉积的地层在区内分布较广、较普遍。

（6）冲积   区内冲积不甚发育，主要分布在汤山南侧、东侧长年性河流中，其他地区均为间歇性河流和河谷内堆积，层理不清晰，亦不连续。

2. 地层划分

（1）中更新统   在宁沪高速公路过境的岗地段多有此层。其特征为：碎石层夹棕红色粘土层，有的地方出现网纹。碎石的成分主要是五通组砾岩和石英砂岩的碎块，少量有侵入体（花岗闪长斑岩和石英闪长斑岩）的碎块组成，砾石的大小与搬运距离有关，有的夹有粘土，碎石呈尖棱角状，大小不一，排列无序，杂乱无章。根据杨怀仁等研究，为冰缘条件融冻泥石流层。

上覆地层为上更新统下蜀组粉砂亚粘土和次生砂砾层。下伏地层为高家边、五通组等地层。

（2）上更新统   本区只见下蜀组的中、上部分，普遍见于本区汤山南北侧谷地中。上部为黄褐色亚粘土，风化呈土黄色，砂状结构，有的有古土壤化结构特征。中部为褐色、棕色亚粘土—亚砂土，孔隙多具古土壤化特征，局部可见灰白色网纹。下部棕褐色亚粘土，胶结紧密，风化呈黄褐色，鳞片状，具棱粒、团粒结构，柱状节理发育，有铁锰胶膜。在个别沟谷中底部有砾石。下伏地层不一，岗地上为中更新统棕红色粘土碎石层，经改造成棕黄色碎石夹层，部分岗地的下伏地层为上更新统碎石层。

除下蜀组外，区内一些岗地上有 1 层棕黄色、黄色碎石夹砂层，其上覆地层为下蜀组，下伏地层为中更新统地层。地层厚度较薄，一般为 0.5～1 米，砾石直径一般为 3～7 厘米之间，以 5 厘米居多，呈次棱角至次圆。本层系中更新统碎石层受后期改造，其时代为晚更新世，稍早于下蜀土的中、上部沉积层的时代。

（3）全新统   在汤山之南河流过境地区有冲积形成的粉砂、细砂和淤泥层。在侯家塘次成谷地北侧的一些沟谷中见有灰黑色沼泽相沉积层，安基水库一带谷地发现下部为青色、黑色淤泥层，厚度在 2 米以上，在黑色砂层中有大量朽木，其上为黄色、褐黄色次生黄土堆积，朽木测年为距今 600 年。其下青灰色淤泥的测年为距今 5000 余年。在山地出口处有黄色、褐黄色砾石层，上部为较疏松的粘土层，组成冲出锥体，为全新统下部地层。

（二）洞内第四纪沉积地层划分

从目前所掌握的资料看，区内洞穴沉积层主要是中更新统地层。上更新统地层是否存在，因年代资料太少难以确定。

中更新统地层中大致可分为二段，下段为黄色、黄褐色粘结较松散的砾石夹粘土层。砾石多呈角砾状，其中有崩塌的灰岩巨砾，中间夹有少量哺乳动物化石，厚度在 5 米以上，未见底。砾石层似有层理，系坡积崩积混合堆积层。上段为棕黄色、红棕色砾石层、粘土层、化石层等组合层，砾石的直径较下段为大，一般在 10 厘米以下，胶结（钙质）坚实，含较多哺乳动物化石，砾石层之上为红棕色粘土层，夹有哺乳动物化石，红棕色粘土层胶结一般，其上有1层厚20厘米的黑色、黑褐色粘土层，其上为哺乳动物化石堆积层。在葫芦洞化石层之上为棕红色粘土层和钙板，而在炼灰厂上段地层中间有多层钙板薄膜层相间，炼灰厂中更新统上段地层厚度超过6.5米。

第二节 洞穴发育与洞穴沉积

在汤山地区发现的溶洞为数不少，包括被揭露的古洞穴和年青的洞穴总数不下20个。以洞穴的长度分类，主要为中、小型洞穴，最长不超过100米，多数为50米以内的小洞穴，更无超过500米或5000米的大洞和巨大洞穴，也缺少地下河形成的洞穴系统，总体来说是单个、孤立存在的洞穴。洞穴的形成有二种情况：一是由降水通过岩层各种裂隙进入地下某可溶性岩体进行长期的溶蚀作用而形成的洞穴，本区内大部分洞穴由这一成因生成。二是由岩层自重或构造所产生裂隙，并有地下岩浆侵入时产生的热液或矿液、气体等随裂隙上升在适宜岩体内所形成的应力溶蚀作用生成洞穴，这在本区数量不多，个体亦较小，呈串珠状由下向上分布，垂直或倾斜分布在岩体内，多为后期沉积所充填。洞穴大多数呈岩屋状、裂隙状和厅堂状。

一 洞穴发育

（一）溶洞分布特征

汤山地区的溶洞至少有两期以上的洞穴形成时期。一种是由被松散沉积物充填和半充填的洞穴，称为年青洞穴。一种是完全被充填的洞穴，而且充填物已固结成岩，称为古洞穴。洞穴的分布大致有以下特征：

1. 多数年青洞穴位于奥陶系的石灰岩和白云质石灰岩中，寒武系（中上统白云岩）岩层中发育较少。

2. 汤山年青洞穴的分布，北坡多于南坡，根据十几个被调查洞穴的统计，80%以上位于北坡。

3. 年青洞穴大致集中在以下几个高程中（如表一）：

它们大致可以分为：

（1）洞口海拔高程在60米一级底部，已接近潜水面，可称为潜水面附近洞穴；

（2）85～100米级，称为低位洞穴；

（3）120～140米级，称为中位洞穴；

（4）＞150米，称为高位洞穴。

生物和碎屑堆积多集中在低位洞穴中，当时的洞穴，易于被水流携带物充填。从目前北

表一 　　　　　　　　　　　　　　**年青洞穴的分布**

洞　名	坡　向	洞口高度（米）	所在地层	充　填　状　况
盐鸭子洞	北	145	奥陶系下统	
无名洞	北	130	奥陶系下统	
珠砂洞	南	152	寒武系上统	大部分被充填
老虎洞	南	125	奥陶系下统	
葫芦洞	北	91	奥陶系下统	部分被崩塌物、生物碎屑、坡积物所充填
雷公洞	北	60	奥陶系下统	部分被淤泥充填
凤泉洞	北	100	奥陶系下统	部分被崩塌物充填
炼灰洞	北	90	奥陶系下统	全部被坡积物、生物碎屑和钙板充填
无名洞	北	95	奥陶系下统	全部被充填，仅露洞口部分
出气洞	北	85	奥陶系下统	洞口部分被坡积物所充填
无名洞	北	85	奥陶系下统	位于炼灰厂采石西坑，已被人工填塞
无名洞	北	85	奥陶系下统	位于炼灰厂采石西坑，已被人工填塞

坡物探（地震剖面法）证实，埋于地下，高程为 85～100 米的低位洞穴尚有数个，表明该层洞穴形成时期，地下水面长期稳定，气候条件适宜。

（二）溶洞发育的岩石特征

1. 碳酸盐岩层的基本特点

（1）研究区内主要的碳酸盐岩是寒武系中上统（$\in_{2-3}$）的观音台组白云岩，含燧石白云岩和灰质白云岩，以含灰质白云岩为主。观音台组可分为上、下两部分，下部为浅灰—深灰色灰质白云岩、含灰质白云岩、白云岩夹白云质灰岩，亦含燧石结核或条带。单层厚度变化较大，变化少规律。上部浅灰—深灰色中薄—厚层状白云岩夹含燧石结核和条带白云岩。根据附近仑山地区岩石的化学分析结果，观音台组岩石主要氧化物含量为：MgO 为 $18.91\sim21.46\%$，CaO 为 $29.90\sim32.34\%$，SiO_2 为 $0.53\sim5.67\%$，Fe_2O_3 为 $0.13\sim0.29\%$，Al_2O_3 一般小于 0.3%，CaO/MgO$=1.5:1$ 左右。根据其他地区的资料，其比值反映为中等喀斯特化岩石。

（2）汤山的外围和山坡地带为下奥陶统碳酸盐岩和上奥陶统的泥质灰岩等。

下奥陶统：自下而上可分为仑山组（O_{1L}）、红花园组（O_{1h}）、大湾组（O_{1d}）和牯牛潭组（O_{1g}）等碳酸盐岩，其中仑山组主要为灰质白云岩和白云质灰岩等相互成层，汤山附近地层的总厚度为 100 米左右。其中以灰质白云岩为主，CaO/MgO$=4.18:1$，表明它们为白云岩占主体，喀斯特化稍高于其下的中上寒武统白云岩类。红花园组主要为浅灰色、灰色、深灰色中厚层内碎屑、生物碎屑、藻屑灰岩、白云质灰岩，其中有微晶、砂屑、砾屑、鲕粒、团块等结构构造。葫芦洞顶部碳酸盐岩的 CaO/MgO$=18.3:1$，表明这层主要是石灰岩，或者含白云质灰岩。其中有的岩石样品 CaO/MgO 为 $89.27:1$，显然此层为纯灰岩，如表二所见：

表二 葫芦洞顶部红花园组岩石化学分析

项目 样号	Na$_2$O	MgO	CaO	Al$_2$O$_3$	SiO$_2$	P$_2$O$_5$	K$_2$O	TiO$_2$	MnO	Fe$_2$O$_3$	FeO	烧失量	总量
B1	0.00	4.20	49.92	0.63	1.73	0.02	0.20	0.04	0.03	0.17	0.10	42.61	99.65
B2	0.00	3.66	51.08	0.77	0.61	0.02	0.28	0.05	0.01	0.17	0.10	43.21	99.96
B3	0.08	0.56	49.99	1.17	5.88	0.07	0.43	0.06	0.07	0.42	0.18	40.40	99.31

红花园组灰岩是主要发育的洞穴层位。大湾组在区内出露厚度较小，仅15米左右，主要为薄—中厚层生物碎屑微晶灰岩和硅化灰岩、硅化角砾灰岩共存。喀斯特洞穴不甚发育。牯牛潭组主要为灰黄、灰色含生物碎屑微晶灰岩，间夹薄层似瘤状泥质灰岩。下部灰岩较纯，上部含泥质、白云质。总厚度较小，仅12米左右。

中奥陶统碳酸盐岩层主要有大田坝组（O$_{2d}$）和宝塔组（O$_{2b}$），大田坝组在区内出露不广，主要是肉红色薄—中厚层含泥质生物碎屑微晶灰岩，其分层主要是通过化石来划分。宝塔组下部为含生物碎屑的微晶灰岩，含CaO较多，灰岩质地较纯，由于厚度不大（10.44米），喀斯特洞穴较少；上部由于含有大量粘土，故多为泥质灰岩和泥灰岩，层薄，或成瘤状、龟裂状灰岩。

上奥陶统汤头组（O$_{3t}$）在区内发育厚度不大，仅5米，主要是薄层瘤状泥质灰岩，其上为上奥陶组五峰组（O$_{3w}$）系页岩。

由上可知，区内发育喀斯特洞穴的碳酸盐岩组，主要集中在下奥陶统较纯灰岩内，其下的寒武系中上统为白云岩，溶洞发育中等。其上中奥陶统泥质瘤状灰岩、泥岩和页岩等为相对隔水层，阻止地下水向下移动，故而洞穴不发育。

2. 碳酸盐类岩石沉积物的沉积环境

如前所述，沉积物的沉积环境决定了岩石的化学成分、结构和构造等，直接控制地层内洞穴的发育。

中晚寒武世的环境从现存的地层分析，大致可以有以下的了解。区内中上寒武统为白云岩，含燧石结核或条带，缺少生物化石，这表明沉积物的沉积环境是近陆的咸化海或泻湖环境。含镁含硅较高，表明气候较为干热，而又接受大陆硅质的迁入。从结构构造分析，粒状白云石之间的晶间孔虽大，联通性也较好，但延伸性较差，又有燧石结核和条带相间，起到阻水作用。

沉积下奥陶统灰岩时的早奥陶世时期，区内为临近淮阳古陆的浅海环境。早奥陶世早期，随着海侵发展，海水逐渐加深，生物增多，处于局限台地相带，海水尚受到一定阻塞，波浪作用不甚强大,故沉积白云岩尚有一定厚度,随着时间的推移,海水受阻状况改变,生物日益增多,局限台地相带逐渐向开阔浅海发展,灰分增加,生物增加。至早奥陶世中期,海域相继扩大,海水受到动力增加而处于高能状态,碳酸盐沉积物分选良好,生物碎屑及内碎屑均受到淘洗,为生物碎屑和砾屑砂屑灰岩。这种海侵扩大的台地边缘浅滩相带沉积物中碳酸钙最为纯净,生物碎屑很多,生物碎屑却是全溶性物质,而砾屑、砂屑中的砾间孔较多,两者均有利于洞穴发育。

早奥陶世末至中奥陶世大部分时间处于潮间带的上部,太阳暴晒增加,从而出现瘤状和龟裂状构造,龟裂缝内和瘤状构造中,往往积聚不溶物粘土类物质,阻碍洞穴的发育和空间尺度的增加。

在本区,晚奥陶世继承中奥陶世环境,海域日益缩小,陆源物质增加,生物碎屑来源减少,因而地层厚度有限,其中灰泥减少,粘土和砂相对增加,在总体厚度变小的情况下,非溶性粘土岩类增加,故洞穴不发育。

总体来说,汤山地区的寒武系至三叠系地层均为扬子准地台的盖层沉积,与典型地台盖层不同,它具有多变的沉积环境,沉积物的成分、结构和构造随着环境不同或随着环境变迁而变化,其岩石也多变化,因而其内发的洞穴极不均匀,有的层位相对集中,有的层位极少分布,有的甚至不发育洞穴。

(三)洞穴发育的构造条件

汤山地区位于宁镇山脉西段,在构造单元上属扬子准地台褶皱带的一部分。印支运动使本区成为宁镇弧形构造中的穹形隆起。同时产生逆冲断层。在太平洋板块和欧亚板块联合作用下,出现了北北东向规模较大的断裂,它们截断较为古老的构造线。新生代以来,区内不再形成褶皱运动,代之以东西向的张性断裂活动,它们有可能是古老东西向断裂的再复活。与此同时也产生山地的抬升,地面的剥蚀和地下水的运移,在一定高程上、一定构造部位和一定层位内发育有不同时期的洞穴。例如汤山炼灰厂中、西采石坑,不仅发现有古溶洞,同时也发现新洞穴,一般受到充填成岩的古洞穴分布在不同高程上,而晚第三纪以来新发育的洞穴则受东西向逆冲断层(复活)和北北东向断层控制,并因受间歇性断块上升的影响,洞穴分布在几个相同的高程上。

区内的各种节理和构造裂隙都有一定的组合特征。根据葫芦洞附近剖面测量,主要有2组共轭裂隙,北西30°占总数的67%,北东80°占26%,这2组共占93%(图一)。其中北西向的倾角较小,一般在30°左右,宽度较小,多数在0.2~0.5厘米以内,少数有方解石脉充填;北东向裂隙则延伸长度大,倾角大,宽度亦大,多数在5.5~20厘米之内,其中多数有方解石脉充填,有的裂隙内的方解石脉存在三个时期充填。个别裂隙宽度达到25~60厘米,几乎呈串珠状延伸,其间有钙板和碎砾胶结充填。北东80°组裂隙是后期发展起来的,并切穿北西向裂隙。北东80°裂隙与葫芦洞主方向一致,葫芦洞大厅的主方向为北东

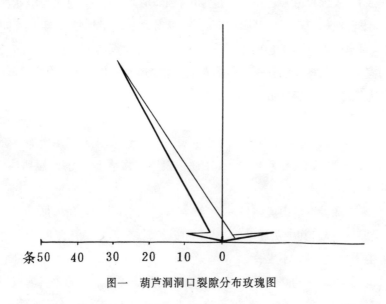

图一 葫芦洞洞口裂隙分布玫瑰图

80°,故可推知:

1. 北东 80°这一组裂隙发育最晚,它切割前期的各种裂隙和构造;

2. 这组裂隙为张性裂隙,虽然受到不同时期方解石脉的充填,但毕竟是地下水的主要通路。

二 洞穴堆积物

(一) 洞穴堆积类型

汤山地区的洞穴堆积类型众多,从其成因分类,大致可分为次生化学堆积类型、崩塌堆积类型、坡积堆积类型和生物堆积类型等。

1. 次生化学堆积类型

非重力水沉积主要指由薄膜水和毛细管水沉淀。在汤山地区主要表现为卷曲石,它们分布在葫芦洞北侧洞顶和西厅洞顶。

重力水沉积的堆积物数量较多,是构成葫芦洞的主要景观景物,它们有:

滴石类:鹅管钟乳石、锥状钟乳石、石笋、石柱;

流石类:石旗状钟乳石、石幔、石瀑、流石坝、石梯田、钙板;

飞溅水类:石葡萄、石蘑菇、石珊瑚、石花。

在次生化学堆积中,汤山地区有几个洞穴具有方解石结晶沉积,它们都沉积在洞壁四周不受重力的影响。晶体形态具两种形式:一种呈三角状,尖端指向洞穴重心点,另一种呈六面体形,顶端亦指向洞穴重心点。这种堆积在洞穴封闭条件下可能存在两种环境，一种是中高温条件，由稍高温的热液和热气进入洞穴内发生沉积，结晶呈短柱结晶体（$\delta^{18}O$ 为-11.2‰）；另一种是矿化热液和热气，甚至和过饱和水在常温条件下结晶成三角状晶体。

钙板沉积在本区洞穴沉积中具有重要意义，它不仅以不同厚度，反映出不同的动力条件，更主要的是还对洞穴堆积物起到保护性作用。封闭性的保护使得其下的各种沉积物保持自身特征。葫芦洞中的化石人头骨埋藏在钙板之下，结晶的碳酸钙板使其他物质没有可能通过渗流水掺杂于头骨和动物化石中间，亦不太可能产生物质的交换，从而保持化石自身的各种素材。炼灰厂的沉积剖面，由于顶部有钙板保护，使得剖面不受变形和其他物质的大量渗入，所以对剖面的各种分析，能真实地反映沉积物的发展过程和古环境的演化。

根据 P. Themson 等人研究美国西弗吉尼亚州的洞穴沉积后指出，洞穴中化学沉淀物主要是夏季渗流水产物，可因季节引起其沉淀介质 $\delta^{18}O$ 值微小变化，$\delta^{18}O$ 值的高低变化与大洞穴年平均温度有关，温度愈高，比值愈低。实际上，只有在 CO_2 从水中缓慢逸出的条件下样品中的同位素与介质进行交换才达到平衡，并且不再被强烈溶蚀时，才可作为古温标使用。因此我们选用封闭状态下、后来尚未受到改造的钙板作为古温度状况研究的参考材料。由于目前尚缺少洞穴中沉积物液体包体 $\delta^{18}O$ 的数据，故温度的绝对值难以精确计算。然而一般较大洞穴空气的温度和地下水的温度与该地区地面的年平均温度近似，而葫芦洞大体上相当于当时地面的夏季温度。

同时我们曾于 1979 年在贵州普定母猪洞地下水库的坝体内测得现代灰华作为目前温湿时期的产物对比材料，当地海拔1332米，年平均温度约为 14.5℃。如将这一年形成的钙华（$\delta^{18}O$=-3.30‰）作为对比温标（表三），那么汤山地区（年平均温度 15℃）葫芦洞的钙板和结晶方解石等均为较湿热环境下的产物，说明上述洞穴的钙板形成时期的温度、降水条件均与现代状况相似或更好，特别是葫芦洞外裂隙内的结晶方解石形成时温度更高些（可能是地热或矿液气体影响）。汪训一曾认为桂林穴珠的 $\delta^{18}O$＝-5.76‰可视为现代气温的标准值（年平均温度为 19.3℃），若如是，那么汤山地区洞穴钙板形成时期的夏季温度均高于现代的年平均温度值。

同样可以认为 $\delta^{13}C$ 的值表明裂隙水含有机碳的含量。贵州母猪洞是地下河，故 $\delta^{13}C$ 之值较大（1.62），而汤山地区洞穴钙板和方解石均为裂隙滴水形成，裂隙水通过土层和裂隙并溶解有机 CO_2，沉积物中反映出为生物 CO_2 为主的特点。

2. 崩塌堆积类型

几乎所有充填和半充填洞穴中都存在着崩塌类堆积物，但它们因堆积的条件不同而异。葫芦洞中塌积有 2 种形式。一种是次生化学堆积的钙板，是受到后期超重影响而崩塌的。它们往往反映洞穴底部的向深发展，后因自重超负荷底部失去足够支撑，而使其

表三   汤山地区洞穴碳酸钙 $\delta^{18}O$、$\delta^{13}C$ 值

样 号	名 称	$\delta^{18}O‰$		$\delta^{13}C‰$	产 地	时 代
		SMOD	PDB	PDB		
No. 1	方解石	22.4	−8.2	−7.6	雷公山炼灰厂顶部钙板灰	年青洞穴
No. 2	钙板	19.3	−11.2	−5.2	雷公洞外裂隙结晶方解石	古洞穴
No. 3	钙板	23.2	−7.4	−11.3	葫芦洞小洞钙板	Q_2
No. 4	钙板	24.7	−6.0	−8.6	葫芦洞西部钙板	Q_2
Q009	钙华	27.10	−3.31	1.62	贵州普定母猪洞	1979 年形成

上的钙板塌落，这种堆积一般块体较大，厚度为钙板的相应厚度。葫芦洞西部的所有崩塌堆积物中多为钙板，经过统计平均长为 93.78、宽为 54.48、厚为 20.56 厘米，其中最长的块体长径达 200 厘米。另一种是锥状堆积，该洞东部的崩塌堆积主要在锥体内，经过测量统计长径平均为 55.17、短径为 41.26、厚为 23.70 厘米，均由石灰岩组成。钙板崩塌堆积块体呈板状，灰岩块体呈棱角状，有的夹杂在堆积物的中间。

3. 坡积堆积类型

坡积类型在洞穴堆积中占有很大比例，所有充填洞穴中的堆积物主要是通过水流从洞外以片流形式断续地搬运进洞内的。根据洞内坡积物的结构、组分和构造的差异可以分为 2 种情况：(1)在缺水或干燥环境下，洞外向洞内物质的搬运主要以物质自身重力作用而运移，在洞内堆积起来，如葫芦洞(图二)剖面的第二层，主要以碎石为主，中间缺少细小物质的充填。它的形成是地表在干燥或干冷情况下，碎屑和碎石沿山坡滑动，通过洞口堕落在洞底，在剖面中形成似层理状堆积。这一时期代表着当时的气候变干变冷的特点；(2)在含水较多时，洞外水流夹带碎屑物沿山坡搬运进入洞内，成层堆积在锥积体上(如第四层)，层理比较清晰。在炼灰厂的剖面中也存在着含水堆积特点。同样从沉积物中的物质粒度、化学成分和物质外形分析，它们的物源来自洞穴所在的山坡及其附近地区。

4. 生物堆积类型

洞穴内生物堆积类型亦较为发育，其中主要为哺乳类动物化石和植物孢子花粉等，其沉积特征可归结为几点：

(1) 动物化石的特点是石化程度较高，在骨骼内部有 2 种充填物，一种是碳酸钙结晶体，另一种是二氧化硅结晶体，表明沉积后有不同来源的溶液充填，它们是否代表不同的气候环境或者地球化学迁移环境的差异，有待于进一步深入研究。

(2) 动物化石集中在某些层位内。

(3) 整个洞穴堆积层中均有喜穴居动物——蝙蝠骨化石沉积。

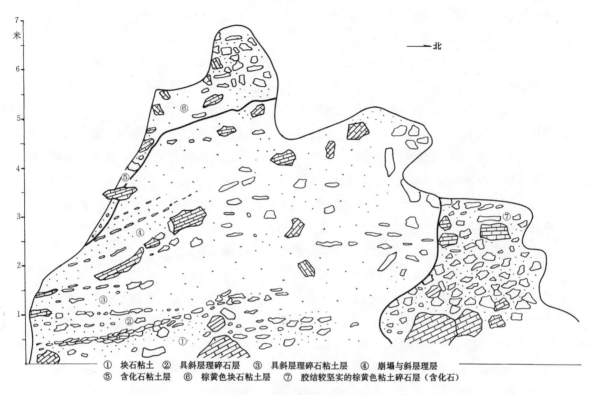

① 块石粘土 ② 具斜层理碎石层 ③ 具斜层理碎石粘土层 ④ 崩塌与斜层理层
⑤ 含化石粘土层 ⑥ 棕黄色块石粘土层 ⑦ 胶结较坚实的棕黄色粘土碎石层（含化石）

图二 葫芦洞堆积锥体剖面

三 葫芦洞的成因及其发展过程

葫芦洞为本区所揭露的最大洞穴，洞顶海拔96米。洞腔为单体式厅堂洞穴，全长约
64米，宽度两端较大，中腰有堆积锥分隔，平均宽度约25米，前后端各为10米。洞体
走向265°，与地层走向基本一致。东端洞穴底部有一层钙板为保护层，由洞壁向中间稍
微低下，西端洞穴底部为崩塌堆积物充填，其物质多数是洞顶钙板崩塌的碎块，洞壁底
部有流石铺盖，近中部为洞穴的消水点，洞内积水基本通过该消水点排向洞穴深处。中
间为堆积锥体，堆积锥体可见部分高度达24米，锥体顶端指向海拔69米的葫芦洞口，锥
体向下呈扇形散开，其前端插向小洞。从目前状况分析，葫芦洞底部以下30米为潜水面，
故葫芦洞处于低位的干燥洞穴，滴水通过消水点或裂隙排向深处。估计洞底部还会有一
定深度。

葫芦洞发育在下奥陶统红花园组白云质灰岩和灰岩之中，该地层有倒转现象，岩层
为中厚层，层组较为连续，裂隙发育。碳酸盐岩的沉积相是属于能量较高的台地浅滩相
带，含有大量生物碎屑，结构为经过良好分选的砂屑、砾屑、微晶或亮晶胶结，粒间孔
隙较为发育，导致溶蚀作用较为强烈。后期的构造断裂和裂隙，加强了水流的循环活动，

进一步促进了喀斯特溶洞发育。

（一）地貌发育与洞穴演化

根据汤山地区喀斯特溶洞的分布和发育特征、洞穴堆积物的特点和物质来源以及与洞外沉积地层、地貌的发育关系，我们试对汤山地区喀斯特洞穴与地貌发育作初步探讨。

1. 宁镇断块山地及其两侧断陷盆地的形成是一种多期的、多代的地壳活动的结果，因而汤山地区的山地亦非初始山地，而是已固化了的地台基底和盖层受后期构造改造一再抬升成山的。白垩纪断块抬升后，地表大气降水下渗进入碳酸盐岩层中，在构造破碎带内适宜的地区集聚并溶蚀岩石，生成溶洞。同时，该时期地下花岗闪长斑岩和石英闪长斑岩侵入体侵入本区，由侵入体带来的热液和矿液沿裂隙形成应力溶蚀作用，相应发育成串珠状洞穴。这时期由溶蚀作用和应力溶蚀作用所形成的古洞穴，在晚白垩世时汤山地区地面准平原化过程中，被逐渐充填，胶结成岩，部分洞穴为方解石结晶充填，失去洞穴形态。由应力溶蚀作用形成洞穴的堆积物中，MnO 含量较高，占 5.74%。这种古洞穴堆积层与晚白垩世的赤山组是同期异相沉积，亦表示洞外山地被剥蚀夷平成准平原化过程中，在断陷盆地内形成赤山组，而洞穴内为静水环境下红色细粒沉积层。这种古洞穴及其沉积层，在汤山地区极为常见。

2. 在该区形成地貌倒置过程中，地壳有一个较长时期的宁静期，具有稳定的地下水面，有利于洞穴形成和扩大。这种稳定的环境，一直延续到上新世或早更新世。汤山以及南京其他地区（江浦崤山南麓、紫金山南麓）普遍发育了山麓面，与山麓面形成的同时，在汤山地区也发育了年青洞穴，葫芦洞亦在这个时期形成。

3. 早、中更新世之交，汤山区域新构造运动为继承性整体断块上升，北侧长江下陷。由于汤山、孔山等山体上升，地下水位下降，葫芦洞洞群脱离潜流带，高出地下水面成为干溶洞，也由潜流水的溶蚀作用，转变为渗流水的溶蚀和次生沉积作用。随着汤山山体的不断蚀低和山坡的不断后退，溶洞的渗流水作用特征日益显著。该时期在洞外，也发生较大变化，原先已经发育成的山麓面，因山体上升，山坡继续后退，在片状流水和沟谷流水作用下，山麓面可能被改造，使原先较为平整、微微倾斜的地面被水流切开成平浅的沟谷状。至中更新世早期，气候变冷变干，山麓面上甚至覆盖着一层融冻泥流作用形成的碎屑层。与碎屑层堆积的同时，汤山北坡的坡面后退，葫芦洞的洞口出露，洞内就堆积了大量崩塌堆积、坡积等堆积层。

4. 中更新世中期，气候变热，产生湿热化作用，山麓面上的融冻泥流层受到湿热化作用而变成棕红色，甚至发育网纹，而洞内气候则相对封闭，堆积物未受到后期湿热化改造，仍为疏松的棕黄色碎石层等。中更新世中期，洞外气候变热变湿，从洞外带入的物质也带有洞外环境烙印，其特点是红棕色的含有粘土的碎石层，同时有大量动物化石，流水进入较多，水中的碳酸钙将中更新统地层胶结起来。

中更新世中期,洞外地面虽有起伏,但地势相对平缓,北有孔山、狼山、宝华山,南有汤山等山体为依托,中间为低平略有起伏的山麓面,植物茂盛,水域存在,动物众多,种类不少,为一个十分良好的自然生态环境,为古人类的生活和繁衍创造了极为有利的条件。

5. 在中更新世晚期至晚更新世早期,葫芦洞的洞口因充填日趋变小,结果甚至全部被封闭。这时洞内外又处于隔绝状态,洞外粗大碎屑物质已不可能由洞口进入,洞穴堆积物除了洞穴自身的次生碳酸钙因超负荷发生堕塌堆积外,主要是降水夹带粘土等物质经过裂隙带入洞内的静水、半静水以及次生化学堆积。渗入洞内的主要是含碳酸钙的地下水,呈钙板形式沉积下来,它们保护了以往各种沉积物,使其免受和少受风化作用而得以保存。洞外的山麓面上,降水沿地面流动形成沟谷,并循山麓面向汤山谷地倾斜,有些沟谷的深度较大。汤山谷地成为地表水和地下水汇集地带,然后向西和向东排泄,在黄栗墅一带形成一个分水岭。这时地面起伏较大,形成沟谷和岗地相间地貌特征。其后,为下蜀土发育时期,它充填整个被切割的岗地和沟壑及南侧广大平坦地区,将起伏较大的地面重新填平。在下蜀土覆盖前或后,孔山南坡一带的沟谷出口处,发育了大小不等,甚至叠置的冲出锥(扇)体。现代的地貌过程是继承、修饰和改造这一时期的山川大势,虽然地貌稍有差异,但基本格局被保留下来。

(二)葫芦洞洞穴发育过程

从葫芦洞洞壁和洞顶等处的溶蚀形态分析,这是一个具有混合成因的洞穴,即该洞经过两种或两种以上的水动力而形成。从洞的整体分析,葫芦洞是一个孤立的厅堂形洞穴,有管道。尚不存在地下水集中流动的地下河形态,断面呈椭圆形的洞壁有大量涡穴,涡穴呈圆形,深度不大,显然是一种处于地下水位以下或为混合溶蚀或为潜水溶蚀为动力特征的形态。如果与周围地区洞穴作一比较,即沿汤山北坡目前海拔高程约90米一带内,已发现相距约2公里内有7个以上彼此孤立的洞穴群。它们的形态特点有相似之处。因此,可以肯定,在某一个时期,汤山地区的地下水位高程大致在目前海拔高程100米或稍高处。在地下水位以下适当的岩性和构造条件有利条件下发育溶洞。同样还表明,地下水的排泄方向似乎不是流向汤山北侧谷地,而是沿东西向断裂排泄。这近东西向的一连串洞穴群,虽彼此孤立却并不能排除它们之间有裂隙水相通,但可以肯定它们之间还没有形成统一的管道洞穴网络。这些洞穴形成时期,地下水面需要有一个较长的稳定时期,也即是地壳有一个较为稳定时期。如果与南京的其他地区分析比较,这稳定时期可能在中新世至早更新世。

随后,地壳又上升,葫芦洞脱离地下水面,成为干溶洞,进入渗流带内。因此渗流成因的形态在洞穴内占有一定优势,这种称为次生渗流洞仍然保留着若干前期潜流洞的特点。在继续扩大的同时,一方面向深处发育,洞内开始沉积作用。特别在西端洞顶,渗流水较丰,并带有大量碳酸钙。当水进入洞穴顶部空间,因环境改变,就在洞顶下形成钙板,呈层状铺盖在洞内。层状钙板含有较多红色粘土,呈红色,被碳酸钙所胶结,碳酸钙结晶成方解石晶体。其间亦夹有较为纯净的黄色、油脂光泽的方解石结晶层。上述钙板层层加积，重力加大，最后导致崩塌，堆积在洞内。

洞穴不断扩大和堆积的同时，汤山洞外的环境也随着变化，地面不断蚀低。汤山山坡不断后退，高度达近 27 米的葫芦洞，距洞顶约 5 米处的北支洞壁被揭开。这时，洞外、洞口和崩塌下来的碎屑物质先堆积在洞口的下方。随着洞口的日益扩大，由洞外近源带入的物质也与日俱增，久而久之，洞口向下形成一个半圆形的堆积锥体。从锥体东侧目前所见 6.5 米高的剖面来看，具有以下特点（图二）：

1. 近底部（未见底）有较大的石灰岩块体，为角砾系洞顶崩塌块体；

2. 有角砾状灰岩碎屑堆积，其特点是灰岩碎屑均为棱角状，大小均匀，长径约 7、短径 3、厚 2 厘米。有层理，但其间无粘土和钙质胶结，疏松。厚度约 5～10 厘米。向洞壁方向，层理显得不清晰，这一层可能是在干冷、少水条件下堆积的；

3. 不清楚层理的碎屑层，灰岩砾石多作水平分布，砾石大小不一致，大者可达 20 厘米，一般为 5～10 厘米，呈棱角状，中间有粘土充填，厚度约 100 厘米左右；

4. 倾斜层，其间有灰岩块体，长 70、厚 15 厘米，具棱角，含骨化石。砾石似有 3～4 层；与地面呈 15°～20° 交角，中间大部分为粘土夹细砾，向锥体后延伸，层理不清或无；

5. 无层理的粘土夹块砾层，块砾直径约 20 厘米，具棱角，粘土和块砾均无层理和排列方向。中间为粘土，无层理，具棱角，排列无序；

6. 钙质胶粘土碎砾层，披盖在锥体表面，中间有块砾，碎砾和块砾均具棱角；

7. 位于东端、洞穴下部，为块砾层，块砾具棱角，粒砾 8～25 厘米不等，由黄色、棕黄色粘土填充，胶结坚实，含有骨化石。

在锥体中间部位的堆积物中，块砾较少，分布无序，多呈棱角状，粘土为黄色，较松软。

从锥体总体来看，具有崩塌堆积、堕积、泻积、坡积和钙华胶结等类型和过程，整体欠有层理。整个锥体的形成过程反映出气候有较大的变化。

从洞内上述各种沉积层以及它们之间的关系可知，当葫芦洞锥体顶端洞口被揭开后，洞内堆积了大量碎屑物质，锥体剖面①～④层与小洞口的粘土层时代一致，一般动物化石较少，钙质胶结较少，较疏松，有一些层理，为下层，可以代表一个时期。从沉积物的性状看，这一层沉积的环境可能是在寒冷、较干燥的环境下堆积的。锥体的⑤～⑦层为上层。这一层的特点是动物化石极多，粘土中多有碳酸钙胶结，无层理，棕红色或棕黄色。按其特征分析，这一层是在较为湿热的环境下沉积的。当洞口被堆积物封死后，洞内反而缺少外源物质的补给，仅有细小物质和渗流水从地表溶解的碳酸钙，最后将整个洞穴覆盖保护起来。

附记：本文由俞锦标、谢志仁、王富葆通稿。

附录三

南京人化石地点孢粉分析报告

韩辉友　俞锦标

（南京大学城市与资源学系）

一　孢粉样品采集地点概况及样品处理

　　葫芦洞洞内分三处取样 7 块：在出土南京人化石的小洞采样 1 块（南京市博物馆柱状样 4 号，深度为 84 厘米，红棕色粉质粘土，含角砾及脊椎动物化石），在小洞口对面（北侧）取样 2 块（45 号，深 90 厘米，黄棕色粒状轻亚粘土，隐约可见大的层理；46 号，深 35 厘米，黑色粘土），在葫芦洞东口北侧取样 4 块（31 号，深 65 厘米，为疏松的淡黄色粉砂质亚粘土；32 号，深 45 厘米，棕黑色粘土；33 号，深 20 厘米，土黄色粉砂；34 号，深 10 厘米，下层钙板）。洞外取样 2 块：在靠近葫芦洞洞口上方山坡取表土苔藓层样 1 块，在山顶偏北坡竹林下取枯枝落叶层样品 1 块。因 2 块分析结果相似，仅将苔藓层的分析结果列于表一。

表一　　　　　　　　　南京汤山葫芦洞剖面孢粉统计

孢粉含量　　　取样地点及位置 深度（厘米） 孢粉名称	小洞	东洞口北侧				小洞对面		山坡
	4	31	32	33	34	45	46	
	84	65	45	20	10	90	35	表　土
松 Pinus	2	18	6	12	18	2	13	195
铁杉 Tsuga		1						
杉科 Taxodiaceae							1	6
栎 Quercus								1
枫杨 Pterocarya							1	2
化香 Platycarya								2

续表一

孢粉名称＼取样地点及位置＼深度(厘米)	小洞 4 (84)	东洞口北侧 31 (65)	32 (45)	33 (20)	34 (10)	小洞对面 45 (90)	46 (35)	山坡 表土
胡颓子 Elaeagnaceae		1						
蔷薇科 Rosaccac		1						1
绣线菊 Spiraea								1
麻黄 Ephedra			1					
木本总数	2	21	7	12	18	2	15	208
禾本科 Gramineae	1	7		1	1		8	45
莎草科 Cyperaceae		1	1				1	2
藜科 Chenopodiaceae			1					5
菊科 Compositae							1	53
蒿 Artemisia								11
蓼 Persicaria							1	1
十字花科 Cruciferae			1	1				
豆科 Leguminosae								6
百合科 Liliaceae								2
龙旦科 Gentianaceae	1	8	3	2	1		11	125
草本总数		1						
石松 Lycopodium			1					1
卷柏 Selaginella	1	1		1	1			2
里白 Hicriopteris			1					
凤尾蕨 Pteris		1	1					
海金沙 Lygodium						1		3
水龙骨科 Polypodiaceae		1						
单缝孢 Monolete Spore		2	1	1				
三缝孢 Trilete Spore		1						
蕨类孢子总数	1	7	3	3	1	1		6
孢粉总数	4	36	13	17	20	3	26	339

雷公山炼灰厂采石场的西侧剖面含丰富的脊椎动物化石。在该剖面系统采样 11 块，加上此前的 3 块样品（号码在上方加 " ′ "）共 14 块。依照剖面上部的裂隙（已被部分充填）可将剖面分成左右两侧。左侧分析样品 11 块，右侧分析样品 3 块（表二）：

表二   **南京汤山雷公山炼灰厂西侧剖面北端孢粉统计**

孢粉含量 取样地点及位置 深度（厘米） 孢粉名称	左 侧											右 侧		
	1	3	5	5′	9	11	11′	13	14	18	21	24′	24	26
	650	580	500	480	430	400	390	365	355	260	140	200	120	30
松 Pinus	4	4	3	2	7	40	11	15	1		58	3	3	22
铁杉 Tsuga	1					4					2			
杉科 Taxodiaceae						1								
栎 Quercus			1	1	2	2					3			2
栗 Castanea						1								
鹅耳枥 Carpinus											1			
桤木 Alnus								1					1	
桦 Betula				1										1
枫杨 Pterocarya				1		1							1	
山核桃 Carya														1
杨梅 Myrica				1										
枫香 Liquidambar				1	1	2								
木犀科 Olcaceae						1					1			
桑科 Moraceae						2					2			
柳 Salix						1					1			
绣线菊 Spiraea						1								
木本总数	5	4	3	7	9	56	13	16	1	0	68	3	5	27
禾本科 Gramineae	1			1	4	29		1		1	5		1	1
莎草科 Cyperaceae						1					2			
藜科 Chenopodiaceae								1						2
蒿 Artemisia						1					1		1	2
石竹科 Caryophyllaceae							1							
蓼 Persicaria														1
十字花科 Cruciferae						1	1							1
大戟科 Euphorbiaceae						1								
毛茛科 Ranunculaceae					1	1	1						1	
唐松草 Thalictrum													1	
律草 Huoulus			1								1		1	
豆科 Leguminosae					1						2			
百合科 Liliaceae											1			

续表二

取样地点及位置 孢粉含量　深度（厘米） 孢粉名称	左侧											右侧		
	1	3	5	5′	9	11	11′	13	14	18	21	24′	24	26
	650	580	500	480	430	400	390	365	355	260	140	200	120	30
龙旦科 Gentianaceae											1			
草木总数	1		1	1	6	35	3	2		1	13		5	7
石松 Lycopodium				1	1									1
卷柏 Selaginella						1	1				2			
里白 Hicriopteris						10		1						
碗蕨科 Denustaedtiaceae								1			3		3	
凤尾蕨 Pteris						1	1							3
蕨 Pteridium								1						
海金沙 Lygodium						1	3				1			3
紫箕 Osmunda			1					1						1
瘤足蕨 Plagiogyria											1			
蹄盖蕨科 Athyriaceac						1								
金星蕨科 Thelyteridoceae						1	1							
水龙骨科 Polypodiaceae						5								
单缝孢 Monolete Spore	1		1		1	2	1			1	2		1	1
蕨类孢子总数	1		2		2	23	7	4		1	9		4	9
孢粉总数	7	4	6	8	17	114	23	22	1	2	90	3	14	43

　　左侧剖面大致在 500 厘米以下为红色粘土层，基本未胶结，似有较平的层理，多含黑色小动物骨骼化石（蝙蝠），少见大的哺乳动物化石。500～390 厘米为黄白相间的粉砂质粘土，也具较平的层理，大化石亦不多见。390 厘米以上到层顶基本为淡红棕色粉砂质亚粘土钙质，胶结坚固，似有钙结程度差异而呈厚层状，含丰富的脊椎动物化石。

　　右侧剖面基本上与左侧一致，仅在 200 厘米以上颜色较黄，大化石非常丰富。在黄色层上部覆盖有红色粘土，26 号样即采自此层，未见大的脊椎动物化石，似乎在黄色层之上有过沉积间断，红棕色粘土上覆盖有盖板。

　　花粉样品一般取样 80 克以上，样品鉴定统计，一般统计 22×22 平方毫米盖片 4 片，多的统计 6～8 片。

二　孢粉分析结果

所分析的样品全有花粉，但数量不多，仅炼灰厂左侧剖面中部偏下的 11 号样品统计数量达 114 粒，近顶部的 21 号样品统计 90 粒，其余都只有数粒到几十粒。总计鉴定出 47 个科属类型的孢粉（木本 20，草本 15，孢子 12）。木本中松（*Pinus*）最多，出现频率也较高（仅 1 块样未发现松）；第二是栎（*Quercus*），基数量和频度远低于松；第三是铁杉（*Tsuga*）。另外较多的还有枫香（*Liqudambar*）和枫杨（*Pterocarya*），其余木本植物零星分散出现，数量和频度都很低。草本中以禾本科（*Gramineae*）最突出，数量最多，频度也最高，其余草本均较少，出现率也低，蕨类孢子相对木本和草本为少，但较均匀，里白（*Hicriopteris*）、海金沙（*Lygodium*）稍多一些。

从所分析的孢粉样品看（图版三八、三九），目前还很难说出其孢粉在不同深度和层位间的分异与变化情况。比较炼灰厂和葫芦洞两个地点，后者花粉更少一点，并且未出现铁杉和枫香，而发现了麻黄（*Ephedra*）花粉 1 粒，及类似冷杉（*Abies*）的花粉 1 粒。

在雷公山炼灰厂西剖面左侧剖面底部 650～500 厘米的红色粘土层中（含丰富的蝙蝠骨骼化石），孢粉很少，种类也很单调，仅见到 1 粒铁杉（个体偏小）。在 500～390 厘米黄白相间的粉砂质粘土中偶见大化石，含花粉相对丰富，种类成分也较多。在 390 厘米向上到顶部（含大化石丰富）的样品中，140 厘米以下花粉不多，而 140 厘米处的 21 号样含较丰富的孢粉。种类成分也较多。上述情况表明孢粉的丰富从下到上，出现了少—稍多—少—稍多三次波动。而从右侧 200 厘米向上由浅黄粉砂质亚粘土到顶部红棕色粘土，也出现了孢粉由少到稍多的变化，左、右侧深度也基本可以对应，从下到上花粉多寡有 4 次波动。由此可知，该剖面花粉多寡至少从下到上有 3～4 次波动。

需要说明的是雷公山炼灰厂顶部钙板下的红棕色粘土（26 号样）中未见哺乳动物化石，孢粉相对丰富（43 粒），仅次于 11 号样和 21 号样，而且种类成分也较丰富，除发现 3 粒海金沙外，其余种类和成分与 11 号、12 号样区别不大。同时，小洞对面的 45 号样（深 90 厘米）应和葫芦洞内的沉积相对应，虽然孢粉很少，却发现亚热带的特征种海金沙 1 粒。

在分析的所有样品中只发现 2 粒桦，而松比较多。在花粉分析中认识到松、桦花粉特别丰富，传播得也非常远，所以在花粉很少、植被稀疏的情况下，不轻易把松桦作为主要依据。加之松桦不同种的生态环境差异很大，从北到南均有分布，且其浓度也很低，所以在研究中很难根据松的高比例和高出现率作出环境判断。

三 花粉与植被

花粉在很大程度上是能反映植被的，但其中有复杂的相关关系，到目前为止还很难做出公认的结论。

花粉分析结果说明南京人生活时期汤山一带有松、栎、枫香等林木生长，在不太远而且稍高的山上可能还生长着铁杉，山坡及宽谷中有禾草等草类和海金沙等蕨类生长也是肯定的。但是当时林木草地的茂密程度很难估计，加上石灰岩山地，植被更加复杂。从表中的分析结果看，表土和地层中的花粉有很大的类似性，如松、栎、禾本科、海金沙都有类似的数量比例关系。但是表土中没有铁杉，而土中菊科多于禾本科，这些都是重要差别。

从海金沙、禾本科等推断，当时石灰岩山地的林木较稀疏。从栎树花粉的情况分析，当时阔叶树比现在丰富，因为现在的人工林几乎都是松林。若从铁杉考虑，范围扩大一些，当时宁镇地区山体可能较现在为高，植被有垂直带分化，森林面积更大。同时，地层中很少见到菊科（包括蒿），当时草要比现在茂密，估计南京人生活时期可能宽谷是以禾本科为主的草地。

总的来说，南京葫芦洞含脊椎动物化石的地层，多为红黄色，含孢粉不丰富。在分析的 21 块样品中总共鉴定统计到孢粉 473 粒，松花粉最多（244 粒），占 51.6%，次为禾本科（65 粒），占 13.7%，其他花粉虽然种类不少但含量很低，亦较复杂。温带成分和亚热带成分均有，而且多数为广布种属，不易用其作为环境推测的依据，但也出现了目前只在亚热带生长的枫香、杨梅、山核桃、海金沙等植物的孢粉，还出现了目前只分布在亚热带山地的铁杉。因杨梅和山核桃只各见 1 粒，考虑其偶然性，故暂且不作为分析依据。在 3 个样品（5、9、11 号样）中见到枫香 4 粒，铁杉在 3 个样品（1、11、21 号样）中有 6 粒，海金沙在 5 个样品（11、11′、21、26、45 号样）中有 9 粒，在花粉不多的情况下，无论就频度（5 块）或数量（19 粒）来说都不能认为是偶然的，所以我们认为南京人活动时期在汤山地区或附近不太远的地方有枫香、铁杉和海金沙生长。铁杉系温性树种。目前主要生长在我国西部的中山地区，黄山中、上部亦有自然分布，性喜温湿。枫香分布北界一般不超过淮河。海金沙是一种藤本蕨类，主要分布在热带、亚热带，最北到长江流域，林木生长不好的山坡上常有生长。

根据上述植物习性推断，南京人生活时期及其前后可能有亚热带气候特征，当时的地貌情况可能与现在稍有差异，附近不太远的地区可能有稍高的山地，山上气候凉爽湿润为铁杉生长提供了条件。根据花粉特征种（Key Species）及综合资料分析估计，当时可能四季的明显程度不及现在，尤其是冬季寒潮可能不象现在强盛，总的年温差较小，在一定程度上受到西风气流的影响较多。属于有一定干湿季交替的温和气候。

附录四

南京汤山葫芦洞洞穴堆积物的
孢粉分析及古环境

姜钦华

（北京大学地质学系）

一　前　言

　　汤山葫芦洞位于南京市江宁县汤山镇西端的汤山东北角山坡上（32°N，119°E），是一个发育于奥陶纪石灰岩中的溶洞，溶洞底海拔85.9米。溶洞的东半部为更新世的洞穴堆积物所覆盖，小洞位于主洞中部的南端，在那里发现了直立人颅骨化石和一些动物骨骼[1]。

　　样品取自约1米厚的更新世堆积物，内含有丰富的哺乳动物化石，属北方动物群。采样6块，均为黄褐色—棕红色粉砂土和粘土。动物化石的地质时代为中更新世晚期，距今约35万年。

表一　　　　　　　　　　　　　　汤山葫芦洞的采样情况

样品编号	1	2	3	4	5	6
层　　位	(3)	(3)	(2)	(2)	(1)	(1)
深度（厘米）	120	100	80	60	40	20

二　孢粉分析结果

　　6块样品，各取样100～150克，按常规方法进行酸碱处理和重液浮选（重液比重2.0），各制2个玻片，供显微镜下鉴定。孢粉鉴定统计结果见表二（图版四〇）。

　　孢粉组合的特征是整个剖面的孢粉含量较少，且成分简单，共统计孢粉149粒，其中木本植物花粉49粒：包括松（Pinus）、杉（Taxodium）、桦（Betula）、鹅耳枥

（*Carpinus*）、榆（*Ulmus*）、栎（*Quercus*）、胡桃（*Juglans*）、柳（*Salix*）；草本花粉22粒，有藜科（Chenopodiaceae）、菊科（Compositae）、蒿（*Artemisia*）、蓼（*Polygonum*）；蕨类孢子7粒，有水龙骨科（Polypodiaceae）、蕨属（*Pteridium*）、凤尾蕨（*Pteris*）和卷柏（*Selaginella*）。另外，各样品中还有一些真菌孢子。

表二　　　　　　　　　　　　汤山葫芦洞的孢粉统计结果

孢粉属种 \ 孢粉粒数样品编号	样品					
	1	2	3	4	5	6
松 *Pinus*	14	1	1		3	1
杉 *Taxodium*			1			2
桦 *Betula*	3	2	2	1		3
鹅耳枥 *Carpinus*	1					
榆 *Ulmus*	2	1			1	
栎 *Quercus*	1	1	3			2
胡桃 *Juglans*	1					1
柳 *Salix*						1
蒿 *Artemisia*	9	1	2	1	1	3
藜科 Chenopodiaceae	1	1			1	
菊科 Compositae			1			
蓼 *Polygonum*			1			
水龙骨科 Polypodiaceae	1					
蕨属 *Pteridium*			1			
凤尾蕨 *Pteris*				1		
卷柏 *Selaginella*					1	1
蕨类孢子 fern spore		1	1			
藓孢 bryophyte spore	1					
真菌孢 Fungal spore	14	8	13	2	6	8
未定花粉	5	3	3	1	4	3
孢粉总数 sum	53	19	29	6	17	25
盖玻片数（22×22毫米）	4	4	4	4	4	4

三　古植被与古环境探讨

洞穴堆积物中的花粉是通过风、水、虫等途径的搬运和人类、动物的活动而从洞穴周围的环境带入洞内的。因此，洞穴堆积物中的孢粉组合能在一定程度上反映洞穴周围的植被面貌[2]。

根据孢粉组合特征，汤山葫芦洞内约 1 米厚的堆积物中的孢粉组合所代表的周围植被面貌是落叶阔叶与针叶混交林为主，草本植被为辅，因为孢粉组合中的木本植物花粉比草本植物花粉含量高出一倍多，木本植物中除松和杉是针叶树外，其余都为落叶阔叶树，其中以桦、榆和栎为主。这一植被面貌表明当时的气候特征是温带性质的，比南京现在的温度要低。

感谢北京大学考古学系吕遵谔、黄蕴平二位老师提供样品。

参 考 文 献

[1] 穆西南等，1992，南京汤山古人类化石的发现及其意义，《古生物学报》32（4），393～399 页。

[2] 汪佩芳、夏玉梅、崔德文，1990，营口金牛山洞穴堆积物中孢粉化石的研究，《中国东北平原第四纪自然环境形成与演化》131～135 页，哈尔滨地图出版社；Dimbleby，G.W.，1985，Palynology of Archaeological Sites. Academic Press，London。

附录五

南京人化石地点沉积物分析与古环境重建

朱诚　张建新　俞锦标　张兆干　杨剑明

（南京大学城市与资源学系）

周惠祥

（北京大学城市与环境学系）

一　资料分析

（一）沉积物粒度分析

1. 葫芦洞小洞沉积物粒度分析（表一）

表一　　　　　　　　　　葫芦洞小洞沉积物 Mz（Φ）和 δ（Φ）值

项目 数值 标本	北　剖　面				南　剖　面					
	N1	N2	N3	N4	S1	S2	S3	S4	S5	S6
Mz（Φ）	6.65	6.29	6.69	5.6	5.69	6.33	6.37	7.21	7.49	7.26
δ（Φ）	2.59	2.89	2.51	3.59	3.24	2.97	2.87	2.11	2.06	2.41

　　由表一看出：平均粒径 Mz（Φ）值（Fork 系列）所有样品都在 5Φ 以上，即粒径均小于 0.01 毫米，属含细微粉砂的粘粒。同样从分选系数 δ（Φ）值分析，各层分选系数 Φ 值均在 2 以上，属分选差—极差的堆积，即为未经过长距离搬运的堆积。其中 N4 和 S1 样分选较其他更差些，表明这两层堆积形成时的流速较大，堆积较快，分选亦差。

　　所有概率曲线（图一），均呈平缓多段式，缺少一个起主导作用的动力条件，在搬运

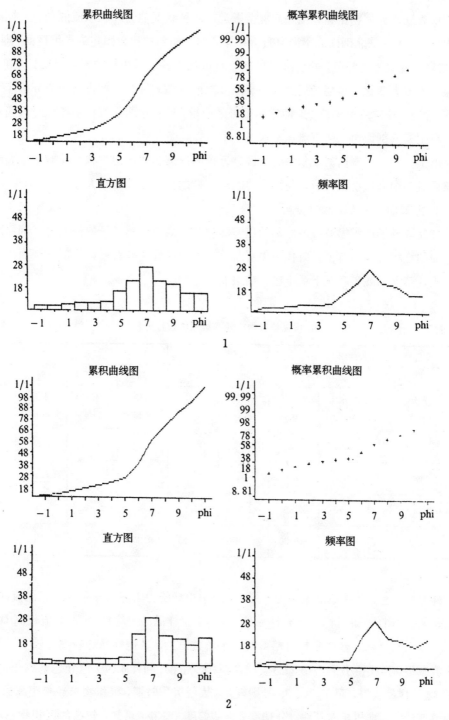

图一 葫芦洞小洞第三取样点粒度分析
1. 南剖面 2. 北剖面

过程中表现出碎屑物由粗到细一起混杂搬运，此种状况似为片状水流的动态。同样频率曲线分析，无论是北剖面或南剖面的所有样品均有相同的比较固定的粒度区间，即在5～9Φ之间，峰型为尾峰型，峰顶值都在7Φ。可以认为各层沉积物的搬运介质、流速、流通途径均无多大变化，可能是通过同一裂隙多次继承性的堆积。如再进一步分析，可以看出N4和S1号样品Φ值略低，即样品相对略偏粗，反映这两层沉积层堆积时流速有所增加，特别是南剖面由上向下流速呈递增。

由上可知，小洞内的堆积物的物源是近源的碎屑物质，由片状水流搬运至裂隙，由裂隙再进洞中多次沉积而成，与剖面内的化石层的沉积环境有较大差别。

2. 山麓面上剖面的粒度分析

样品取自汤山侯家塘谷地北侧的山麓面被沪宁高速公路切开的剖面内。剖面反映了山麓面的堆积过程和特征，时代为中更新统红色、棕红色碎石层，一部分剖面中见有网纹红土，其上为晚更新统下蜀土层，结果如表二。

表二   **侯家塘谷地山麓面堆积物粒度分析**

分析号	12	13	14	15	16	17	18	19
样品号	33	32	36	37	38	31	34	35
采样地点	李家庄东岗地	李家庄东岗地	王李余村	王李余村	王李余村	汤宋村北	张岗村北	李家庄北
深度（米）	0.60	1.20	1.00	1.20	1.40	4.00	1.20	1.50
MzΦ	7.0	6.0	6.4	10.0	4.8	9.0	6.4	6.0
δ（Φ）	2.00	0.80	2.90	1.35	4.65	2.05	1.05	3.40
SKΦ	0.50	−0.20	0.80	−0.95	0.55	−0.85	−0.05	0.70

样品中，上更新统地层主要为下蜀土，而中更新统为山麓面分布的融冻泥流碎石层。

从表二资料可知，除了38号样品外，其他7个样品的平均粒径MzΦ值较高（Φ值均在6.0以上）。即38号样品相对略偏粗，水动力稍大，其他样品均较细、较小，均为片状水流搬运，其粒径小于0.01毫米，属含细粉砂粘粒。同样δ（Φ）值分选系数变化较大，其中32号样品较好，而35号、38号则较差，表明沉积时期，沉积物未经长距离搬运，水流的流速较大，堆积相对较快，分选亦差。从偏度（SKΦ）可知，较细的沉积物一般为负偏度。沉积物主要集中在细尾，却多是中更新统地层。这说明剖面堆积时具有温湿气候特征，经过强化学风化作用，使碎屑物迅速转化为粘粒。

（二）磁化率分析

对葫芦洞中的小洞剖面做了磁化率分析，如表三：

表三　　　　　　　　　　　　　葫芦洞小洞磁化率分析

样品号	N1	N2	N3	N4	S1	S2	S3	S4	S5	S6
磁化率×10^{-6}SI	1594	1656	1136	1021	562	918	936	1812	1081	1162
PH	8.2	8.0	7.6	8.1	8.1	8.0	7.9	8.1	7.3	7.3

南洞壁剖面中磁化率值从 562 升至 1162×10^{-6}SI，其中最高值为 S4 样品（1812×10^{-6}SI）；北洞壁剖面则由 1020 升至 1594×10^{-6}SI。从资料分析，磁化率值的分布情况是，北洞壁剖面自下而上减少，南壁则有相反趋势。这种变化应与环境因素有关。当洞外气候为湿热环境时，植物生长茂盛，铁磁性矿物在迁移过程中被植物所固定，不易聚集，所以进入洞内的铁磁性矿物少，磁化率就低；反之当气候处于偏干或温凉时，洞外植物相对少些，铁磁性矿物易于聚集，进入洞内就多，磁化率就高。如果以洞内剖面磁化率值来推断环境因素确立的话，那么这里剖面的底部磁化率高，洞外植被应相对稀疏，气候为温凉或温暖偏干，向上则温度和湿度增高，有利于植被的发展。上述分析可以与该剖面中孢粉数量和 $CaCO_3$ 含量对应论证，都得到一致的结论。

（三）氧化物分析

将采自葫芦洞及洞外几个剖面的 15 个样品研磨后经日本岛津产全自动 VF—320 型 X 射线萤光光谱仪测试获得各样品的氧化物含量如表四、表五及表六。经分析可知：

1. SiO_2 和 Al_2O_3 是洞内外各样品沉积物中含量最高的 2 种氧化物。如葫芦洞内 SiO_2 含量高达 53.63～69.59％，Al_2O_3 达 8.59～14.14％。洞外沉积物则相应为 57.88～77.18％和 10.12～18.31％。根据这种洞内外沉积物中 SiO_2 和 Al_2O_3 含量高而又相当接近的情况，就可以肯定洞内 SiO_2 和 Al_2O_3 的来源是外源物质，并非内源物质，即洞穴堆积物中的物源来自洞外，而并非由洞穴在溶蚀过程中的残余（蚀余）堆积而成。但同时应注意到，SiO_2 的含量在洞穴堆积中（葫芦洞）一般在 60％左右，小于洞外的沉积剖面 SiO_2 含量（70％），表明洞内沉积物的搬运距离较洞外的搬运距离要短。

表四　　　　　　　　　　　　汤山地区地质剖面氧化物含量

剖面位置及编号	分析号	样品号	采样深度（米）	各类氧化物及其百分含量（%）											
				NaO$_2$	MgO	Al$_2$O$_3$	SiO$_2$	P$_2$O$_5$	K$_2$O	CaO	TiO$_2$	MnO	Fe$_2$O$_3$	FeO	烧失量
ⅩⅤ② 第二岗地	12	33	0.60	0.75	1.32	15.33	64.36	0.06	2.06	0.62	0.85	0.12	5.75	0.71	7.80
	13	32	1.20	1.14	0.78	10.12	75.52	0.06	1.67	0.55	0.87	0.05	0.86	2.74	5.48
ⅩⅢ⑤ 王李余村	14	36	1.00	0.29	0.95	13.08	70.21	0.06	1.65	0.55	0.75	0.03	4.85	0.24	7.51
	15	37	1.20	0.01	1.31	18.31	57.88	0.05	2.12	0.80	0.63	0.09	7.59	0.12	11.21
	16	38	1.40	0.15	1.11	13.70	65.93	0.05	1.99	0.53	0.55	0.03	8.22	0.14	7.75
ⅩⅣ① 最高岗地	17	31	4.00	0.50	1.20	17.08	61.00		1.95	0.75	0.84	0.06	6.97	0.16	9.61
ⅤⅢ③ 张肖庄北	18	34	1.20	0.35	0.79	10.46	77.18	0.06	1.51	0.45	0.57	0.10	3.78	0.12	4.75
Ⅲ④ 李家庄北	19	35	1.50	0.05	0.58	10.21	73.21	0.06	1.09	0.35	0.62	0.05	7.35	0.09	6.36
Ⅰ⑦ 葫芦洞内剖面 南壁剖面	20	S6	0.20	0.71	0.79	10.51	57.47	2.07	1.26	6.47	0.62	0.07	11.74	0.05	8.22
	21	S5	0.40	0.93	1.20	14.14	65.59	0.52	2.05	1.76	0.80	0.16	5.62	0.05	7.68
	22	S4	0.60	1.01	1.20	13.45	63.17	1.20	2.01	3.77	0.76	0.14	5.75	0.08	7.71
	23	S3	0.80	0.77	0.95	10.68	62.15	2.94	1.94	7.73	0.47	0.12	5.20	0.10	7.03
	24	S2	1.00	0.74	1.09	10.56	60.87	2.54	1.93	9.12	0.55	0.12	4.93	0.10	7.45
	25	S1	1.20	0.81	0.85	8.59	56.81	5.23	1.69	14.14	0.41	0.10	3.58	0.09	7.83
北壁剖面	26	N4	0.20	0.57	1.33	13.42	60.71	1.71	2.30	4.95	0.61	0.14	6.13	0.05	8.36
	27	N3	0.40	0.53	1.28	13.36	60.65	1.07	2.40	4.34	0.75	0.12	6.14	0.05	8.84
	28	N2	0.90	0.39	1.81	14.08	62.16	0.90	2.00	2.89	0.81	0.16	6.83	0.05	8.06
	29	N1	1.20	0.50	0.89	10.88	53.63	3.17	1.26	12.51	0.56	0.10	7.10	0.08	7.17

表五　　　　　　　　　　　　**汤山地区地质剖面氧化物含量比值**

剖面位置及编号		分析号	样品号	采样深度（米）	氧化物比值与相关成分分析						
					$\dfrac{SiO_2}{Al_2O_3}$	$\dfrac{FeO}{Fe_2O_3}$	$\dfrac{CaO}{MgO}$	$\dfrac{K_2O}{Na_2O}$	$\dfrac{SiO_2}{Al_2O_3+Fe_2O_3}$	$\dfrac{(CaO+KNa_2O)}{Al_2O_3}$	$\dfrac{Fe^{3+}}{Fe^{2+}}$
XV② 第二岗地		12	33	0.60	4.20	0.12	0.47	0.37	3.05	0.22	7.31
		13	32	1.20	7.46	3.19	0.71	1.46	6.88	0.33	0.28
XⅢ⑤ 王李余村		14	36	1.00	5.37	0.05	0.58	5.69	3.92	0.19	17.84
		15	37	1.20	3.16	0.02	0.61	212	2.23	0.16	59.00
		16	33	1.40	4.81	0.02	0.48	13.27	3.01	0.19	52.27
XⅣ① 最高岗地		17	31	4.00	3.57	0.02	0.63	3.90	2.54	0.19	40.58
VⅢ③ 张肖庄北		18	34	1.20	7.38	0.03	0.57	4.31	5.42	0.22	29.33
Ⅲ④ 李家庄北		19	35	1.50	7.17	0.01	0.60	21.80	4.17	0.15	73.43
Ⅰ⑦ 葫芦洞内剖面	南壁剖面	20	S6	0.20	5.47	4.26	8.19	1.77	2.58	0.80	205.25
		21	S5	0.40	4.64	8.90	1.47	2.20	3.32	0.34	98.25
		22	S4	0.60	4.70	0.01	3.14	1.99	3.29	0.50	67.00
		23	S3	0.80	5.82	0.02	8.14	2.52	3.91	0.98	45.50
		24	S2	1.00	5.76	0.02	8.37	2.61	3.93	1.12	43.13
		25	S1	1.20	6.61	0.03	16.64	2.09	4.67	1.94	35.71
	北壁剖面	26	N4	0.20	4.52	8.16	3.72	4.04	3.11	0.58	107.25
		27	N3	0.40	4.54	8.14	3.39	4.53	3.11	0.54	107.25
		28	N2	0.90	4.41	7.32	1.60	5.13	2.97	0.38	119.50
		29	N1	1.20	4.93	0.01	14.06	2.52	2.98	1.31	82.83

表六　　　　　　　汤山地区各地质剖面氧化物相对淋溶和积聚值

剖面位置及编号		分析号	样品号	采样深度(米)	NaO	MgO	Al_2O_3	SiO_2	P_2O_5	K_2O	CaO	TiO_2	MnO	Fe_2O_3	FeO
ⅩⅤ② 第二岗地		12	33	0.60	−0.2	0.27	2.6	−5.58	0	0.17	0.03	−0.01	0.03	2.44	−1.02
		13	32	1.20	0.19	−0.27	−2.61	5.58	0	−0.17	−0.03	0.01	−0.03	−2.44	1.02
ⅩⅢ⑤ 王李余村		14	36	1.00	0.14	−0.17	−1.95	5.54	0.01	−0.27	−0.08	0.11	−0.02	−2.04	0.07
		15	37	1.20	−0.14	0.19	3.28	−6.79	0	0.2	0.17	−0.01	0.04	07	−0.05
		16	38	1.40	0	−0.01	−1.33	1.26	0	0.07	−0.1	−0.09	−0.02	1.33	−0.03
Ⅰ⑦ 葫芦洞内剖面	南壁剖面	20	S6	0.20	−0.12	−0.22	−0.81	−3.54	−0.35	−0.55	−0.7	0.02	−0.05	5.6	−0.03
		21	S5	0.40	0.1	0.19	2.82	4.58	−1.9	0.24	−5.41	0.2	0.04	−0.52	−0.03
		22	S4	0.60	0.18	0.19	2.13	2.16	−1.22	0.2	−3.4	0.16	0.02	−0.39	0
		23	S3	0.80	0	−0.06	−0.64	1.14	0.52	0.13	0.56	−0.06	0	−0.94	0.02
		24	S2	1.00	−0.09	0.08	−0.76	−0.14	0.12	0.12	1.95	−0.05	0	−1.21	0.02
		25	S1	1.20	−0.02	0.02	−2.73	−4.2	2.81	−0.12	6.97		−0.02	−2.56	0.01
	北壁剖面	26	N4	0.2	0.07	0	0.48	1.42	0	0.31	−1.22	−0.07	0.01	−0.42	−0.01
		27	N3	0.40	0.03	−0.05	0.42	1.36	−0.64	0.41	−1.83	0.07	−0.01	−0.41	−0.01
		28	N2	0.90	−0.11	0.48	1.14	2.87	−0.81	0.01	−3.28	0.13	0.03	0.28	−0.01
		29	N1	1.20	0	−0.44	−2.06	−5.66	1.46	−0.73	6.34	−0.12	−0.03	0.55	0.03

　　2. 氧化物含量比值，从 SiO_2/Al_2O_3，SiO_2/R_2O_3 比值（表五）分析，洞内外沉积物相差不大，其差异在于洞外沉积物比值略大于洞内。其原因可能是洞外沉积物堆积以后，受到后期的湿热化作用，而洞内沉积物则被封存起来。但从洞内沉积物中富铁铝化的积累来看，葫芦洞沉积物的氧化物含量集中在红色粘土层中，其粒径也都在 8Φ 以上，为细小的粘土级，分选性较好。SiO_2 则亦与富铁铝化过程基本相同。

　　3. 从洞内沉积物分析，CaO 的积累过程正与富铁铝化和 SiO_2 的积累过程相反，CaO 的富积层的沉积物则在黄色和杂色粘土层中，沉积物的粒径相对也较粗（0.4Φ），分选性相对较差。从上述含量不难看出，Fe_2O_3 含量高，Fe^{3+} 含量也高，氧化过程相对较强，这可能说明富铁铝化时期是气候相对湿热时期，降水多，温度高，地表径流也较强，有利于铁、铝的富集。而 CaO 富集时气候较偏凉。另外，FeO 含量高，Fe^{2+} 相对增多，也表明了与这种环境的一致性。

　　4. 从葫芦洞剖面可见 SiO_2 和 Al_2O_3 几乎是同步增减，这可以表明沉积物没有经过充分的成土过程，也即是成熟度较低（个别样品例外），在 E6—1Fe_2O_3 减少，在磁化率中也有表现，这可能与当时淋溶富集有关，可能属于次生现象，也可能与当时沉积的湿度氧化程度有关。对此，仍须作进一步分析。

5. 此外，对葫芦洞沉积物的石英颗粒用双目镜作微形态分析，发现石英砂的圆度级差，都在 0 级—1 级，有明显的贝壳断口，棱脊清楚，未经磨损，应为近源堆积。同样各样品的重矿物都较简单，且彼此成分无多大变化，应属于同一源地供应，即是附近基岩的残坡积物带入洞穴的堆积。

6. 显然，洞外下部红色粘土形成在人化石沉积之前，经过湿热化过程。人化石沉积时期之后，是下蜀土沉积。

（四）粘土矿物分析

对 15 个样品做了粘土矿物定向薄片 X 衍射分析。葫芦洞的 10 个样品的粘土矿物组成和含量见表七。从表七中看出，主要是由伊利石（75.4～82.2%），蒙脱石（3.9～10.7%），高岭石（平均为 12.19%），以及少量绿泥石和水针铁矿等成分组成。

伊利石结晶指数分析，是近年研究古气候古环境的主要方法之一。根据 X 衍射曲线，我们对洞内外 15 个样品作了伊利石开形指数和长宽比指数分析。开形指数的变化实际是伊利石膨胀晶层的指标，与沉积环境密切相关。根据开形指数定义：$Ns=b/a$（式中 Ns——开形指数，b——d_{001} 衍射峰低角度一侧的宽度，a——d_{001} 衍射峰高角度一侧的宽度，当伊利石结晶很好时，$b \cong a$，$Ns \cong 1$；当遭风化作用后，d_{001} 衍射峰向低角度一侧扩散，出现 $b > a$，$Ns > 1$，风化程度越强，衍射峰的对称性就越差，Ns 值就越大。

表七　　　　　　　　　　　　　　葫芦洞剖面粘土矿物分析

剖　面	样　号	主要粘土矿物（%）			其他矿物		温度和湿度状况
		蒙脱石	伊利石	高岭石	绿泥石	水针铁矿	
北剖面	N4	6.2	82.2	11.3	少量	少量	湿　增
	N3	8.3	78.0	13.8	/	少量	热　强
	N2	10.7	78.5	10.7	/	/	↑
	N1	9.9	79.2	10.8	少量	/	
南剖面	S6	3.9	82.0	8.6	5.1	少量	温湿
	S5	4.7	80.7	10.5	/	少量	
	S4	8.3	79.0	12.5	/	少量	
	S3	8.0	78.0	13.7	/	少量	↑
	S2	9.8	75.4	14.8	/	/	
	S1	8.6	76.0	15.2	/	/	

（五）沉积地层分析

1. 葫芦洞小洞保存的剖面大致可以分以下几层：

0～2 厘米　钙板，近水平。

2～26 厘米　红色粘土层。

　　7～12 厘米　水平层理清楚，层薄，红色粘土层；

　　12～21 厘米　含钙结核或其他粒状物质的似鲕粒状红色粘土层；

　　21～26 厘米　红色粘土层。

26～46 厘米　化石集中夹红色粘土。

46～120 厘米　红色粘土、粉砂粘土层。

　　46～56 厘米　夹有化石的红色粘土层；

　　56～76 厘米　夹有化石红色粉砂粘土层；

　　76～120 厘米　夹化石红色粘土层，其下为奥陶系灰岩。

从以上剖面分析，可以得出：

（1）葫芦洞中的小洞是葫芦洞的凹进部分，其延伸长度不大，在目前洞口部位还有一定深度。

（2）红色粉砂粘土沉积，并含有一定数量的落叶阔叶树种。高岭石也有一定数量（8.6～15.2%），Fe^{3+} 含量达 2.5～8.21%，总体反映气候是较温湿的。周围地表的风化物经过一些成土作用，但不甚成熟，由周围搬入洞内，水动力变化较大。

（3）26～46 厘米的化石集中层中发现有中国鬣狗粪，表明这些动物化石可能由鬣狗将猎物拖入小洞内食后堆积而成。

（4）12～21 厘米为 $CaCO_3$ 结核，表明这层沉积时期气候相对干一些。$CaCO_3$ 浓度相对较高呈结核状沉积。

（5）层理清楚，平缓倾斜薄层粘土沉积是在洞口似封未封时，粗大物质已经不能从洞口进入洞内，而细小物质却随着水流带入较为平坦的地方沉积下来。平缓倾斜薄层层理表明为降雨次数或季节变化的沉积特征。如同目前洞穴淤泥一样。

（6）顶部钙板近平缓倾斜状，为方解石结晶。其成因表明此时洞口已被全部封闭，外源物质已不能通过洞口进入洞内，只有雨水通过裂隙，并溶解石灰岩，进入洞穴后，环境改变，CO_2 逸出，水在近于水平的薄层层理的粘土层上涓涓流动时，水中的 $CaCO_3$ 沉积下来形成钙板。这一层钙板，在锥体四周均普遍存在。

葫芦洞小洞剖面分析结果，还表明这洞穴的发育过程，即洞穴曾由无到有"洞口"，从大洞口到小洞口，最后洞口被钙华封死。洞内外物质仅为裂隙水带来的 $CaCO_3$ 和粘土等。

二　洞穴沉积层的划分与对比

根据葫芦洞和高速公路地区的第四系剖面分析可得出以下结论（图二）：

（一）除洞外剖面上部为上更新统地层外，均为中更新统地层。

（二）中更新统地层中可划分为二段，在葫芦洞中以角砾层、碎石层（含少量褐黄色粉砂）、粘土层为第一段，其中夹少量哺乳类动物化石。其上为第二段，在小洞内为整套地层，在葫芦洞内为胶结紧密、坚实、含大量哺乳类动物化石的粘土碎石层。

（三）剖面时代与环境可以设想：第一段以中更新世中期稍早，气候在洞外可能是冰缘气候，山麓面上普遍发育冰缘融冻泥流沉积层；葫芦洞的沉积物也表现出机械风化作用为主的碎石层，以坡积的形式进入洞内，与洞顶崩塌岩块混杂在一起。第二段沉积时期的环境有所变化，从哺乳类动物化石来看，绝大多数生活在温凉偏干的环境中，但也有少量喜湿和温暖的动物种类。孢粉分析表明其跨度较大，主要是亚热带植物群落，但也有温带植物，某些树种很难在温带内生存。第二段沉积时代为中更新世中期。

三　汤山地区人类生活古环境重建

（一）早更新世及其以前的山川面貌

在白垩纪时，构造运动继承中侏罗世末期的燕山运动第一幕，以断裂活动为主，汤山地区断块上升，两侧形成凹陷盆地，由印支运动时期形成的褶皱构造成为断块山地后逐渐受到剥蚀、降低，北侧仪征、南侧句容两凹陷接受沉积，沉积了晚白垩纪地层（赤山组），其时并有侵入体或火山等活动，同时在本区石灰岩形成早期溶洞。

在新生代初期，本区的地面可能已被夷平成微有起伏的准平原化地形。在早第三纪与晚第三纪之交，地壳曾有很强烈的构造抬升，将山地高高抬起，因此复又开始新的侵蚀作用和堆积作用。原先已经被夷平的山地受到水流的改造，这时背斜成山，向斜亦成山（陡山），其间形成次成谷地。侵蚀物质继续被带到南侧和北侧沉积。这时地壳运动相对宁静，并持续到中更新世。中、上新世和早更新世时期，汤山地区相对稳定，地下水面和侵蚀基准面较长时期稳定在一个高度上。以基准面为条件，汤山次成谷地内形成山麓面，这个微向南倾的平坦地面的后缘，山坡平行后退，地面不断扩大，其前缘为汤山的北坡，因东西向断层和北东、北西向断层交会，变成地表水和地下水的汇集地方，地表水和地下水在汤山背斜北翼与志留系砂页岩接触带的灰岩内，也正是东西向断层地带正中，在其内发育了很多洞穴，其中有高位洞穴和低位洞穴。而在汤山地区的南部，在

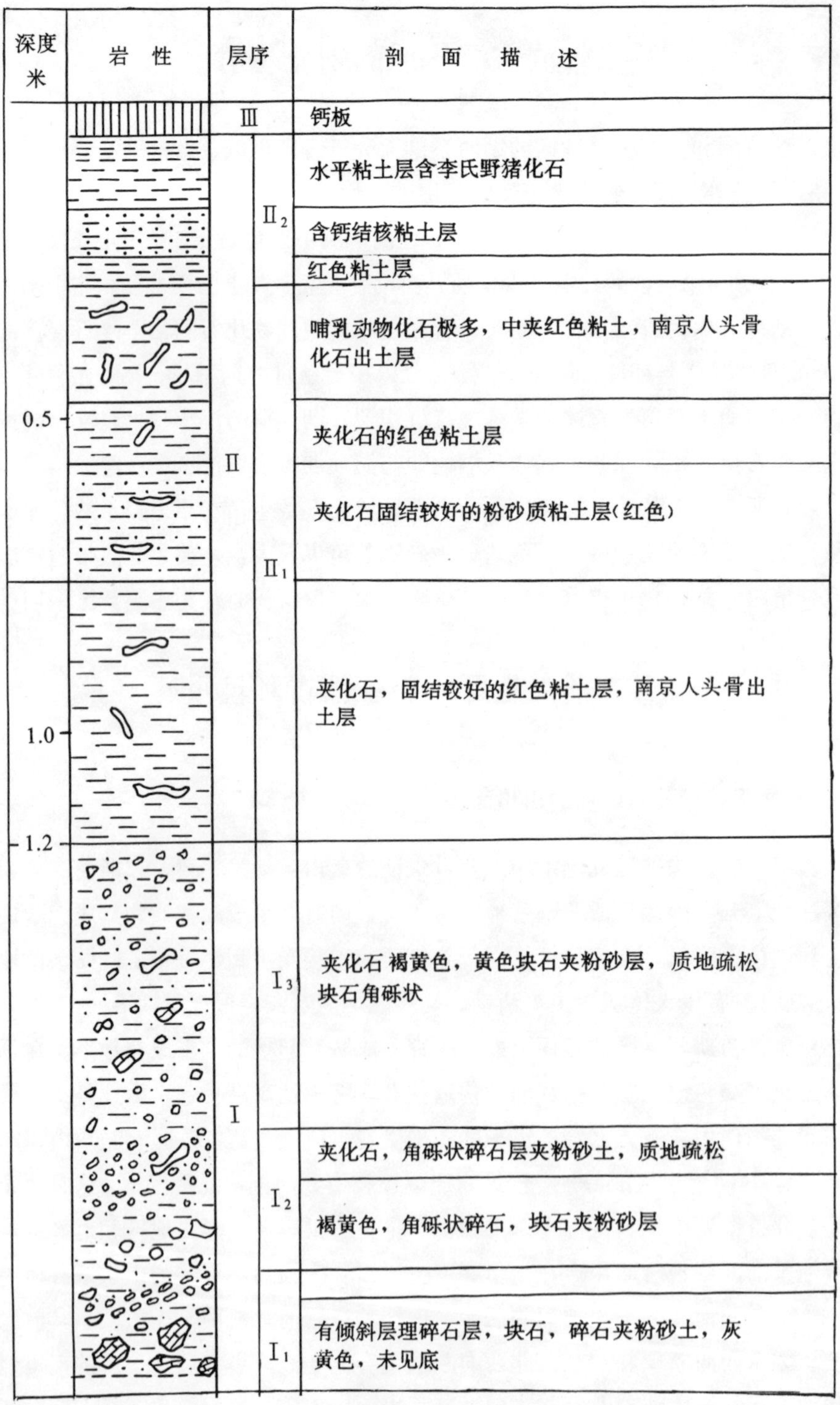

深度 米	岩　性	层序		剖　面　描　述
		Ⅲ		钙板
			Ⅱ₂	水平粘土层含李氏野猪化石
				含钙结核粘土层
				红色粘土层
0.5		Ⅱ		哺乳动物化石极多，中夹红色粘土，南京人头骨化石出土层
				夹化石的红色粘土层
			Ⅱ₁	夹化石固结较好的粉砂质粘土层（红色）
1.0				夹化石，固结较好的红色粘土层，南京人头骨出土层
1.2		Ⅰ	Ⅰ₃	夹化石 褐黄色，黄色块石夹粉砂层，质地疏松块石角砾状
			Ⅰ₂	夹化石，角砾状碎石层夹粉砂土，质地疏松
				褐黄色，角砾状碎石，块石夹粉砂层
			Ⅰ₁	有倾斜层理碎石层，块石，碎石夹粉砂土，灰黄色，未见底

图二　葫芦洞沉积层柱状图

相对稳定的条件下塑造了平坦的地面，使白垩系地层和出露地表的岩体被逐一夷平，形成一个地表水和地下水相对汇聚的盆地，同时也有少量玄武岩喷发。

在山麓面形成时期，葫芦洞洞穴也已经形成，初具规模。这种在地下水位附近形成的洞穴，埋藏在石灰岩山体内，其内没有外来物质的沉积。在目前海拔85～100米的汤山北坡 至少形成有7个洞穴之多，但它们还没有发育联成1个洞穴系统，在洞体上均为孤立单体分布，其间可能有裂隙水相通。

新生代晚期的气候状况分析：该时期虽没有白垩纪时期高温，高海面，但从其他地区发现的植物化石、孢子花粉等资料来看，气候还是相当适宜植物生长的。具有较高的温度、较多的降水、茂盛的植被，有利于洞穴的发育。

（二）中更新世时期的自然环境

早更新世与中更新世之交，地壳有过抬升，断块山地发生继承性隆起，汤山当时山体较高较大。由于地面的抬升，侵蚀基准面下降，汤山地区地貌过程又进入一个新的时期，即山体侵蚀降低，地表受到新的切割，地表水在新的基准面控制下发育，地下水位下降，地下埋藏的洞穴，已脱离地下水面，在地下水面附近又发育成低一级新洞穴。

中更新世早期，气候上有较大的变化，亦即当时我国大范围处在寒冷的气团控制下，在一些山地和地区发生冰川，更大范围内处于冰缘气候，汤山地区处于冰缘气候范围内。冰冻机械作用加速山地的蚀低，这时汤山山体被剥蚀，位于山体内的一些洞穴有的终于被揭开，出现洞口。洞口的出现，促使洞穴内部环境发生变化，不仅洞内外空气发生交换，当时洞外的寒冻环境也波及洞穴。这时的葫芦洞洞穴，洞口出露，地表寒冻风化物质被带入洞内，与洞内自身的崩塌物一起堆积，形成锥体的雏形。在洞外，山麓面上发育并保留极为完好的融冻泥流堆积。早在50年代中后期，杨怀仁对侯家塘化工厂岗地剖面和栖霞山北麓剖面进行了观察，他认为是中更新统，相当于大姑冰期的冰缘条件下的融冻泥流堆积（图三）。其特点是综红色，并且似网纹条带的碎石层，砾石大小悬殊，近山体较大，前缘较小，分选极差，砾石成分以石英砂岩为主，次为硅化灰岩，燧石及少量火山岩，页岩，胶结物中泥、砂混杂的杂质结构的碎石层。其中似网纹条带和棕红色粘土是后期湿热化的结果。

不难对比，洞外棕红色、带似网纹条带的碎石层与葫芦洞锥体下部的黄褐色、黄色的碎石层应是同一时期、同一气候环境下的堆积。前者直接由融冻泥流堆积，后者经过坡积（亦可能由融冻泥流搬运），和洞内崩塌堆积共同作用形成，均是冰缘气候条件下的产物。

其时，汤山的山体虽已蚀低，但比现在要高。侯家塘谷地虽是地表水和地下水汇集地区，但由于是长江、秦淮河分水岭地区，故无长年性河流发育。在汤山之南侧，平坦

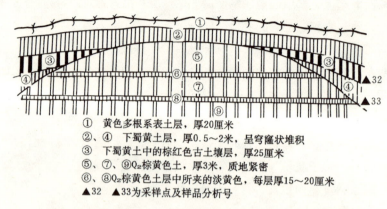

① 黄色多根系表土层，厚20厘米
②、④ 下蜀黄土层，厚0.5～2米，呈穿窿状堆积
③ 下蜀黄土中的棕红色古土壤层，厚25厘米
⑤、⑦、⑨Q_2棕黄色土，厚3米，质地紧密
⑥、⑧Q_2棕黄色土层中所夹的淡黄色，每层厚15～20厘米
▲32　▲33为采样点及样品分析号

图三　汤山至龙潭公路西侧高速公路的第二岗地公路北侧剖面

的地面，已有河流存在。该时汤山邻近地区石灰岩内发育的溶洞也纷纷被揭开。

40万年前，汤山开始由冰缘气候逐渐变暖，雷公山炼灰厂洞口亦被揭开。起初，仅有喜穴动物栖息其内，洞外由片状水流带入的近源物质的堆积，偶而也夹杂有哺乳类动物骨骼。从堆积物色序看，变化较大，有红色、黄色和灰白色沉积，表明这种沉积物色泽是在洞外时已基本具备，亦表明当时气候有着波动，有较为温暖，也有较为温凉、温湿的过程，但总体上其物质的成土过程不甚成熟，粒级也相应粗些，是处于温带环境中形成的，其间气候也有过冷暖的变化。

大致在30～40万年间，气候继续向温暖方向发展，当时沉积了葫芦洞和小洞沉积，这时人类活动在汤山这块肥沃的土地上。根据现有资料分析，洞穴的哺乳类动物化石，主要与周口店北京人某一时段同期。

从葫芦洞小洞发现有成层且厚的钙板以及众多灰华，可以看出气候的变化，一般来说在堆积时期湿润气候条件下，渗流到洞内的水分较多，它们薄薄地分布在沉积物上，缓慢地流动。由于蒸发或由于CO_2的逸出，就可以在水流动时析出层状的碳酸钙，渗流水供应时间越长，其厚度越大。在稳定条件下，这种钙板往往可以结晶成方解石。葫芦洞小洞钙板就是这种湿润气候条件下，纯净的水流供应的结果。相反，在很多沉积层中具有不少不连续、很薄、钙膜式的钙板，这是在干燥气候条件下形成的。沉积物因蒸发使钙集中在某一部位，久而久之，便形成断续、薄薄的钙膜或钙板。在一些洞穴沉积物中可以有含钙结核状物，它们也都是在较为干燥的条件下生成的。葫芦洞的钙华或称灰华，是碳酸钙与其他堆积物混合胶结在一起所致。它们不能表示气候特征。葫芦洞小洞钙板下的薄层、层理清楚的沉积层是在渗流水带来粘土物质，并随着气候干湿变化的状况下沉积的，因此具有清晰的层理。

纵观洞内沉积剖面的沉积特点，其动力为片状水，亦有渗流水通过裂隙将粘土物带入洞中。由于干湿季变化，裂隙水的供应也是时有时无。渗流水则长期注入地下，在纯净的条件下，形成钙板。葫芦洞洞穴的形成到充填过程十分复杂，它们的沉积特征不仅可以表明整个气候特征，也可以表明在大气候环境下，各种气候波动，影响到植被、水、动力条件的改变。至于气候波动幅度、频率有待于葫芦洞的整体全面发掘。

中更新世中期，洞外的植被以木本植物为主，也有食草动物赖以生存的草本植物。山麓面上、下部为草本植被，上部为森林。汤山之南为流水作用地带，不仅有河流，也有湖泊等水体，一些喜水动物得以栖息。但山川大势与现在相差不大。

中更新世至晚更新世时，气候有明显的湿润时期，降水增多，水流沿着山麓面进行切割，将山麓面切割成垄岗状岗地，在山谷中和两坡堆积了从垄岗上搬运来的碎石（图四）。尽管当时沟谷有所充填，但地形的起伏变大。在晚更新世时期，下蜀土又一次起到填平沟壑、减缓地势起伏的作用。其后的切割，使得地表起伏加大。

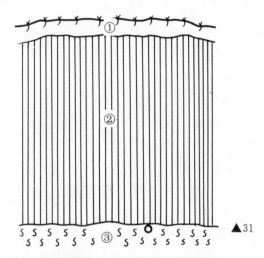

① 黑褐色多根系表土层，厚20～50厘米
② 节理发育的褐黄色下蜀土，厚4米
③ 湿而紧密的灰白色网纹土，受地下水位影响
　　出露地表厚度1米左右，未见底
▲ 31为采样点及样品分析号

图四　汤山高速公路最高岗地顶部路北侧面 XIX①

（位于汤山—龙潭公路以西 300 米）

附记： 本文由俞锦标、谢志仁、王富葆通稿。

后　记

　　1993—1994 年度，南京市博物馆、北京大学考古学系组成汤山考古发掘队，对南京汤山古人类化石地点进行了第一次科学的考古发掘。本报告汇集了此次考古发掘获得的资料、前期采集的资料以及对此进行多学科研究的初步成果。报告的编写自 1995 年 3 月开始，至 1996 年 1 月完稿。考古队全体人员及有关人员参加了工作，分工如下。

　　执笔人员：壹　概述，易家胜；贰　洞穴与堆积，华国荣；叁　人化石，吕遵谔；肆动物化石，黄蕴平（一　动物化石、三　小结、附：葫芦洞大洞采集的动物化石摘记）、姜林海（附：鬣狗粪化石）、贾维勇（二　骨片）；伍　结语，魏正瑾。通稿，魏正瑾、华国荣。

　　化石标本照片及线图由华国荣、吴荣发、陆小方负责，化石测量与统计图由吕遵谔、黄蕴平负责，标本、资料由姜林海、贾维勇进行校对，技术工作由吕遵谔指导，组织工作由白宁、易家胜负责。本报告附录部分包括了汤山地区第四纪地质地貌的调查与研究、沉积物分析、孢粉分析及年代测定等内容，系由考古队邀请南京大学城市与资源学系、北京大学考古学系年代测定实验室、北京大学地质系、北京大学城市与环境学系的有关专家协作进行的。

　　在本报告编写过程中，考古学、古人类学及相关学科的许多专家给予了热心的指导和帮助。中国科学院院士贾兰坡教授对报告的编写提出了重要的指导意见，并在百忙中为本书作序，使考古队全体同志倍受鼓舞。于此谨向贾兰坡教授致以崇高的敬意，并祝先生健康长寿！

　　此次考古发掘和本报告的编写工作，自始至终得到了国家文物局、江苏省和南京市人民政府的领导关心和理解。在经费方面，国家文物局对发掘经费给予补助，南京市政府筹集了文物征集、考古发掘和报告编写等方面的经费，南京市财政局还拨出专款作为本书的出版费用。化石地点所在的江宁县与汤山镇政府与有关单位，对于考古发掘工作也给予了大力协助。作为此次考古发掘与编写报告的合作单位，南京市博物馆与北京大学考古学系建立了良好的工作关系。考古学系领导亲自过问，多次协调；市博物馆将此列为全馆重点项目，广泛动员，集中力量，全力以赴。作为上级文物主管部门，江苏省文化厅，南京市文化局、文物局对这项工作十分重视和支持，并且做了大量的指导和协调工作。

　　最后，还要提出的是文物出版社，特别是第一图书编辑部的楼宇栋、张庆玲同志为本报告的编辑出版工作付出了辛勤的劳动，保证了报告的迅速编辑出版。

　　在报告即将出版之际，谨向对此工作做出贡献的领导部门、各位专家、有关单位和同志致以深切的谢意！

编　者

1996 年 1 月

LOCALITY OF THE NANJING
MAN FOSSILS

1993—1994

(Abstract)

An excavation was carried out during the December of 1993 and January of 1994 by Tangshan Archaeological Team conaisting of experts from Nanjing Municipal Museum and Department of Archaeology of Peking University on the site where the fossils of Nanjing man (*Home erectus*) were found.

Located in Hulu Cave of Mount Leigong at Tangshan, Jiangning County, Nanjing (N32°, E119°), the site is 28 kilometers to the west of the city of Nanjing and about 25 kilometers to the north of the Yangtse River. The local peasants had dug out fossils of two broken human skulls and vertebrates before the excavation. And the small cave inside Hulu Cave, where the human fossils were found, was decided as the area for the excavation, numbered 93. NTX.

Mount Leigong is composed of Ordovician limestone and dolomitic limestone. The limestone cave was formed by the rift during the tectonic movement at the level of phreatic water, and began to rise above the ground during the Tertiary Miocene Epoch. Subjected to the longterm weathering and denudating, the entrance of the cave emerged in the early Middle Pleistocene Epoch, hence began the accumulation inside the cave.

The excavation area (the small cave inside Hulu Cave) is 8. 26 meters long from north to south and 1. 6 to 4. 4 meters wide from east to west . The accumulation inside the cave, 1. 5 to 1. 7 meters in thickness, can be divided into four strata from the calcium downwards. All the fossils, including one human tooth and a great number of vertebrate fossils, were unearthed from Stratum 3, a layer of brown-red clay of close texture. Also carried out was the stratigraphic check on the human and animal fossils collected before the excavation, which proved to be part of the accumulation in the same layer of brown-red clay of close texture. The excavated pieces are numbered 93NTX③, henceforth referred to as X③, while the collected pieces are numbered 93NTX : O, henceforth referred to as X : O. This report is made on the fossils excavated and collected before the excavation, including three pieces of human fossils (two pieces of cranium fossils and one piece of tooth fossil) which are proved to belong to *Homo erectus*, 1325 pieces of vertebrate fossil specimens, 2602 fragments of bones, and 68 fossils of hyaena dung. The animal fossils belong to 15 species, 11 families, 4 orders, including *Ursus arctos*, *Hyaena sinensis*, *Nyctereutes sinensis*, *Arctonyx collaris* (?), *Vulpus* sp. , *Panthera tigris*, *Panthera pardus* (which belong to Carnivora), *Sus lydekkeri*, *Megaloceros pachyosteus*, *Cervus* (*Pseudaxis*) *grayi*, Cervidae, *Bubalus* sp. (which belong to Artiodactyla), *Dicerorhinus merrcki*, *Equus* sp. (which belong to Perissodactyla) and *Stegodon* sp. (which belongs to Proboscidea).

It is indicated through the observation and study of Nanjing man fossils that Nanjing man and Peking man are very much alike in basic features although the former has its own characteristics.

I. As Nanjing No. I is comparatively intact when unearthed, and data can be obtained by direct measuring, which makes the comprehensive knowledge about Nanjing No. I possible after it has been restored by means of paleoanthropological research and all the basic data have been obtained.

The similarities of Nanjing No. I and Peking man in the basic features are described as following.

The frontal bone is low and plain, evidently leaning backwards. The cerebral curvature index is 96. 1, the length of perpendiculars between the bregma and the Frankfurt horizontal plane is 93 mm.

The supraorbital tori are horizontal and straight, and the left and right superciliary ridge are connected and fairly developed. The total length of the supraorbital tori is 109. 5 mm.

The region orbitalis posterior is somewhat narrow. The Index of the postorbital constriction is 77. 6.

The orbit is in the shape of a round-cornered square, with obvious supraorbital protuberance on the close inner side.

The front face of the zygomatic bone is quite plain, facing forward to form a flat face. The angle of the zygomatic faciale is 50 degrees.

The vertical view of the restored skull is slightly oval, with the angulus torus obviously developed. The left part of the angulaus torus is 14 mm thick, while the right part is 16 mm thick.

The upper and lower occipital squama are quite flat and even, and the occipital torus is cristashaped and fairly developed. The upper groove of the torus is obvious. The central part of the occipital torus is 11 mm thick on the left and 14 mm on the right.

The protuberantia occipitalis externa, skewed to the left of the torus, is 16 mm thick, with a round and dull surface. And it almost coincides with the opisthion.

The protuberantia occipitalis interna, 37 mm away from the protuberantia occipitalis externa, is not at the same level with it.

The surface of the protuberantia occipitalis interna is even, with a well developed eminentia cruciformis. The cerebellum fossa is evidently smaller than the cerebral fossa.

The temporal squama is low.

The cranium bone is fairly thick. The glabella of the cranium bone is 21 mm thick, the near bregma 7 mm, and the tuber parietale of the patietal 12 mm. The 15—millmeler asterior is the thickest point on the occipital bone.

The capacity of cerebral, roughly measured with the restored specimen, is about 1,000 ml.

Nanjing No. I is different from Peking Man in the following points:

Its frontal bone is shonter short, with a 92-milimeter nasion-bregma arc and a 101-milimeter nasion-bregma chard. The restored bregma-lambda chard is 96.4 mm, and the restored bregma-lambda arc is 102 mm. The frontal bone is obviously shorter than the parietal bone.

The tuber frontanelle and the tuber parietale are under developed although the superciliary ridge is quite developed.

There is a hyperplasia of bone of bregma where the frontal bone and the left and right parietal bones join. The plane of the bone of bregma is roughly a regtangle of 19 mm by 10-12.3 mm.

The frontal and the parietal bones are gradually sloping from the center down to both sides, but the sagittal crista is not obvious(which might be the result of the morbid osteomata in the center of the frontal and the parietal bones).

The temporal squama is fairly low, with the upper margon in the shape of a gentle arc.

The shape of the nasal bone is somewhat unusual. The bridge is narrow and ridge-shaped, the nasion is sunken while the apex nasi is pointing forward and upward. The nasal curvature index is 91.2, and the flatness index is 22.6.

Observed from the restored cranium bone, the broadest point of the cranium is a bit above the Level of the biauricular plane which makes both sides of the superior postskullcap appear bulging.

Nanjing No. Ⅰ represents a female about thirty.

Ⅱ. The calvaria of Nanjing No. Ⅱ was kept intact while unearthed, yet the rest parts were either imcomplete or lost. Judging from the morphological observations, the features, quite similar with those of Peking man, are as following:

The frontal bone is low and even, leaning backwards.

The frontal bone and the parital bone are connected by an angulus.

The sagittal crista in the center of the frontal and parietal bones are clearly seen and well developed. Both sides of the sagittal crista are sunken and connected with the crista to resemble a roof with two sloping phases. A fairly developed crossing protuberance can be seen near the bregma.

The angulus torus at the lateralis postparietal esterna is well developed, its left half 18 mm in thickness and its half 17 mm.

The occipital torus is well developed. The protuberantia occipitalis externa is evidently bulging and fairly thick, the surface of which is round and dull.

The temporal squama is low.

The following is where Nanjing No. Ⅱ differs distinctively from Peking man.

The whole cranium bone is larger and thicker. The left part of the parietal tuber parietale is 10 mm thick and the right part is 11 mm, the occipital protuberantia occipitalis externa 16 mm.

It is found out after the contrastive study on the measured data that the frontal bone of Nanjing No. Ⅱ is also shorter than its parietal bone.

The tuber parietale is less developed.

The upper groove of the occipital torus is not clear, and the protuberantia occipitalis externa is obviously protruding backwards.

Low as it is, the upper margo of the temporal squama is not straight. Instead, it is a gentle arc.

Nanjing No. Ⅱ belongs to a male of thirty—five.

Ⅲ. The only tooth fossil found of Nanjing man is the third upper molar on the right. The basic feature of which is similar to that of Peking man except that the root is not so thick.

In a word, the basic features of Nanjing man, judging from the analyses on the three fossils, are similar to those of Peking man on the whole, although some morphological differences exist. Nanjing man should be Categorized into *Homo erectus* in the Peking man stage in physical development.

The analyses on the date of Nanjing man have been carried out in the following aspects.

I. Nanjing man can be placed in the Peking man stage in the course of evolution, which is earlier than Hexian man.

Ⅱ. In the process of excavation on the site of Nanjing man fossils, a great number of ancient verbetate fossils have also been unearthed from the same stratum from which the human fossils are found. After dressing and testing, the animal fossils belong to 15 species, 11 families, 4 orders. The major members belong to the Zhoukoudian fauna, and especially typical are Hyaena sinensis, Sus lyderkeri, Megaloceros pachyosteus, Cervus (Pseudaxis) grayi and etc.. Therefore, the fauna at the site of Nanjing man fossils existed at the same time with that of Zhoukoudian, in the middle pleistocene Epooch. When further morphological comparison of the faunas at the two sites were made in further details, especially on the Index of thickness of the jaw of Megaloceros pachyosteus, we found that the fauna at Nanjing man site is more close to Strata 7-6, Locality I, Zhoukoudian. Hence we may conclude that the fauna existing at the time of Nanjing man coincides with that in Strata 7-6, Locality I, Zhoukoudian.

Ⅲ. The spore and pollen analysis and the analysis on the accumulation enviroment in the cave indicate that the climate of the area was warm and humid, belonging to that of the subtropical zone or warmer temperate zone. According to the analyses of the climate and ecological enviroment, Nanjing man existed at the same time with the stage of Strata 9-5.

Ⅳ. The absolute dating of Nanjing man fossils indicates (according to the result obtained by Chen Tie-mei et al. by uranium-series dating and elecron spin resonance) that the date of the fossils at the locality is about 350 thousand years B. P.. The result supports the conclusion drawn from the animal morphological analyses, and plante spore and pollen and accumulation enviroment analyses.

After the analyses in the above four sapects, we may conclude that Nanjing man lived in the middle pleistocene Epoch, and its absolute date is about 350 thousand years B. P..

葫芦洞小洞西部地层及化石层

1. 发掘后保留的原始堆积

2. 东南角化石层面

葫芦洞小洞地层和化石层面

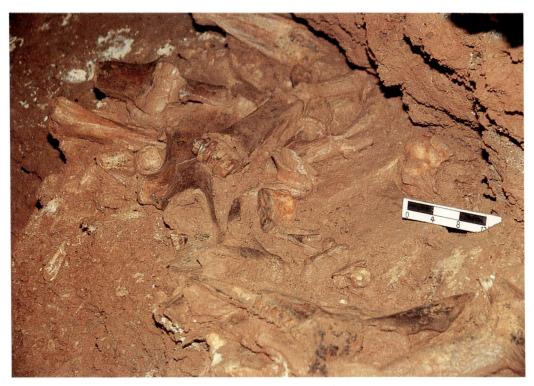

1. 第一层面

2. 第二层面

葫芦洞小洞西部南段化石分布

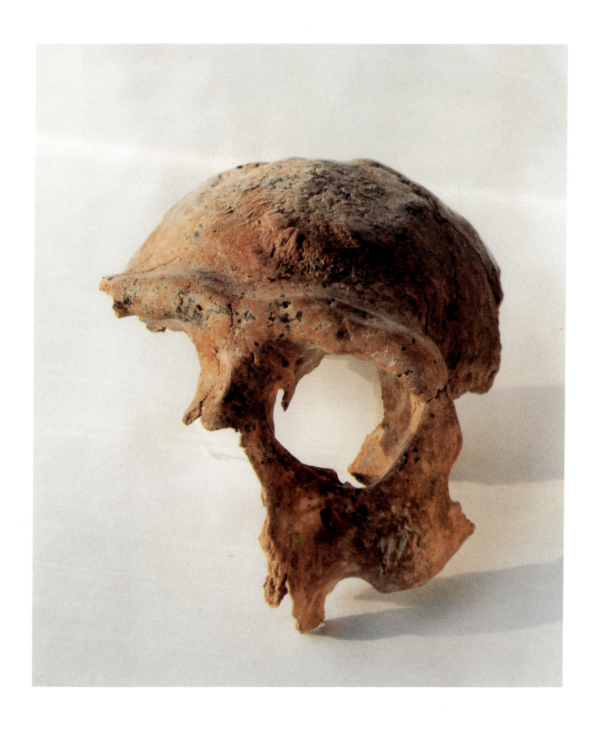

南京人 1 号颅骨 No. I 正视

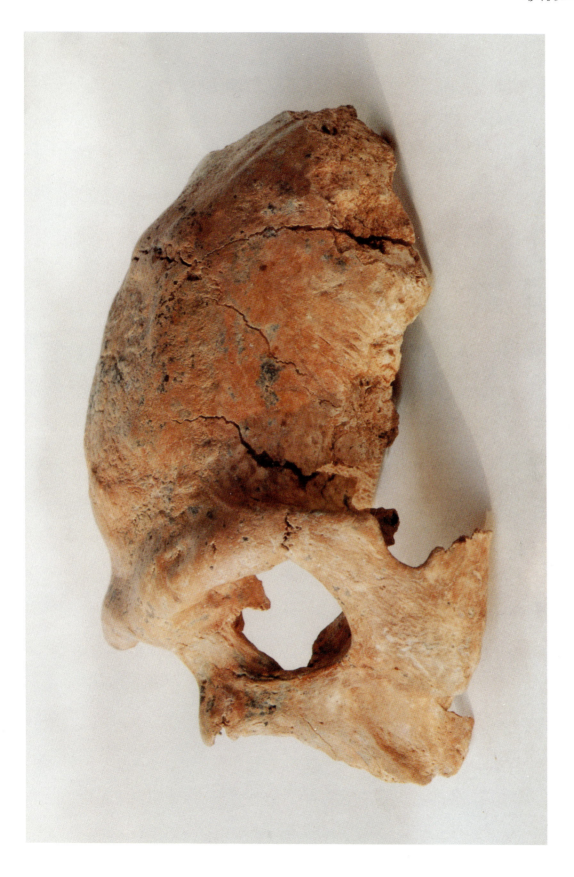

南京人１号颅骨 No. I 左侧视

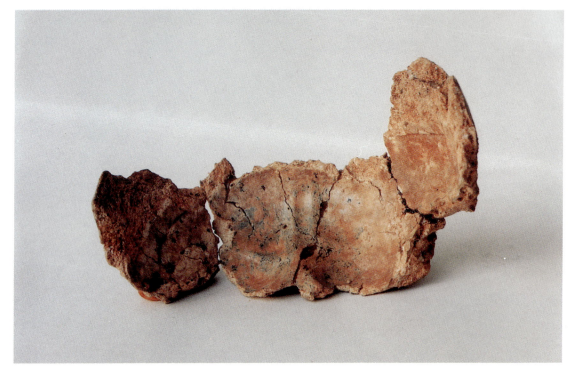

1. 内视

2. 后视

南京人 I 号颅骨 No. I 顶骨和枕骨

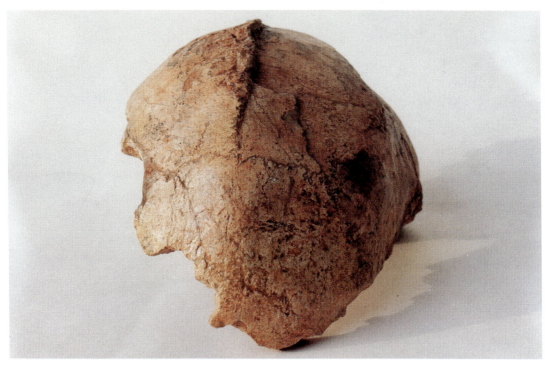

1. 顶视

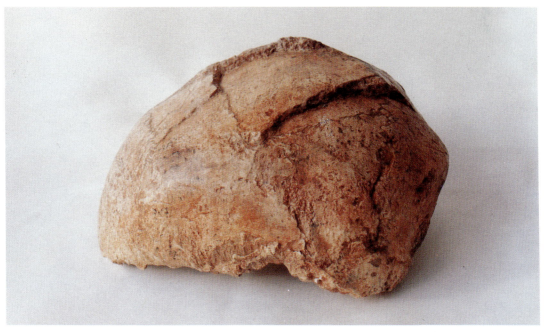

2. 左侧视

南京人Ⅱ号颅骨 No. Ⅱ

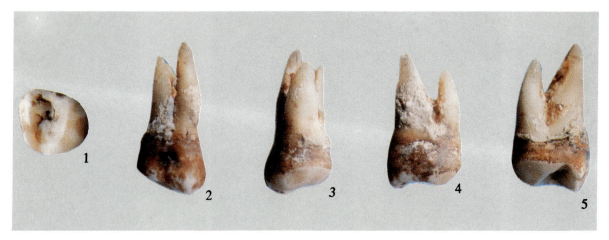

1. 牙齿咬合面　　2. 牙齿颊面　　3. 牙齿舌面　　4. 牙齿近中面　　5. 牙齿远中面

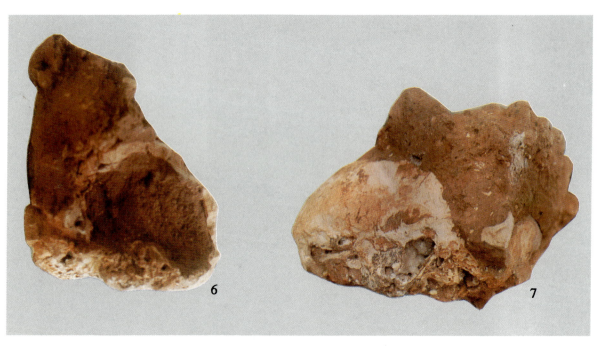

6、7. 南京人 II 号颅骨化石修整前胶结状况

南京人右上第三臼齿及 II 号颅骨胶结状况

南京人化石地点外景（北—南）

图版二(II)

1. 发掘前南部堆积被挖的情况

2. 发掘前东南角堆积被挖的情况

3. 发掘前倒在葫芦洞外的小洞积土

葫芦洞小洞发掘前情况

2. 现场绘图

1. 清理东部化石堆积

4. 清理西部南段化石堆积

3. 清理西北部化石堆积

葫芦洞小洞发掘现场

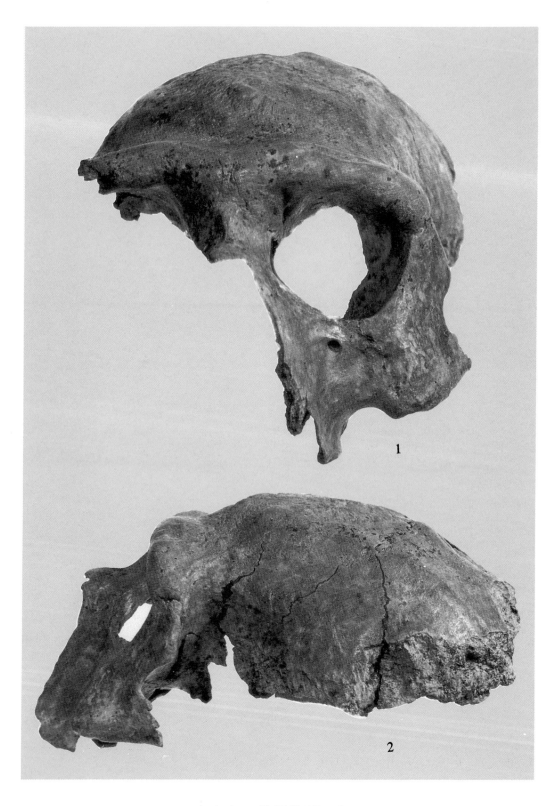

南京人 I 号颅骨 No. I
1. 正视　　2. 左侧视　　均×4/5

南京人 I 号颅骨 No. I

1. 顶视　　2. 内视　　均×4/5

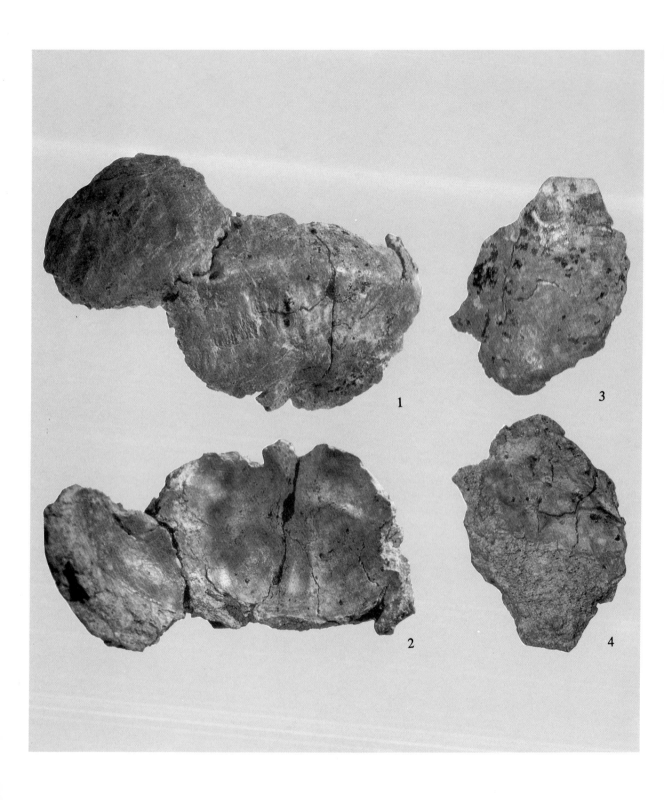

南京人 I 号颅骨 No. I

1. 顶骨和枕骨后视　　2. 顶骨和枕骨内视　　3. 右侧顶骨后外侧部侧视

4. 右侧顶骨后外侧部内视　　均×4/5

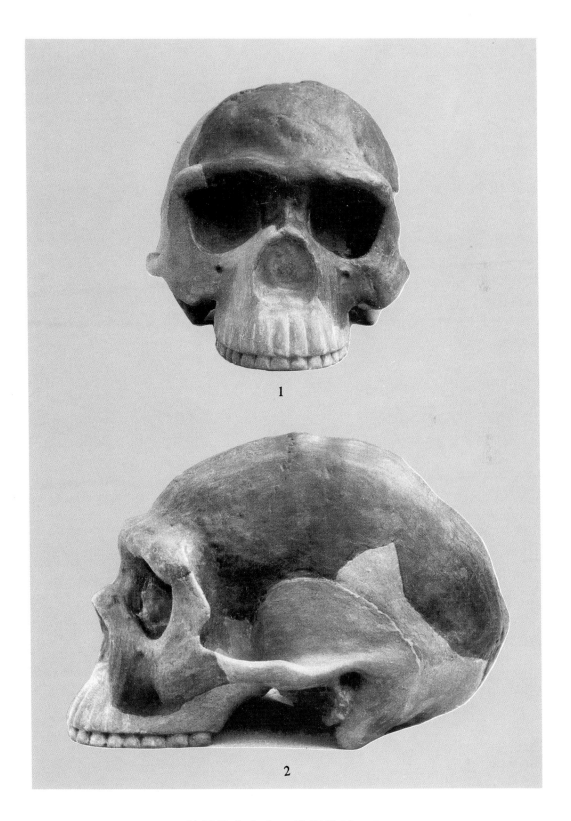

1

2

复原的南京人Ⅰ号颅骨 No. Ⅰ
1. 正视　　2. 左侧视　　均约×4/7

图版八（VIII）

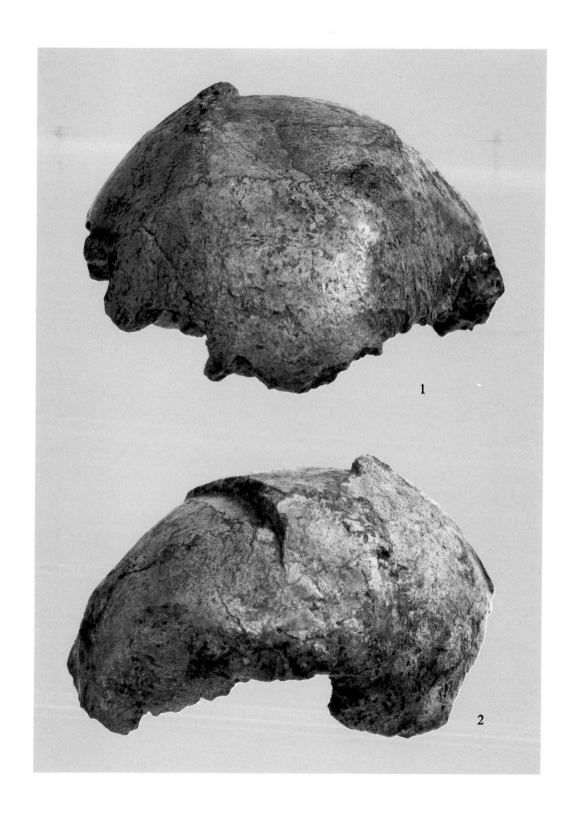

南京人Ⅱ号颅骨 No. Ⅱ
1. 正视　　2. 后视　　均×4/5

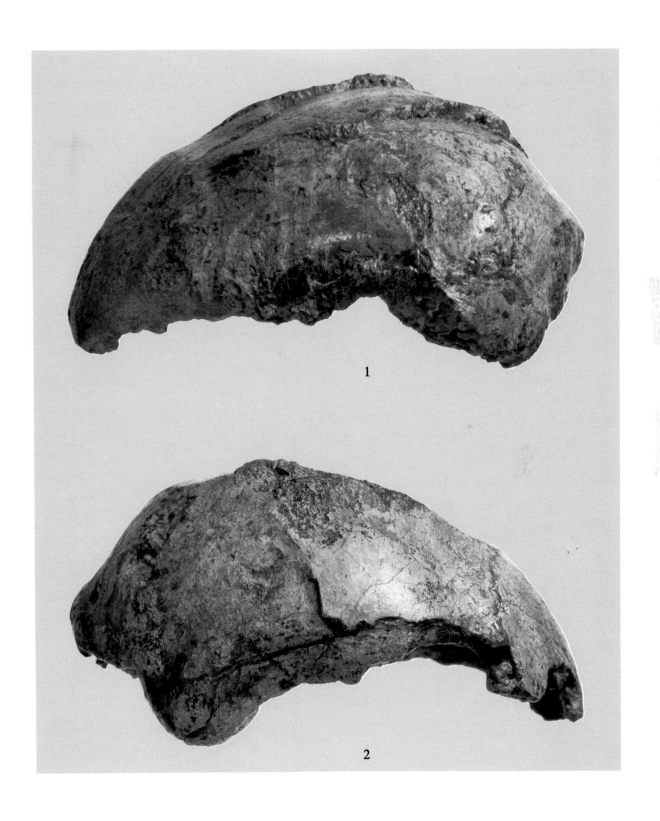

南京人 II 号颅骨 No. II

1. 左侧视　　2. 右侧视　　均×4/5

南京人Ⅱ号颅骨 No.Ⅱ

1. 顶视　　2. 内视　　均约×5/7

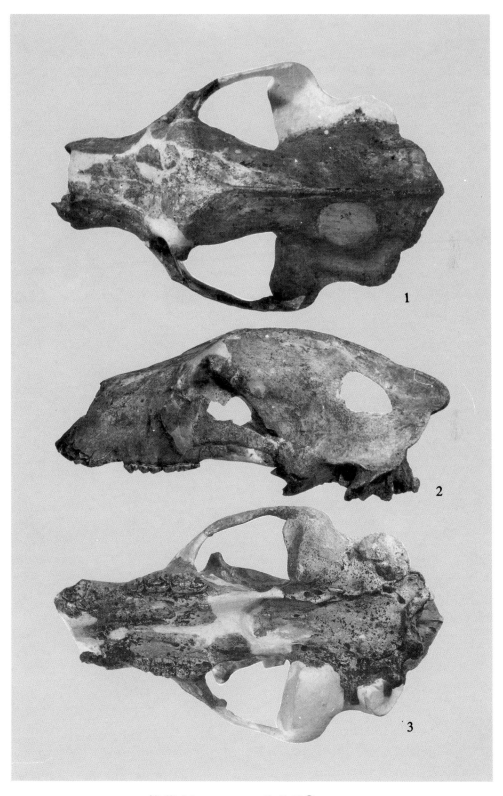

棕熊 *Ursus arctos* 头骨 X③：208

1. 顶视　　2. 侧视　　3. 底视　　均约×2/7

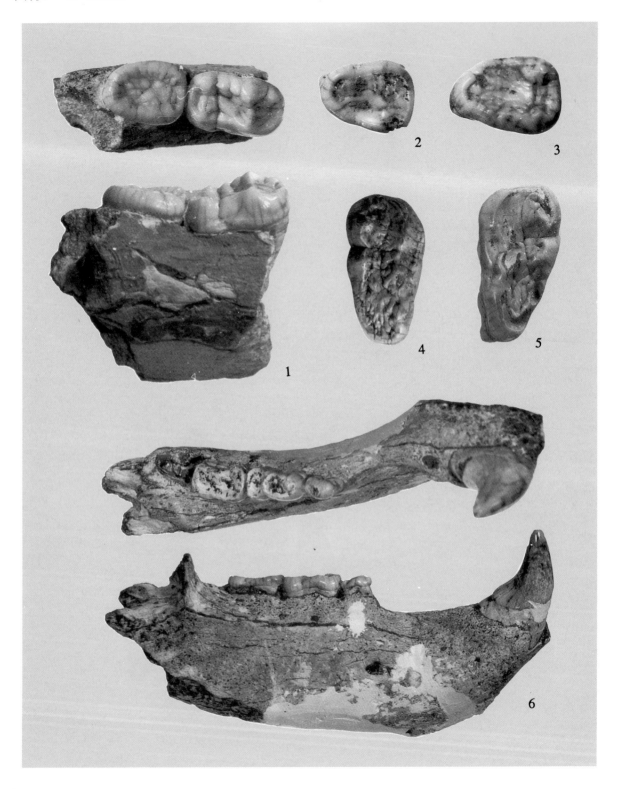

棕熊 *Ursus arctos*

1. 右下颌 X：0276，带 M_2、M_3，嚼面视和侧视，×1　　2. 右下 M_3（X：01459），嚼面视，×1

3. 左下 M_3（X：01457），嚼面视，×1　　4. 右上 M^2（X：01437），嚼面视，×1

5. 左上 M^2（X③：1544），嚼面视，×1　　6. 右下颌 X③：1589，嚼面视和侧视，约×3/5

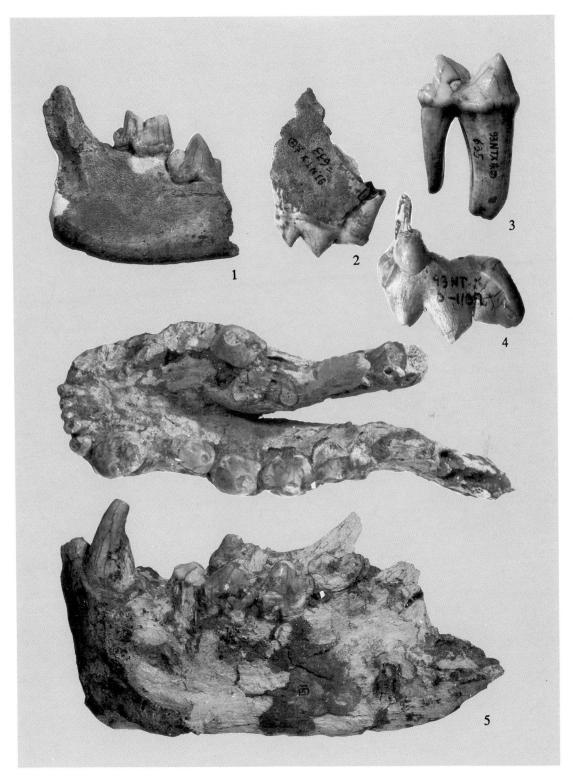

中国鬣狗 *Hyaena sinensis*

1. 右下颌 X③：636，带 P_4—M_1，侧视，约×3/5　　2. 左上 DP^4（X③：633），颊面视，×1

3. 左下 M_1（X③：635），舌面视，×1　　4. 右上 P^4（X：01189），舌面视，×1

5. 下颌 X③：366，嚼面视和侧视，约×3/5

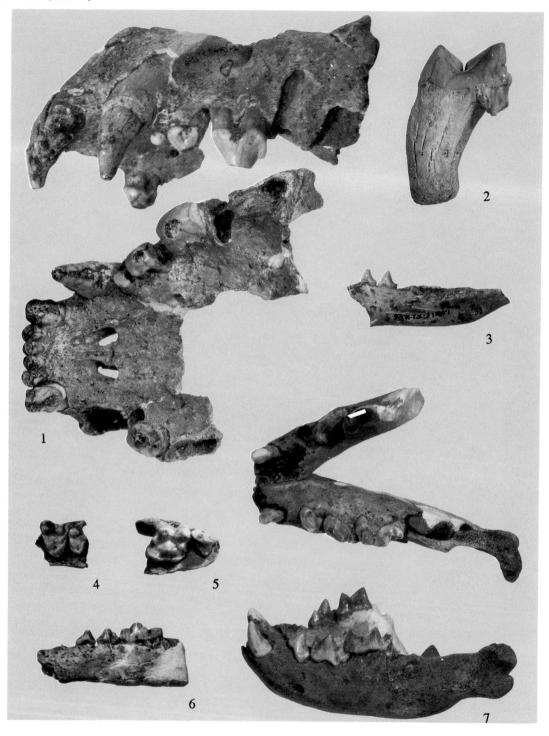

中国鬣狗、虎、狐、中华貉、猪獾(?)

1. 中国鬣狗 *Hyaena sinensis* 残头骨 X③：637，侧视和嚼面视，约×3/5　　2. 虎 *Panthera tigris* 右下 M_1(X：01606)，侧视，×1　　3. 狐 *Vulpes* sp. 右下颌 X③：651，带 P_3-P_4，侧视，×1　　4. 中华貉 *Nyctereutes sinensis* 左上颌 X：01742，带 M^1-M^2，嚼面视，×4/5　　5. 猪獾(?) *Arctonyx collaris* 右上颌 X③：661，带 P^4-M^1，×1　　6. 中华貉 *Nyctereutes sinensis* 右下颌 X③：355，带 P_3-M_1，×3/5　　7. 幼年中国鬣狗 *Hyaena sinensis* 下颌 X③：631，嚼面视和侧视，×3/5

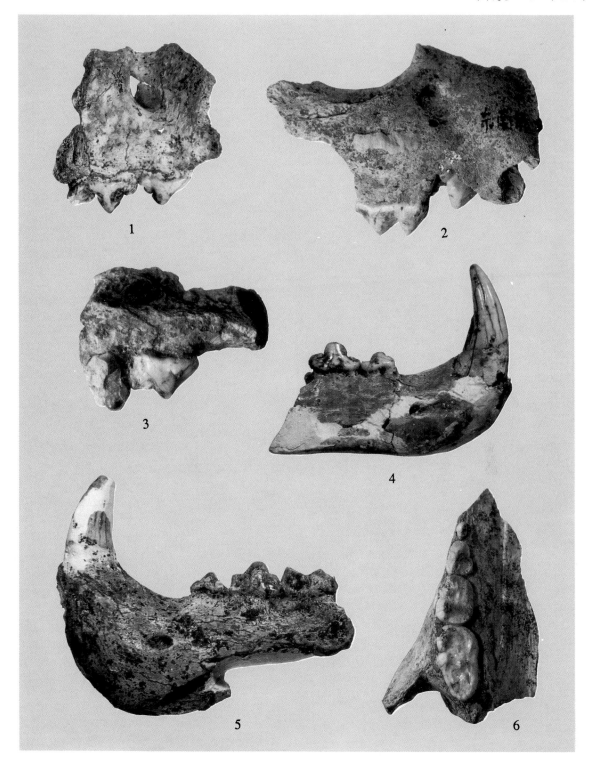

李氏野猪 *Sus lydekkeri*

1. 上颌 X③：644，嚼面视，约 3/5　　2. 左下颌 X③：1542，带 M₂—M₃，约×2/3　　3. 左
上犬齿 X③：641，约×2/3　　4. 左下颌 X③：17，带 P₄—M₂，约×2/3　　5. 右下犬齿 X
③：640，约×2/3　　6. 残头骨 X③：203，侧视，约×1/3

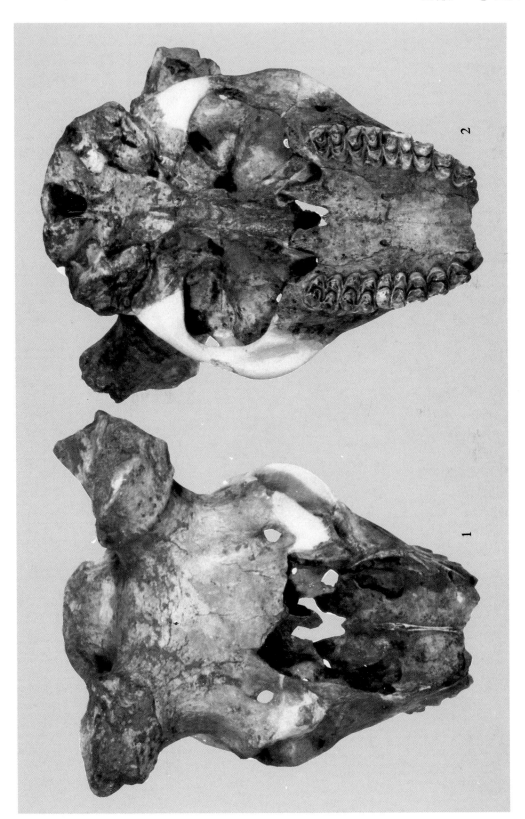

肿骨鹿 *Megaloceros pachyosteus* 头骨 X③：918

1. 顶视　2. 底视　均约×2/5

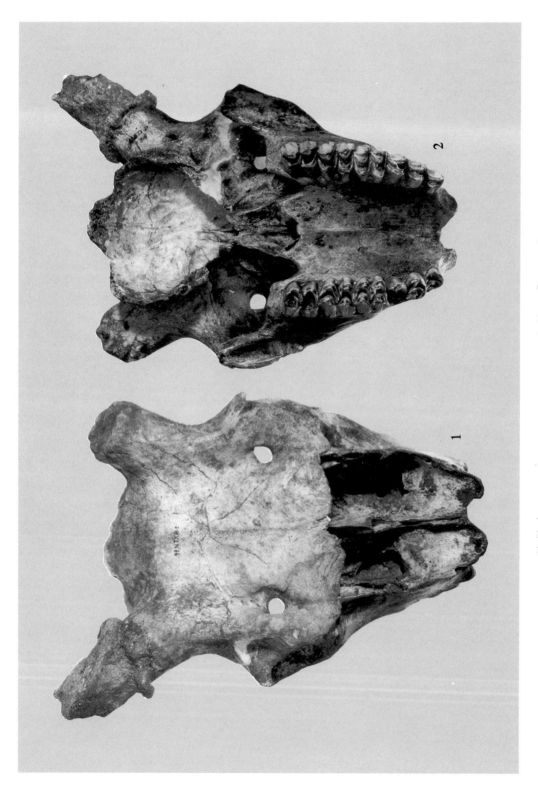

肿骨鹿 *Megaloceros pachyosteus* 头骨 X③：916

1. 顶视   2. 底视   均约×2/5

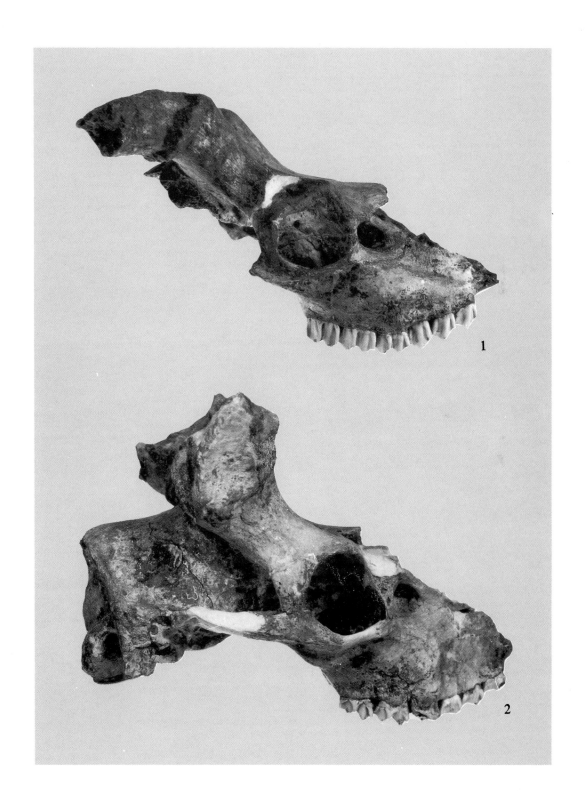

肿骨鹿 *Megaloceros pachyosteus* 头骨

1.X③：916,侧视　　2.X③：918,侧视　　均约×2/5

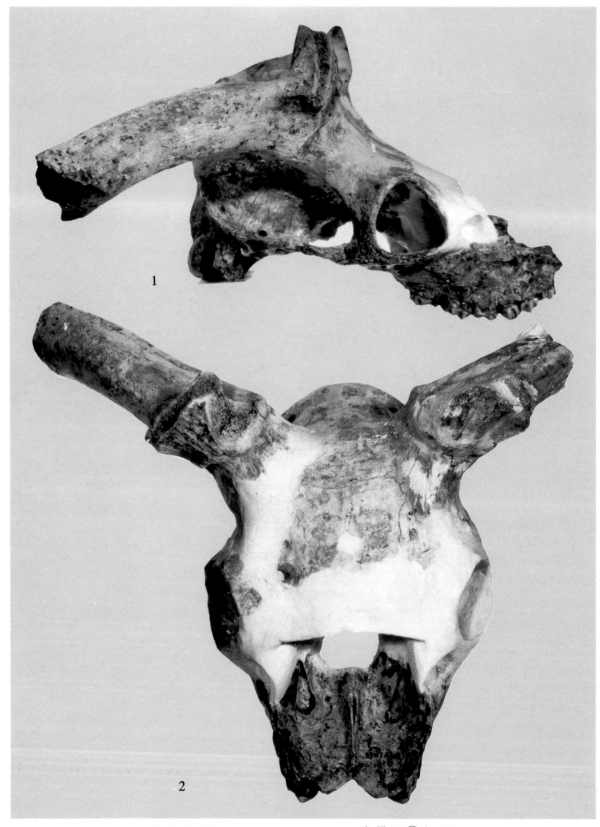

肿骨鹿 *Megaloceros pachyosteus* 头骨 X③：927

1. 侧视　　2. 顶视　　均约×2/5

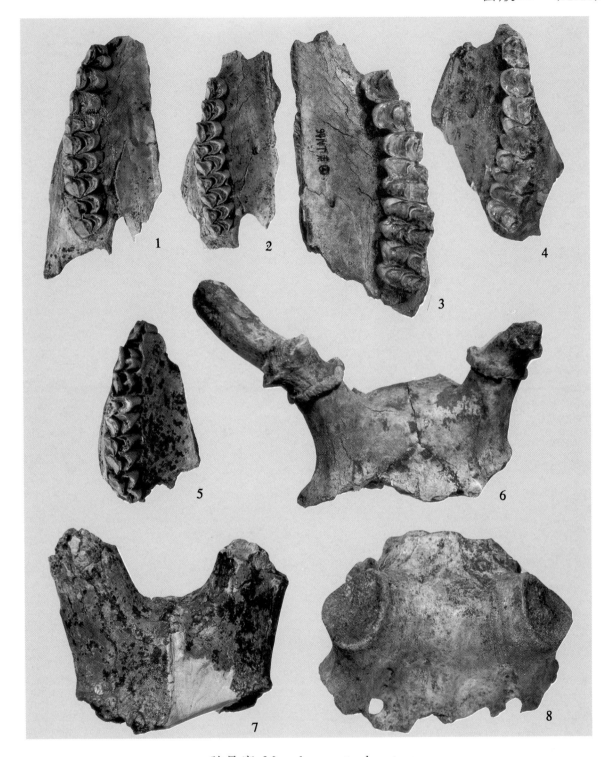

肿骨鹿 *Megaloceros pachyosteus*

1. 右上颌 X③：704，Ⅰ级磨蚀，约×2/5　　2. 右上颌 X③：1022，Ⅱ级磨蚀，约×2/5　　3. 左上颌 X
③：1269，Ⅲ级磨蚀，约×1/2　　4. 左上颌 X③：1096，Ⅳ级磨蚀，约×1/2　　5. 右上颌 X：0265，
P²、P³、P⁴和M³正萌出，约×2/5　　6. 残头骨 X③：747，约×1/3　　8. 残头骨 X③：926，约×1/3

葛氏斑鹿 *Cervus（Pseudaxis）grayi*

7. 残头骨 X③：250，约×1/2

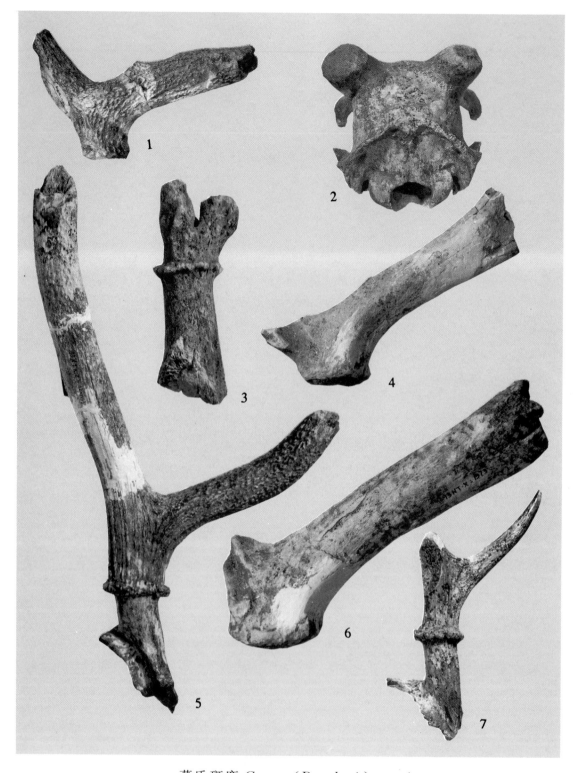

葛氏斑鹿 Cervus (Pseudaxis) grayi
1. 左角 X③：485，约×1/3   2. 头骨 X③：919，枕视，约×1/3   3. 角 X：01016，病态，约×1/2   5. 右角 X③：960，约×1/3   7. 右角 X：01585，幼年，约×1/3

肿骨鹿 Megaloceros pachyosteus
4. 右角 X③：19，约×1/3   6. 右角 X③：1573，约×1/3

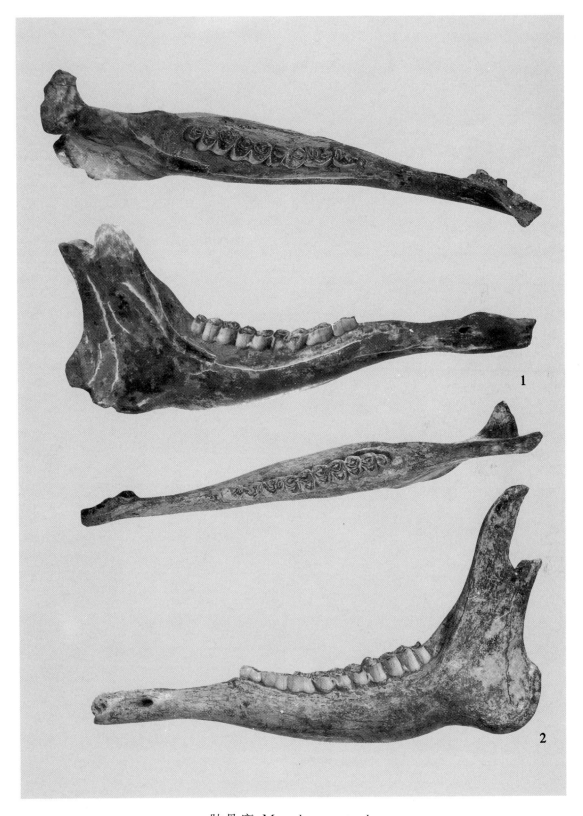

肿骨鹿 *Megaloceros pachyosteus*

1. 右下颌 X③：306，嚼面视和侧视，约×2/5

2. 左下颌 X③：1243，嚼面视和侧视，约×2/5

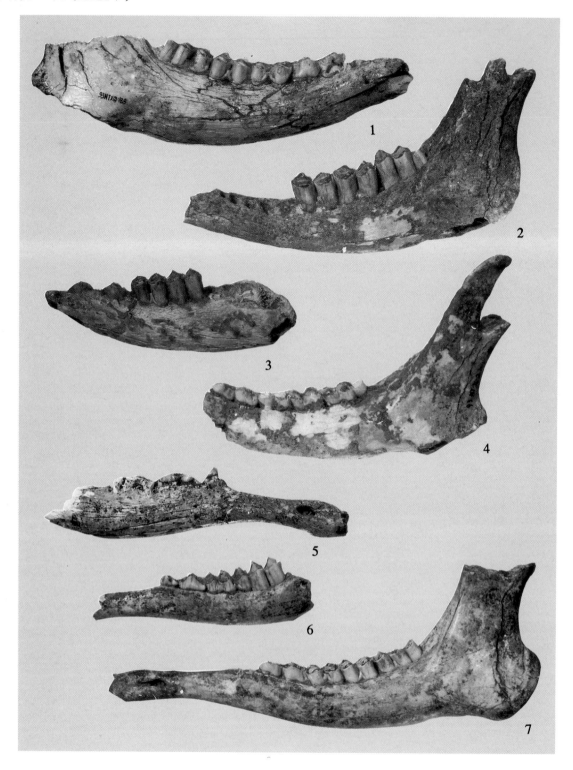

肿骨鹿 *Megaloceros pachyosteus*

1. 右下颌 X③：188，Ⅱ级磨蚀，约×2/5　　2. 左下颌 X③：986，Ⅰ级磨蚀，约×2/5

3. 左下颌 X：01696，P₃ 和 P₄ 正萌出，约×2/5　　4. 左下颌 X③：410，Ⅳ级磨蚀，约

×2/5　　5. 右下颌 X③：539，老年，约×2/5　　6. 左下颌 X③：525，DP₂—M₁，幼年，

约×2/5　　7. 左下颌 X③：1245，Ⅲ级磨蚀，约×2/5

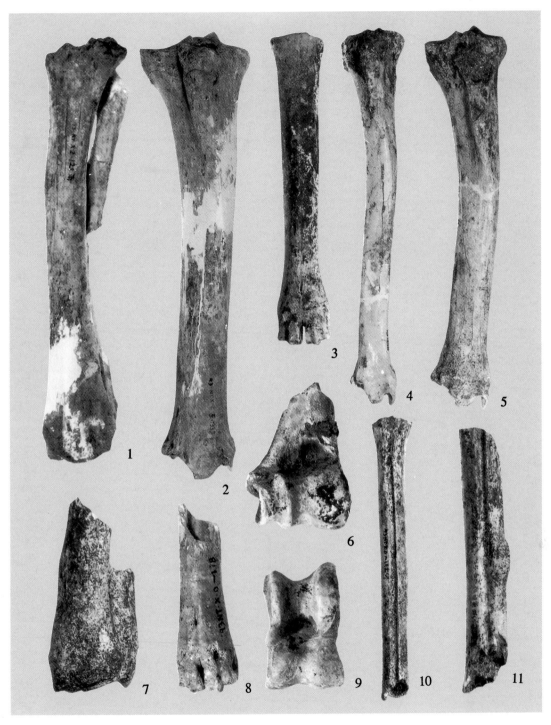

肿骨鹿 *Megaloceros pachyosteus*

1. 左桡一尺骨 X③：129，约×2/7　　2. 右胫骨 X③：733，约×1/3　　3. 左掌骨 X：040，约×2/7　　11. 左距骨残段 X③：793，病态，约×2/7

葛氏斑鹿 *Cervus (Pseudaxis) grayi*

4. 右胫骨 X③：992，约×2/7　　5. 右胫骨 X③：1522，约×2/7　　6. 右肱骨下端段 X③：1105，约×4/7　　7. 左桡一尺骨下端段 X③：778，约×1/3　　8. 掌骨下端段 X：0178，约×4/7　　9. 左距骨 X：01216，约×3/5　　10. 左距骨上段 X：0192，约×2/7

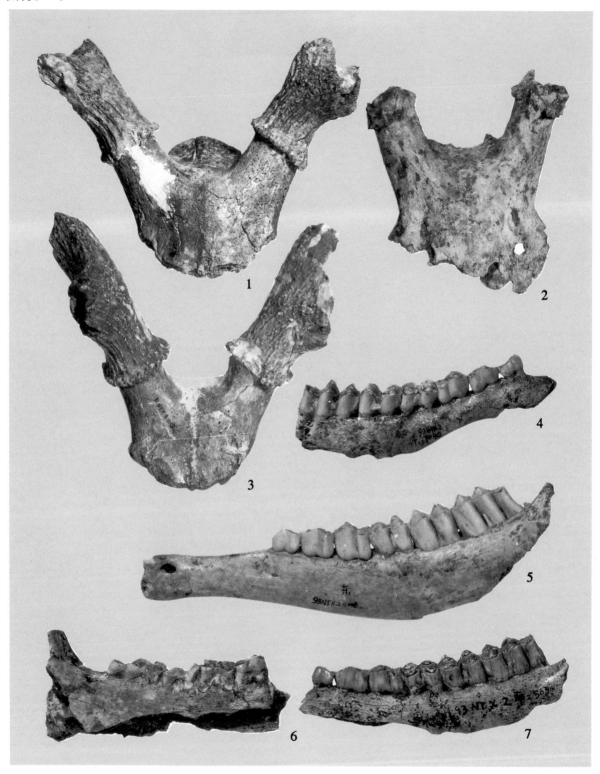

葛氏斑鹿 Cervus (Pseudaxis) grayi

1. 残头骨 X③：219,顶视,约×1/3　　2. 残头骨 X③：122,顶视,约×1/3　　3. 残头骨 X③：920,
顶视,约×1/3　　4. 右下颌 X③：1040,Ⅲ级磨蚀,约×2/3　　5. 左下颌 X③：1006,Ⅰ级磨蚀,约
×2/3　　6. 右下颌 X③：185,Ⅳ级磨蚀,约×2/3　　7. 左下颌 X③：503,Ⅱ级磨蚀,约×2/3

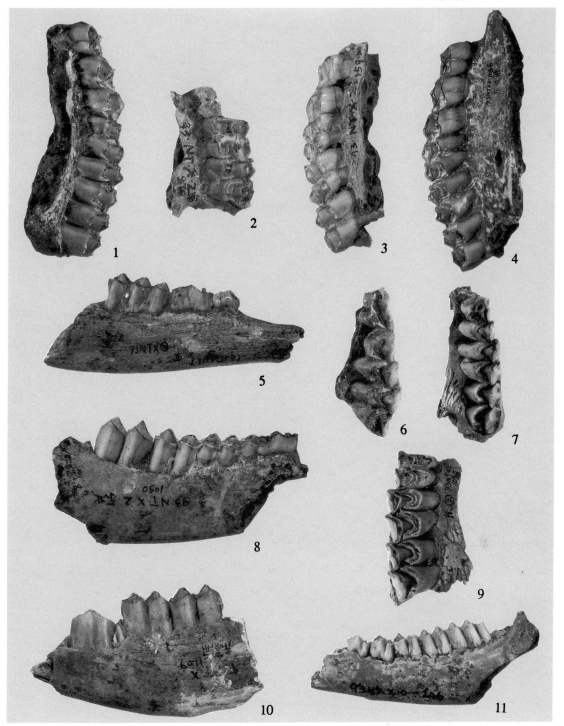

葛氏斑鹿、小型鹿

1. 左上颌 X③：1018，Ⅰ级磨蚀，约×2/3　　2. 左上颌 X③：870，Ⅳ级磨蚀，约×2/3　　3. 右上颌 X③：159，Ⅲ级磨蚀，约×2/3　　4. 右上颌 X③：1036，Ⅱ级磨蚀，约×2/3　　5. 右下颌 X③：366，带 DP$_2$—DP$_4$，幼年，约×3/4　　6. 左上颌 X③：01719，带 DP^2—DP^4，幼年，约×2/3　　7. 左上颌 X：0317，带 DP^3—M^1，M^1 正萌出，约×2/3　　8. 右下颌 X③：1050，带 DP$_3$—M$_2$，未成年，约×2/3　　9. 右上颌 X③：1098，带 DP^4—M^2，未成年，约×2/3　　10. 左下颌 X③：1109，带 P$_4$—M$_2$，P$_4$ 正萌出，约×2/3　　11. 小型鹿 Cervidae 左下颌 X③：0246，约×2/3

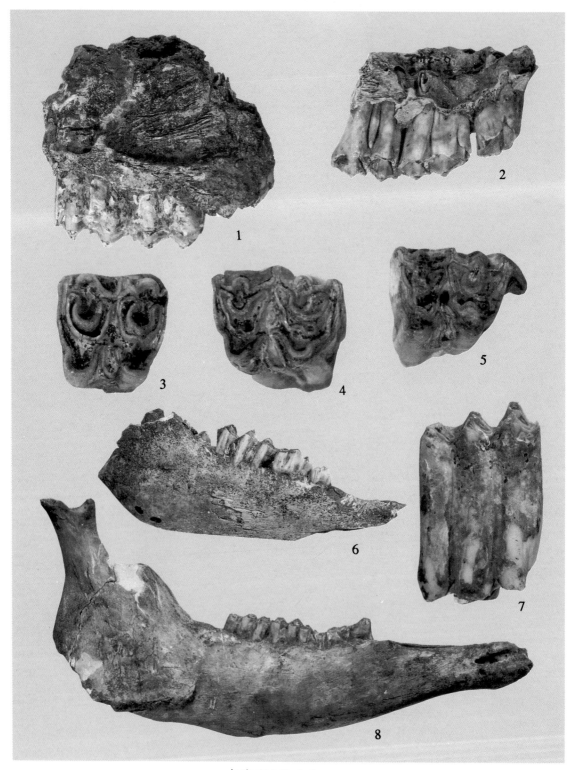

水牛（？）*Bubalus* sp.

1. 右上颌 X③：699，带 M^1—M^2，M^3 刚萌出齿尖，约×3/5　2. 左上颌 X：0342，带 DP^2—DP^4，幼年，约×1　3. 左上 M^1（X③：1539），×1　4. 左上 M^2（X③：1435），×1　5. 左上 M^3（X：01650），×1　6. 右下颌 X③：692，带 DP$_2$—DP$_4$，M$_1$ 刚萌出齿尖，幼年，约×1/2　7. 右下 M$_3$（X：01645），×2/3　8. 右下颌 X③：1427，×2/5

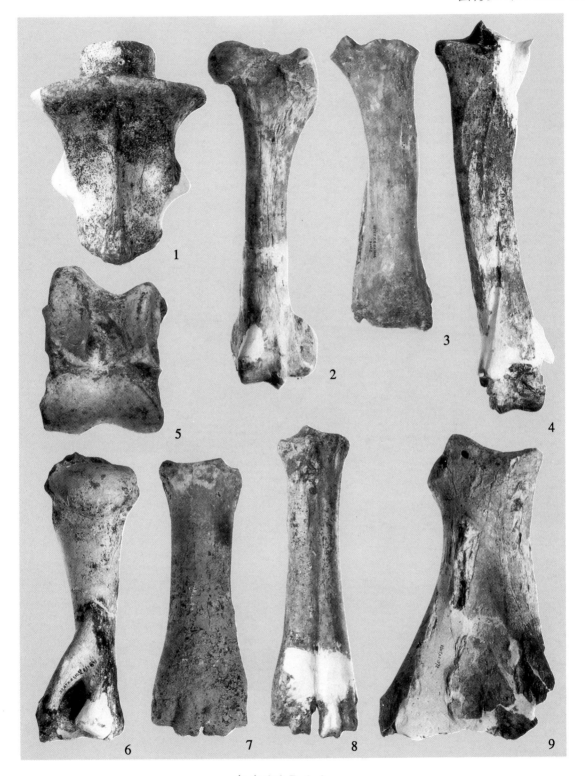

水牛(?)*Bubalus* sp.

1. 枢椎 X③：1358，腹侧视，约×2/5　　2. 左股骨 X③：1368，前视，约×1/5　　3. 右桡骨 X③：1426，前视，约×1/5　　4. 右胫骨 X③：202，后视，约×1/5　　5. 右距骨 X③：686，约×1/2　　6. 左肱骨 X③：841，约×1/5　　7. 左掌骨 X：042，约×1/4　　8. 左跖骨 X③：2，约×1/4　　9. 右肩胛骨 X③：1372，约×1/3

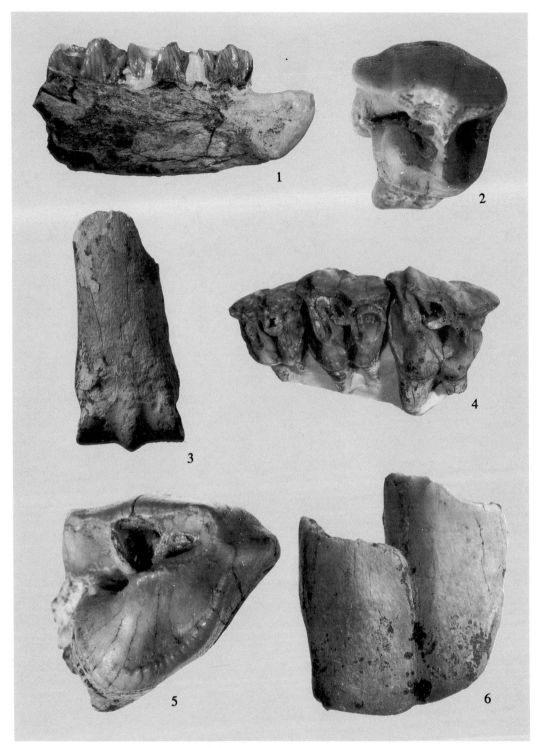

梅氏犀 *Dicerorhinus mercki*

1. 左下颌 X：0562，舌侧视，约×2/5　　2. 左上 P³(X③：648)，嚼面视，×1　　4. 左上
颌 X③：189，带 DP³—M¹，嚼面视，约×1/2　　5. 右上 M³(X：01181)，嚼面视，×1
6. 右下 M₂(X③：646)，颊侧视，×1

马 *Equus* sp.

3. 掌骨下端段 X：0124，前视，约×1/2

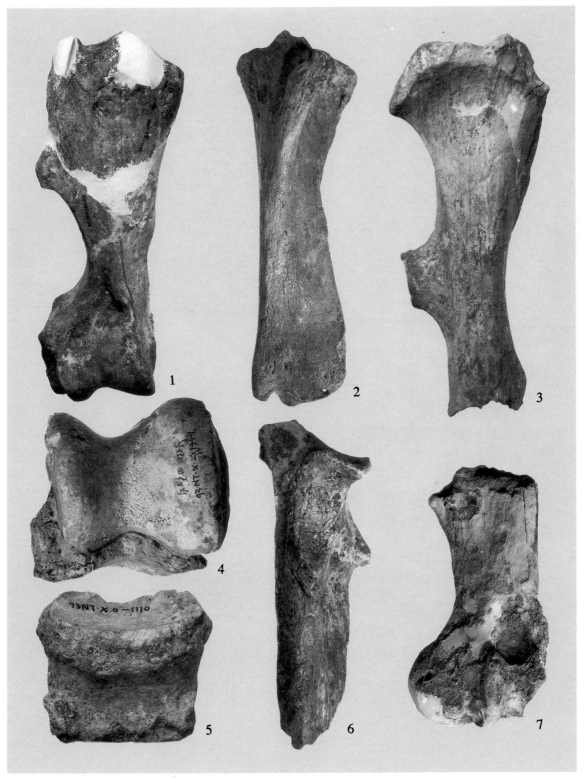

梅氏犀 *Dicerorhinus mercki*

1. 右肱骨 X：01145，前视，约×1/5　　2. 左胫骨 X③：1370，前视，约×1/5　　3. 右
股骨 X③：1451，前视，约×1/5　　4. 左距骨 X③：1449，约×1/2　　5. 趾骨 X：
01110，约×2/3　　6. 右尺骨 X：0566，约×1/3　　7. 右股骨 X：022，约×1/4

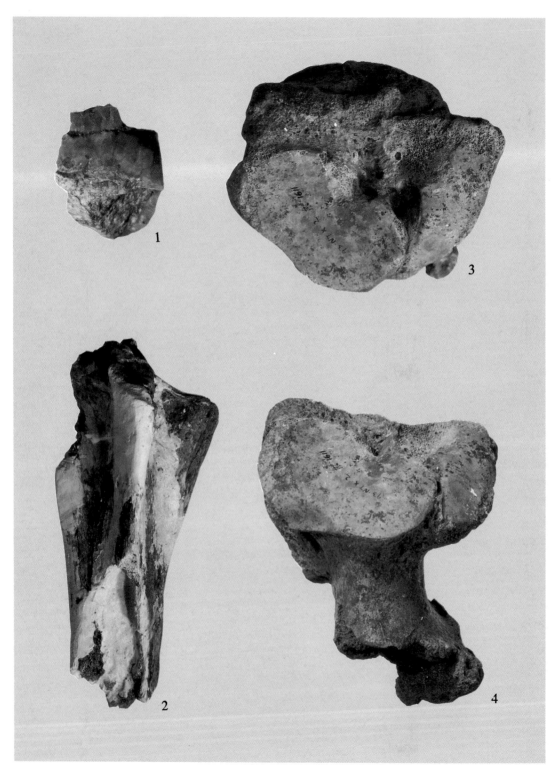

剑齿象 *Stegodon* sp.

1. 齿嵴残块 X：01630，×1　　2. 尺骨 X③：1480，×1/5

3、4. 左跟骨 X③：1611，约×1/2

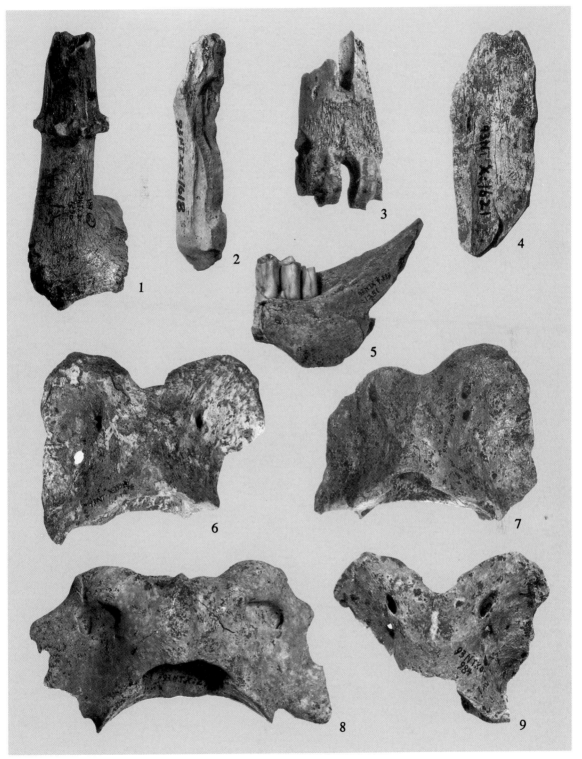

斑鹿、肿骨鹿、牛、鬣狗、骨片

1. 葛氏斑鹿残右角 X③:1290,咬痕,约×1/2　　2. 有咬痕的骨片 X③:1618,×1　　3. 葛氏斑鹿跖骨下端段 X③:35,咬痕,×4/5　　4. 有咬痕的骨片 X③:1621,×4/5　　5. 肿骨鹿左下颌残块 X③:1251,咬痕,×1/2　　6. 牛寰椎 X③:755,×2/5　　7. 肿骨鹿寰椎 X③:640,约×1/2　　8. 中国鬣狗寰椎 X③:1041,×3/5　　9. 葛氏斑鹿寰椎 X:0984,×2/3

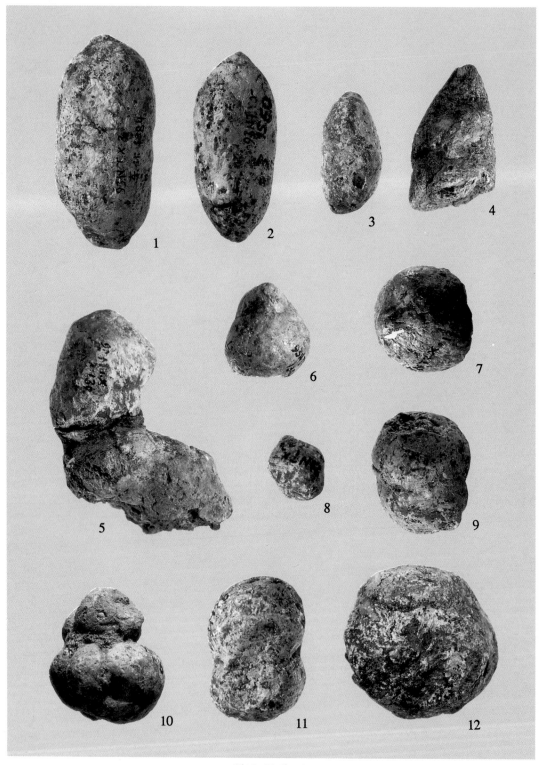

鬣狗粪化石

1. X③：1384，约×1　　2. X：01560，约×1　　3. X：01569，约×1　　4. X③：1447，约×1　　5. X③：130－1,2，约×4/5　　6. X③：1340，约×1　　7. X③：1288，约×4/5　　8. X：01583，约×4/5　　9. X③：1285，约×4/5　　10. X：01576，约×4/5　　11. X③：1287，约×1　　12. X③：312，约×3/4

图版三五(XXXV)

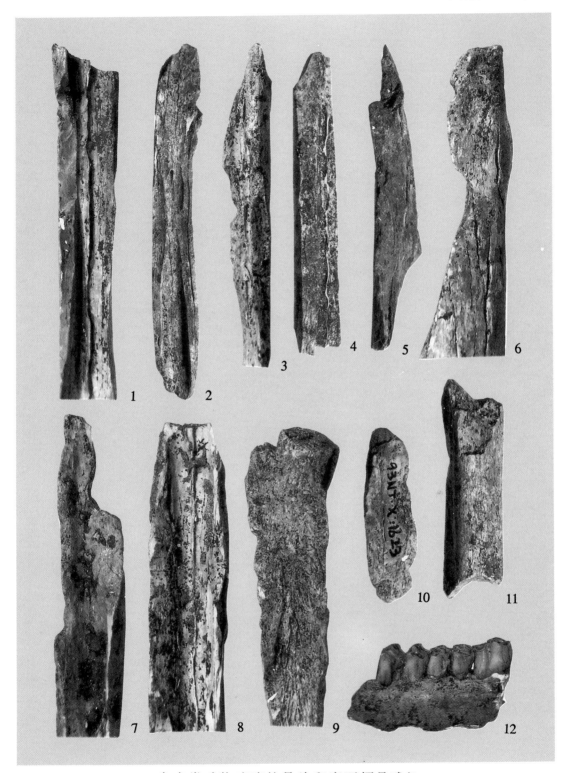

食肉类动物咬碎的骨片和鹿下颌骨残块

1. X③∶1379，×3/4　　2. X③∶557，×1/2　　3. X③∶44，×2/3　　4. X③∶1614，×
4/5　　5. X③∶1617，×1　　6. X③∶737，×2/3　　7. X③∶508，×4/5　　8. X③∶
443，×4/5　　9. X③∶1622，×4/5　　10. X③∶1623，×1　　11. X③∶1620，×4/5
　　12. 葛氏斑鹿右下颌 X③∶738，咬痕，×2/3

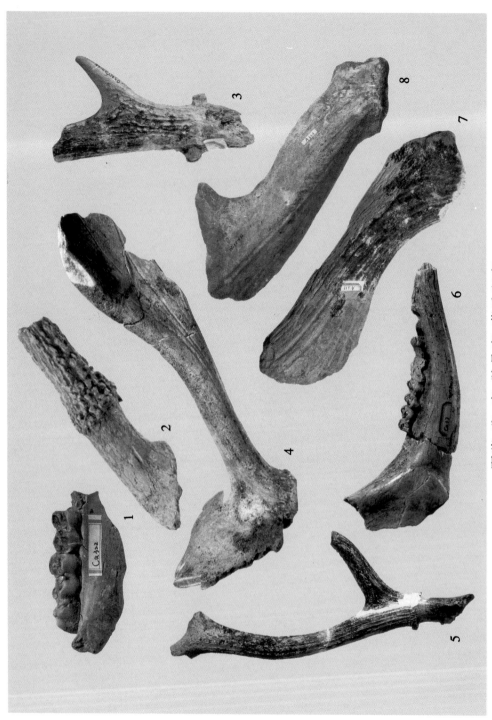

野猪、狍、鹿、肿骨鹿、葛氏斑鹿

1. 野猪 Sus sp. 右下颌 D：083，约×3/7　2. 狍 Capreolus sp. 右角 D：01399，约×3/5　3. 鹿 Cervus sp. 右角 D：046，约×3/5　4. 肿骨鹿 Megaloceros pachyosteus 右角 D：039，约×1/4　5. 葛氏斑鹿 Cervus (pseudaxis) grayi 右角 D：038，约×1/5　6. 肿骨鹿 Megaloceros pachyosteus 右下颌 D：074，约×1/3　7. 肿骨鹿 Megaloceros pachyosteus 左角 D：031，约×1/3　8. 肿骨鹿 Megaloceros pachyosteus 左角 D：032，约×1/3

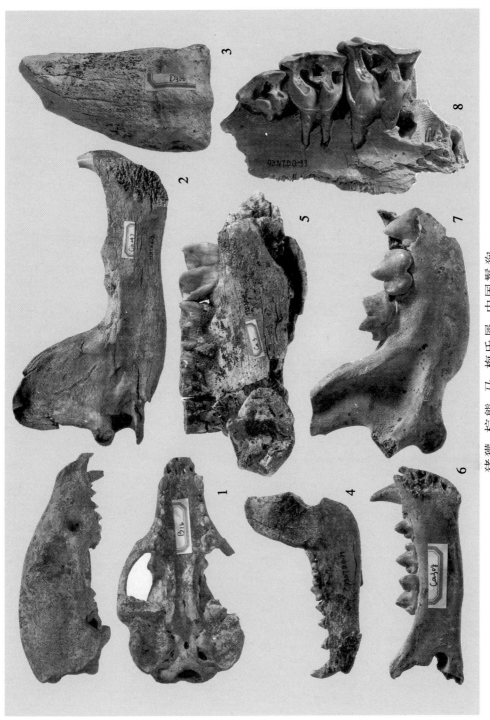

猪獾、棕熊、马、梅氏犀、中国鬣狗

1. 猪獾 *Arctonyx collaris* 头骨 D：01，侧视和底视，约×3/7　2. 棕熊 *Ursus arctos* 左下颌 D：070，舌侧视，约×1/3　3. 棕熊 *Ursus arctos* 左下颌 D：077，舌侧视，约×1/3　4. 猪獾 *Arctonyx collaris* 右下颌 D：0411，约×4/7　5. 梅氏犀 *Dicerorhinus mercki* 右下颌 D：050，舌侧视，约×1/3　6. 幼年中国鬣狗 *Hyaena sinensis* 左下颌 D：052，舌侧视，约×3/7　7. 中国鬣狗 *Hyaena sinensis* 右下颌 D：053，颊面视，约×3/7　8. 梅氏犀 *Dicerorhinus mercki* 左上颌 D：073，颊侧视，约×3/7

图版三八(XXXVIII)

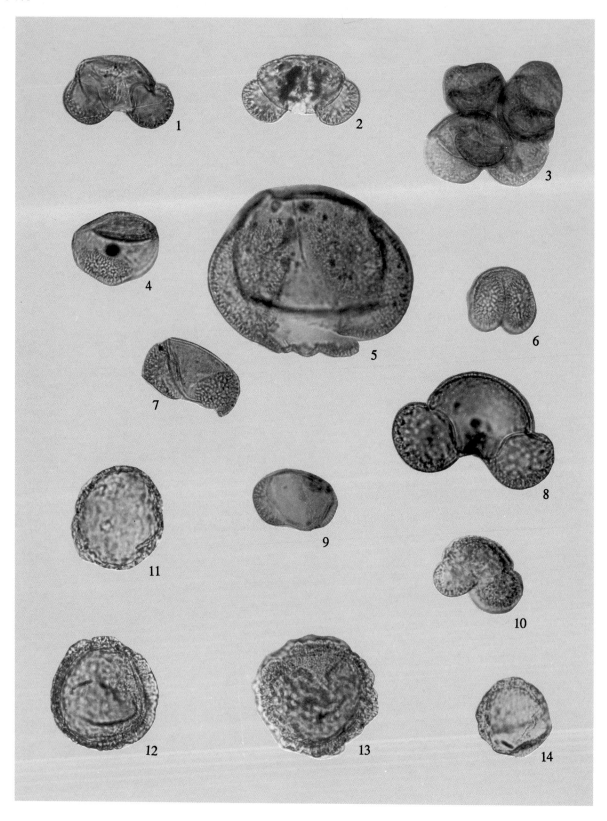

南京人化石地点孢粉显微照片

1、2、4～10. 松 *Pinus*   3. 松 *Pinus*(四分体)   11～14. 铁杉 *Tsuga*

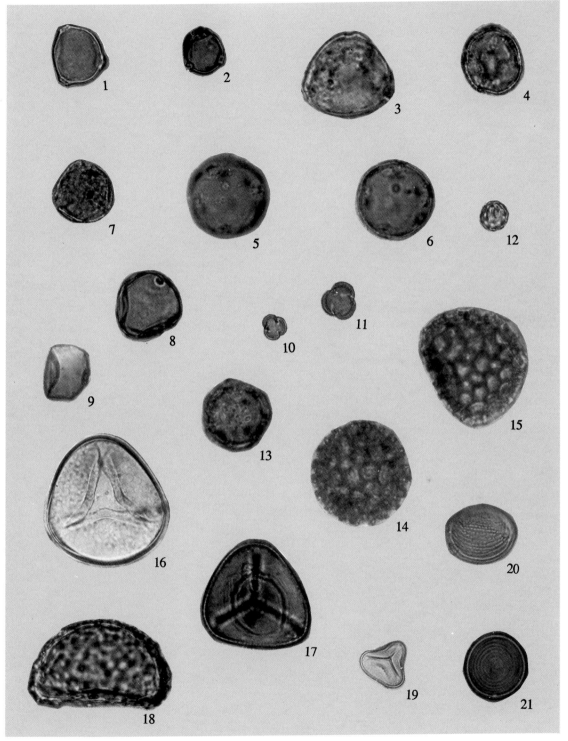

南京人化石地点孢粉显微照片

1、2. 桦 *Betula*　　3. 山核桃 *Carya*　　4～6. 枫香 *Liquidambar*　　7. 栎 *Quercus*

8、9. 禾本科 Gramineae　　10、11. 蒿 *Artemisia*　　12. 藜科 Chenopodiaceae　　13. 石

竹科 Caryophyllaceae　　14、15. 蓼 *Persicaria*　　16、17. 海金沙 *Lygodium*　　18. 水龙

骨科 Polypodiaceae　　19. 里白 *Hicriopteris*　　20、21. 环纹藻 *Concentricysts*

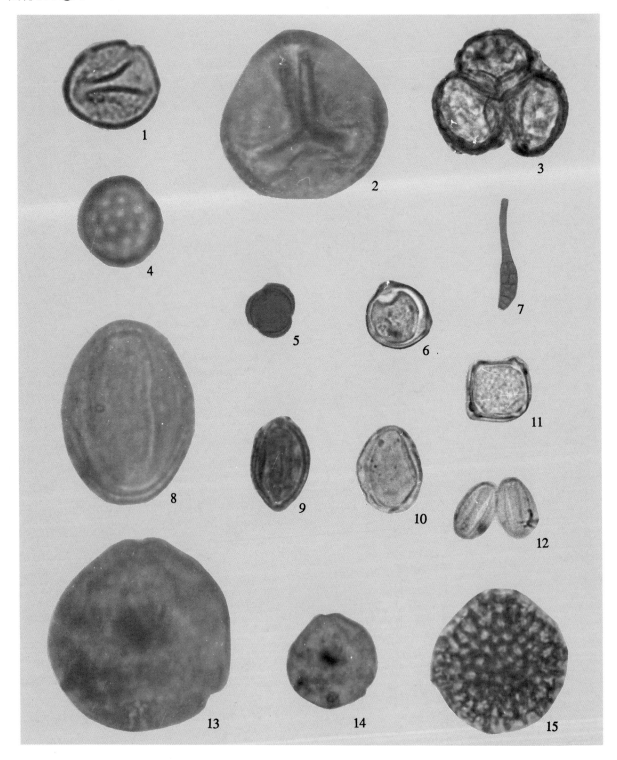

南京人化石地点孢粉显微照片

1. 栎 *Quercus*　　2. 蕨类孢子 *Pteridophyte spore*　　3. 卷柏 *Selaginella*　　4. 藜科 Chenopodi-aceae　5. 蒿 *Artemisia*　6. 桦 *Betula*　7. 真菌孢子 *Fungal spore*　8. 柳 *Salix*,×1500

9、10. 栎 *Quercus*　11. 榆 *Ulmus*　12. 未定花粉　13、14. 鹅耳枥 *Carpinus*,13. ×1500

15. 蓼 *Polygonum*　　未注明倍数者,均为×700